古文献学基础知识丛书 主编:裘锡圭 杨 忠

文史工具书概述

赵国璋 王长恭 江庆柏 著

江蘇鳳凰教育出版社
Phoenix Education Publishing, Ltd

图书在版编目（CIP）数据

文史工具书概述 / 江庆柏著. -- 南京 : 江苏凤凰教育出版社，2016.4
ISBN 978-7-5499-5595-4

Ⅰ. ①文… Ⅱ. ①江… Ⅲ. ①文史－工具书－中国 Ⅳ. ①G252.7

中国版本图书馆CIP数据核字(2016)第005516号

全国高校古籍整理研究工作委员会规划重点项目

书　　名　古文献学基础知识丛书·文史工具书概述
丛书主编　裘锡圭　杨　忠
本册作者　赵国璋　王长恭　江庆柏
责任编辑　周敬芝
出版发行　凤凰出版传媒股份有限公司
　　　　　江苏凤凰教育出版社(南京市湖南路1号A楼　邮编 210009)
苏教网址　http://www.1088.com.cn
照　　排　南京展望文化发展有限公司
印　　刷　镇江中山印务有限公司
厂　　址　丹阳市朝阳路1—3号(邮编 212300)
电　　话　0511—86917816　86917818
开　　本　718×1005毫米　1/16
印　　张　21.5
版　　次　2016年4月第1版　2016年4月第1次印刷
书　　号　ISBN　978-7-5499-5595-4
定　　价　30.00元
网店地址　http://jsfhjycbs.tmall.com
新浪微博　http://e.weibo.com/jsfhjy
邮购电话　025-85406265,025-85400774,短信 02585420909
盗版举报　025-83658579

前　言

中国五千年的文明史，创造了灿烂辉煌的古代文化，留下了浩如烟海的文献典籍。这些文献典籍不但是中华民族几千年积累起来的巨大精神财富和重要文化遗产，也成为人们了解和研究古代中国的历史文化，传承物质文明和精神文明的主要依据之一。随着历史的变迁，人们使用语言、文字的习惯渐有差异，历代的典章制度又时有变化，后人阅读古人的文献典籍日渐困难，需要对古代文献典籍加以训解和阐释而社会上抄存流传的文献典籍也需要有人加以整理编集。事实上孔子对《六经》的整理，便是最早的较系统的古籍整理工作，而西汉成帝时期刘向、刘歆父子等人对群书的校勘，更是中国历史上第一次由政府组织的大规模文献典籍整理工作。此后历代王朝几乎都设有专门机构，负责国家典藏图书的整理和书目的编制，广大知识分子也不断分散进行着对文献典籍的整理与研究工作。形成了优良的传统，积累了丰富的经验，并在实践的基础上总结出了古文献学的理论、体系和内容、方法，形成了以文字学、音韵学、训诂学、目录学、版本学、校勘学、文化史等为中心的知识体系，而这些古文献学基础知识也就成为人们阅读、理解古代典籍与研究探索古代学术文化所必备的知识基础。

新中国建立后，为了继承和弘扬祖国文化遗产，国家于 1958 年开始筹划建立培养古籍整理研究人才的学科与专业，并于 1959 年在北京大学设置了第一个古典文献专业。1983 年随着国家经济文化事业的发展，各地大学纷纷设立古典文献专业及古文献研究所。古典文献专业除北京大学外又增加了杭州大学（现浙江大学）、上海师范大学、南京师范大学等三家，形成了四个培养古文献学本科生的基础专业，数十所大学建立了古文献（或古籍整理）研究所。为了统筹并指导全国大学中的数十个古籍研究所和四个古典文献专业的相关业务工作，教育部于

1983年秋季成立了全国高等院校古籍整理研究工作委员会(以下简称古委会)。古委会受教育部委托,负责组织、协调全国高校的古籍整理研究和古文献专业人才培养工作。

经过若干年的努力,到二十世纪九十年代前期,四个古典文献专业的课程设置和教学计划逐步完善,各古籍研究所在从事古籍整理研究工作的同时,也招收了不少古文献学硕士生和博士生,古典文献专业和古文献学科建设日益发展。由于四个古典文献专业所在单位的学科基础和课程设置互有差异,为了提高古典文献专业的教学质量,在古委会领导的安排下,古委会设立的"学科建设和人才培养小组"的专家同古委会秘书处人员一起,与四个古典文献专业的负责人和教师共同协商,采取了一系列提高教学质量的措施。在教学实践中,大家也认识到,尽管四个古典文献专业的具体情况不尽相同,但基础课程的设置应大体统一,而为了保证教学质量,课程内容应该有一定规范,同时要有一套质量较高的教材或教学参考书。鉴于各古籍研究所招收的研究生中有不少人在本科学习阶段很少接触古文献学课程,他们的古文献学基础知识不够扎实,为了提高研究生的质量,也需要有一套古文献学基础知识丛书,作为他们学习时的教学参考书。

为此,在当时的古委会常务副主任兼秘书长安平秋先生(现任古委会主任)主持下,成立了古文献学教材编委会,并委托我们二人任主编,规划教材的编写工作。自1995年始,编委会经过几次协商,为了适应社会需要,扩大读者面,决定编一套《古文献学基础知识丛书》。当时的想法是,《丛书》既能作为古典文献专业本科生的教材或主要教学参考书,也能作古文献学科研究生及古代文学、古代历史、古代哲学和宗教等学科研究生的参考书,还可以作为广大文史工作者和爱好者的参考读物。编撰宗旨明确之后,编委会在全国高校范围内聘请有关专家承担《丛书》的撰稿工作。经过几年努力,书稿陆续完成,现在呈现在读者面前的《丛书》共十一种,书目及著作人如下:

音韵学概论　麦耘

训诂学概论　方一新

古籍版本学　黄永年

校勘学概论　张涌泉

文史工具书概述　赵国璋等

古代文化知识　杨忠、刘玉才等

文献学文选　孙钦善

经部要籍概述　董治安等

史部要籍概述　黄永年

子部要籍概述　黄永年

集部要籍概述　曾枣庄

当时规划《丛书》时，还有三种书稿亦已聘请有关专家撰写，即《古文献学概论》、《文字学概论》、《出土文献选读》(上下册)，因撰稿人的身体情况或其他原因，以上三部书稿未能在此次出版。

《丛书》的编撰工作一直得到古委会领导的关心与支持，承担书稿撰写任务的各位专家都同时承担着繁重的教学与其他科研任务，他们在百忙中辛勤写作，其中《音韵学概论》、《训诂学概论》、《古籍版本学》、《校勘学概论》、《文史工具书概述》、《古代文化知识》等六部书稿早在1997年、1998年即已交稿付排，原计划此六种先行出版，后来由于出版社希望一次推出发行，而后续书稿交稿时间不一，出版时间也相应拖延，我们二人作为主编自然负有主要责任，谨在此向先交稿的作者们表示歉意。

《丛书》由江苏教育出版社出版，出版社有关领导非常关心《丛书》的出版工作，明知《丛书》的读者对象有限，不会有什么经济效益，仍然将《丛书》列入出版规划。出版社副总编辑徐宗文先生和《丛书》的责任编辑章俊弟、吴葆勤、王许林、任晖、李丰园、周敬芝、樊曼莉为《丛书》的出版费尽心力，在此，一并表示谢意。

裘锡圭　杨忠

2005年8月12日

目　次

基　础　编

类　型　编

基础编

第一章 概　论

工具书,通常是指汇集某一方面的知识、资料,按照特定的方法加以编排,为读者提供查考问题的答案或资料线索的图书。工具书不是供系统阅读,而是专供翻检查阅的。孔子说过:“工欲善其事,必先利其器。”读书治学,也必须“先利其器”,即学会使用工具书。在古籍整理工作中,工具书也起到辅助的作用。使用工具书,首先应该了解工具书的性质、类型和功用,掌握工具书的各种编排方法,并在使用过程中不断加深认识,这样才能渐臻熟练。

第一节 文史工具书的性质和功用

我国工具书的编纂可称得上源远流长。早在周代就已经出现了工具书的萌芽。自汉代《尔雅》、《说文解字》以后,陆续出现了字书、书目、类书、表谱等等不同类型的工具书。《新唐书・艺文志》把类书划分为单独的一类,足见工具书在当时已具有相当重要的地位。但是古代很多图书兼有供系统阅读和供查阅的双重作用。例如《说文解字》是第一部字典(字书),主要供解经之用,《汉书・艺文志》著录于“小学十家”,归入“六艺略”(即后来的经部),历代学者也视之为重要的文字学著作。古代研治文史的工具书大多如此。

近现代出版的工具书日多。按语种,有中文和外文之分;按学科,有社会科学、科学技术和综合性之分。所谓文史工具书,泛指供文史专业读者使用的各类工具书,以中文社会科学和综合性工具书为主,包括了古代的和现代的工具书。

一般说来，工具书的特点是提供准确的、浓缩了的知识信息，内容广泛而叙述简明扼要，采用特定的编排方法，专供查考之用。工具书虽然不是供系统阅读的，但某些工具书也具有可读性，或部分地具有可读性，如古代的类书，现代的百科全书和年鉴，以及文摘和书目中的提要（解题）等。而普通图书中的一些大部头丛书、总集之类，一般无需通读，只是在需要时才去翻阅，故又具有工具书的性质。

工具书与普通图书之间并没有严格的界线。主要的区别在于工具书具有易检性，即按一定的编排方法顺次编排材料，便于查检。政书是古代史书中的一类，但政书中的“十通”（《通典》、《通志》、《文献通考》及其续书）和各代会要、会典，由于按类汇编，查检方便，现代多视之为工具书。有人还更进一步把《十三经》、《二十四史》、《全唐诗》、《全宋词》之类的大部头丛书、总集称之为广义的工具书；或径将“丛集汇要”（包括丛书、总集、汇编、综述等）列为工具书的一种类型。这类广义的工具书，也称“边缘工具书”，是具有工具书性质的资料书、参考书，是介于工具书和普通图书之间的一类特殊图书。它们一般具有资料丰富、集中和便于查阅的特点，但不是严格意义的工具书。这类参考书也是文史工作者需要了解和使用的，本书称之为“基础文献”。

对于工具书的作用，是逐步加深认识并加以重视的。古代，典籍数量不多，学者皓首穷经，崇尚“以腹为经笥”，以博闻强记为能事。随着学术领域的扩展，图籍数量增多，记忆背诵已有困难，博览群籍更非一般学者所能做到。继魏曹丕命人纂集《皇览》之后，历代编纂类书之风兴起，类书可省翻检群书之劳，得广采辞藻之便，受到学者欢迎。但有些学者以此为小道，讥为“兔园册子”、“獭祭”，甚至诋为：“此类（按：指类书）一兴，而操觚者易于检寻，注书者利于剽窃，转辗稗贩，实学颇荒。”清代考据之学盛行，许多学者利用唐、宋类书校勘经史，辑佚钩沉，为整理古文献作出了贡献。许多有成就的学者还亲自编纂实用的工具书，如万斯同《历代史表》、汪辉祖《史姓韵编》和《九史同姓名略》、李兆洛《历代地理志韵编今释》和《历代纪元编》等等，都具有创新的意义。

清章学诚在论校雠时提出：“窃以典籍浩繁，闻见有限，在博雅者，且不能悉究无遗，况其下乎？以谓校雠之先，宜尽取四库之藏，中外之籍，择其中之人名、地号、官阶、书目，凡一切有名可治、有数可稽者，略仿《佩文韵府》之例，悉编为韵，乃于本韵之下，注明原书出处及先后篇第，自一见再见以至数千百，皆详注之，藏之馆中，以为群书之总类。至校书之时，遇有疑似之处，即名而求其编韵，因韵而检其本书，参互错综，即可得其至是。此则渊博之儒，穷毕生年力，而不可究殚者，今即中才校勘，而坐收于几席之间，非校雠之良法欤？”这段话虽然是讲索引的编制及索引对于校勘的作用，但也可看出清代学者对工具书功用的认识和重视。

工具书的基本职能是使知识信息条理化、有序化，以便于科学文化知识的积累和传播。工具书不仅吸收了历代丰富的文化遗产，也反映出当代科学技术的发展和最新的学术研究成果。

工具书具有多方面的功用，各种类型的工具书功用也各有不同，但大体上可以归纳为四个方面。

解惑释疑

遇到问题可以直接从工具书中获得答案。读书时往往会遇到字不识其音义，人物不详其生卒及事迹，地名不明其方位，名物不知其形态，如查阅有关工具书，疑难即可迎刃而解，由不知而渐趋于知，增加知识积累。又如解释诗文典故，利用工具书翻检，能更快地查出，省去检阅群籍的时间，也可避免记忆有误。有时需要查对某一历史事件的具体日期、某一人物的生卒年月日或某些统计数字，固然从有关图书中可以查出，但利用工具书查考更为快捷，因此工具书还有应急的作用，有人称为“执简御繁”。利用工具书还可以避免或纠正一些错误。如清代学者戴震生于雍正元年，按年代对照，雍正元年为公元1723年，但有关记述中，戴震生年或作1723年，或作1724年，何者为正确？查年谱，戴震生日为十二月己巳（二十四日），利用中西对照的历表推算，清雍正元年十二月二十四日应为公历1724年1月19日。查对工具书，就可以避免错误。

提供线索

有一类工具书是专门提供资料线索的，即书目和索引、文摘。查找某一本图书或某一篇论文，利用书目、索引即可知是何时何地出版的或发表于何刊何期；有些书目还通过提要介绍图书的内容，或注明图书收藏单位；文摘则提供论文的内容摘要。书目和索引多半分类编排，触类旁及，又可了解有哪些同类的图书或同一主题的论文，也扩大了查找资料的范围。又如要考证某一历史人物的事迹，先从索引入手，通过人名索引查出史书中的传记资料，再根据书目提供的线索进一步去查考各种有关原始文献，即能获得较满意的结果。有人称之为“沿流溯源”的方法。清代学者有关各种问题的论述都散见于文集中，若一一翻检，耗时费力，而利用王重民、杨殿珣等编《清代文集篇目分类索引》，即可省去翻检 400 余种文集之劳，岂非事半功倍。其他工具书往往也能提供参考资料的线索。如《中国大百科全书》的条目后列出进一步研究的参考书目，《辞源》的一些词条中注明参阅资料，一些人名词典的人物条目列出研究资料目录，等等。工具书有时还直接提供参考资料。例如查考古代典章制度，翻阅类书、政书即可获得详尽资料，然后可查阅论文索引了解现代的研究成果。

指引治学门径

清代学者王鸣盛说过：“凡读书最切要者，目录之学。目录明，方可读书；不明，终是乱读。”“目录之学，学中第一紧要事，必从此问途，方能得其门而入。”初学者往往利用导读书目，了解应读哪些书，其中哪些是基本的，哪些应先读，哪些可供参考。清末张之洞撰《书目答问》为学子指示读书门径，对后世影响至深。现代史学家陈垣即从《书目答问》和《四库全书简明目录》入手遍读古代典籍，终成一代学术巨擘。鲁迅闲暇时喜欢翻阅各种书目，视为治学之道，他研究学问也采纳前人从书目入手的方法。“我以为倘要弄旧的呢，倒不如姑且靠着张之洞的《书目答问》去摸门径去。”《四库全书总目》阐明古代学术源流，评论各类典籍的内容得失，实为研究中国古代文化学术的重要入门著作。“书即师也。今为诸生指一良师，将《四库全书总目提要》读一过，即略知学术门径矣。”（张之洞《輶轩语·语学》）

提供知识信息

工具书编纂时吸收了最新的学术研究成果，故不仅可以提供新知识，也能提供各种学术信息。年鉴是迅速反映新情况、新成果的工具书，逐年更新内容。从年鉴中就可了解到学术研究动态、科学新发现，以及最新图书、论文等资料的线索。即使通过书目和索引，也能窥见当前学术界的动态，根据它们所报道的学术著作和论文，可大致推断当前学术研究动向、学术论争和所争议的问题。各种专科词典和百科全书则提供各学科的专门知识，内容十分广泛。百科全书不仅可供查考，还兼具教育功能，起到教科书的作用。例如，《中国大百科全书》按学科分卷，从每一学科卷中都可获得该学科的全面、系统的知识和资料。

此外，一些工具书（主要是类书）还被用于校勘和辑佚。《四库全书总目》论及类书时说："古籍散亡，十不存一，遗文旧事，往往托以得存。"《艺文类聚》、《太平御览》等唐、宋时代的类书，编纂时所据各书的底本时代都较早，更接近这些书的原貌，自然可用以校补今本在流传过程中产生的讹脱。清代以来自类书中辑出的佚书数量颇多。鲁迅辑录《古小说钩沉》、谢承《后汉书》，也大量利用了类书中的材料。

第二节 文史工具书的类型

我国古代的书目中虽然有小学类（包括训诂、字书、韵书）、目录类、类书类、谱录类等类目来容纳各种工具书，但却没有明确地提出工具书的概念，也未划分工具书的类型。

工具书的类型，是通过工具书编纂、使用的长期实践，基于工具书内容和功用的不同，才逐渐划分并确立的。最早对工具书加以论述的汪辟疆，根据工具书的功用划分为检字、检年、检人、检地、检官、检事、检书、检辞、检文 9 类。稍后，何多源在《中文参考书指南》一书中，划分出字典、辞典、百科全书、类书、舆图、书目、年鉴、索引、指南等类型。至今工具书类型的划分亦大多同此。

随着科学技术的发展，新的载体不断出现，按出版形式，可将工具书划分为印刷型和非印刷型。印刷型包括书本式、期刊式、附录式和卡片式；非印刷型包括缩微型、音像型和机读型。

印刷型是工具书的主要形式。非印刷型是近几十年兴起的新型工具书。其中缩微型以胶片为载体，便于收藏；音像型以声音、图像配合文字；这两种形式的工具书数量不多。目前方兴未艾的是机读型工具书，又称为计算机化工具书。以磁盘、磁带或光盘的形式出版，其特点是编辑速度快，信息贮存量大，资料更新快，检索方便且效率高。

但通行的划分方法则是把工具书分为检索工具书和参考工具书两

大类。检索工具书提供文献的线索，包括书目、索引和文摘3类。参考工具书汇集各种知识、资料、事实、数据，提供字词解释及各种问题的答案，也供了解有关知识和查找资料。

由于工具书种类繁多，对类型的划分又存在不同看法，在这里只按传统的划分方法，依编制特点和功用的不同，把文史工具书分为辞书（包括字典、词典）、类书（含政书）、百科全书、书目、索引、年鉴、手册、表谱、图录9类。

辞　书

辞书是字典、词典的合称，是汇集和解释字、词、词组，并按特定方法编排的工具书。我国古代分为训诂、字书、韵书3类。《尔雅》是第一部以训释字词为主要内容的训诂书；《说文解字》是第一部系统分析字形、考究文字本义的字书；韵书归纳字音、探求声韵源流，保存完整的最早韵书是宋代的《广韵》。直至清代《康熙字典》问世，"字典"之名才广为使用。

现代辞书可分为语文字典、词典，知识性词典和综合性辞书3类。

语文字典以标示字形、注明读音及解释字义为主；语文词典则以解说词语的概念、意义和用法为主，对字的形、音、义也加以说明。

知识性词典解释各门学科的术语和概念，或各种专名（人名、地名等）。大致分为百科词典、专科词典、专名词典、专书词典等。

综合性辞书兼具语文词典和知识性词典的双重特点。如《辞海》、《辞源》。

类　书

类书是中国古代的工具书。类书辑录各种古籍中的资料，或按内容分类，或按字顺、韵部汇为一编，以供检索和征引。有人称之为中国的百科全书，并不确切。因为类书虽也包罗各科知识，但一般只汇编前人资料，偶有略加概述或加按语考证辨析，无论内容或编纂体例都与百科全书不同。

自魏文帝曹丕时编纂《皇览》始，历代都有大型类书的编纂，如唐代《艺文类聚》、宋代《太平御览》、明代《永乐大典》和清代《古今图书集成》。此外还有专门性类书，如汇辑辞藻的《佩文韵府》和《骈字类编》，汇辑图录的《三才图会》和《图书编》，考究事物起源的《事物纪原》等等。

据统计,至清末共编纂了类书 700 多种。现代也采用类书的形式汇编资料。

政书原是专门记载典章制度及其沿革的史书,以其具有分类资料汇编性质,也视同专门性类书,作为工具书使用。与类书不同的是,政书不是提供原始资料的摘录,而是汇总各类史料后分门别类地系统论述。

政书可分为两类:通记历代典制及史实的“十通”和专记一代典制及史实的会要、会典。

百科全书

百科全书是概述各学科或某一学科知识的完备的工具书。百科全书汇集人类长期积累的科学文化知识,加以系统简明地阐述,着重反映当代科学文化的发展和最新成就。这些概述以大小条目交织的形式,按词典的编排方法组织起来,再配以完善的索引,供读者检索利用。

现代百科全书在我国是到了 20 世纪才出现的。到 1993 年出齐的 74 卷本《中国大百科全书》是第一部综合性百科全书。此外还有专业性百科全书,如《美学百科全书》、《中国古代小说百科全书》。

百科全书与类书的区别在于,百科全书以条目的形式系统地概述各类知识,而不是资料的汇编。百科全书采用词典的编排方法,但不同于词典的是,不限于词语的解释,而是更深入、详尽地介绍基本概念和有关知识。

书　目

书目,指群书的目录。目指篇名或书名,录是对一篇或一部书的内容所作的提要,也称叙录。现代对书目的解释是“一批相关文献的揭示与记录”,即对文献的名目、特征加以著录描述,并按一定次序编排成为检索工具书。它对文献的名称、责任者、卷册、版本、出版时间和出版单位加以揭示和记录,有的还提供内容提要、作者简介和收藏情况等,有时也涉及文献所属学科及其源流。

书目在我国有悠久的历史。西汉已出现了刘向所撰《别录》和刘歆在此基础上撰成的综合性群书目录《七略》。两书均已亡佚。班固将其改写为《汉书·艺文志》,开创了史志书目的体裁。此后历代艺文志和官、私书目源源不断编成，蔚为大观。清代《四库全书总目》则成为古典书目的典范。近代以来，逐步采用科学分类法，形成了我国独具特色的现代书目体系。

书目繁多，有多种划分方法，基本上可分为古典书目和现代书目两大系统。

古典书目包括历代官修书目、史志书目、私撰书目、版本书目等。

现代书目可分为国家书目、专科（专题）书目、地方文献书目、个人著述书目、馆藏书目、联合目录等。

索　引

索引旧称“备检”、“通检”，“索引”一词借自日语，也曾据英语 index 音译为“引得”。

索引是将图书和报刊的篇目，图书中的字、词、句子或人名、地名、书名和其他事物名称，摘录出来，注明出处或在书中的位置，按照一定的方法加以编排，指引读者检索文献及文献内容的工具书。

我国古代已有索引。宋晁公武《郡斋读书志》卷 9 载有《群书备检》10 卷，应是经史子集的篇目索引。然而历代编制的索引并不很多，从 20 世纪 20 年代开始才陆续编出各种索引，其中哈佛燕京学社引得编纂处所编 60 余种引得尤为著名。

索引有综合性索引和专题索引之分；按检索内容和项目又可分成篇目索引和内容索引。内容索引包括主题索引、字词句索引和专名索引（人名索引、地名索引、书名索引）。

年　鉴

年鉴是系统汇辑上一年度重要的时事文献、学科进展、统计资料等，逐年编纂、连续出版的工具书。

辛亥革命以后我国才开始编辑出版年鉴，但数量不多，也未能连续出版。1980 年以后年鉴种类迅速增加，至 1996 年底已逾千种，但目前能够正常出版的仍只是少数综合性年鉴和部分专业性年鉴。

年鉴的特点是以年为限，以记事为主；既提供最新资料，经过积累又是编年体的信史。

手 册

手册是收集某一方面常用的文献、基本资料或专业知识，供随时翻检、参考的工具书。我国古代一些汇集日常生活知识的书即具有手册的性质，如唐代的《随身宝》、明代的《万事不求人》、清代的《万宝全书》之类。

手册收集汇编的是必要的专业知识，准确的资料、数据、公式、图表，以及需经常参考的文献等，但不一定反映最新研究成果和动态。

表 谱

表谱是以编年或表格形式记载事物发展的工具书。自司马迁《史记》中作《十二诸侯年表》等十表之后，后世续有所作，清代学者尤为重视表谱的编制，视为治史的重要工具书。

表谱可大致分为年表（纪年表、大事年表）、历表和专门性表谱（生卒年表、职官表、地理沿革表等）。

图 录

图录，也称图谱，包括地图和图录两类。地图是反映自然地理、社会经济情况、行政区划等所绘的图；图录是以图像表示人物、事物形象的工具书。

地图中，反映历史沿革的历史地图对于治学研究尤为重要。

图录大体上可分为文物图录、版本图录、历史图录、人物图录和艺术图录。

除以上各种类型工具书外，还有文摘和名录 2 类，因使用较少，在此不多述及。

第三节 文史工具书的编排法

工具书是供查阅的，需按一定的方法加以编排，使用时就按同一方法查检，所以编排法也称排检法。我国从古到今的汉语工具书使用的编排方法多种多样，但大体上可分为两类：一类是以汉字作为查检的单位，给汉字规定一个排列方法，称为查字法，通行的有按部首、按笔画（包含笔形）、按音序、按号码等排列的各种查字法；另一类是按材料的内容编排，包括分类法、主题法、时序和地序法等。任何一种编排法都有其自身的局限性，所以工具书大都以一种编排法为主，辅以其他查检方法，便于读者使用。使用工具书，也应该多掌握几种排检法。

文史工具书常用的编排法主要有部首法、笔画法、音序法、四角号码法、分类法、自然顺序法等几种。

部首法

部首法是我国传统的工具书编排法。东汉许慎《说文解字》，以小篆为主，分析字形结构，把具有同一形旁的字归为一“部”，每部共同所从的形旁字列为“部首”，共分为540部，始于“一”部，终于“亥”部。此后一千多年中编纂字书一直沿用这一方法，只是分部的多寡有所不同。明代梅膺祚《字汇》减为214部，张自烈《正字通》和清代《康熙字典》都与之相同，习称为“康熙字典部首”。

在《康熙字典》中，部首依笔画数排列，同一部首的字按去掉部首后的笔画数排列。除214个部首外，还有31个附见部首，是部首的变体，如忄、⺗属心部，灬属火部等。214个部首分为12集，以地支为序。以后采用《康熙字典》部首的辞书，也依此分集。后人为便于查考，将部首的分集情况编为口诀：“一二子中寻，三画问丑寅，四在卯辰巳，五午六未申，七酉八九戌，其余亥中存。”或者：“一二子中三丑寅，四卯辰巳五午寻，六在未申七在酉，八九戌部余亥存。”

从《说文解字》到《康熙字典》，所采用的部首法一脉相承，实际上都是“以义归部”，确定部首要依据字的本义，如“相”字归目部（《说文》：“省视也。”）；“问”、“闲”、“闷”、“闻”分别归口、门、心、耳部等。有些部首难于确定。而且篆书变为隶书，再变为楷书，字形笔画的结构变化较大，有些独体字不好归部。部首的位置不固定，同一部首有不同的变体，也都影响查字的准确。

新编的字、词典对部首作了一些调整。《新华字典》（第10版）和《现代汉语词典》（第5版）都并为201部，还部分地调整了取部首的方法。《辞源》（修订本）则沿用了“康熙字典部首”，只是同笔画的字改按起笔笔形丶一丨丿的顺序排列。

1964年，汉字查字法整理工作组提出了《部首查字法》（草案）。《辞海》（1979年版）即采用了新的部首法。其要点如下：

一、依据字形定部。一般取字的上、下、左、右、外等部位作部首，其次是中坐和左上角。上、下都有部首的，取上不取下，如“含”查人部；左、右都有部首的，取左不取右，如“相”查木部；内、外都有部首的，取外不取内，如“闷”查门部；中坐、左上都有部首的，取中坐，如“坐”查土部。同一部位有几种部首互相叠合的，取多笔部首，如“章”、“竟”、“意”都查音部。单笔部首和复笔部首都有的，取复笔部首，如“旧”查日部。无从确定部首的，取单笔部首，如“东”查一部。

二、部首共250个。即在214部首的基础上，删去8个，合并6个，分立10个，新增40个。另外，新改部首10个，简化部首25个，附列部首30个。部首按笔画排列，同画数的按一丨丿丶乛5种起笔笔形顺序排列。

《汉语大字典》和《汉语大词典》以“康熙字典部首”为基础，删并为200部(删去8个，合并6个)。对归部明显不妥的字作了一些调整，如“亘”、“咸”原都归口部，现分别归入匚部和戈部；“问、闷、闻”统归门部。没有复笔部首的字，按明显的单笔或起笔归入单笔部首(一丨丿丶乛)。

部首法的优点是能够把结构复杂的大量汉字分别归纳在200个左右部首里，可以比较准确地按部首检字，不知读音也可查出。因此，语文字典大多采用部首法编排。但是，目前部首法尚未统一，通行的几种部首法部首数量不一，归部原则也不同，同一部首中相同笔画数的字排列方法有别，这都影响查字速度。有些难于判断部首的字，还要利用检字表查检。

笔画法

笔画法是按照汉字笔画数由少到多顺次排列的方法。画数相同的字，或按部首排列，或按起笔笔形排列。

起笔笔形的顺序有多种，源自清代档案中所用的“江山千古”(丶丨丿一)和“元亨利贞”(一丶丿丨)等旧法，后来用过“寒来暑往”(丶一丨丿)、“海天日月红”(丶一丨丿乛)等法。现多采用“札”字法(一丨丿丶乛)。

笔画法简单易行。专科词典、专名词典、字句索引、专名索引等多采用笔画法编排，语文字典也多辅以笔画检字表。由于汉字的手写体和印刷体笔画和起笔常有不同，笔画多的字计算笔画不易准确，查检的速度受到影响。

过去曾出现过几种依笔形检字的方法。如《德芸字典》(陈德芸编，良友图书印刷公司，1930)将笔形分为横、直、点、撇、曲、捺、趯7类，每类再依笔形和笔顺编排。但均未能通行。

音序法

音序法是按汉字读音规定排列顺序的编排法。主要有韵部法和汉语拼音法。

古代将汉字按韵归类，同一韵的字归为一部，称为韵部，各部的标目字称韵目。按四声再依韵部次序编排同音字的方法就称韵部法或韵目法。宋代《广韵》、《集韵》均分为206部。金王文郁《平水新刊礼部韵略》并为106部，世称“平水韵”。元阴时夫《韵府群玉》、明凌稚隆《五车韵瑞》采用平水韵编排，清修《佩文韵府》亦沿用。明代《永乐大典》则按《洪武正韵》（分76韵）编排。除类书外，辞书亦多有采用平水韵编排的，如《经籍籑诂》即按韵分卷收字，《辞通》按复音词尾字分韵排列；索引如《历代地理志韵编今释》亦按尾字分韵排列。

平水韵包括上平声15韵、下平声15韵、上声29韵、去声30韵、入声17韵。

此外还有按声母编排的，如清王引之《经传释词》依宋人36字母排列，沈兼士《广韵声系》依41声类排列。

1918年北洋政府教育部公布推行注音字母（以后改称注音符号），字典用以标注读音。注音字母的形体是利用汉字的偏旁改造而成，共40个，声母24个，韵母16个。中国大辞典编纂处编的《国语辞典》（商务印书馆，1937—1945）即按注音字母顺序编排。编排时先依声母的次序，再依韵母的次序。全书第一个音节是ㄅㄚ(ba)，最后一个音节是ㄩㄥ(iong)。《新华字典》也曾采用过注音字母编排法。1958年以后注音字母已为汉语拼音字母所取代，但仍通行于台湾省。近年台湾省改用“国语注音符号第二式”，亦使用了拉丁字母。

1958年开始推行《汉语拼音方案》以后，汉语拼音法（或称拼音字母法）逐步成为工具书的主要编排法之一。1982年国际标准化组织承认汉语拼音为拼写汉字的国际标准，更促进了汉语拼音法的广泛应用。

汉语拼音法是按汉字的读音依照《汉语拼音方案》字母表的顺序编排的方法。按字母表顺序排列时，若第一个字母相同，按第二个字母的顺序排列；前两个字母都相同的，按第三个字母排列，以下类推。ê排在e后，ü排在u后，ch、sh、zh声母和ng韵尾都按单字母顺序排列。

声韵母相同的字按照声调阴平、阳平、上声、去声、轻声的顺序排列。读音（声母、韵母、声调）完全相同的字，比较汉字的总笔画数，按从少到多排列。如果笔画数相同，按起笔笔形的顺序排列。若起笔至末笔各笔笔形仍相同，则按汉字在国家标准汉字编码字符集中的编码值从小到大排列。

多音词按单字的次第，分别排在单字之下。第一个字相同的多音词，按第二个字的音序排列次序，第二个字也相同的，按第三个字的音序排列。依此类推。

汉语拼音法的优点是简单易查，但由于是以汉字的读音作为排序依据，不知读音的字便无法查找。因此，采用此法编排的工具书多另编笔画或四角号码索引。

四角号码法

号码查字法是以数字代表汉字的各种笔形或部件，并据以排列顺序的方法。在工具书中常用的号码法有四角号码法和中国字庋擷法。

四角号码法是根据汉字四个角的笔形确定号码，并按由小到大的顺序排列的查字法。如排列复词，第一个字号码相同的，再按第二个字上两角的号码排列。除字典外，查考古籍的工具书（书名索引、人名索引、地名索引等）也多采用此法编排。

“四角号码检字法”从 20 世纪 20 年代末开始使用，现通称旧四角号码法。基本要点如下：

一、汉字的笔形分为 10 种，用 0—9 十个号码代表。歌诀“横一垂二三点捺，叉四插五方框六，角七八八九是小，点下一横是零头”可以帮助记忆。10 种笔形中，1、2、3 所代表的横、垂、点 3 种为单笔，其余均为

号码	笔名	笔 形	举 例	说 明
0	头	亠	言 主 广 疒	独立的点和横相结合
1	横	一 ㇀ ㇄ ㇂	天土地江元風	包括横、挑(趯)和右钩
2	垂	丨 丿 亅	山 月 千 則	包括直、撇和左钩
3	点	丶 ㇏	宀礻冖厶之衣	包括点和捺
4	叉	十 乂	草杏皮刈大對	两笔相交
5	插	扌	扌 戈 中 史	一笔通过两笔以上
6	方	口	國鳴目四甲由	四边齐整的方形
7	角	㇆ 厂 ㇁ ㇄ ㇗ ㇖	羽門灰陰雪衣學罕	横和垂的锋头相接处
8	八	八 丷 人 𠂉	分頁羊余災佘足午	八字形和它的变形
9	小	小 ⺌ ⺍ 个 忄	尖 糸 粦 呆 惟	小字形和它的变形

复笔。取号时，凡能取复笔笔形的，尽量取复笔不取单笔。

二、每个字按左上角、右上角、左下角、右下角的顺序取四个角的号码。如，端=0212。

三、字的上部或下部，如只有一单笔或一复笔，无论在什么位置都作左角，右角作0。

宣=3010　冬=2730　首=8060　母=7750

一个笔形，前角已经用过，后角也作0。

持=5404　大=4003　史=5000

四、外围是“囗門鬥行”的4类字，下面两角改取里面的笔形。

因=6043　閉=7724　鬨=7721　衡=2143

五、一个角有两种笔形可取时：

有两个单笔或一个单笔一个复笔，取左右，不取高低；

非=1111　物=2752　帝=0022

有两个复笔，取高低，不取左右。

功=1412　盛=5310　奄=4071

六、撇被下面其他笔形托住时，取其他笔形作下角。

石=1060　衣=0073　辟=7064

七、附角。四角号码相同的字按附角号码顺序排列。以右下角上方最贴近而露锋芒的笔形作为附角；如该笔形已用过，则附角作0。

是=6080_1　速=3530_9　科=2490_0　工=1010_0

1964年汉字查字法整理工作组提出《四角号码查字法》草案，通称为新四角号码法。新四角号码法对取角规则作了如下修改：

一、一笔的上下两段和别笔构成两种笔形的，分两角取号。如“大”原为4003，改为4080；“水”原为1223，改为1290。

二、外围是“行”的一类字，下两角改按一般规则取号。如“街”原为2110，改为2122。

三、下角笔形偏在一角的，按实际位置取号，缺角作0。如“弓”原为1720，改为1702。

四、左边起笔的撇，下面为他笔所托，取撇笔作角。如“辟”改为7024。

五、附角改称附号。附号取右下角之上最贴近的笔形。如“工”改为1010_2。

四角号码法的优点是：只要熟悉规则，取号、检索都很迅速，不受部首和读音的限制。缺点是具体规则较多，不易掌握，而且新旧号码并行，容易混淆。

中国字庋撷法

中国字庋撷法是原哈佛燕京学社引得编纂处用来编排所编 60 余种索引的一种号码法。此法用“中国字庋撷”5 字代表汉字的 5 种形体结构（单体字、包托体、上下体、左壳体、左右体），以数字 1—5 表示；再将“庋撷”二字分解为“丶一丿十又扌糸丆目八”10 种基本笔形，以数字 0—9 代表。各体汉字依不同方法取四角号码。按照形体号/四角笔形号码＋字内方格数，组成一组代码，如“田”字为 2/88304。编排时按代码由小到大排列。

由于规则繁琐，难于掌握，使用这些索引时，可利用所附笔画检字表查出庋撷法号码，再按号码查检索引正文。近年重印这些索引时增编了汉语拼音或四角号码检字表。

分类法

分类法是把知识单元或文献，按照内容性质或学科体系分门别类加以组织并排列顺序的方法。

成书于西汉初年的《尔雅》就是分类训释词义的辞书。今本 19 篇，分释诂、释言、释训、释亲、释宫、释器、释乐、释天、释地、释丘、释山、释水、释草、释木、释虫、释鱼、释鸟、释兽、释畜。随后出现的类书袭用《尔雅》按事物性质分类的方法。类书“以类相从”，将所采的事、文按内容分门别类排列，大体上按照天、地、人、事、物的顺序分为若干部类，再细分为小类。如《艺文类聚》分为 48 部，727 目，所辑资料分隶各目之下。后世类书大多同此，不过分类更加细密。现代工具书也有些是基本上按照事物性质分类编排的。

西汉刘向、刘歆编撰《七略》，将图书分为六艺、诸子、诗赋、兵书、术数、方技 6 类，成为第一部分类目录。据此编成的《汉书・艺文志》沿用了六分法体系。晋代改分为四部，《隋书・经籍志》以经、史、子、集的名称标示四部类名。清代纪昀总纂《四库全书总目》时，将四部划分为 44 类，其中有 16 类再分细目。这个分类法就成为我国古籍的主要分类法。

《四库全书总目》分类法的类目如下：

经部（10 类）：易类，书类，诗类，礼类（周礼、仪礼、礼记、三礼总义、

通礼、杂礼书),春秋类,孝经类,五经总义类,四书类,乐类,小学类(训诂、字书、韵书);

史部(15 类):正史类,编年史类,纪事本末类,别史类,杂史类,诏令奏议类(诏令、奏议),传记类(圣贤、名人、总录、杂录、别录),史钞类,载记类,时令类,地理类(宫殿疏、总志、都会郡县、河渠、边防、山川、古迹、杂记、游记、外记),职官类(官制、官箴),政书类(通制、典礼、邦计、军政、法令、考工),目录类(经籍、金石),史评类;

子部(14 类):儒家类,兵家类,法家类,农家类,医家类,天文算法类(推步、算书),术数类(数学、占候、相宅相墓、占卜、命书相书、阴阳五行、杂技术),艺术类(书画、琴谱、篆刻、杂技),谱录类(器物、食谱、草木鸟兽虫鱼),杂家类(杂学、杂考、杂说、杂品、杂纂、杂编),类书类,小说类(杂事、异闻、琐语),释家类,道家类;

集部(5 类):楚辞类,别集类,总集类,诗文评类,词曲类(词集、词选、词话、词谱词韵、南北曲)。

近年编辑出版的《中国古籍善本书目》对四部分类法加以修订,增加了丛部(分为汇编丛书、地方丛书、家集丛书、自著丛书),成为五部。熟悉并掌握四部分类法,是了解和研究古典文献的基础。

进入 20 世纪以后,著译书籍增多,四部分类法已不能适应,于是开始翻译或编制以科学分类为基础的新分类法。现在我国各图书馆采用的主要是《中国图书馆图书分类法》。

《中国图书馆图书分类法》(简称《中图法》)以科学分类为基础,采取从总到分、从一般到具体的逻辑系统,既能容纳古代和外国的图书资料,又能充分反映新学科和新事物。《中国图书馆图书分类法》1999 年第 4 版设有 22 个大类,大类各以汉语拼音字母作为类号。类目如下:

A 马克思主义、列宁主义、毛泽东思想、邓小平理论

B 哲学、宗教

C 社会科学总论

D 政治、法律

E 军事

F 经济

G 文化、科学、教育、体育

H 语言、文字

I 文学

J 艺术

K 历史、地理

N 自然科学总论

O 数理科学和化学

P 天文学、地球科学　　U 交通运输
Q 生物科学　　V 航空、航天
R 医药、卫生　　X 环境科学、安全科学
S 农业科学　　Z 综合性图书
T 工业技术

每一大类下再逐级加以细分，以数字作为分类号，构成一个多层次的完整体系。

《中图法》不仅用于图书馆目录，书目和索引也有采用《中图法》编排的。

此外，专题索引、年鉴等都按学科体系或内容性质分类编排。专科词典和百科全书也有采用分类法编排正文的。

分类法的基本原则是知识的系统性，按照知识的学科属性和逻辑次序层层分类。同类的文献或词目、条目集中在同一个类目之下，按其内在联系排列顺序，查找方便。只是各书使用的分类方法、类目设置和归类原则都不统一，查检时要先利用书前的分类表或目录熟悉一下分类情况。

主题法

主题法是以规范化的名词和词组作为标识符号，来标引文献中心内容的一种编排法。这种概括文献中心内容、又用于标引和检索文献的规范化词语，称为主题词。编排时，主题词按首字的汉语拼音字母或笔画顺序排列。

主题法是常用编排法之一，但文史工具书中使用不多，只有少数几种主题索引。还有一些辅助索引也采用主题法编排。

主题法的优点是能把分属于不同学科、不同知识体系的资料按主题集中到一起，揭示资料较为广泛、深入。但在检索文献资料时，需要正确地选取主题词，否则难以准确地查到；而且，按主题法编排的中文工具书并非全都以标准的主题词表为选取主题词的依据，带有较大的随意性，也增加了检索的困难。

时序法和地序法

工具书中还有按时间、地区等自然顺序编排的。

其中，时序法是按照事物、事件发生发展的时间顺序排列的方法。表谱类工具书大多采用这种编排法，

如记载历史事件的大事年表都按编年记述。一些查找人物资料的工具书按照人物的生卒年依次排列；书目、索引也在分类的类目下依出版或发表的时间先后为序排列。

地序法是按照一定时期的行政区域顺序排列的方法。查找地理资料的工具书多用此法编排，如《中国地方志联合目录》按我国现行行政区划编排历代地方志。

此外，还有按特定次序编排的，如职官表按机构建制排列，世系表和族谱按血缘关系依次排列等。

第二章 基础文献

所谓基础文献，主要是指经过加工整理、内容丰富、信息量大的大型文献。这种文献在我国古代文献发展史上逐步形成并日趋完善，其中大多具有原始文献的性质，是文史工具书主要的查阅对象。还有一些由于专业性强，使用率高，对于专业工作者来说，它们已经成为手头必备的参考书，说它们具有工具书的性质并无不可。为了讲述的方便，我们把基础文献分为7种类型：丛书、总集、地方志、档案史料和资料汇编、宗教文献、出土文献、报刊。

第一节 丛书

“丛书”又名丛刊、汇刻、全书、合刻、集成等。丛书是多种书籍的集合体，它作为整体有一个总名，即丛书名；相对丛书名而言，收入其中的各书称为“子目”。丛书起源较早，一般认为南宋俞鼎孙、俞经辑《儒学警悟》，收书6种41卷，是现存最早的汇编式丛书。由于丛书有便于保存和传播文献的优点，宋元以来，丛书日趋繁多。清代乾隆时编纂《四库全书》对于丛书的发展有很大影响，此后精校名刻，层出不穷。由于印刷技术的进步，现代丛书的编印更是日新月异，但其中难免有粗劣之作，丛书的整体性亦有所削弱。

丛书按其内容可分为“汇编”和“类编”两种。

汇编丛书

包括经史子集各部书之综合性丛书称为汇编丛书。汇编丛书种类繁多，这里主要介绍与《四库全书》有关的丛书、常用的（或新编的）大型丛书和几种古籍善本丛书。

《四库全书》 清乾隆时官修的大型丛书。当时缮写正本七部，分藏“北四阁”，即北京文渊阁（现藏台湾省故宫博物院）、圆明园文源阁（为英法联军焚毁）、热河文津阁（现藏国家图书馆），奉天文溯阁（现藏甘肃省图书馆）和“南三阁”，即扬州文汇阁、镇江文宗阁（均毁于太平天国战火）、杭州文澜阁（太平天国战争时损失近四分之三，后经三次抄配补全，今藏浙江图书馆）。

台湾商务印书馆 1983—1986 年影印出版《文渊阁四库全书》，并增印《四库全书总目》、《四库全书简明目录》、《四库全书考证》，合订 16 开精装 1 500 册，另编《四库全书目录及四角号码书名及著者索引》1 册。上海古籍出版社 1987—1989 年重印，缩印为 32 开本；2003 年出版新一版。2004 年，鹭江出版社出版线装本，全 1 184 册。2005 年商务印书馆影印出版了《文津阁四库全书》。杭州出版社将影印《文澜阁四库全书》，《文溯阁四库全书》也有全部影印的意向。

《四库全书》分经、史、子、集四部，据文津阁本统计，共收书 3 503 种，计 79 337 卷，抄成 36 277 册，七亿多字。乾隆三十七年（1772）下令征求遗书，次年成立“四库全书馆”，任命于敏中为总裁，纪昀、陆锡熊为总纂官，参加编纂的人员先后有 500 余人，其中有著名学者戴震、邵晋涵、周永年、姚鼐、王念孙、任大椿、翁方纲、程晋芳、朱筠、丁杰等，历时十载始纂修成书。

《四库全书荟要》 《四库全书》纂修开始不久，乾隆帝急于看到成书，命馆臣选其精粹先编《荟要》。乾隆四十三年（1778）缮成两部，一存宫内摛藻堂（今存台湾），一存圆明园（英法联军时被毁）。收书 464 种，均未经篡改之本。台湾世界书局 1986—1988 年影印出版，16 开精装 500 册，另附书目索引。吉林出版集团有限责任公司 2005 年重新影印出版。

《宛委别藏》 嘉庆间，阮元于江浙一带搜访《四库全书》未收遗书 160 种，缮写进呈，赐名《宛委别藏》，并撰写提要（收入《揅经室外集》）。台湾商务印书馆 1981 年影印，32 开本 120 册，江苏古籍出版社 1988 年重印。此书开后来续修《四库全书》之先河。

《四库全书珍本初集》 1933 年文渊阁本《四库全书》运抵南京，1935 年上海商务印书馆选印其中罕见书 231 种，名《四库全书珍本初集》，共 1 960 册。20 世纪 60 年代后，台湾商务印书馆继续选印至 12

集和别辑一集。13 集共收书 1 878 种。别辑收《四库全书》中辑自《永乐大典》的佚书 214 种。(《四库全书》大典本共 385 种,其余的已收入本丛书初集至五集。)

《四库全书存目丛书》 《四库全书总目》中收入《四库全书》的著作 3 461 种,另有未收入《四库全书》、"止存书名"的著作(称"存目书")6 793 种。存目书中有许多有学术价值和文献价值的著作,以后大多传本稀少,甚至散佚。为此,20 世纪 90 年代初,成立了《四库全书存目丛书》编纂出版工作委员会,总编纂季羡林。从大陆、台湾及欧、美、日等地 200 多家藏书单位收集到存目书 4 000 余种 60 000 多卷,其中八成为善本,三成为孤本。1995—1997 年由齐鲁书社影印出版。共收书 4 508 种,分装1 200 册。2001 年齐鲁书社出版《四库全书存目丛书补编》,收书 219 种,分装 99 册。又编制了《四库全书存目丛书正编补编综合索引》1 册。

《四库禁毁书丛刊》 王钟翰主编,北京出版社,1997—2000。收集流散各地的清代修《四库全书》时遭禁毁的图书 700 余种,影印出版。全 310 册。2004 年出版"补编",全 90 册。

《续修四库全书》 本书编纂委员会编,顾廷龙主编,上海古籍出版社,1995—2002。

《续修四库全书》的收录范围包括以下方面:《四库全书》失收(遗漏、摒弃、禁毁)而确有学术价值者;《四库全书》列入"存目"而确有学术价值者;《四库全书》已收而版本残劣,有善本足可替代者;《四库全书》未及收入的乾嘉以来著述之重要者;《四库全书》所不收的戏曲、小说,取其有重要文学价值者;新从域外访回之汉籍而合于本书选录条件者;新出土的简帛类古籍而卷帙成编者。共收书 5 213 种,分装 1 800 册。

《四库未收书辑刊》 本书编委会编,北京出版社 1997 年出版。收录典籍近 2 000 种,分 10 辑,全 300 册。所收之书不与《四库全书存目丛书》、《四库禁毁书丛刊》、《续修四库全书》所收之书重复。

以下介绍几种常用的(或新编的)大型丛书:

《丛书集成初编》(简称《丛书集成》) 王云五主编,商务印书馆,1935—1937。本书辑宋元明清重要古籍丛书 100 部。得书 6 000 余种,除去重复,实收 4 107 种。分为总类、哲学、宗教、社会科学、语文学、自然科学、应用科学、艺术、文学、史地十大类，按统一版式排印（少数影印）。抗战前印成3 467册，其余533册未出。1985年改由中华书局重印已出部分，1991年补印未出部分。附印《丛书集成初编目录》，其中有丛书百部提要、子目分类目录、四角号码书名索引。

《丛书集成续编》 上海书店出版社，1994。本书依《丛书集成初编》之例，续选明清及民国时期丛书100部，共收古籍3 200余种。全180册。

据讯，国家图书馆正在组织编纂《丛书集成三编》，选取清至民国丛书约160部。全部约600册。

《原版百部丛书集成》、《续编》、《三编》 严一萍辑，台湾艺文印书馆1965—1972年线装影印出版。本书共收古籍丛书160种。初编100种，与商务印书馆本同。《续编》、《三编》各30种，子目见庄荣芳《丛书总目续编》（台北市德浩书局，1974）。

《丛书集成新编》 台湾新文丰出版公司编辑出版。第一批，1985年据商务本重排缩印，16开精装120册，次年出版《总目、书名索引、作者索引》1册。第二批，1989年另选清初至1948年间刊印的丛书151种，得子目4 700余种，仍分10类编排印为16开精装280册，1991年出版《总目、书名索引、作者索引》，并有王德毅主持撰写的所收丛书提要。

《四部备要》 中华书局1924—1936年编印。这是一部注重实用的古籍丛书，收书336种，均为古籍中名著要籍。所选底本多为清代学者精校详注本，用仿宋体铅字排印（少数影印）。先出线装本2 500册，继出16开精装本100册、平装本280册。改版时对《二十四史》等126种最常用古籍加了句读，以便阅读。附《四部备要书目提要》。中华书局1989年重印，精装本70册。诸家骏编有《四部备要索引》（台湾中华书局，1971）。

《民国丛书》 本书编委会编，周谷城主编，上海书店1989年起影印出版。从辛亥革命到1949年间出版图书约10万种。本书计划选出3 000种，分为10编，每编约收300种。以学术著作为主，不收古籍、翻译著作，文艺创作原则上不收，科技书只收科技史。每编均分11类：哲学、社科总论、政法、经济、教育体育、语文、文学、美学艺术、史地、科技史、综合。

以下是古籍善本丛书：

《四部丛刊》(初、续、三编) 张元济等辑，商务印书馆分编影印。《初编》收书350种，1919年影印，线装2 100册；1929年抽换21种书重印，线装2 112册；1936年缩印，平装400册、精装100册。《续编》收书81种，1934年影印，线装500册。《三编》收书73种，1935—1936年影印，线装500册。共收书504种。本书首开大规模影印善本之风，使罕见秘籍得以广泛流传。上海书店1984年起全部影印，改为32开精装本。孙毓修编有《四部丛刊书录》(商务印书馆，1922)；续编、三编各书提要附于各编之后。

《北京图书馆古籍珍本丛刊》 该馆古籍出版编辑组编，书目文献出版社1988年起影印出版，16开精装本。本书计划从馆藏珍本中选出473种(不与《四部丛刊》重复)，近8 000卷，按经、史、子、集4部，分装120册。另编目录、提要作为附卷。

《古逸丛书》(初、续、三编) 清末黎庶昌出使日本时搜求流传日本的珍本古籍，由杨守敬选善本26种依原大覆刻，光绪十年(1884)刻成。后版归江苏书局，1921年重印；江苏广陵古籍刻印社1990年缩印为三册。辛亥革命后，张元济主持选罕见珍本47种，商务印书馆1919—1949年依原大影印出版，是为《古逸丛书续编》(最后一种宋本《杜工部集》1957年出版)，1994年广陵古籍刻印社缩印为四册。中华书局1982年起影印出版《古逸丛书三编》，计划出版51种。

《中华再造善本》 北京图书馆出版社2002年起出版。"中华再造善本工程"是2002年正式立项建设的国家重点文化工程，由财政部、文化部共同主持，国家图书馆具体承办。这一工程的目的是通过大规模、成系统地复制出版兼具文物价值和学术价值的古籍善本，以合理保护、开发、利用善本古籍，使其为学界所应用，为大众所共享。全部依照原书版式影印，采取传统的线装加蓝布函套方式统一装帧。计划收书1 300余种。至2004年已出版首批170种。

比较重要的善本丛书还有：《佚存丛书》,《涵芬楼秘笈》,《北京大学图书馆馆藏稿本丛书》(天津古籍出版社1987年影印出版),《美国哈佛大学燕京图书馆藏中文善本汇刊》(商务印书馆、广西师范大学出版社2003年影印出版)，屈万里、刘兆祐主编《明清未刊稿汇编》(台北联经出版事业公司1976—1980年影印出版)等。

类编丛书

按经、史、子、集各类编纂的专科丛书称为类编丛书。重要的类编丛书有：

《十三经注疏》 通行本为清阮元据宋本校刊附《校勘记》本；1980 年中华书局校补 1935 年世界书局缩印本，改正其错漏 360 余处，影印 16 开精装 2 册。

十三经及其注疏是儒家经典，也是我国传统文化的重要组成部分。汉代称《诗》、《书》、《易》、《礼（仪礼）》、《春秋》为五经。唐代把《礼》分为《周礼》、《仪礼》、《礼记》，把《春秋》分为《春秋左氏传》、《公羊传》、《穀梁传》，合称九经。唐文宗开成年间（836—840）刻石经，将《孝经》、《论语》、《尔雅》列为经，宋代又列入《孟子》，始有十三经之称。宋时十三经的注和疏大都是单独成书的，南宋时才有注疏合刻本。清嘉庆间阮元在江西南昌校刻本号称“重刊宋本”，傅增湘《藏园订补郘亭知见传本书目》“经部一”云：阮氏重刻所据者“实为元翻明递修本”（简称“元刻明修本”）。参与校勘者如顾广圻、臧庸、严杰等都是有名的学者，所撰《校勘记》有较高水平。但据阮福《雷塘庵主弟子记》云：“此书尚未刻校完竣，即奉命移抚河南。校书之人不能细心，其中错字甚多。有监本、毛本不错而今反错者。校勘记去取亦不尽善。故大人（阮元）不以此刻本为善也。”（《书林清话》卷 9 引）由此可知附刻于书中的《校勘记》有不尽如人意之处。光绪二十四年（1898）苏州书局单刻《校勘记》，比附刻本完善，可参阅。应注意阮刻本正文旁有“▲”（旧本为“○”）者即出校之处。

清人经学著作宏富，大都收入《清经解》、《续清经解》两部丛书。前者为阮元辑刊，有道光九年（1829）广东学海堂刻本、咸丰十一年（1861）增补刻本，收乾嘉时期著作 180 种。后者为王先谦辑刊，有光绪十四年（1888）江阴南菁书院刻本，收 209 种。两书又有石印小字本、新印小字本、台湾影印本。2005 年凤凰出版社影印出版《清经解、清经解续编（附索引）》，共 13 册。

《二十四史》 通行本有：（1）1959—1976 年中华书局出版排印校点本，1997 年出版缩印合订本；（2）1930—1937 年商务印书馆影印善本“百衲本”，原为线装，1958 年改为 16 开缩印精装本；（3）1996 年中国档案出版社原大影印“毛泽东评点二十四史”本，底本为大字武英殿版，影印时对原书进行了整理、校勘，16 开线装 850 册。

此外还有：（1）1935 年开明书店以武英殿版《二十四史》，加上民国柯劭忞《新元史》,每种书后附《参考书目》,改称《二十五史》,16 开缩印精装 9 册。另编印《二十五史人名索引》。(2) 1986 年上海古籍出版社、上海书店出版影印本《二十五史》,增收《清史稿》。(3) 1995 年岳麓书社出版影印本《二十六史》,收《二十四史》和《新元史》、《清史稿》,底本采用海内外的珍本、善本,16 开精装 11 册。

关于二十四史,前人做了大量的补注、表谱、考证工作。1936—1937 年开明书店编辑出版《二十五史补编》,16 开精装 6 册,共收补表、补志 245 种。1955—1956 年、1987 年中华书局两次重印,2005 年北京图书馆出版社影印。1994 年岳麓书社出版《二十五史三编》,张舜徽主编。收录与二十五史有关之订补著作 150 余种。全 9 册。2004 年北京图书馆出版社出版《〈史记〉订补文献汇编》、《两汉书订补文献汇编》、《魏晋南北朝正史订补文献汇编》、《隋唐五代正史订补文献汇编》、《宋辽金元正史订补文献汇编》、《〈明史〉订补文献汇编》,徐蜀编,合称《二十四史订补》。全 15 册。国家图书馆又编辑出版《历代正史研究文献丛刊》。《丛刊》采用分批出版的方式,2005 年已出版《读二十五史蠡述》(李澄宇撰,全 3 册)、《二十二史考论》(清杭世骏等撰,全 3 册)等 4 种。近人陈乃乾编《二十四史注补表谱考证书籍简目》,收书 620 余种,重订本载于《中国历史文献研究集刊》第四集。

《北京图书馆藏珍本年谱丛刊》 北京图书馆编,北京图书馆出版社,1999。共收入年谱 1 212 种,谱主 1 018 人。

《诸子集成》 1935 年世界书局排印本,32 开精装 8 册。1954—1959 年中华书局改印本,挖改、重排达 1 000 余页,并对汉魏子书的次序作了调整。1986 年重印。此书收先秦至南北朝重要子书 26 家 28 种(老子、庄子各 2 种),多采用清人精校详注本。

《新编诸子集成》 1982 年起中华书局陆续编辑出版。选收先秦到唐五代的子书,拟编为两辑。第一辑所收与旧本《诸子集成》略同,拟收 40 种附 1 种。其中有 8 种与旧本相同,其余均为新本。第二辑则收此外的其他子书。

《无求备斋论语集成》 严灵峰主编。选收汉代至现代有关《论语》的白文本、注解本、札记本、辑佚本、古写本(含敦煌本)、索引本 6 类,共 148 种、972 卷。台湾艺文印书馆 1966 年影印出版,线装 308 册。

《无求备斋孟子十种》(1969);《无求备斋老子集成初编》(收 143

种,1965)、《续编》(197 种、附录 3 种,1970);《无求备斋庄子集成初编》(64 种,1972)、《续编》(74 种);《无求备斋列子集成》(88 种,1971);《无求备斋墨子集成》(88 种);《无求备斋易经集成》。除出版年代不详者外,子目均见庄芳荣编《丛书总目续编》。

《墨子大全》 任继愈、李广星主编,北京图书馆出版社,2002。收录战国至 2002 年间有关墨学著作 300 余种。全 100 册。

《近代中国史料丛刊》(初、续、三编) 沈云龙主编,台湾文海出版社 1966 年起影印出版,32 开精装本。此书收清初至民国间著作,分三编出版,每编 100 辑,每辑 10 册。第三编 1996 年 4 月出到第 82 辑。此书内容丰富,各编均编有书名索引、人名索引。

历史类新编大型丛书还有:(1) 吴相湘主编《中国史学丛书》(初编 206 种,续编 189 种),台湾学生书局 1964 年 11 月起影印出版,共 395 册。所收多明清两代罕见刻本、稿本、抄本及罕见印本等。其中影印《湘乡曾氏文献》等 3 种 10 册尤受学界重视。(2) 缪钺等主编《中国野史丛书》,巴蜀书社 1993 年影印出版,全 51 册。第一册是各册目录汇编,最后一册是书名索引。收书 950 种,依所记史事年代为序。2000 年影印出版"续编",全 30 册。收书 308 种。(3)《清代野史》丛书(本书原名《满清野史》),1920 年成都排印本,收清代建国前期至宣统逊位 300 年间有史料价值的著作 100 种,巴蜀书社重新编排整理,分为 8 辑,1987 年起陆续出版。(4) 荣孟源、章伯锋主编《近代稗海》,四川人民出版社 1985 年起分辑出版。本书收鸦片战争至 1949 年中华人民共和国成立的 100 多年间有关中国政治、经济、军事、文化、外交、典章制度、宗教、会道门等各方面的著作近千种,分成 100 辑出版。

文学类新编大型丛书有:

《中国古典文学基本丛书》 中华书局 1977 年起陆续编辑出版。此丛书注重实用,所选包括 4 类:白文本、旧注本、新注本、总集。

《中国古典文学丛书》 上海古籍出版社 1978 年起陆续编辑出版。计划出 100 种,至 1996 年已出 70 余种,其中多为高水平的名著笺注本。

《宋蜀刻本唐人集丛刊》 上海古籍出版社 1995 年据原书原大影印出版。收书 23 种。

《宋集珍本丛刊》 舒大纲主编,线装书局 2004 年出版。收集宋人别集、总集 405 种。全 108 册。第 108 册为宋集珍本丛刊书目提要、索引。

《大连图书馆藏孤稀本明清小说丛刊》 张本义、孙福泰主编,大连出版社,2000。收录大连图书馆藏明清时期通俗白话小说 55 种。线装宣纸影印。

此外还有:(1)《古本小说集成》,本书编委会编,上海古籍出版社 1995 年影印出版一至五辑。共收宋元明清(乾隆以前)孤本、善本小说 428 种。(2)《古本小说丛刊》,刘世德等主编,中华书局影印出版。第一辑 5 册,收书 5 种,1987 年出版。第二至四十一辑为海外珍藏特辑,由中国社会科学院文学研究所与法国国家科学院合作编辑,汇集海外所藏孤本、善本 200 余种,每辑 5 册,共 200 册。1991 年已出第二至十一辑,收书 52 种。(3)《笔记小说大观》,有 3 种:① 王文濡主编,1922 年起上海进步书局石印线装本 500 册。正集 8 辑收历代笔记小说 208 种,外集 1 辑收 13 种。内容丰富而编次凌乱,校对不精;② 江苏广陵古籍刻印社 1983—1984 年重新整理、校订上海进步书局本,按成书年代编次,影印排印兼用,正集收 207 种,16 开精装 30 册,外集 5 册。1994 年重印,改为精装 16 册;③ 台湾新兴书局 1978 年起增订影印此书,选用较好底本,改为 32 开精装本,每 10 本为一编。至 20 世纪 90 年代初,已出 45 编。(4)《古本戏曲丛刊》,郑振铎主编,分集影印出版。计划出 10 集。1954—1958 年已出初、二、三、四集,线装本。后由吴晓铃主编。第九集收清代宫廷大戏 10 种,1964 年中华书局上海编辑所出版。第五集收明清传奇 85 种,1985—1986 年上海古籍出版社出版。(5)《清车王府藏曲本(粹编)》,北京古籍出版社选编,杭州富阳古籍印刷厂 1996 年据原抄本全真精印,200 函线装1 100册。清朝蒙古王府藏曲极富,共计1 585种,抄成于道光至光绪年间,被称为“中国近代旧剧的结晶”,“可与全唐诗、全宋词媲美”。《粹编》所收约占原书的三分之二。(6) 王秋桂主编《善本戏曲丛刊》,台湾学生书局 1983 年影印 32 开精装本。第一辑 9 册,主要收弋阳腔和徽调系统的戏曲选集 9 种;第二辑 9 册,收昆腔系统的戏曲选集 8 种;第三辑 12 册,收曲谱 5 种。1987 年出版四至六辑。

第二节　总集和全集

总　集

集部收古人诗、文、词、曲等文学作品，是我国文化遗产中数量最多的部分。简单说来，收录多人作品的为“总集”，收录个人作品的为“别集”。总集又可分“选”本与“全”收的两种，今分别介绍其有代表性、最常用者于下。

《文选》(又称**《昭明文选》**)　南朝梁昭明太子萧统主持编选。通行本有：(1) 李善注本，清胡克家重刻宋淳熙本，1986 年上海古籍出版社点校本；(2) 六臣注本，《四部丛刊》影印北宋天圣明道本。《文选》选辑梁初以前 130 多人的赋、诗、杂文 700 余篇，分 38 小类。此书对我国古代文学的发展有极大影响，被称为“总集”之祖。唐李善为作详注，并将原书 30 卷分为 60 卷。开元年间，吕延济、刘良、张铣、吕向、李周翰作注，世称“五臣注”。宋人或合李注、五臣注为一，则称“六臣注”。《文选》研究成为专门之学，世称“选学”。

《文苑英华》　宋李昉等奉敕编。此书继《文选》，起梁末至唐末、五代，选 2 200 余人的诗文近 20 000 篇，分 38 类。资料丰富，是研究这一时期文学的重要书籍。1966 年中华书局影印宋、明配本，1983 年重印。附有宋彭叔夏《文苑英华辨证》10 卷及清劳格《文苑英华辨证拾遗》，另编《作者姓名索引》。

其他选本有：《玉台新咏》(南朝陈徐陵选辑，为南北朝时期诗歌总集。清吴兆宜《玉台新咏笺注》，1985 年中华书局点校本)；《乐府诗集》(宋郭茂倩编，选辑上古至唐、五代的乐章歌辞，1979 年中华书局点校本)；《花间集》(后蜀赵崇祚编。收唐五代词 500 首，有多种校注本)等。

自清康熙间纂修《全唐诗》以来，“全集型”的文学总集引起人们的重视。但进展缓慢，成效不著。20 世纪 80 年代以来，此类总集的编纂已成为国家古籍整理的重点项目。下边略依作品时代列目。

《全上古三代秦汉三国六朝文》　清严可均校辑。收上古至隋单篇文章，作者 3 497 人，各有小传。全书按时代分 15 集，内容极为丰富，文章均注出处。严氏生前未能定稿，光绪间广州王毓藻集合多人，经过八次校雠才刻印出来。今通行本为 1958 年中华书局影印本，1965 年重印本附《篇名目录及作者索引》一册。1997 年河北教育出版社出版横排简体字校点本,10 册。

《先秦汉魏晋南北朝诗》 逯钦立辑。1983 年中华书局排印本,3 册。收先秦至隋的诗最为完备。校勘详审,注明异文。全书略依作者卒年编排。1988 年版附《作者篇目索引》。

《全唐诗》 清彭定求、杨中讷等十人奉敕编。康熙四十四年至四十五年(1705—1706)编成,收唐、五代 2 246 人诗作 48 900 余首。次年,扬州诗局刻本。1960 年中华书局校点排印本,附日本上毛河世宁所辑《全唐诗逸》,精装 12 册,附作者索引。1979 年重印,平装 25 册,不附索引。1983 年中华书局出版张忱石编《全唐诗作者索引》。1986 年上海古籍出版社影印原刻本,附《全唐诗逸》,缩印为 16 开精装 2 册。1990 年上海古籍出版社另行出版史成编《全唐诗索引》,分作者索引与篇名索引两部分。唐诗的索引还有日本平冈武夫等编的《唐代的诗篇》,有 1965 年日本京都大学印本,1977 年同朋舍书店重印本;又有上海古籍出版社影印本。

当时只用了一年又八个月就编成《全唐诗》,主要是由于有两个底本。其一,明胡震亨编《唐音统签》(按十干分甲至癸签),稿 1 027 卷(一说 1 333 卷),仅刻癸签(癸签有排印本)及戊签,稿本及刻本今存北京故宫博物院。其二,清初钱谦益、季振宜递辑本《全唐诗集》(也叫《全唐诗》、《唐诗》)。其初稿本是用各种刻本和抄本拼辑起来的,今存台湾"中央图书馆"。清内府旧藏该书的重抄本。1979 年台湾联经事业出版公司据初稿本影印,改名《全唐诗稿本》(收入《明清未刊稿汇编》第 2 辑),计 716 卷,32 开精装 71 册,收 1 895 人,诗 42 931 首。

《全唐诗》是全收类总集的第一部,影响深远。但编辑仓促,疏漏颇多。日本河世宁《全唐诗逸》辑于天明年间(1781—1786),是最早的该书补编。1982 年中华书局出版《全唐诗外编》(全 2 册),包括王重民、孙望、童养年等所辑补遗,共收诗2 000 余首(其中 290 首左右因失考而与《全唐诗》重复)。1992 年中华书局出版《全唐诗补编》(陈尚君辑校)。除对《全唐诗外编》作了校订之外,陈尚君个人所辑编为《全唐诗续拾》,补诗达 4 300 余首。

《全唐文》 清董诰、阮元、徐松等奉敕编,嘉庆十九年(1814)内府刊本。1983 年中华书局影印内府本,加断句,附印清陆心源《唐文拾遗》、《唐文续拾》。1985 年出版马绪传编《全唐文篇名目录及作者索引》。《全唐文》以内府旧藏钞本《唐文》160 册为蓝本，并从《文苑英华》及其他类书、总集、文集及金石碑版采辑唐文而成。共收唐、五代文 18 488 篇，作者 3 042 人，均附小传。文章多出自《文苑英华》，故一律不注出处，是其缺点。孙映奎主持校点《全唐文》，将由人民文学出版社出版。

清陈鸿墀为《全唐文》总纂官，于纂修过程中，征引有关资料，依《世说新语》体例分 80 门，纂成《全唐文纪事》一书，于研读《全唐文》有参考价值。1959 年中华书局上海编辑所出版排印断句本，1987 年上海古籍出版社校订重印。

2000 年，吉林文史出版社出版了《全唐文新编》，周绍良总主编，收录作者 5 073 人，作品 34 742 篇。全 22 册。2005 年中华书局出版陈尚君编《全唐文补编》。

《全五代诗》 清李调元辑，有《函海》(道光)本、《丛书集成初编》本；何光清点校本，1992 年巴蜀书社出版。

《全唐五代词》 张璋、黄畬辑，上海古籍出版社 1986 年出版。收词 2 500 余首，有姓名可考的作者 170 余人。

《全唐五代词》 曾昭岷、曹济平等编，中华书局 1999 年出版。收词约 2 700 首，是收罗最为完备的唐五代曲子词总集。

《全宋词》 唐圭璋辑，1940 年商务印书馆出版线装本。后编者重新整理，并经王仲闻订补加工，中华书局 1965 年出版；1979 年重印，附编者所写《订补续记》。此书收宋代词人 1 330 余家，词作近 20 000 首，相当完备。孔凡礼编《全宋词补辑》，收作家 140 余人(其中 41 人已见《全宋词》)，词 430 余首，中华书局 1981 年出版。1999 年中华书局出版新版简体横排增补本。

《全辽文》 陈述辑。此书原名《辽文汇》，收 226 人，文 524 篇，中国科学院 1953 年印行。经编者近三十年搜寻，共得诗文 800 余篇，始改今名，1982 年中华书局出版。

《全辽金文》 阎凤梧主编，山西古籍出版社，2002。全 3 册。收录 786 位作家的文章 3 356 篇。

《全辽金诗》 阎凤梧、康金声主编，山西古籍出版社，1999。全 3 册。收录 716 位作家的诗歌 11 662 首，残篇 389 则。

《全金元词》 唐圭璋辑，1979 年中华书局出版。收金词人 70 人，词 3 572 首，元词人 212 人，词 3 721 首。编者曾作增订，将由中华书局重印。

《全金诗》 薛瑞兆、郭明志辑，南开大学出版社 1995 年出版，4 册。此书搜罗完备，校订精审，大大超过清郭元钎所编《全金诗》。

《元诗选》 清顾嗣立辑，中华书局 1987 年出版标点本初二三集，2002 年重印。2002 年又出版癸集，及清钱熙彦辑《元诗选补遗》。

《全元曲》 徐征等主编，河北教育出版社 1998 年出版。收录元代 278 位存名曲作者和诸佚名作者现存的所有作品。

《全元散曲》 隋树森辑，1964 年中华书局出版，1981 年重印。2 册。

《全明词》 饶宗颐初纂，张璋总纂，2004 年中华书局出版，全 6 册。

《全明散曲》 谢伯阳辑，1994 年齐鲁书社出版，全 5 册。

《全清词·顺康卷》 南京大学中国语言文学系《全清词》编纂研究室编，2002 年中华书局出版，全 20 册。

《全清散曲》 凌景埏辑，谢伯阳补辑，1985 年齐鲁书社出版，全 3 册。

列为全国高校古籍整理研究工作委员会重点规划项目的文学总集有以下 8 种(通称“七全一海”)：

《新编全唐五代诗》，由南京大学、苏州大学、河南大学合作，周勋初等主编。

《全宋文》 四川大学古籍整理研究所主持，曾枣庄、刘琳主编，巴蜀书社 1988 年起出版。2006 年由上海世纪出版股份有限公司上海辞书出版社、安徽出版集团安徽教育出版社联合出版。全 360 册。

《全宋诗》 北京大学古文献研究所主持，傅璇琮、孙钦善等主编，北京大学出版社 1991—1998 年出版，全 72 册。1999 年出版索引 1 册。2005 年大象出版社出版陈新等著《全宋诗订补》1 册。

《全元文》 北京师范大学古籍整理研究所主持，李修生主编，江苏古籍出版社(今凤凰出版社)1997—2005 年出版。全 60 册，第 60 册为索引。

《全元戏曲》 中山大学主持，王季思主编，1990—1999 年人民文学出版社出版。辑录元代杂剧和南戏。

《全明诗》 复旦大学、北京大学、杭州大学、南京师范大学四所高校古籍整理研究所主持，章培恒等主编，1991年起上海古籍出版社出版。

《全明文》 复旦大学古籍整理研究所委托钱伯城、魏同贤、马樟根主编，1992年起上海古籍出版社出版。

《清文海》 南开大学古籍整理研究所编，北京图书馆出版社即将出版。全35册。

目前，《全元诗》(杨镰主编)的编纂也正在积极进行之中。

独撰全集

诗文全集向来归集部别集类。《书目答问》有“国朝一人自著丛书”，列举清代名人丛书近50种，开后来“独撰丛书”之先河。今略仿其意，举民国间国学大师数人之“全集”供治古文献者参考。有些全集的子目参见《中国丛书综录》及庄芳荣《丛书总目续编》。

《章氏丛书》 章炳麟撰，1917—1919年浙江图书馆刻本，又有影印本、排印本。《章氏丛书续编》，1933年钱玄同、吴承仕等北平刻本，1957年成都新民书局印本。《章氏丛书三编》，章氏国学讲习会1938年编印。

《章太炎全集》 章炳麟撰，上海人民出版社，1982年起出版排印本。计划出12册。

《饮冰室合集》 梁启超撰，林志钧编辑，1932年中华书局出版。40册。

《饮冰室丛著》 梁启超撰，1956年台湾中华书局出版。收著述44种。

《罗雪堂先生全集》 罗振玉撰著校刊，1968—1970年台北市文华出版公司影印前三编，1972年起大通书局影印后四编。共140册，收罗氏撰著校刊之书177种。

《王观堂先生全集》 王国维撰，1968年台北市文华出版公司影印本。收王国维著述50种，附录有关参考资料10种。

《海宁王静安先生遗书》 赵万里等辑。1940年商务印书馆长沙石印本，收著述43种，104卷。1983年上海古籍书店重印，改名《王国维遗书》。

《励耘书屋丛刻》 陈垣撰，1931—1939年间自刻本。分两集，第一集3种,第二集5种。

《黄季刚先生遗书》 黄侃撰,潘重规过录整理,1980年台湾石门图书公司影印出版。8开精装14册。

《陈寅恪集》 三联书店,2001—2002。在《陈寅恪文集》(上海古籍出版社1980年起出版)基础上修订增补而成。共13种。

个人"全集"不是短时期能编辑完成的。以上作者除了上列个人丛书外,还有大量单行著作行世,这些著作并未全部收入丛书。这是我们查考、使用时应注意的。

第三节 地方志

分门别类记载地方行政区域内的政治、经济、文化、社会、地理等情况的史籍叫地方志,简称方志。这是我国特有的百科全书式的传统文献,蕴藏着极其丰富的文化资源。方志约起源于魏晋之际,古称记、志、地记、图经等。隋唐时的总志,又称一统志,宋代以来方志体制趋于完备。清雍正七年(1729)诏令全国府、州、县志每六十年续修一次,此后修纂方志成为地方官必须履行的职责之一。我国于20世纪60年代、80年代两次掀起修志热潮,多数省、市、县设立了修志机构,已有不少新志修成出版。方志品种繁多,除总志(一统志)、省志(通志)、府州县志以外,还有乡镇志,以及山川、土司、盐井、寺庙、人物、艺文等小志或专志。方志的用途很广,社会科学、自然科学以及各种实际工作、社会活动,几乎都能从地方志书中获得有用资料。古文献工作与方志有着密切关系。例如有人从清康熙二十三年(1684)未刊稿本《江宁府志》中《曹玺传》得知曹寅异母弟名"宣",后因避康熙讳改为"荃"。又如新从日本引回并于1983年由福建人民出版社排印出版的《寿宁县志》,是明末著名通俗文学家冯梦龙任寿宁县知县时所修县志,其中记录了大量冯氏事迹,并明确了他是"苏州府吴县籍长洲县人"。

以下介绍几种方志丛书:

《中国地方志集成》 江苏古籍出版社(今凤凰出版社)、上海书店、巴蜀书社编辑出版。至2006年5月,已出版上海市、江苏省、浙江省、江西省、四川省、安徽省、湖北省、湖南省、福建省、海南省、北京市、天津市、广东省、山西省、山东省、台湾省、西藏自治区、辽宁省、吉林省、黑龙江省等辑及乡镇志专辑。

此丛书选收1949年以前所修方志3 000余种，包括府、州、厅、县志，依现行行政区划，分省编辑。并另编《乡镇志》、《山水志》、《寺庙志》三个专辑。全书出齐后将编印全书总目及书名索引。

《中国方志丛书》 何光谟主编，台湾成文出版社1967—1974年编辑出版。分一、二两期，共收宋朝至当代方志1 362种，16开精装3 128册。其中有通志、府县志、乡镇志及各种专志（如《庐山志》、《白鹿洞书院志》）。另编有目录、索引。

《新修方志丛刊》 台湾学生书局编辑，1967—1981年影印本，精装719册。本书选收清代至民国初年新修的府、州、县志234种，按行政区域分辑出版。多数省区收10种左右，而四川多达60种，湖南、浙江、福建各收1种。

《宋元方志丛刊》 中华书局1990年影印本，16开精装8册。收宋元本方志40余种。

《稀见中国地方志汇刊》 中国科学院图书馆选编，中国书店1992年影印本，16开精装50册。收该院馆藏稀见方志200种。

《日本藏中国罕见地方志丛刊》 书目文献出版社1990年影印本，16开精装本，已出5集。收北京图书馆馆藏胶卷中选出的国内罕见方志近百种。2003年北京图书馆出版社出版"续编"，全20册。

《天一阁藏明代方志选刊》 上海古籍书店选编影印。初编选107种，1964年影印线装386册，1981年重印32开精装本68册。1990年上海书店又选编《续编》109种，影印精装72册。谭其骧《续编·前言》云，天一阁原藏明代方志435种，后陆续散佚，今存271种。初、续编选刊共得216种。

《地方志人物传记资料丛刊》 国家图书馆编，北京图书馆出版社2001年起出版。此丛刊将地方志中与人物有关的各个门类，如各类人物传，各类表志，金石、文征、艺文类中的墓志、碑铭、传记、去思录等，汇辑成书。分为西北卷（2001，全20册）、华北卷（2002，全66册）、东北卷（2001，全12册）、华东卷（即出鲁皖分卷）、华南卷、西南卷等6卷。各卷的第一册为本卷所收方志目录。

1934—1936年商务印书馆出版6种通志，缩印32开精装本，每种均附四角号码综合关键词索引。1990年起上海古籍出版社重印。六省通志为：(同治)畿辅通志，(宣统)山东通志，(道光)广东通志，(民国)湖北通志，(光绪)湖南通志，(雍正)浙江通志。

《中国省志汇编》 台北华文书局1967—1969年影印本。第一期收8种，60册；第二期收9种(附1种)，70册。简目如下：第一期收(乾隆)江南通志，(雍正)浙江通志，(光绪)重修安徽通志，(民国)湖北通志，(光绪)江西通志，(光绪)湖南通志，(嘉庆)四川通志，(乾隆)贵州通志。第二期收(道光)重纂福建通志，(道光)广东通志，(同治)畿辅通志，(宣统)山东通志，(光绪)山西通志，(光绪)河南通志、续通志，(雍正)陕西通志，(民国)续修陕西通志，(光绪)绥远通志，附(民国)归绥县志。

近年来，国家图书馆分馆编、北京图书馆出版社等出版的方志丛书还有：《孤本旧方志选编》，全26册，2004，收旧方志33种，以清乾隆以前的志书为主；《明代孤本方志选》，全12册，2000，选录明代方志23种；《清代孤本方志选》，全60册，2001，选录清前期(顺治、康熙、雍正)府县志76种；《乡土志抄稿本选编》，全16册，2002，收录北京、河北等省乡土志50余种。另有《中华山水志丛刊》，全75册，2004，收录山水志319种。

《中国古代地理总志丛刊》 1980年起中华书局编辑出版点校本。

“总志”又名“一统志”，是按各时期全国行政区划编纂的地方志，起于唐，终于清。现将各种总志列目如下(已收入“总志丛刊”者加括注)：

《括地志辑校》(总志丛刊) 唐初李泰等纂修，贺次君辑校，中华书局1980年排印本。这是最早的总志，原书550卷、序略5卷，南宋亡佚。这是佚文辑校本。

《元和郡县(图)志》(总志丛刊) 唐李吉甫纂，贺次君点校，中华书局1983年排印本。此书记各地沿革、山川、城邑、古迹、大事等，有较高史料价值，可补《旧唐书》、《新唐书》之不足。原书40卷，有图，今存34卷，宋时图佚。

《太平寰宇记》 宋初乐史纂。原书200卷，记各州府沿革、辖境、户口等，并增风俗、姓氏、艺文、土产等，书末记四夷。乾隆时已有残缺，《四库全书》本仅193卷。《提要》云：地理之书“记载至是书而始详，体例亦自是而大变”，“虽卷帙浩繁，而考据特为精核。”清末杨守敬从日本访得佚文5卷半，刻入《古逸丛书》。

《元丰九域志》(总志丛刊) 宋王存等纂,王文楚、魏嵩山点校,中华书局1984年排印本。10卷。

《元一统志》10卷 今人赵万里辑,中华书局上海编辑所1966年排印本。此书原本名《大元大一统志》1 300卷,前有彩绘地图,元代官修。仿前代总志体例,多采宋元旧方志,网罗宏富,为空前完备之一统志,有至正六年(1346)刻本。明代修《大明一统志》曾用作蓝本。后散佚,仅存残本。

《大明一统志》 明李贤等纂修。明景泰间陈循等修成《寰宇通志》,英宗时命李贤等重修,天顺五年(1461)成书90卷。依明代两京、十三布政使司等行政区划,参照《大元大一统志》体例修成。引用古事多有失误,但保存不少明代史料。传世有明天顺间原刻本,弘治间闽中慎独斋刻本,万历十六年(1588)杨氏归仁斋刻本。

《读史方舆纪要》130卷《舆图要览》4卷 清顾祖禹撰。通行本为中华书局1955年重印《国学基本丛书》本,精装6册,附校记。此书依明代行政区划,侧重记述古今山川形势及用兵利弊,内容丰富,考证精详,为地理学名著。中华书局2005年出版贺次君、施和金点校本,全12册。

《大清一统志》 清代三次纂修一统志。乾隆八年(1743)本,342卷。乾隆四十九年(1784)增补本500卷,收入《四库全书》。嘉庆十六年(1811)三修,《嘉庆重修一统志》成于道光二十二年(1842),560卷,仅有进呈清写本,今有《四部丛刊续编》影印本,附索引;1986年起中华书局重印。

第四节 档案史料和资料汇编

档案史料

历代政府、社会组织或个人在各种实践活动中形成的文字记录或图片、声像、实物等资料,经过立卷归档的程序,便成为档案。这是具有证据价值和信息价值的文献。已故历史学家郑天挺说过:“历史档案是原始资料的原始资料”,“历史档案在史料中不容忽视,应该把它放在研究的最高地位,就是说,离开了历史档案无法研究历史。”

我国有数以千计的档案馆(室),其中最重要的三个是:中央档案馆，保管中国共产党建立以来的革命历史档案和中华人民共和国建国以来党和政府具有永久保存价值的档案；第一历史档案馆，保存明清两代流传下来的历史档案；第二历史档案馆，设在南京，保存民国时期各个政权中央一级的重要档案。此外，台湾故宫博物院、"国史馆"及一些行政机构和学术单位也收藏了部分历史档案和民国档案。

以下介绍几种经过整理出版的历史档案：

"起居注" 起居注是古代由专职官员逐日记录帝王起居和朝廷大事的历史档案，是最原始最详细的史料。汉武帝时有《禁中起居注》(佚)，唐初有《大唐创业起居注》(存)。明代仅存《万历起居注》(有传本)。清代入关前后仅有简略记载，康熙十年(1671)至宣统二年(1910)有起居注 12 076 本，基本上完整。中华书局 1985 年起校点出版《康熙起居注》、《雍正起居注》等，第一历史档案馆同时出版起居注缩微胶卷，为清史研究提供了珍贵史料。

《明实录》 "实录"是一个皇帝在位时期的编年大事记。最早的记载是南朝梁周兴嗣等撰《梁皇帝(武帝)实录》(佚)。唐代开始，每位皇帝死后，继位者必为之纂修实录。据记载，至清末，历代实录有 110 余部，明以前实录存世者仅有唐韩愈撰《顺宗实录》5 卷，宋钱若水等撰《太宗实录》(残本)20 卷。明代实录共有十五朝 13 部(建文帝附于太祖，景泰朝附于英宗)。台湾"中央研究院"历史语言研究所 1963—1967 年影印出版，精装 133 册，附黄彰健撰《校勘记》29 册，又附刊后人辑录的《崇祯实录》、《崇祯长编》及一部分皇帝宝训等 21 册，共 183 册。上海古籍书店 1983 年影印台湾本，精装 100 册。据悉，线装书局将影印出版《抄本明实录》。

《清实录》 清实录每朝缮写五部，每部有汉、满、蒙三种文本(《德宗实录》只有汉文二部、《宣统政纪》只有汉文一部)。伪"满日文化协会"1936—1937 年影印"奉天大内崇谟阁本"太祖至德宗十一朝实录，另加《满洲实录》、《宣统政纪》，分装 122 帙，每帙 10 册，共印 300 部。台湾华文书局 1964 年据伪满本影印，精装 180 册。以后台湾文海出版社又出版《大清历朝实录》，精装 94 册。伪满本中《德宗实录》有删节、挖改的地方，主要集中在有关中日关系的记载。为此，中华书局 1985—1987年另择善本(第一历史档案馆藏"皇史宬"本，残缺部分补以故宫博物院藏"乾清宫"本；《德宗实录》、《宣统政纪》用北京大学图书馆藏定稿本)影印,共4 433卷,16开精装60册。这是比较完善的本子。

历代帝王诏令及大臣奏议是档案史料的重要组成部分,主要有以下几种:

《唐大诏令集》130卷 宋宋敏求编。有《四库全书》本、《适园丛书》1914年刊本,缺卷14—24、卷87—98。商务印书馆1959年据铁琴铜剑楼原藏顾广圻校旧抄本等校勘断句排印。上海古籍出版社2004年出版《唐大诏令集续编》(李希泌主编)。

《宋大诏令集》240卷 宋佚名编。今佚卷71—93、卷106—115、卷167—177,实存196卷,收北宋九朝诏令3 800余篇。中华书局1962年据旧抄本校点排印。

《康熙朝汉文朱批奏折汇编》 中国第一历史档案馆编,档案出版社1984—1986年套色影印出版。16开精装8册。

《雍正朝汉文朱批奏折汇编》 中国第一历史档案馆编,江苏广陵古籍刻印社整理。江苏古籍出版社1989—1991年影印出版。16开精装20册。

此外,专题档案史料、史料丛编很多,据冯尔康《清史史料学初稿》(南开大学出版社,1986;沈阳出版社,2004,改名《清史史料学》)附录二《清代档案史料书刊目录》,分解放前编辑出版、解放后编辑出版、台北编辑出版三部分。

资料汇编

“资料汇编”是一个含义广泛的概念,大致是指:为了某种研究课题搜集有关资料(包括档案史料、书刊资料等),加以编排,供人参考的书。它和其他书籍(如某些丛书、文选之类)并没有严格界限。这种书籍可能是从古代类书派生出来,一般具有内容丰富、编制多样化、针对性明确、查阅方便等优点,而成为目前大量涌现的出版物。试举与文史专业有关的若干种如下:

《甲骨文献集成》(中国古文字大系之一) 宋镇豪、段志洪主编,四川大学出版社,2001。本书收录的主要范围为,凡以甲骨学为研究对象或报道评述对象,或主要利用甲骨文对殷商史及有关社会科学、自然科学等各方面专题进行研究,具有较高学术价值,或在甲骨学发展史上具有重要影响的中文或外文专著、论文及报道资料等。按“甲骨文考释”、“甲骨研究”、“专题分论”、“西周甲骨与其他”、“综合”五大类编排。全

40册。

《金文文献集成》(中国古文字大系之二) 中国社会科学院考古研究所编,线装书局(国内版)、香港明石文化国际出版有限公司(国际版),2004。收集古今中外学者数百人的研究论著2 000余种。全46册,另索引1册。

此外,《战国文字文献集成》(中国古文字大系之三)亦正在编纂之中。全书约30册。

《中国近代史资料丛刊》 中国史学会主编,上海神州国光社、新知识出版社、上海人民出版社出版。共11种,全目如下:《鸦片战争》(神州版,1954;上海人民版,1957),《太平天国》(神州版,1952;上海人民版,1957),《捻军》(神州版,1953;上海人民版,1957),《回民起义》(神州版,1952),《中法战争》(新知识版,1955;上海人民版,1957),《中日战争》(新知识版,1956;上海人民版,1957),《戊戌变法》(神州版,1953;上海人民版,1957),《义和团》(神州版,1951;上海人民版,1957),《洋务运动》(上海人民版,1961),《辛亥革命》(上海人民版,1957),《第二次鸦片战争》(上海人民版,1978)。

《中国近代史资料丛刊续编》 1989年起中华书局开始出版。计划出6种:《太平天国》、《中法战争》、《中日战争》、《立宪运动》、《辛亥革命》、《清末教案》。

《古典文学研究资料汇编》 中华书局1962年起分卷出版。详见第十二章第四节。

《中国文学批评资料汇编》 台湾"国立编译馆"编,台北成文出版社1978—1979年出版,精装11册。收录西汉至清末散见于总集、别集、史传、类书、随笔中有关文学批评的篇章,不收专著中材料。按朝代分为两汉魏晋南北朝、隋唐五代、北宋、南宋、金、元、明、清8编。各编分叙论、资料汇编两部分。

《古汉语语法学资料汇编》 郑奠、麦梅翘编,中华书局,1964。辑录《马氏文通》出版前古籍中有关语法研究的资料,分两部分:第一部分又分"词论"与"句论",第二部分辑录诸子之书、文字训诂书及传、注中语法资料。附录3种,为书目和篇目。

《古汉语修辞学资料汇编》 郑奠、谭全基编,商务印书馆,1980。收录先秦至清末有关修辞的资料512篇(则)。

《文献学论著辑要》 张舜徽编，陕西人民出版社，1985。此书收录西汉以来有关目录、版本、校勘及重要文献序跋等数百篇，对文献工作者有参考价值。

《中国古代藏书与近代图书馆史料(春秋至五四前后)》 李希泌、张椒华编，中华书局，1982。本书收录有关原始文献 225 篇(不计附件)，附录《古代藏书楼与近代图书馆索引》。

《中国历代图书著录文献》、《中国历代国家藏书机构及名家藏读叙传选》 袁咏秋、曾季光主编，北京大学出版社，1997。辑录秦汉至民国历代经籍艺文志和名家学者关于图书著录之论著。前者为总体框架，后者为其补充和延伸。

第五节　宗 教 文 献

所谓宗教文献是指佛、道二教的大型文献：《大藏经》和《道藏》，及与之有关的文献。

宋太祖开宝五年(972)到太宗太平兴国八年(972—983)刻成第一部汉文大藏经《开宝藏》，以后历代刻有官版、私版大藏经 20 多种。大藏经内容十分丰富，它既是佛典总汇，也是研究东方哲学、历史、语言、文学、美术、音乐等的资料宝库。

南朝宋陆修静编成《三洞经书目录》，建立了道教典籍分类体系。唐开元中，辑成《三洞琼纲》，是为《道藏》之始。宋真宗命王钦若、张君房等辑成《大宋天宫宝藏》，按三洞四辅分类，采用《千字文》编号，奠定了《道藏》的编纂体制。宋徽宗政和年间(1111—1118)刊成《政和万寿道藏》，这是《道藏》的最早刻本，也是金元各藏的蓝本。以上《道藏》，历经兵火及元代佛道之争，都已散佚，现存的是明《正统道藏》。《道藏》内容十分庞杂，除道经外，还涉及哲学、伦理、政治、社会以及有关化学、生物、医药、保健、体育等种种方面，在探究我国传统文化上有广泛用途。其中保存的重要古籍的较早版本，在古文献整理研究工作中具有参考价值。

《中华大藏经》(汉文部分) 《中华大藏经》编辑局编，任继愈主编，中华书局 1984 年起出版。共 220 册。本书拟收佛典 4 200 部、23 000 卷，分为 3 编。第一编收历代大藏经中有《千字文》编号的典籍，亦即正藏，约2 000余部，以著名的《赵城金藏》为底本，参用《房山云居寺石经》、《资福藏》、《影宋碛砂藏》等8种藏本校补。第二编收未入《千字文》编号的典籍，亦即续藏，约2 000余部。第三编收藏外典籍及近代有关佛教著作。将另编7种索引作为附录。

《大正大藏经》（全称《大正新修大藏经》） 日本大正一切经刊行会编印。大正十三年至昭和九年（1924—1934）编成。共100册。另编索引48册。1960年再版，略有修订。台湾新文丰出版公司1973年影印正文，1977年影印索引。本书分三部分：(1) 正篇85册，第1—32册为印度撰述，第33—55册为中国撰述，第56—84册为日本撰述；各部分按经、律、论为序编排。第85册收古逸（敦煌遗文等）、疑似（疑伪书）。(2) 图像12册。(3) 法宝总目录3册，收佛藏目录77种。

《佛藏辑要》 巴蜀书社，1992。精选佛典300余种影印，共41册（含索引1册）。

此外，佛典汇编还有：《乾隆版大藏经》（文物出版社，1990），简称《清藏》或《龙藏》，据1982年在北京白塔寺塔的铜顶内发现的经板刷印，收佛典1 675部、7 245册，分装724函；《释氏十三经》（中国佛学院、中国佛教协会编，文物出版社，1989）；《大藏经补编》（蓝吉富主编，台北华宇出版社，1984—1985）；《现代佛教学术丛刊》（张曼涛主编，台北大乘文化出版社出版。分十辑，每辑10册，共收论文1 776篇。附《目录索引、作者简介》1册。选辑著述时期为1911—1978）。

《道藏》（又称《正统道藏》） 明英宗正统十年（1445）邵以正督校刊成，收书1 431种、5 305卷，名《正统道藏》。神宗万历三十五年（1607）张国祥辑刊《万历续道藏》，收书56种、180卷。以上二书亦合称《正统道藏》。1923—1926年商务印书馆据北京白云观藏明刊本（今归国家图书馆）影印，线装1 120册。台北艺文印书馆1962年重印，1977年改印32开精装本60册，附《目录索引》1册。1988年文物出版社、上海书店、天津古籍出版社据上海旧藏明刊本校出商务本中缺页、脱文、错页、重文等60余处，出版16开精装本36册，题名《道藏》。

《中华道藏》 华夏出版社，2003。《中华道藏》以明《正统道藏》、《万历续道藏》为底本，对原《道藏》所收各种道书作校补、标点、重新分类，并补入经书百余种，使之成为一部新的道教经典丛书。共收书1 500多种，5 500多卷，约6 000余万字。全49册。由中国道教协会、华夏出版社、中国社会科学院世界宗教研究所共同进行整理和点校，并新编了索引。

《道藏辑要》 清康熙间彭定求辑刊，光绪三十二年(1906)成都二仙庵住持阎永和增订重刊。1988年巴蜀书社据光绪木版刷印，装订245册，35函。本书是现存第二部大型道教典籍汇编，收书283种、531卷，其中110种、238卷是正、续《道藏》漏收的，不少还是传世孤本，按二十八宿字号分为28集。所收书除道教经典外，还有诸子百家、碑刻传记、山川地志、医药方剂、卫生保健等资料。

《藏外道书》 胡道静主编，巴蜀书社，1992。16开精装本20册。本书收书650余种、1 100卷。包括正、续《道藏》以外的明清至民国间所出的所有道书(含《道藏辑要》中《道藏》未收的110种)。

第六节 出土文献

出土文献泛指通过地下发掘获得的古代文献，以及地下发掘和地面保存的遗迹、遗物上的文字资料，如各种石刻文字。本节分别介绍甲骨文、金石文字、简牍、帛书和敦煌文献的集成性汇编。

甲骨文

甲骨文是指刻在龟甲和兽骨上的文字。清光绪二十五年(1899)在河南安阳小屯村殷墟出土的甲骨文是近代中国文化史料三大发现之一，与敦煌卷子、清代大库档案相媲美，受到国内外学术界高度重视。这是商代从盘庚迁殷到商亡273年间的实物资料，内容是关于占卜的记载，可以说是当时的官方档案。甲骨文的发现证实并改写了殷商历史。至今出土的甲骨已达15万片，著录研究甲骨文的专著已近200种，并建立了“甲骨学”这一新学科。以下介绍几种甲骨文的资料汇编：

《甲骨文合集》(图版本) 郭沫若主编，胡厚宣总编辑，中华书局1978—1983年影印，8开精装13册(第13册为摹本)。

本书从1961年着手编纂，编者根据所见甲骨实物10万片及180多种甲骨书刊资料，经过辨伪，查重，缀合，在约15万片中，筛选出41 956片，按先分期、后分类的体例进行编排，共分5期、4大类、22小类，影印出版。此书为“图版本”，以后将出版“释文本”，及索引、选本、续集和研究丛刊。1999年,语文出版社出版《甲骨文合集补编》,彭邦炯等编。收录甲骨藏片15 000余片,大部分是第一次公开发表。全7册。上海辞书出版社将出版中国社会科学院历史研究所编《甲骨文合集释文》。

《小屯南地甲骨》　中国社会科学院考古研究所编。中华书局1980—1985年出版8开精装本,上册是拓片部分,下册是释文部分,附摹本及索引。这批甲骨1973年于小屯南地出土,图版编号共4 589号(其中8片是朱书)。因出土时间较晚,除已发表的几片外,均未收入《甲骨文合集》。

《殷墟甲骨刻辞摹释总集》　姚孝遂主编,中华书局,1988。8开精装2册。本书对当时已著录的全部甲骨刻辞予以摹写和释读。除以上二书外,还包括《英国所藏甲骨集》、《东京大学东洋文化研究所藏甲骨文字》、《怀特氏等所藏甲骨文集》。

金石文字

"金石文字"包括"金文"和"石刻"。"金文"又称"钟鼎文",是铸或刻在青铜器上的铭文。它上起殷周,下及秦汉,用来记载祀典、锡命、征伐、契约等,有的铭文很长,如清道光时陕西出土的毛公鼎,铭文497字,记述周宣王的诰诫,可补《尚书》之不足。"石刻",指刻有文字、图像的碑碣、墓志或石壁。现存最早的石刻是东周时秦国的"石鼓文"。刻石之风盛行于秦汉,历代不衰,石刻资料极为浩博,本书介绍偏重碑碣与墓志。

《殷周金文集成》(铭文集)　中国社会科学院考古研究所编,中华书局1984—1994年影印出版,全18册。这是殷周金文的集成型汇编。收录国内外收藏的有铭文的铜器10 000余件,分铭文集、图像集、释文和索引三编。"铭文集"又分正编、附录、《集成》未收器目录、补编四部分。正编各册均附说明,介绍各器铭文字数、时代、著录情况、出土时间地点、流传情况、现藏单位等。2001年中华书局出版《殷周金文集成引得》。同年,由中国社会科学院考古所编纂、香港中文大学中国文化研究所用电脑程序直接排版的《殷周金文集成释文》出版。

《商周金文集成》　邱德修编,台北五南图书出版公司1983年影印出版,16开精装10册。此书收商周金文之拓本、影印本及摹本8 974纸,分57卷。按铜器56类编排,同类者依铭文字数为序。第56卷为其他,第57卷为补遗。第10册为全书索引。每一器为一条。

《金文引得(殷商西周卷)》 华东师范大学中国文字研究与应用中心编,广西教育出版社,2001。包括青铜器铭文释文、引得和检字三部分。释文为2001年以前专书、杂志著录的殷、商、周青铜器9 916器、5 758篇铭文的隶定断句;引得收入所有句子;检字收入所有单字。

《北京图书馆藏中国历代石刻拓本汇编》 北京图书馆金石组选编,中州古籍出版社1988—1990年影印出版,8开精装100册,另编索引2册。此书从该馆所藏石刻资料43 000多种、拓本104 000余件中选出近20 000种编成,每种拓本附简短说明。此书被誉为"石头上的《二十五史》"。

《汉魏南北朝墓志集释》 赵万里编著,科学出版社,1956,线装6册。收拓本609件,集释部分有对拓本的说明,有对有关史事的考证,并选录前人题跋。

《隋唐五代墓志》 本书编委会编,天津古籍出版社1991年影印出版,29册,附索引1册。共收墓志5 000余种,按地域或收藏单位分9卷,每卷各有主编及《前言》,对所收志石有说明。各卷依墓主入葬年月(或卒年)为序,墓志标题由编者拟定。

《千唐志斋藏志》 河南省文物研究所、河南省洛阳地区文管处编,文物出版社1984年影印出版,8开精装2册。千唐志斋在河南新安县铁门镇,为张钫1935年所建。收藏张氏所藏历代墓志石刻1 360件。其中唐代最多,有"石刻唐史"之誉,因以"千唐志斋"命名。

《石刻史料丛书》 严耕望辑,台北艺文印书馆1967年影印,精装100册。分甲、乙编,甲编收文录类书22种,乙编收目录题跋类书26种。

《石刻史料新编》 台湾新文丰出版公司分3辑影印出版,16开精装。第一辑1977年版,30册,收书102种。第二辑1979年版,20册,收书140种。第三辑1986年版,40册,收书700余种。每辑分"一般"、"地方"、"目录题跋"3类,第三辑增加"研究参考"类。

《先秦秦汉魏晋南北朝石刻文献全编》、《隋唐五代石刻文献全编》、《辽金元石刻文献全编》、《明清石刻文献全编》 国家图书馆善本金石组编,北京图书馆出版社,2003。

以上石刻丛书之外,如《金石萃编》(清王昶撰)、《八琼室金石补正》

（清陆增祥撰，是对王书的补充、订正），二书收元以前石刻文字 3 500 余篇，并有说明题跋，是最重要的参考书，都有单行本。今人杨殿珣编《石刻题跋索引》（商务印书馆 1957 年增订本，1990 年重印），收 137 种金石书中文字，分为 7 类，列举有关题跋文字的出处，便于检索。

简牍帛书

“简牍”是纸发明以前我国文献的主要载体。简为竹简，牍为木牍，自殷商迄魏晋的长时期内是主要的书写材料，以后为纸取代。因保存不易，现存简牍都是近现代考古发掘所得，其文献价值、版本价值极其重要。

竹简木牍的出土，古时有过记载。晋武帝时汲县魏王墓被盗，得竹简数十车，整理成书称“汲冢书”，便是著名的一例。20 世纪初迄今，多次发现简牍，约 15 万余枚。1901 年起，斯文赫定、斯坦因在西北楼兰、尼雅获汉文文书 728 件，其中多为竹简。1907 年前后斯坦因在疏勒河流域长城遗址中发现“敦煌汉简”700 多枚，罗振玉、王国维据以撰写《流沙坠简》。1930 年西北科学考察团在内蒙古、甘肃居延遗址发现汉简 10 000 多枚，1972—1976 年甘肃居延考古队又发掘出汉简近 20 000 枚，中国社会科学院考古研究所编、中华书局 1980 年出版《居延汉简甲乙编》，精装 2 册。1972 年山东省博物馆在临沂银雀山西汉初两墓中发掘出竹简 4 942 枚，内有《孙子兵法》、《孙膑兵法》等多种先秦古籍和古佚书以及《元光元年历谱》。1957—1981 年在甘肃武威汉墓中发掘出《仪礼》简、王杖诏书令简和医简等。其中《仪礼》简 469 枚、27 298 字，有甲、乙、丙 3 种本子，是目前所见《仪礼》的最古写本，有很高的版本价值。1977 年安徽阜阳西汉前期汝阴侯墓出土竹木简，其中《仓颉篇》已整理出 360 余字，是出土字数最多的；《诗经》有《国风》、《小雅》残诗 69 首。1975 年湖北云梦睡虎地出土秦简 1 150 余枚，多为法律、文书。1983 年湖北江陵张家山西汉初墓中出土《律令》、《奏谳书》、《算数书》、《脉书》等竹简 1 000 余枚。1993 年江苏东海县尹湾西汉墓出土木牍 24 枚、竹简 116 枚，其中有《列女传》、《弟子职》、《楚相内史对》及东海郡档案史料等。以上简牍文献都有重要学术价值。1990—1992 年在甘肃敦煌汉悬泉驿遗址出土的 18 000 余枚两汉竹木简牍，1993 年 10 月在湖北荆门郭店一号楚墓中出土的 804 枚战国竹简，1996 年在湖南长沙走马楼发现的数量惊人的三国孙吴嘉禾纪年简牍（初步估计有 10 万余枚)，1999年初上海博物馆从香港文物市场购得的1 218枚楚简，都具有重要的学术价值。这些出土简牍大多已整理成书，如《银雀山汉墓竹简》(文物出版社，1985)，《郭店楚墓竹简》(文物出版社，1998)，《上海博物馆藏战国楚竹书》(上海古籍出版社，2001年起)。

《中国简牍集成》 中国简牍集成编辑委员会编，敦煌文艺出版社，2001。本书囊括了20世纪一百年来国内发掘并发表的全部简牍资料。以省区为卷。以每批出土简牍为基本单位，标明其考古学命名的出土时间、地点和名称等。

缣帛也是古文献的重要载体，与竹简并称"简帛"。简帛并行的时期很长。帛书在纸发明以后仍流行很久，因帛价格昂贵，终被纸取代。又因不易保存，流传至今者只有出土实物。1942年9月长沙子弹库战国中晚期楚墓中出土帛书1件，这是存世最早的帛书，现为美国私人收藏(国内有摹本)。1973年12月长沙马王堆三号西汉早期墓中出土帛书26件，约12万字，其中除《周易》、《老子》外，大都为古佚书，还有帛画地图2幅。湖南省博物馆有《马王堆汉墓研究》(湖南人民出版社，1981)。文物出版社1975起先后出版《马王堆汉墓帛书》一、三、四共三辑，1977年出版《马王堆汉墓帛书古地图》附《古地图论文集》。此外还有帛书单行本及研究专著多种。

敦煌文献

敦煌，汉武帝元鼎六年(前111)置郡，后来成为古丝绸之路的国际城市，也是北传佛教文化的中心。举世闻名的莫高窟始建于南北朝前秦建元二年(366)，到唐代已有石窟1 000余座，今存570余座。1900年5月26日道士王圆箓发现第16号石窟中藏有大量写本经卷及其他文物。1907年英国斯坦因买通王道士劫走8 102卷，其中有木刻印刷品20卷及其他绘画绣品。1908年法国汉学家伯希和劫走6 000多卷，其中颇多精品，引起世界轰动。以后俄、日汉学家接踵而来，卷子大量流失海外。1909年在各方敦促下，清政府收回劫余的8 679卷。敦煌卷子总数近50 000卷，写本年代最早的是北魏太安四年(458)，最晚的是北宋景德三年(1006)，其中汉文和一部分古藏文、突厥文、梵文、龟兹文等的佛经约占95%，非佛典约占5%，包括历史文书、科技资料、经史子集和通俗文艺等。据考证，此藏经洞当在11世纪初瓜沙曹氏地方政权为西夏侵袭面临覆灭之时所封闭，已历时近千年。这一宝藏被誉为研究我国中古时期社会经济和意识形态的“百科全书”，“敦煌学”已成为国际显学。

与敦煌卷子有关的是吐鲁番文书。新疆吐鲁番县境高昌故城北阿斯塔那及哈拉和卓附近有大量晋、唐时期古墓葬群。20 世纪初英国斯坦因、俄国科兹洛夫、日本桔瑞超等先后进行盗劫，1930 年中国学者来此地调查，收集了墓志和其他文物。1959 年以来，新疆维吾尔自治区博物馆、新疆社会科学院考古研究所曾在此进行多次发掘，出土珍贵文物数以千计和数千件汉文文书。这些文书大多残损，其种类有契约、籍帐(户籍、计帐等)、官府文书、私人信札、随葬衣物疏和经籍写本等。其内容涉及政治、经济、军事、文化等各方面，可补史籍之缺，订正古书之误。经过整理的文献大致如下：

《敦煌吐鲁番文献集成》 上海古籍出版社 1992 年起编辑出版，8 开精装。本书计划收集海内外所藏敦煌文献。已出版《俄藏敦煌文献》第 1 至 5 册、《法藏敦煌西域文献》第 1 至 4 册、《上海博物馆藏敦煌吐鲁番文献》(全 2 册)、《北京大学藏敦煌文献》(全 2 册)、《天津市艺术博物馆藏敦煌文献》(全 7 册)。该社还将继续出版各地各单位藏品。

《英藏敦煌文献》 中国社会科学院历史研究所、中国敦煌吐鲁番学会、伦敦大学亚非学院等编，四川人民出版社 1990 年起出版，全书 8 卷。此书是从英国各藏书单位所藏约 15 000 件敦煌卷子中选出佛经以外的汉文文书 2 000 余件重新拍摄、编辑而成。所收文书都加以定名，其中 300 余件为首次公布。附中英文 2 种目录索引。

《敦煌宝藏》 黄永武主编，台湾新文丰出版公司 1981—1986 年出版，16 开精装本 140 册。每 10 册为一辑。本书汇编了世界各地所藏敦煌卷子的缩微胶片约 20 万张，画本、壁画、塑像等图片 1 000 余张。所收以汉文写本、刻本为主(少数民族文字拟另行辑印)。按卷子收藏单位编次，保留原来编目的编号，补正了其中错漏。各册前收录有关的绘本、幢幡、壁画等，另行编号。此书印刷精美，使用方便，缺陷是未收俄藏卷子。

《敦煌丛刊初集》 黄永武主编，台湾新文丰出版公司 1985 年出版。16 开精装 16 册。此书辑录民国以来中外出版的有关敦煌学之重要工具书和参考书凡 20 种。例如：英翟理斯编《英伦博物馆汉文敦煌卷子收藏目录》、王重民等编《敦煌遗书总目索引》、罗振玉辑《敦煌石室遗书百廿种》、刘复辑《敦煌掇琐》、蒋礼鸿撰《敦煌变文字义通释》(最新本)、新文丰出版公司编辑整理的《敦煌莫高窟内容总录》等。

《敦煌文献分类录校丛刊》 敦煌文献编辑委员会主编,江苏古籍出版社,1996—1999。共10种12册:《敦煌天文历法文献辑校》、《敦煌赋汇》、《敦煌社邑文书辑校》、《敦煌佛教经录辑校》、《敦煌表状笺启书仪辑校》、《敦煌禅籍录校》、《敦煌论语集解》、《敦煌医药文献辑校》、《敦煌契约文书辑校》、《敦煌变文辑校》。《丛刊》被誉为我国敦煌学在文献分类整理方面的里程碑式成果。

《吐鲁番出土文书》 国家文物局古文献研究室、新疆维吾尔自治区博物馆、武汉大学历史系合编,唐长孺主编,文物出版社1981年起出版摹写影印的简装本10册。1992年出版8开精装图文对照本4册,包括简装本未收的残片,并改正了简装本的错误。编排以墓葬为单位,依其时代先后为序。每一墓葬前有简单说明,同墓文书先列随葬衣物疏,次官府文书,次私家文书,最后是古籍抄本。

《中国国家图书馆藏西夏文献》 上海古籍出版社2006年出版,4册。此前该社已先后与中国社会科学院民族研究所、西北第二民族学院合作出版了《俄藏黑水城文献》汉文部分和西夏文世俗部分11册,《英藏黑水城文献》4册。黑水城简称黑城,在内蒙古自治区额济纳旗。这批珍贵文献的重大学术价值当不亚于敦煌文献。至此,存世的西夏文献已有九成得以刊布。

第七节　报　刊

报纸和杂志(也称期刊)都是连续出版物,期刊有定期和不定期之分。也有人只把有刊名和连续刊号,但没有固定刊期的期刊称为连续出版物。通常都合称为“报刊”。

报刊是出现较晚而发展迅猛的文献类型。世界上最早的期刊出现于17世纪初。我国的近现代报刊受西方影响出现于19世纪中期。自汉唐以迄明清,封建王朝发布一种“邸抄”,也叫“邸报”,公布一些朝廷任免官吏等事项,这实际上是官文书,只能看作是近代报刊的前身。近代报刊具有出版周期短、信息量大、读者面广的优势。从文献学的角度看,报刊发表的文献品种繁多,从时事政治、社会生活,到文艺创作、学术论文,几乎无所不包。值得注意的是,这些文献很多是原始记录,这是后人做研究工作，从收集资料到校勘辑佚，取之不尽的文化宝藏。如何开发利用这一文化宝藏，需要借助于各种检索工具，如目录索引以及计算机检索系统。常用期刊目录有：

《全国中文期刊联合目录(1833—1949)》(增订本) 全国图书馆联合目录编辑组编，书目文献出版社 1981 年出版。本书收录全国 50 所图书馆在 1957 年底以前所藏期刊(不含报纸)近 20 000 种。

《上海图书馆馆藏近现代中文期刊总目》 上海图书馆编，上海科学技术文献出版社 2004 年出版。收录该馆所藏 1868—1949 年 9 月之间出版的中文期刊 18 485 种。

《中国当代期刊总览》 黑龙江人民出版社 1987 年出版。介绍 1986 年底正式注册的期刊 5 217 种。

《中文核心期刊要目总览》 戴龙基、蔡蓉华主编，北京大学出版社 2004 年出版。初版于 1992 年。编者用文献计量学方法，从全国的中文期刊中，筛选出若干种为核心期刊。2004 年版从 12 000 种中文期刊中，筛选出 1 798 种核心期刊，分属 74 个学科类目。

以下大致依照时间顺序介绍比较重要的有关报刊。

《申报》(1872.4.30—1949.5.27) 上海申报馆编辑出版。1872 年英国美查(Ernest Major)创办，1913 年由史量才接办。上海书店 1982—1987 年影印全报，缩印为 8 开精装 400 册。《申报索引》，计划按年度分编 22 册，1985 年起开始出版。

《大公报》(1902.6.17—1916.8；1916.9—1925.11.27；1926.9.1—1949.1) 英华创办于天津，1916 年王郅隆接办，胡政之任总编辑；1926 年吴鼎昌、胡政之、张季鸾三人主办。曾先后增出上海、汉口、重庆、桂林、长沙等地方版，扩大了影响。人民出版社 1980 年影印长沙版(1917.1—1927.3)，1982 年起影印近代部分(1902.6—1910.8)，1983 年影印天津版(1945.12—1949.1)。

《东方杂志》(1904.3.11—1948.12) 商务印书馆编辑出版。大型综合性刊物。初为月刊，第 7 卷(1920)起改为半月刊，共 44 卷 828 期。上海书店 1980 年按原大全部影印。三联书店 1957 年编印《东方杂志总目》，上海书店 1980 年重印。

《盛京时报》(1906.10—1944.9) 此报历时 38 年，对研究国内特别是东北地区历史、中俄、中日关系史有重要参考价值。沈阳古籍书店

1985年起缩印为8开精装147册。

此外近代重要的报刊还有：(1)《时务报》(1896.8.9—1898.8.8)，清末维新派刊物，梁启超主笔。旬刊，共出69期。陕西省社会科学院图书馆1987年影印。(2)《新民丛报》(1902.2.8—1907.11.20)，改良派刊物，梁启超主编。创办于日本横滨，半月刊，共出96期。(3)《苏报》(1896.6.26—1903.7.7)，创办于上海，1900年售给陈范。1903年5月陈范约请章士钊任主笔。邹容《革命军》出版后，6月10日章太炎在该报发表《〈革命军〉序》，由此导致"苏报案"的发生。邹、章入狱，《苏报》停刊。(4)《民报》(1905.11.26—1910.2)，中国同盟会机关报，于日本东京出版。月刊，但出版不定期，共出26期。第1至5期胡汉民主笔，第6至24期章炳麟主笔，第25、26期汪精卫主笔。科学出版社1957年影印，次年影印《民报第十五号夏季增刊》1册。(5)《国粹学报》(1905.2.23—1912.3)，国学保存会机关刊物。月刊，共出82期。邓实主编，以"保种、爱国、存学"为宗旨。台湾商务印书馆1974年有影印本，20册，附四角号码篇目、作者索引1册。

《新青年》(1915.9.15—1922.7)　创刊于上海，陈独秀主编。月刊。第1卷名《青年杂志》，第2卷起改现名。共出9卷54期。1923年6月在广州复刊，成为中共中央的理论刊物。此刊前期宣传科学与民主，发起文学革命与批孔运动，是新文化运动的重要阵地。1918年10月，第5卷第5期发表李大钊的《庶民的胜利》和《布尔什维主义的胜利》两文，开始宣传十月革命和社会主义。第8卷第1期起，马克思主义成为刊物的指导思想。人民出版社1954年影印第1至9卷。《五四时期期刊介绍》(三联书店，1979)下册第1集有《〈新青年〉分类索引》。

《历史语言研究所集刊》　前中央研究院历史语言研究所编印。不定期刊。1928年创刊，1939年出至第8本(每本4分册)，1947年复刊，1948年出至第20本第1分册。1999年江苏古籍出版社重印，全23册。

《燕京学报》(1927.6—1951.6)　前燕京大学编印。半年刊。共出版40期。1933—1951年间又出版专号22期。

建国前的重要学报还有：(1)《清华学报》(1915.12—1919.12；1924.6—1948)，季刊、半年刊。前期学报分别出版中文本、英文本。(2)《国学论丛》(1927.6—1930.12)，季刊。北平清华学校研究院编。(3)《北京大学国学季刊》(1923.1—1952.12)，中间两次停刊，北大该刊编委会编。(4)《北京大学研究所国学门周刊》(1925.10—1926.8;1926.9—1927.11),后期改为月刊。(5)《辅仁学志》(1928.12—1947.12),半年刊,北平辅仁大学编。(6)《学衡》(1922.1—1933.7),创刊于南京,中华书局出版。江苏古籍出版社1977年影印。(7)《国学丛刊》(1923.3—1926),不定期刊,南京东南大学国学研究会编。(8)《文艺丛刊》(1933.11—1937.6),半年刊,南京中央大学文学院编。(9)《文史哲季刊》(1943.1—1945.11),国立中央大学出版部编。(10)《金陵大学文学院季刊》(1931.12—1937.4),金陵大学文学院编。(11)《文哲季刊》(1930.4—1943),武汉大学本刊编委会编。(12)《国立北平图书馆馆刊》(1928.5—1937.2),出至第11卷第1期,共61号。书目文献出版社1992年影印,10册。(13)《图书馆学季刊》(1926.3—1937.6),共11卷2期,中华图书馆协会编。该协会1937年编印本刊总索引,分人名、主题、分类3种索引。(14)《图书季刊》(1934.3—1937.12;1939.3—1948.12),1至3卷、新1卷至9卷2期,国际联盟世界文化合作中国协会、国立北平图书馆合办,前3卷在北平出版,新1至9卷在昆明、重庆、上海出版。台北文海出版社1971年影印,10册。

《考古学报》(半年刊、季刊) 中国社会科学院考古研究所编。前身为前中央研究院历史语言研究所《中国考古学报》(共出4册)。1952年出版第5册。1953年改现名,半年刊。1978年改季刊。发表田野考古的调查发掘报告及相关论著。

《考古》(双月刊、月刊) 编者同上。发表考古调查发掘简报、简讯、书评及一般性论述。原名《考古通讯》,1955年创刊,双月刊。1958年改月刊,1959年改现名。

《文物》(月刊) 文化部文物局主办,文物出版社出版。原名《文物参考资料》,1950年创刊,1959年改现名。报道考古、文物资料及博物馆、图书馆工作。1972年以后专门发表关于考古发现及古代文物的论述。1998年编印《文物500期总目索引》。

《中国语言学报》 中国语言学会主办,商务印书馆1983年出版第一期,已出3期。发表会员论文与会员推荐的论文。

《古文字研究》 中国古文字研究会等主办,中华书局出版。1976年前后四川大学历史系创办,徐中舒主编。

《中国文字》 台湾大学古文字学研究室编印。以研究甲骨文为主。

《中国语文》(月刊、双月刊) 中国社会科学院语言研究所等主办,中国社会科学出版社出版。1952年7月创刊,月刊,罗常培、丁声树、吕叔湘等先后任主编。1963年改为双月刊,发表的文章以研究性质的居多。隋晨光、孔晓、丁欣兰编《〈中国语文〉索引》(1952—1992),商务印书馆1996年出版。

《语言学论丛》(不定期刊) 北京大学中文系语言专业主办,新知识出版社1957—1958年出版第1、2辑,上海教育出版社1959—1963年出版第3至5辑。1980年第六辑起由商务印书馆出版。

《文学遗产》(《光明日报》副刊) 1954年3月1日创刊。双周刊,后改周刊。先后由中国作家协会古典文学部、中国科学院文学研究所和《光明日报》文艺部主办,1987年3月24日终刊,出至第728期。作家出版社、中华书局1955—1963年不定期出版《文学遗产增刊》第1至13辑,中华书局1982—1991年出版第14至17辑。

《文学遗产》(季刊、双月刊) 中国社会科学院文学研究所主办,1980年6月复刊,季刊,中华书局出版。一度曾由江苏古籍出版社出版,改为双月刊。

《国学研究》(年刊) 北京大学中国传统文化研究中心编,北京大学出版社出版。1993年创刊,为大型综合性刊物。

《学术集林》(不定期刊) 王元化主编,上海远东出版社出版。1994年创刊。本刊发表有思想、有学术价值的新作,亦选载近现代学者旧作,重新评估,颇有启迪作用。

《文史》(不定期刊、季刊) 中华书局编辑出版。1962年8月创刊,现为季刊。发表文、史、哲、语等方面的论文。

《中华文史论丛》(不定期刊、季刊) 1962年8月创刊,中华书局上海编辑所主办。1981年自第17辑起由上海古籍出版社主办。

《中国历史文献研究集刊》(年刊) 中国历史文献研究会主办,张舜徽、刘乃和等先后主编,岳麓书社等出版。1980年创刊。本刊发表学会会员论文,学者遗著、手迹、文物图片,古籍校释考辨等。

《出土文献研究》 文化部文物局古文献研究室编,文物出版社出版,1985年出版第一集。

《古籍整理与研究》(不定期刊) 全国高校古籍整理研究工作委员会主办。1986年创刊,上海古籍出版社出版。1989年第四辑改由中华书局出版。本刊发表有关目录、版本、校勘、注释、辨伪、辑佚及考证方面的文章。

《中国典籍与文化论丛》(不定期刊) 全国高校古籍整理研究工作委员会主办,中华书局、北京大学出版社等出版。1993 年出第 1 辑。发表古代典籍(文史哲)与古代文化的学术论文。

《中国典籍与文化》(季刊) 全国高校古籍整理研究工作委员会主办,江苏古籍出版社(今凤凰出版社)出版。1992 年创刊。

《古籍整理出版情况简报》(不定期刊) 1958 年创刊,由中华书局编印,1982 年总第九十期起由国务院古籍整理出版规划小组主办,中华书局出版发行。本刊报道全国古籍整理出版工作的规划及进展情况,反映对工作的建议、工作成果、新书目录、参考资料等。

《古籍整理研究学刊》(季刊、双月刊) 东北师范大学古籍整理研究所主办。1983 年创刊,名《古籍整理研究通讯》,1985 年改现名。

《文献》(不定期刊、季刊) 北京图书馆本刊编委会编,书目文献出版社(今北京图书馆出版社)出版。1979 年创刊,不定期刊,1984 年出至第 22 辑。1985 年改为季刊。本刊为学术性、资料性刊物。

《学林漫录》(不定期刊) 中华书局编辑出版。1980 年创刊,2000 年出版第 15 集。本刊刊载人物轶事、读书札记、掌故考证等。

《文教资料》(月刊、双月刊) 南京师范大学主办,本刊编辑部编辑发行。1972 年创刊。资料性刊物,以刊载近现代作家、学人专辑和学术信息为主,并刊载大量目录索引。2002 年转刊。

《古籍研究》 安徽大学古籍整理研究所等主办。1986 年创刊。原为内部刊物,季刊,2004 年起由安徽大学出版社出版,每年 1 卷 2 期。

《历史文献》 上海图书馆历史文献研究所编,1999 年起由上海社会科学院出版社等出版。为不定期刊物,发表史料整理、书录解题、版本考证、异本校勘等方面的文章。

《中国书目季刊》(简称《书目季刊》) 本刊编委会编,台北书目季刊社出版。1966 年创刊,每年 1 卷。每期刊载论述、专题书目、书评、提要、最新出版图书目录、最新期刊文史哲论文要目索引、文史界学人著作目录等。第 21 卷第 1 期刊有该刊《1 至 20 卷分类篇目索引》。

《书评书目》(月刊) 本刊编委会编,台北洪建全教育文化基金会出版。1972 年创刊。以报道新书为主,另有专题书目、书评索引等。

第三章　文史工具书的鉴别和选用

工具书数量和品种日益增多，我国从古到今各类工具书已逾万种。但有些工具书重复出版，同一内容的书往往有几种，质量参差不齐，就需加以鉴别和选择。使用工具书时，也有选用适宜工具书的问题，不仅要掌握工具书的特点和使用方法，还要利用工具书指南。

第一节　鉴别和选用的基本原则和方法

工具书鉴别的原则

鉴别工具书，首先要考察它的内容和体例结构，主要标准是科学性。科学性是指内容的全面、系统，资料的准确、及时，释文的严谨、明确，体例结构的完备、实用。

首先是内容的全面、系统。工具书是供解惑释疑的，因此所汇集的资料必须是丰富而完备的，以便读者随时查阅。清代阮元所编《经籍籑诂》采唐以前经、史、子诸书训诂注释集于每一字之下，王引之评为“展一韵而众字毕备，检一字而诸训皆存，寻一训而原书可识”。（《经籍籑诂》序）该书采录宏博、完备，至今仍是重要的工具书。再如，成语词典出版了 200 余种，选择时首先看收录成语条数多少，释文是否全面（成语的释义、语源、用法、变体等）。这样，就只有少数几种是符合这一要求的了。

工具书具有权威性，提供的答案、资料应是准确、可靠的。历代许多官修的工具书，因书成众手，脱漏、讹误甚多。《佩文韵府》引书往往割裂原文,或不注篇名,且错讹甚多,当时已为人指出。即使号称"典范"的《康熙字典》,仅王引之《字典考证》举出的引文错误已达 2 588 条。可见,资料的准确、可靠是鉴别工具书质量的重要标准。工具书提供的资料还应是最新学术研究成果,资料应是新颖、及时的。

工具书释文是一种简明扼要的说明文体,简短的释文中包含极大的信息量。《现代汉语词典》就采用了各种符号及缩略语使释文更为简洁。百科全书的条目较长,但通过参见系统使有关条目相互呼应,减少释文的重复。

工具书的结构指整体构成,主要包括凡例、目录、正文、辅助索引、附录等。凡例是对内容和编辑体例的说明。目录是正文内容的提纲。正文是工具书的主体。附录是对正文内容的补充。辅助索引则有助于正文内容的利用。结构完备的工具书能更好地发挥其功能。衡量工具书的易检性,主要依据正文和辅助索引的编排方法,以及辅助索引是否完备。《辞海》的正文采用部首法编排,另附有笔画查字表、四角号码索引、汉语拼音索引,1979 年版还编出了《辞海百科词目分类索引》,构成了完备的检索系统。不少工具书则由于缺少辅助索引影响了检索功能的发挥。

鉴别工具书,还要考察它的选材及解释是否客观合理。不同的文史工具书对同一事物会有不同的解释,对同一事实可能用不同的观点加以记述,尤应加以注意鉴别。

通过鉴别,在购买或使用工具书时,应该挑选内容丰富、材料可靠、观点正确、编排合理、检索方便的工具书。

工具书鉴别的方法

鉴别工具书,主要用比较的方法对工具书加以考察,考察其内容材料和结构体例,并通过书评及评介著作深入了解。

首先要查看编著者和出版社。编著者的资历和学术成就对工具书的质量影响至大。《中国大百科全书》汇集了各学科两万多名学者作为撰稿人,就保证了该书的权威性。还要看出版社是否认真、负责。如中华书局出版文史工具书一向以认真著称。

其次通过阅读工具书的前言、后记和凡例,了解编著的目的、收录范围和编著的年代。编著目的也就是读者对象,适用于哪些专业和层次的读者，是学术性的还是普及性的；收录范围指选材范围，是否系统、全面，选取材料是否新颖；编著年代不仅指成书的年代，也要看成书时间的长短。例如，张相《诗词曲语辞汇释》是经过多年积累，用八年时间编写、修改完成的；《辞通》是编者朱起凤历经三十多年编纂完成的。这些精品当然和那些“急就章”式仓促编成的工具书不可同日而语。

通过凡例或使用说明，并翻阅全书，了解编排体例是否合适，有无辅助索引，检索是否方便。

最后，选取一些条目仔细阅读，评估其内容质量。可以选择自己熟悉的内容，也可以选一些条目与有定评的工具书进行比较。通过比较来加以判断。

工具书有不同的版本，还要注意比较不同版本的优劣。如《康熙字典》有不同的影印本和修订本，上海书店版《康熙字典》影印本增编了四角号码查字表，检索方便；高树藩《新修康熙字典》（台北启业书局，1987）订正了原书讹误，眉目清楚，便于使用。

此外，阅读工具书书评及工具书评介著作有助于深入了解工具书的内容特点和社会影响，可作为鉴别和选用工具书时的参考。

使用工具书应注意的问题

一、熟悉各种类型的工具书，勤查勤用，以求熟练。

对于各种类型的基本工具书，应掌握其特点和功用。在日常读书时随时注意积累。例如，《康熙字典》的特点是收字多，字的音、义罗列详尽，书证丰富，但疏漏错误较多。了解这些特点，才能更好地利用它。只有经常使用，才能熟练地掌握工具书。勤查勤用还可以养成随时解决疑问的良好习惯。

二、综合利用不同类型的工具书。

遇到疑难问题，只利用一部工具书不一定能得到满意的答案，往往要查阅多种不同类型的工具书。例如，检索历史人物的研究资料，除了利用人名词典和传记资料索引查出人物的生平事迹和各种传记资料的线索，还要利用年谱目录检索年谱，利用书目、索引查检现代的研究成果，甚至利用地方志目录去查检可能载有此人传记的地方志。查检过程中还可能要利用别名索引等工具书。即使较简单的问题，在不同的工具书中都能查到答案，但各书的答案可能详略不同，甚至互有出入，也要通过比较才能取得圆满的结果。只有在熟悉和掌握工具书的基础上,才能更好地综合利用不同类型的工具书。

三、选用后出的工具书或新版本。

后出的工具书内容较新,也更为完备,有的可取代旧有的工具书。如《中国地方志联合目录》较之《中国地方志综录》,收录地方志约800多种,而且广泛地反映了全国的收藏情况;《中国历代人物年谱考录》较《中国历代年谱总录》收录年谱多出一倍,且体例亦更完备。

工具书的修订本、增补本对内容加以更新、补充,有些工具书另有补编、续编,都要注意利用。

使用古代工具书则应选用近年影印本或整理、点校本。影印本一般选用较好的底本,并附新编索引,使用更为方便。如《古今图书集成》的新影印本以1934年中华书局影印清雍正六年(1728)铜活字本为底本,并新编了相当完备的索引。

四、对工具书引用的材料应加以核实。

古代工具书中讹误疏漏屡见不鲜,类书引书多随意删节,因此使用时要对引文加以核对。现代一些重要工具书也时有疏误。例如,《辞源》(修订本)所引书证,有时就与原书不符。“劳苦”条下引《史记·项羽本纪》:“劳苦功高而未有封侯之赏。”而核对原文为:“劳苦而功高如此,未有封侯之赏,而听细说,欲诛有功之人。”(《史记》卷7)引文仅引半句,又改变了原文的语气。“箪”字下引《论语·雍也》:“一箪食,一瓢饮,在陋巷之中,人不堪其忧,回也不改其乐。”核对原文,却多出了“之中”二字。因此,使用工具书时,对释文中引用的书证,以及日期、地点、数据等材料,应尽可能与原始文献加以核对,或与其他工具书相互印证,这才是学习研究的严谨态度。

第二节 工具书指南

工具书指南是“工具书的工具书”,其作用是为读者指点有哪些工具书,介绍其内容特点,帮助读者熟悉和利用工具书。工具书指南包括工具书书目和工具书辞典,此外,工具书评介著作也具有指南的性质。

工具书指南中,以书目之书目出现最早。清末周星诒撰《书目考》,通录历代书目,并加解题。综合性的工具书指南则以汪辟疆《工具书之类别及其解题》为肇端，何多源《中文参考书指南》奠定了此类书的基础。

这里只择要介绍近年出版的工具书指南。

《文史哲工具书简介》 施廷镛主编，天津人民出版社，1980。按查考问题和工具书类型分章节介绍 1978 年以前出版的工具书 1 300 多种。

《文史工具书手册》 朱天俊、陈宏天编著，中国青年出版社，1982。分为 53 个题目，提示遇到某类问题应查何书，如何查。介绍了近 600 种工具书。

《中国文史工具资料书举要》 吴小如、吴同宾编著，中华书局，1982。结合治学经验详细介绍了 200 多种工具书和资料书。

《中文参考用书指引》 张锦郎编著，台北文史哲出版社，1983 年增订三版。介绍工具书 2 849 种，以在台湾出版和影印者为主，分类编排，大多有提要。

《台港工具书指南》 北京图书馆工具书室编，书目文献出版社，1991。著录 1950—1987 年间台湾、香港出版的工具书4 000种，少部分附有提要。

《国外工具书指南》 陈伯华等编，中国学术出版社，1984。选介综合类和社会科学类外文工具书 2 000 种。

《文史工具书词典》 祝鸿熹、洪湛侯主编，浙江古籍出版社，1990。收书 3 000 多种，包括工具书和资料书，以常用为主。对每部书的介绍注重内容要点及功用。

《中国工具书大辞典》 徐祖友、沈益编，福建人民出版社，1990。收录古代至 1986 年出版的工具书 10 000 余种，按学科分类编排。附 1987—1989 年工具书简目。

《中国工具书大辞典(续编)》 徐祖友、沈益编，福建人民出版社，1996。收录 1987—1994 年间出版的工具书 13 000 余种。

《中国历史工具书指南》 林铁森主编，北京出版社，1992。介绍了史学工具书 2 500 多种，包括台湾出版的和国外学者用中、外文编写的工具书。

工具书书目和辞典还有：《中国古今工具书大辞典》(盛广智等主编，吉林人民出版社，1990)、《中文工具书大辞典》(杨牧之主编，黑龙江人民出版社，1993）、《八千种中文辞书类编提要》（曹先擢、陈秉才主编，北京大学出版社，1992）、《人物工具书辞典》（李宝印等主编，吉林科学技术出版社，1989）等。

此外，工具书评介著作（包括教材）还有：《文史工具书的源流和使用》（王明根等著，上海人民出版社，1980）、《中文工具书使用法》（武汉大学图书馆学系编，商务印书馆，1982）、《社会科学文献检索》（赵国璋、朱天俊、潘树广主编，北京大学出版社，1987；2005年出版增订本）、《参考工作与参考工具书》（戚志芬编著，书目文献出版社，1988）、《中文工具书教程》（朱天俊、李国新著，北京大学出版社，1991）、《文献检索教程》（王长恭主编，南京大学出版社，1993）、《中文工具书导论》（詹德优编著，湖北教育出版社，1994）等。

类型编

第四章　辞　　书

第一节　概　　述

把语言中的词语(也包括文字、专名词、术语、成语、典故等)汇集在一起,按照一定的次序排列起来并逐一加以解释,供人查阅的工具书叫作词典,通常亦写作“辞典”。由于汉语是用汉字记录的,所以又称“字典”。词典和字典虽各有侧重,但两者没有严格的界限,因此统称为“辞书”。不过,有人认为辞书包括了字典、各种词典(语文词典、百科词典和专科词典)和百科全书。百科全书虽然采用词典的编排方法,但与词典在性质上仍有区别,应该单独分为一类。为了叙述的方便,本书将辞书分为古代字书、语文词典、百科词典和专名词典 4 类。

辞书在我国出现很早。战国晚期至西汉初儒家经师根据古书传注汇集整理而成的《尔雅》,是最早的按词语义类编成的词典。东汉许慎撰《说文解字》,根据“六书”(指事、象形、形声、会意、转注、假借)的理论来分析汉字结构,解说字的本义,创立按部首排列汉字的方法,是第一部字典。后来又出现了韵书,形成了古代字书的三个系列:义系、形系、音系。清代编成的《康熙字典》集古代字书之大成,首用“字典”之名(含有“典范”之意),实为承上启下之关键,是后来字典的始祖。

现代辞书,根据编制目的和选收词语的范围,可以分为两大类:语文性词典和知识性词典。

语文性词典包括字典在内,主要以一般字词为对象。其中,综合性的语文词典选词比较广泛,解释也是形、音、义并重,或贯通古今,或只收某一时期的词语。如常用的《新华字典》、《现代汉语词典》、《汉语大词典》等等都是。语词是一个整体，包括基本词汇、一般词汇和固定词组。解释语词的词典也是多种多样，除了对字、词的形音义全面诠释的综合性词典外，还有侧重某一方面的专门词典。专门词典也称为辅助性词典，或只选收某一类字词，或只讲形、音、义的某一方面。这一类词典作用很大，是对综合性词典的重要补充，但种类很多，分类又颇有不同，如方言词典、虚字词典、通假词典、外来语词典、成语词典等等。

知识性词典以解释专门词语、术语、概念为主。其中百科词典是综合性多学科词典，也称为"一卷本百科全书"，如《中国百科大辞典》(华夏出版社，1990)。但通常把既收普通词语，又收各学科名词术语的综合性辞书(如旧版《辞源》、旧版和修订本《辞海》)也归入百科词典。知识性词典中数量最多的是各种专科词典。专科词典只收某一学科的名词术语和有关的知识。专门收录人名、地名等专名词的词典又称为专名词典。

如从语种的角度来分类，可分为单语词典(用同一种语言编写的)和多语词典。多语词典是两种或多种语言文字对照翻译的词典，如《新英汉词典》、《藏汉大辞典》等，本书从略。

词典的结构一般包括凡例(编制说明)、正文、目录索引和附录几个部分。凡例是使用词典的指南，说明选词范围、编纂体例和查阅方法。正文由词目组成。词目的排列，即词典的编排方法，一般多采用字顺法。语文性词典常用部首法、笔画法、音序法(韵部、汉语拼音)和四角号码法。知识性词典多用笔画法，也有少数采用分类法的。目录在正文之前，索引一般在正文后面，都是为了方便查检，增加检索途径。附录是正文的补充，或是有关的参考资料，应该注意充分利用。

词目是词书的基本结构单元，也是检索单元。语文性词典一般是以单字立目，其下列出同一字头的词语。词条的处理就有字形、注音、释义和例证等方面的问题。汉字形体复杂，有正体和异体、繁体字和简化字以及古文字等问题。注音方法也有不同。释义是词条的主要内容，词义有基本义和派生义(引申义、比喻义、转变义、假借义等)之分。词典的质量往往取决于释义的准确与否。释义还包括语法意义和修辞意义。例证包括书证和举例，是释义的重要辅助手段，大型辞书都很注重书证的选择。

辞书是一种高密度、大容量的知识载体，应具有知识性、规范性、权威性和稳定性。辞书不仅是提供语言文字知识和科学知识，供读者释疑解惑的工具书，还具有促进语言的规范化的重要功用。

第二节　古代字书

先秦至清代编著的重要字书，分为三个系列：《尔雅》之属、《说文》之属和《广韵》之属。以上三部书是汉语史经典著作，已形成训诂、文字、音韵三门学科，这里作为工具书作一概括的介绍。

《尔雅》之属

《尔雅》 晋郭璞注，宋邢昺疏，《十三经注疏》本；周祖谟《尔雅校笺》（江苏教育出版社，1984）影印宋刻本。

本书分19篇：释诂、释言、释训，以下是释亲、宫、器、乐、天、地、丘、山、水、草、木、虫、鱼、鸟、兽、畜。前3篇释一般语词，后16篇分类释名物词。词语的编排以意义相同或相近者汇为一条，每条再用一个通行词来解释。这些词采自先秦古书，较全面地反映了当时的语言词汇和名物制度，对研究上古文献具有重要意义。汉、晋间为《尔雅》作注者有十余家，今存者只有郭璞注。郭注大量引用群书和晋代口语方言，也具有很高的语言学价值。

清代研究《尔雅》的人很多，最重要的是邵晋涵《尔雅正义》（《清经解》本）和郝懿行《尔雅义疏》（《四部备要》本）。还有近人黄侃笺识、黄焯编次的《尔雅音训》（上海古籍出版社，1983），今人徐朝华撰《尔雅今注》（南开大学出版社，1987），后附《尔雅》词语笔画索引。今人朱祖延主编《尔雅诂林》（湖北教育出版社，1996）汇集历代研究《尔雅》的专著94种，共5卷。朱祖延又主编《尔雅诂林叙录》（湖北教育出版社，1988），分上、下两部分。上包括《尔雅》研究专著书目提要、《尔雅》及其研究专著序跋汇编和当代《尔雅》论文选编。下为20世纪40年代以前《尔雅》研究资料辑录。

《广雅》 三国魏张揖撰，隋曹宪音释。《汉魏丛书》、《丛书集成初编》本。

清王念孙撰《广雅疏证》，又作《广雅疏证补正》，江苏古籍出版社

1984 年影印本，附《音释》、《补正》及词目索引。

《广雅》是《尔雅》的续书，仍分 19 篇，共补充解释了词语2 343条。清代以前没有注本。王念孙撰《广雅疏证》，充分运用"就古音以求古义"的训诂学方法，是校勘学、训诂学的典范之作。疏解《广雅》，补正《疏证》者颇多，徐复主编《广雅诂林》，采辑 29 种著作，江苏古籍出版社 1992 年影印手写本，后附词语索引。

《方言》(全名《輶轩使者绝代语释别国方言》) 汉扬雄撰，晋郭璞注。本书为世界上最早的方言著作，体例仿《尔雅》，类集古今各地同义词语，以当时的通语解释。于每组词语后分别说明其通行地区。作者采用实地调查的方法，以今语释古语，以通语释方言，开拓了口头语言研究的新领域。周祖谟以宋庆元六年(1200)刻本为底本，参照清代各家注本，旁证论著 33 种，撰成《方言校笺》，附以吴晓铃所编《通检》，科学出版社 1956 年出版。1993 年、2004 年中华书局重印。

《释名》(一名《逸雅》) 东汉刘熙撰，《四部丛刊》影印明嘉靖本。体例仿《尔雅》，今本分 27 篇。这是一部从声音上探求语源的词典，开创了"因声求义"、"音同义通"的训诂学方法。清代通行注本有毕沅《释名疏证》(《丛书集成初编》本)、王先谦《释名疏证补》(《万有文库二集》本)。

历代仿《尔雅》的著作很多，较重要的有题汉孔鲋撰《小尔雅》、宋陆佃《埤雅》、宋罗愿《尔雅翼》、明朱谋㙔《骈雅》、明末方以智《通雅》、清吴玉搢《别雅》、夏味堂撰、夏纪堂注《拾雅》、洪亮吉《比雅》等。可参阅胡元玉编《雅学考》和周祖谟编《续雅学考拟目》(北京大学出版社 1986 年合印本)。

《经籍籑诂》 清阮元主编，嘉庆十七年(1812)阮氏刊本。中华书局 1982 年影印本，附笔画索引、同字异体表。上海古籍出版社 1989 年影印本，附校勘记、检字、四角号码索引。本书采唐以前经、史、子及《楚辞》、《文选》等书中传注及字书、韵书中训诂材料，分书辑录，不避重复，汇集于 13 000 余个单字之下。一字数体的，依《集韵》归在一起。单字按《佩文韵府》106 韵排列，每韵为一卷。单字专训字义。字义排列先本义，后引申义、通假义，不同义项以"○"隔开。各卷卷末附有"补遗"。此书为古书训诂资料之总汇，亦具有检索功能。

《故训汇纂》 宗福邦等主编，商务印书馆，2003。收先秦至晚清

200余部重要典籍的训诂资料。寻检一字即见历代训释，查阅一训即是各书用例，使用较《经籍籑诂》更为方便。

训诂书中还有“音义”一类，这类书的体例是引用旧注，为古书“摘字作注”。重要的有3种：(1) 唐陆德明《经典释文》，所注书为儒家十二经(不包括《孟子》)和《老子》、《庄子》。有《四部丛刊》本。中华书局2006年出版黄焯《经典释文汇校》本。1997年中华书局出版董焯、郢仁甲编《经典释文索引》。(2) 唐释玄应《一切经音义》，为454部佛经作注，清乾隆间孙星衍于《大藏经》中发现，与庄炘等校刊行世。商务印书馆1935年影印南宋《碛砂藏》本最佳。(3) 唐释慧琳《一切经音义》，博采众书(包括玄应《一切经音义》)，为1 300部佛经作注。丁福保医学书局1924年据日本翻刻本缩印，后附辽释希麟《续一切经音义》，并于1926年排印陈作霖所编《一切经音义通检》。上海古籍出版社1987年影印日本刻本，名《正续一切经音义》，附录《通检》。

《说文》之属

《说文解字》 汉许慎撰，宋徐铉校定，商务印书馆1929年影印日本静嘉堂文库藏北宋刊本，中华书局1963年影印清陈昌治刊一篆一行本，附新编《检字》。

本书收篆文9 353字，另有重文(古文、籀文)1 163字，按所创立的540个部首排列。原本已不可见，唐人写本仅存残卷。通行本乃宋初徐铉校定本(大徐本)，此本有“新补”19字(见于《说文》本书而失收)、“新附”402字(见于经典而《说文》未收)。《说文》注本很多，重要的有以下四家：

《说文解字注》 清段玉裁撰，嘉庆十七年(1812)金坛段氏原刻本。上海古籍出版社1981年缩印本，附楷体《检字表》。本书为清代文字学代表作。主要成就是校订二徐《说文》，阐明《说文》体例，引群书以证《说文》，根据《说文》谐声偏旁分上古音为17部(见书后附《六书音韵表》)，奠定了古音分部的基础。书中虽有失之主观的缺点，仍无损于本书的权威性。

其他三家是：清桂馥《说文解字义证》(中华书局，1987)，该书优点是大量征引古籍以证《说文》。清王筠《说文句读》(上海古籍书店，1983)，在段、桂二书基础上，删繁举要，标注句读，便于初学。清朱骏声《说文通训定声》(武汉古籍书店1983年影印本，中华书局1984年断句影印本，附《说雅》、《古今韵准》、朱孔彰撰《补遗》及笔画索引）。书名包含三义：以六书理论分析字形（“说文”）；多引古籍解释字义，于本义外尤注重转注、假借等项（“通训”）；以所定古音 18 部分全书为 18 卷，每部以《易经》卦名标目（“定声”）。收字于《说文》外，又增补 7 000 余字，从中分析出形声声符 1 137 个。

《说文解字诂林》 丁福保编，上海医学书局 1928 年出版正编，1932 年出版《补遗》；中华书局 1988 年影印。本书是《说文》注释及研究资料之总汇。正编收书 182 种，补遗收 46 种，全部剪贴重编，影印出版。有笔画检字。有此一书则有关《说文》的论述基本上齐备。

《字林》 晋吕忱撰。为补《说文》而作，收 12 824 字。原书久佚，清任大椿辑有《字林考逸》8 卷，收入《式训堂丛书》。

《玉篇》 南朝梁顾野王撰。收 16 917 字，分 542 部，以楷书为字头，用反切注音，引古书训诂，注释详备，原书 30 卷，今仅残存 3 卷半（《古逸丛书》本、《丛书集成初编》本）。今本经唐孙强增字减注，宋陈彭年等重修，名《大广益会玉篇》，收 22 561 字。今人胡吉宣撰《玉篇校释》（上海古籍出版社，1989）。

《类篇》 宋司马光等奉敕撰，上海古籍出版社 1984 年影印汲古阁影宋抄本。此书据《集韵》改编，部首增为 543 部，收 31 319 字，重文 21 000 余，注音释义比较完备。

《龙龛手鉴》 辽释行均撰，《四部丛刊续编》、《续古逸丛书》均影印宋本，中华书局 1985 年影印高丽本。此书本名《龙龛手镜》，供僧人读经用，收 26 433 字，建 242 个部首，最后为无法归部的杂部。简化部首，对后世影响很大。全书按部首的声调平、上、去、入分为 4 卷，同部首的字亦按四声排次。每字广罗异体，注明正、俗、古、今、通、或作、变体等，对研究汉字字体有参考价值。

《字汇》 明梅膺祚撰。有明、清刊本。本书收 33 179 字，建 214 个部首，分子、丑、寅、卯等 12 集。部首及各部的字都按笔画排列。其编写体例为《康熙字典》采用，影响深远。

《正字通》 明末张自烈编。收 33 549 字。工人出版社 1996 年影印本。

《康熙字典》集古代字书之大成，又为现代字典的创始，将在第三节介绍。

《广韵》之属

汉字是表意文字，不能表示明确的读音。《说文》只能用直音和“读若”这种比况的方法来表示字音。随着佛经的传入，受梵文等拼音文字的影响，约在东汉后期出现了“反切”记音法，为韵书的产生创造了条件。魏晋南北朝时期出现了许多韵书，如魏李登《声类》、晋吕静《韵集》最为著名，均已失传（有辑本）。隋陆法言等撰《切韵》，是中古音系的最重要的韵书，也是《广韵》的前身。收11 558字，分平声54韵、上声51韵、去声56韵、入声32韵，共193韵。原书久佚，今存唐人增订本多种，以王仁昫《刊谬补缺切韵》最为接近。王仁昫书分195韵，有残卷3种，简称王一、王二、王三。故宫所藏明宋濂跋本最完整，称王三（故宫博物院1947年影印本）。

《切韵音系》 李荣著，科学出版社1956年新1版。本书以故宫藏宋濂跋本唐王仁昫《刊谬补缺切韵》（王三）为底本，参校了《广韵》及其他韵书，对《切韵》音韵系统作了深入研究。

《广韵》（全名**《大宋重修广韵》**） 宋初陈彭年、丘雍等奉敕修。有繁简二注本。繁注本有《四部丛刊》影印宋刊巾箱本，《古逸丛书》覆刊宋本，康熙间张氏泽存堂刊本（北京中国书店1982年影印）。简注本是元泰定年间删节本，有《古逸丛书》覆刊元本。

周祖谟《广韵校本》附《校勘记》，商务印书馆1951年出版，中华书局1960年重印。另有余廼永校注《新校互注宋本广韵》（上海辞书出版社，2000）。底本均为泽存堂本。2005年江苏教育出版社影印宋巾箱本广韵，缺页配以钜宋本，并附以解读广韵音系的《韵镜》和《七音略》，方便学者使用。

《广韵》是《切韵》的增订本，二书详略不同，而音系相同。本书分206韵（平声57、上声55、去声60、入声34），各卷韵目表下分别注明“××同用”、“独用”字样，后人据此归并为106韵，即成为旧体诗押韵的“平水韵”。共收26 194字，注释为191 692字，都比《切韵》增加很多。注释引用大量古籍，其中很多后来已佚。注音有许多“又音”，反映了字义的不同或方音的区别。《广韵》是最完整的中古音韵书，是汉语语音发展史上的枢纽，可用以上溯古音，下推今音（包括方言），具有多种功用和极其重要的学术价值。

沈兼士主编《广韵声系》（1945年写印本，中华书局1985年修订再版,2004 年重印),是一部《广韵》所收字按谐声系统排列的字表。字的声旁叫"主谐字"。主谐字按 41 声类排列。每个字注明反切、声类、韵目、等呼和拟音。同音字则仅标首字。每字录(或节录)《广韵》注文。此书可展现同声旁的字在《广韵》中分化为多少读音。书后有笔画索引。

周祖谟编《广韵四声韵字今音表》(中华书局,1980),参照宋人等韵图把《广韵》中各"小韵"代表字及其反切列出,一一标出现代普通话读音,从中可略知中古音与今音的对应关系。

丁声树、李荣编《古今字音对照手册》(科学出版社,1958;中华书局 1981 年新一版),选 6 000 余常用字,按北京音韵母分部,同韵字按声母排列。同音字再按中古音分列,下注《广韵》反切,再注摄、开合口、等、声调、韵目、声母。

《集韵》 宋丁度等奉敕撰。北宋庆历原刊本已不传,清初毛氏汲古阁、钱氏述古堂两影宋抄本均源出北宋本。上海古籍出版社 1983 年影印述古堂抄本。中华书局《古逸丛书三编》1986 年影印南宋刻本。江苏广陵古籍刻印社 1995 年影印《常熟翁氏世藏宋本丛书》本。

《集韵》是《广韵》增订本,收 53 525 字,注文亦大量增加。分 206 韵,但同用、独用的规定与《广韵》不同。收异体字多,有些是当时流行的方言俗语用字。反切用字亦有改动。小韵排列作了调整,大致以声母为序。这些改动大致反映了宋代语音的实际情况。

《附释文互注礼部韵略》 与《集韵》同时,丁度等又奉旨刊行《礼部韵略》,分韵及同用、独用条例二书相同。收 9 590 字,均科场用字,这是当时的官韵。后人将其同用韵合并调整,即成 106 韵的诗韵(平水韵)。《礼部韵略》原书久佚,此书为南宋时增修本,有《四部丛刊续编》影印宋本。

南宋刘渊撰《壬子新刊礼部韵略》,将 206 韵依同用条例合并为 107 韵,其韵目见《古今韵会举要》。金王文郁撰《平水韵略》,又将原不同用的上声迥韵与拯韵合并,共有 106 韵。刘、王二人均平水(今山西临汾)人,其书失传,但所定 106 韵(平水韵)则流行于后世。平水韵是科举考试的产物,不反映实际语音,但作为旧体诗的诗韵及汉字的一种排检方法,却影响深远。

《中原音韵》 元周德清撰,中华书局 1978 年影印明讷庵本。此书根据当时北曲(元代杂剧)用韵归纳而成,作于元泰定元年(1324),分19韵("东钟"至"廉纤"),各韵部内按阴平、阳平、上声、去声归字。原入声字分到平、上、去三声里去。

《洪武正韵》 明乐韶凤、宋濂等奉敕撰,有明刻本。本书宋濂《序》云:"一以中原雅音为定。"平、上、去三声各分22韵,入声10韵,共76韵。保留入声,并保留全浊声母,是南方音的特点。此书是明代官书,也是南曲用韵的韵书,故有"南遵《洪武》,北叶《中原》"之说。

《音韵阐微》 清李光地等奉敕编,雍正间内府刊本,光绪间淮南书局刊本。本书是平水韵系统的诗韵,分106韵(平声、上声各30韵,去声29韵,入声17韵),每韵先分开、齐、合、撮四呼,再按三十六字母排列。注音先注《广韵》、《集韵》反切,再注"合声"反切。合声是反切的改良,二字合音快读即可切出字音(近似拼音)。这种反切比旧反切实用,为后来一些字书、词典所采用。

《佩文诗韵》 从《佩文韵府》中摘取字头编成,是清代科举考试的官定韵书。乾隆时周兆基重编为《佩文诗韵释要》(上海古籍出版社,1982),简明实用。有清余照编《诗韵集成》(上海古籍出版社1994年影印本)。

《词林正韵》 清戈载编,上海古籍出版社1981年影印戈氏翠薇花馆刻本。词韵。分19韵。阴声韵后分列入声作平声、作上声、作去声,指出北宋以来词韵入声可与平、上、去声字通押,是有价值的。

第三节 语文词典

为了讲述的方便,本书将语文词典分为5类:(1) 通代词典(即大型的包括古今词语的字典、词典);(2) 现代汉语词典(包括重要字表、词表)、方言词典;(3) 古汉语词典、古文字字典(包括部分唐以前古籍语文词典、甲骨金文字典、形体字典等);(4) 虚助词典、语辞词典(后者指唐以后文学作品中特殊语汇和近代汉语词典);(5) 成语典故、俗语、熟语词典。

通代词典

《康熙字典》 清康熙间张玉书、陈廷敬等奉敕编,康熙间内府刊本,商务印书馆1933年影印,附《字典考证》、四角号码索引,上海书店1985年重印;道光七年

(1827)内府刊本，上海古籍出版社 1996 年影印，附四角号码索引。

本书初名《字典》，是古代字书向现代字典过渡的大型重要字书，参照明梅膺祚《字汇》、张自烈《正字通》编纂而成。书分 12 集，按 214 部首排列，同部首的字以笔画为序。收 47 035 字，连重文 1 995 个，共 49 030 字(最新统计，除去重文，实收 46 964 字)。每字先注音后释义。注音兼采《唐韵》、《集韵》、《韵会》、《正韵》诸书反切并加直音。释义先列本义，以《说文》为主，兼采其他字书。字义之下引书证，并注出篇名，时加按语。书前有凡例、部首总目、笔画检字、辨似(区分字形相近者)、《字母切音要法》、《四声等韵图》等，书后有《备考》(收不通用之字)、《补遗》(补正集未收之字)。本书内容丰富，体例完备，且以“御制”名义刊行，流行 200 余年，影响极其深远。但当时“小学”尚未昌盛，且系官书，难免草率从事，故书中错误颇多。道光年间王引之奉命撰《字典考证》，仅改正引书错误即达 2 588 条。台湾学者高树藩吸取各家成果，编成《新修康熙字典》(台北启业书局，1979)。王力撰《康熙字典音读订误》(中华书局，1987)，可以参考。汉语大词典出版社 2002 年出版标点整理本《康熙字典》。

《中华大字典》 徐元诰、欧阳溥存等编，中华书局 1915 年初版，1932 年合印本；1958、1978 年重印。

本书是在《康熙字典》的基础上改编而成的，编纂方法作了一些改进：增收口语字、科技字 1 000 多个，共收 48 200 余字；一字多音或义不相属，分立字头；释义分项，另起行，眉目清晰。注音以《集韵》为主，反切外加注直音，并标明《诗韵》韵目。但过于追求义项的详备，不免繁琐。每个义项只列一个书证，对《康熙字典》的引证删削过多；照抄原书，有的错误未加改正。

《汉语大字典》 本书编委会编，徐中舒主编，李格非、赵振铎等副主编，四川辞书出版社、湖北辞书出版社 1986—1990 年出版，8 卷；1992 年出版 1 卷缩印本。

本书是一部全面解释汉字形、音、义的大型的集大成的语文词典。共收单字 54 678 个，按 200 个部首排列。楷书字头之下，列举有代表性的甲骨文、金文、小篆和隶书各种形体，以示字形的演变历史，并酌附解说。次引《说文》，或加按语。注音尽可能注出现代读音、中古音(《广韵》、《集韵》的反切，标明声调、韵部、声类)和上古音(只标韵部)。释义全面,多引书证。并注意考释僻字僻义。第八卷是各种附录和全书检字表、补遗。缩印本对某些疏漏作了必要的订正。

《汉语大字典(简编本)》 李格非主编,湖北辞书出版社,1996。收字 21 833 个。

《汉语大词典》 本书编委会编,罗竹风主编,上海辞书出版社 1986 年出版第 1 卷,第 2 卷起由汉语大词典出版社出版。正文 12 卷,另有检索表及附录 1 卷。1997 年出版缩印本。

本书收录词目约 375 000 条,其中单字条目 22 000 条,并配有插图 2 253 幅,全书 5 000 余万字。在全面分析汉语资料的基础上,对汉语发展演变过程作了历史的科学总结。所收词目包括古今语词及习见常用的百科词语。单字按 200 个部首排列。用汉语拼音标注现代音,又用韵书、字书的反切标注中古音、近古音,反切后还注明声调、韵部,有的还标注声类。释义义项完备,解释确切,书证丰富。引书均注明时代、作者、书名、篇名或卷次章节;并按时代先后排列,以明发展线索。

汉语大词典编纂处和日本禅文化研究所合编《多功能汉语大词典索引》(汉语大词典出版社,1987)是使用《汉语大词典》的最佳工具书。商务印书馆(香港)有限公司还编辑制作出版了《汉语大词典》光盘,检索更为便利。

《新编古今汉语大词典》 胡裕树主编,上海辞书出版社,1995。本书收词古今并重,源流兼顾。共收单字 12 000 个,复词 80 000 多条,对古今词语标明词性,也是特色之一。

《中华字海》 冷玉龙、韦一心等编,中华书局、中国友谊出版公司,1994。收 85 000 多字,按 210 个部首排列。

《中文大辞典》 张其昀监修,林尹、高明主编,台湾中国文化学院出版部,1968。40 册;1976 年出版修订普及本,10 册。本书收单字 49 905 个,复词 371 231 条。字头下列举各种字体。收列义项较多,引用书证丰富。

现代汉语词典 方言词典

《新华字典》 新华辞书社编,魏建功主编,人民教育出版社 1953 年出版;1957 年改由商务印书馆出版,多次修订重印,2004 年出版第十版。

本书是普及性的小型语文工具书,对我国文化教育事业有广泛深刻的影响。收字从初版 6 500 字增加到后来的 10 000 余个单字(包括异体字、繁体字),采用 189 个部首(新版改为 201 个部首)。单字之外,兼收带注解的复音词 3 500 余个。对字、词的正字、注音、释义都很细致、准确。

《现代汉语词典》 中国社会科学院语言研究所词典编辑室编,商务印书馆出版。1960 年出"试印本",吕叔湘主编;1965 年出"试用本",丁声树主编。1978 年第一版,2005 年出版第五版。

这是一部以记录普通话语汇为主,为推广普通话、促进汉语规范化服务的中型词典。原本收单字 8 700 多个,另有繁体、异体字 1 200 多个,加上复词、词组等共有 56 000 余条,历次修订增收词语 16 000 余条,删汰词语 6 000 余条。本书也选收了一部分方言词语、旧词语和现代书面常用的文言词语,以及习见的专门术语。词目依汉语拼音字母顺序排列,字、词都以汉语拼音注音。在释义方面下了很大功夫,力求做到精当贴切。本书体例完善,审辨明晰,是通行最广的语文词典。第五版作了较大的修订,除增收新词外,还修改了释义和例句,首次全面标注了词类,并全面贯彻语言文字规范和科技术语规范。

《当代汉语词典》 莫衡等主编,上海辞书出版社,2000。收录范围仅限于语文性词语,以现代汉语词汇为主,兼收了一些习见的古代口语、早期白话及方言词语。共收单字 10 000 余字,语词 40 000 多条。

《汉字形义分析字典》 曹先擢、苏培成主编,北京大学出版社,1999。收《现代汉语通用字表》所列汉字 7 000 个。从字形分析入手,说明字形和字义、字音的联系,说明本义和引申义之间的联系,举出例证说明古今字义的传承和用法的重要变化。

以下列举 6 种规范性字表:

《简化字总表》 中国文字改革委员会编,文字改革出版社,1964;1986 年重印。全表有简化字 2 236 个,另加 14 个简化偏旁。1986 年重新发表时,调整了 5 个字(叠、覆、像、啰、瞭)。

《第一批异体字整理表》 文化部和中国文字改革委员会 1955 年 12 月 22 日联合发布。共列异体字 810 组,1 865 个,其中废弃异体字 1 055 个。1988 年,已淘汰的异体字中有 15 个被收入《现代汉语通用字表》,重新被确认为规范字(翦、邱、於、桉、澹、骼、彷、菰、溷、徼、薰、黏、愣、晖、凋)。

《普通话异读词审音表》 1985年12月27日国家语言文字工作委员会、国家教育委员会、广播电视部联合公布，文字改革出版社，1986。

《现代汉语通用字表》 国家语言文字工作委员会和新闻出版署1988年3月25日联合发布。语文出版社，1989。共7 000个字。包括《现代汉语常用字表》中的3 500个字。

《印刷通用汉字字形表》 汉字字形整理组编。文化部和中国文字改革委员会1965年1月30日联合发布。共收6 196个字，确定了标准字形(笔画数、笔形和笔顺)。

《信息交换用汉字编码字符集·基本集》(国家标准GB2312—80) 技术标准出版社，1981。收入图形符号7 445个，其中汉字6 763个。适用于汉字处理、汉字通信等系统之间的信息交换。

以上字表分别收入《语言文字规范手册》(语文出版社，1997年重排本)和《语言文字应用国家标准》(语文出版社，1992)。

中华人民共和国教育部、国家语言文字工作委员会于2001年12月又颁布了《第一批异形词整理表》，自2002年3月底开始试行。

《现代汉语通用字笔顺规范》 国家语言文字工作委员会标准化工作委员会编，语文出版社，1997。

《现代汉语方言大词典》 本书编委会编，李荣主编。江苏教育出版社1992—1998年分卷出版。

本书是一部以实地调查为基础的大型汉语方言词典。已出版分地方言词典：哈尔滨、太原、忻州、万荣、西安、银川、西宁、乌鲁木齐、济南、牟平、徐州、扬州、南京、丹阳、苏州、绩溪、上海、崇明、杭州、金华、宁波、温州、福州、建瓯、厦门、南昌、萍乡、于都、黎川、洛阳、武汉、长沙、娄底、广州、梅县、东莞、雷州、海口、成都、贵阳、柳州方言词典和南宁平话词典，共42分卷。每个分卷都包括3部分：引论、正文、义类索引与条目首字笔画索引。词典采用国际音标注音，用繁体字排印，词目下有释义，有的有用例。2003年又在分卷本的基础上出版《现代汉语方言大词典》综合本，共3册。综合本类同一名物、同一意义的方言词，便于研究者查考和研究。

《汉语方言大词典》 复旦大学和日本京都外国语大学合作编纂，许宝华、宫田一郎主编，中华书局，1999。5卷。本书收古今文献著作和现代汉语口语中的各类方言词语，但不收纯属古代通语和现代汉语普通话的条目。共21万个词条，兼收南北古今汉语方言词语30多万条。采用简化字编排。

《明清吴语词典》 石汝杰、宫田一郎主编，上海辞书出版社，2005。

《现代汉语方言音库》 侯精一主编，上海教育出版社，1996—1998。本音库包括40个方言点（与《现代汉语方言大词典》不全同）的音档。音档材料为统一设计。每种音档录制该点的音系、常用词汇、语法例句及长篇语料，并附有相当详尽的同音字表。此音库将为方言研究提供系统的有声资料。

古汉语词典 古文字字典

《辞源》和《辞海》在20世纪50年代以前是最广泛流传、最有影响的百科兼语文词典。1959年根据分工原则进行修订。修订后的《辞海》仍保持百科兼语文词典性质，《辞源》则成为古汉语词典。

《辞源》（修订本） 商务印书馆编辑部与广东、广西、湖南、河南《辞源》修订组合编，吴泽炎、刘叶秋、黄秋耘主编。商务印书馆1979—1983年出版4卷本；1988年出版合订本。

本书经过修订保留了释词溯源的特色，成为一部专供阅读古籍使用的古汉语词典。收单字12 890个，词语、词组等84 134条。全书使用繁体字，单字按214个部首排列；注音用汉语拼音、注音字母、《广韵》（或《集韵》）反切，标出声调、韵部、声纽；收词一般止于鸦片战争（1840），内容包括古书中的词语典故和有关古代文物典章制度等方面的词语；释义注意语词的出处和词义的发展演变；书证一律标明作者及时代、篇目、卷次。有些词目后略举参考书目。每卷后有该卷单字和复词的四角号码索引。1991年出版了《辞源修订本索引（4卷本·四角号码）》。

《古汉语常用字字典》 本书编写组编，商务印书馆，1979；2005年第四版。收古代汉语常用字3 700余个（不包括异体字）、双音词2 000多个。注现代读音，释义较细，依次列举本义、引申义、假借义。同义义项中又区分“又”、“转”、“泛”、“喻”各种区别。附录《难字表》，收2 600余字。第四版进行了全面修订，收字增至6 400余个，取消了《难字表》。

《王力古汉语字典》 王力主编，中华书局，2000。参照《辞源》收古籍中通用汉字12 500余个。以单字立条，酌收复字条。另设部首总论、备考、辨、同源字、按语五个栏目。因多人分别撰稿，释文繁简不一。

《古代汉语词典》 陈复华主编，商务印书馆，1998。收单字 14 000 余个，复音词 24 000 条，主要选自先秦两汉有代表性古籍。

《上古汉语词典》 许伟建编，吉林文史出版社，1998。选收甲骨文、金文和商周秦汉文献典籍中的词汇加以解释，共收单字条目 893 个，多字条目 710 个。

此外，有古籍专书词典，如《诗经词典》（向熹编，四川人民出版社，1986；1997 年修订本），《春秋左传词典》（杨伯峻、徐提编，中华书局，1985）。杨伯峻《论语译注》（中华书局，1962）和《孟子译注》（中华书局，1960）分别附有《论语词典》和《孟子词典》。

《十三经辞典》 刘学林、迟铎主编，陕西人民出版社，2002 年起出版。本辞典按十三部经书分部编写。各卷尽收各部经书的词、短语、固定格式以及含有经义及特殊定义的句子作为条目。附检字表及唐开成石经拓片。

《辞通》 朱起凤编著，开明书店，1934；上海古籍出版社 1982 年影印。本书收唐以前古籍中异形同义的双音词 30 000 多条，按主条下字分编入 106 韵。这是一部古汉语联绵词通假字词典。把同一意义的词汇集为一组，运用“因声求义”的方法，细加分辨。常见者作为主条居前，异体列后，广引例证，详载书名、篇名，并加按语说明相通的原因。后附笔画和四角号码两种索引。吴文祺主编《辞通续编》（上海古籍出版社，1991），新收词目数千条，并对原书中一些疏误有所补正。

《联绵字典》 符定一编著，京华印书局 1943 年初版，10 册，附部首索引 1 册；中华书局 1954、1983 年重印，4 册。本书收录六朝以前古籍中的双音词，其中大多是联绵词。按各词目首字的部首编排。词目上下字都依《说文》（或韵书）加注反切。每一词语分条释义，罗列古书用例和原书注文，间加按语说明。同一联绵词衍化出的异体写法也一一列举。收词及引例丰富。

《古汉语通假字字典》 马天祥、萧嘉祉编著，陕西人民出版社，1991。本书收通假字 2 820 个，所通之正字 4 660 个。所用资料止于唐代。

《古字通假会典》 高亨纂著，董治安整理，齐鲁书社，1989。本书是中国古代文字通假例证的汇编，主要取材于先秦两汉时的古籍和旧注，魏晋以后的也有少量引用。

《同源字典》 王力著，商务印书馆，1982。同源字（词）是从一个"语源"（根词）派生的词，这些词往往有词义和语音上的联系，或音近义同，或音同义通。本书汇集了同源字 3 200 多个，分组排列，以上古音韵部为纲，声纽为目。每字标注上古音的拟音，引用训诂资料说明同源之理。

古文字字典和形体字典有：

《甲骨文字典》 徐中舒主编，常正光、伍仕谦副主编，四川辞书出版社，1988。

本书广泛吸取诸家之长及近 20 年来新的研究成果，是一部规模较大、切合实用的甲骨文字典。收录单字 1 112 个，所收单字基本上据诸书拓本摹写，一字各体按通常的五期断代法分期，并冠以《说文》篆字，全书亦按《说文》部首编排。《说文》所无之字附于各部之后。各字均分列义项释义，并举例证。书前有依《说文》编次的甲骨文目录、楷书字形笔画索引及引用著作书目。

《甲骨文编》 孙海波原编，燕京大学 1934 年石印本。中国科学院考古研究所重编增订本，中华书局 1965 年出版，1982 年重印。增订本根据 40 种甲骨书，收可识字 1 723 个，依《说文》次序排列。合文单为 1 卷，收 371 个。"附录"收考释未定字2 949个。

《续甲骨文编》 金祥恒编，台湾艺文印书馆，1959。

《甲骨文字集释》 李孝定编著，台湾历史语言研究所专刊第 50 种，1965 年初版；1970 年再版，8 册。本书根据《甲骨文编》、《续甲骨文编》收录之文字，汇集各家考释，附编者按语。书后有索引。

还有《甲骨文简明词典》（赵诚编著，中华书局，1988）、《甲骨学小词典》（孟世凯编著，上海辞书出版社，1987）。

《金文大字典》 戴家祥主编，马承源副主编，学林出版社，1995。

本书是现有最完备的金文字典。共收金文可释字 2 661 字，以实际字形结构为依据分隶 285 部。每组字上面有楷书"字头"，外加"（ ）"号。所收金文均用拓片原大剪贴，注明出处，拓片总数在 10 万以上。考释文字仅录为学界公认的比较可从的最早的一家之说，其他有参考价值的也酌收备考。编者有不同意见或有所补正，则加按语。未释字列各部之后。图形文字暂不收入。有部首、笔画检字表。

《金文编》、《金文续编》 容庚编。正编，贻安堂1925年自写石印本；科学出版社1959年增订本；中华书局1985年再次增订本，由张振林完成。续编，商务印书馆1935年石印本，科学出版社1959年重印。本书正编收殷周金文，1985年增订本采用铜器3 902件，正编收可识字2 420个，重文19 357个；附录上编收图形文字，下编收形声字：共收不可识或存疑字1 352个，重文1 132个。有引用器目、楷书笔画检字。续编收秦汉金文，采用秦器86件、汉器749件，收可识字951个，重文6 084个；附录收不可识字33个，重文14个。书末有引用器目、楷书笔画检字。

《金文诂林》 周法高编著，香港中文大学，1974，16册。本书以1959年增订本《金文编》为依据，采用铜器3 128件，征引铭文原句约40 000句，引用论著631种。编者加按语20余万字。末册收4种索引：通检，采用器目，引用书目、论文目录，引用诸家索引。

《金文诂林附录》 李孝定、周法高、张日升编，香港中文大学，1977。根据《金文编》"附录"编写，并补入李孝定《甲骨文字集释》中所引用的诸家之说。

《金文诂林补》 周法高编，台湾历史语言研究所专刊第77种，1982年出版，8册。内容有：增补近30年出土铜器铭文700余件，增补《金文编》未收字300余个，译录日本学者的考释文字数10万言。第8册收索引10种。

《战国古文字典——战国文字声系》 何琳仪编，商务印书馆，1998；2004年重印。重印本附《订误》。

《睡虎地秦简文字编》 张守中编，文物出版社，1994。本书以《睡虎地秦墓竹简》(文物出版社，1990)一书秦简为限，选字形清晰者摹录。依《说文》字序排列，共有字头1 763个，重文2 138字，合文12例。各字下注明篇名、编号，并有例句。

自简牍帛书大批出土以来，20世纪70年代至今先后有近10种简帛字书问世，如陆锡兴《汉代简牍草字编》(上海书画出版社，1989)，陈建贡、徐敏《简牍帛书字典》(上海书画出版社，1991)等。

《古文字类编》 高明编，中华书局，1980。本书只收已认识的古文字，分为古文字、合体文字和徽号文字三编。第一编分四栏：商周时代的甲骨文；商和西周时代的金文；春秋和战国时代的石刻、竹简、载书、符节、玺印、陶器及泉货等文字;秦篆。眉端标注楷体。共收单字 3 056 个。单字的异体按时代先后顺序排列。每字下注明出处和时代。第二编无秦篆,只分三栏。第三编只有甲骨文、铜器铭文,分为两栏。书末附笔画检字索引和合文索引。

《古文字诂林》 本书编委会编,上海教育出版社,1999—2005。12 卷。本书汇录历代学者关于古文字形音义的考释成果。古文字包括甲骨文、金文、古陶文、货币文、简牍文、帛书、玺印文和石刻文 8 种,时代起自殷商迄于秦汉。字头参照《说文》部首排列。首列隶定楷书字头,加注篆书,以下依次收录字形和考释文字。

《汉语古文字字形表》 徐中舒主编,四川人民出版社,1981。为编写《汉语大字典》提供字形材料而编,共收甲骨文、金文和战国时期的可识文字约 3 000 个,同文异体字 10 000 多个。依《说文》次第排列。字体多从原拓本或原件照片中摹取,其中很多取自新出土文物。后附楷体笔画检字表。

《秦汉魏晋篆隶字形表》 《汉语大字典》字形组编,四川辞书出版社,1985。

古文字字形表还有:《古玺文编》(罗福颐主编,文物出版社,1981)、《汉印文字征》(罗福颐编,文物出版社,1978)、《古币文编》(张颔编,中华书局,1986)、《先秦货币文编》(商承祚等编,书目文献出版社,1983)、《增订碑别字》(罗振鋆编,罗振玉校订,文字改革出版社,1957)、《碑别字新编》(秦公辑,文物出版社,1985)等。

《常用古文字字典》 王延林编著,上海书画出版社,1978。本书收古文字 1 167 个。每字并列楷、篆两个字头,先释义,引各家解说颇详备;后分行列举字形,依次为:甲、金、玺、汉印、汉金(汉代金文)。后附引用书目表、甲骨文著录、《说文》部首检字、笔序检字。

《金石大字典》 汪仁寿编,1914 年初版,中华书局香港分局 1975 年影印;天津古籍书店 1982 年影印;台湾大通书局 1981 年影印本附《金石书录目》及《补编》。本书集录金石文字,依原文摹写,按楷书部首排列,注明韵部、反切或直音,下面依次列举小篆、籀文、古文、钟鼎文、战国时列国异文、石鼓碑刻文字等。注明出处,间有解说。

《中国书法大字典》 林宏元主编,香港中外出版社,1976;光华出版社 1980 年重印。本书据历代碑碣法帖 310 余部,剪辑 360 余位书家的字 4 392 字（如按重文计算，则达 47 430 余字），依 214 个部首排列。字头下依楷、行、草、章草、隶、篆、古文为序，每字注明朝代、作者，大部分注明出处。附笔画检字表。

虚助词典 语辞词典

“虚助”词是对实词而言，主要指连词、介词、助词、语气词，有时也包括副词、指代词、数量词及一部分用法比较复杂的实词。“语辞”是指古代（主要是唐代以来）作品中的特殊词语，这些语辞在当时也许是口语词（或方言词）、常用词，但后世却不易理解。现代作品中也有类似的语辞，有关词书附于本类之末。

《经传释词》 清王引之著，中华书局，1956；江苏古籍出版社 1985 年影印王氏家刻本。

本书收录易、书、诗、三礼、三传及论语、孟子等经部书中虚字 167 个，按传统 36 字母次序排列，援引经传本文及注疏、周秦诸子等材料，对各虚字作了详密考释，有许多精辟见解。中华书局本后附清孙经世撰《经传释词补》和《再补》及附录 3 篇。此书版本还有：岳麓书社 1984 年出版湖南师范学院中文系整理本，以中华书局本作底本进行校勘，书眉上有黄侃、杨树达批语 370 余条。

增补此书的有：《经词衍释》（清吴昌莹著，中华书局，1956）。

《助字辨略》 清刘淇著，章锡琛校注，开明书店，1939；中华书局 1955 年重印，附索引。本书收先秦至元代古书及俗语中的助字（虚词）476 个，分列 800 余条，按四声编为 5 卷，依 106 韵次第排列。所收助字分重言、省文、助语、断辞、疑辞、发语辞、语已辞、继事之辞、或然之辞等 30 类。

《词诠》 杨树达著，商务印书馆，1928；中华书局 1954、1965 年重印。收虚词 469 个，依注音字母顺序排列。每个虚词都注明读音，分项注明词性、释义、用法，并列举大量例句。

《古书虚字集释》 裴学海著，商务印书馆，1934；中华书局 1954、1980 年重印。本书以《经传释词》为基础，参考其他关于文言虚字的著作，吸取各书的优点，补正其不足，故名“集释”。收周秦两汉古书中虚字 290 个，依传统 36 字母排列。

《虚词诂林》 俞敏监修，谢纪锋编纂，黑龙江人民出版社，1992。

本书是10部书的汇录。上述五部虚词著作全录,《经籍籑诂》、《说文解字注》、《广雅疏证》、《尔雅义疏》和《马氏文通》五书只录虚词。以单字为字头,共收639个单字,其下照录原书训释,不加按语。

《文言虚词大词典》 高树藩编著,高蕙珍助编,梁昌腾校正,台湾东欣文化图书公司,1988;湖北教育出版社1991年影印。本书收文言虚字614个、复词444个,有释义、书证,书证附译文。附录4种,其中有《〈文言虚词大词典〉与文言虚词六书内容对照表》("六书"指上述王引之、刘淇、吴昌莹、杨树达、裴学海之书和孙经世的《经传释词补》及《再补》)。

《古代汉语虚词词典》 中国社会科学院语言研究所古代汉语研究室编,商务印书馆,1999。本书共收虚词1 855条(包括单音虚词、复合虚词、惯用词组和固定格式,酌收部分近代汉语虚词)。每个虚词注明所属词类,广举例证说明其用法和意义,并力求反映虚词的历史变化。多加按语说明,并设"辨析"一栏。作者多为《古代汉语虚词通释》(何乐士等著,北京出版社,1985)一书的作者。

此外,还有《古汉语虚词用法词典》(陕西师范大学词典编写组编,陕西人民出版社,1988)、《古汉语虚词词典》(王海棻等编,北京大学出版社,1996)、《古今汉语虚词大辞典》(张玉金主编,辽宁人民出版社,1996)等。

《现代汉语八百词》 吕叔湘主编,商务印书馆,1980。收现代汉语语词800余条,以虚词为主,兼收部分用法较特殊的实词,按音序排列。每词都举一定数量的例句反映其不同的用法。

《现代汉语虚词词典》 侯学超编著,北京大学出版社,1998。收虚词1 030条。

语辞词典主要有:

《诗词曲语辞汇释》 张相编著,中华书局1953年出版,多次重印。本书选诗、词、曲中比较难懂或容易误解的词语537个。有的词有几个意义,再分若干条,全书共分800多条。每条下均广引书证,词义主要从大量例证中比较归纳得出,颇多新解。

语辞词典还有:《诗词曲语辞例释》,王锳编著,中华书局,1980;1986年增订本。《诗词曲语辞集释》,王锳、曾明德著,语文出版社,1991,附张相《诗词曲语辞汇释》等10种著作笔画索引。

《魏晋南北朝词语例释》 蔡镜浩编著,江苏古籍出版社,1990。

《魏晋南北朝小说词语汇释》 江蓝生编著,语文出版社,1988。

《唐宋笔记语辞汇释》 王锳编著,中华书局,1990。本书从100余种唐宋笔记中辑录不见于典范古文中的语辞337条,加以阐释。

《敦煌变文字义通释》 蒋礼鸿著,中华书局上海编辑所1959年初版;后不断补充修订,内容日臻完备。此书是敦煌卷子中唐代变文的词语考释,分6类:释称谓、释容体、释名物、释事为、释情貌、释虚字。所引书证材料,除变文外,上自先秦下迄现代,凡有关材料,均广为采摭。有些词在任二北《敦煌曲初探》、《敦煌曲校录》(上海文艺联合出版社,1954、1955年版)中已有解释者则不收。

《敦煌文献语言辞典》 蒋礼鸿主编,杭州大学出版社,1994。

《唐诗宋词大词典》 中国社会科学院语言研究所编,人民中国出版社,1993。收词语达50 000条。

《元曲释词》 顾学颉、王学奇著,中国社会科学出版社1983年起出版,共4册。收录元代杂剧(包括散套、小令)中的词语约3 000条,连同附目共5 000多条。列出例证,加以解释。

《戏曲词语汇释》 陆澹安编著,上海古籍出版社,1981。所收词语以见于院本、杂剧者为主,诸宫调亦予收入,约5 000条。有释义,并引例证。附《戏曲成语汇纂》,汇录成语约400条。

《小说词语汇释》 陆澹安编著,中华书局上海编辑所,1964;上海古籍出版社1979年新一版。所收词语采自清末以前流传较广的64种通俗小说。收词语8 000多条,包括方言、俗语、黑话、行业专用语等。新版增加补遗129条。后附《小说成语汇纂》,汇录成语2 000多条。

《宋元明清百种小说语词大辞典》 周士勋、王东明主编,陕西人民教育出版社,1992。收词语30 000余条。同类词典还有《明清小说辞典》(张季皋主编,花山文艺出版社,1992)。

《宋元语言词典》 龙潜庵编著,上海辞书出版社,1985。收宋元时期流行的词语11 000余条,取材以小说、戏曲为主,旁及诗词、笔记、语录及杂著,释义简明。

《近代汉语断代语言词典系列》 刘坚、江蓝生主编,上海教育出版社出版。已出3种:《唐五代语言词典》(江蓝生等编著,1997),《宋语言词典》(袁宾等编著,1997),《元语言词典》(李崇兴等编著,1998)。

《近代汉语词典》 高文达主编,知识出版社,1992。收晚唐、五代至清末词语 13 000 余条。大多是方言俚语,接近当时的口头语言,取材于禅宗语录、敦煌变文、小说戏曲、笔记杂著等。

《近代汉语词典》 许少峰主编,团结出版社,1997。收词语 25 000 余条。

《全唐诗大辞典》 张涤华主编,山西人民出版社 1990 年起出版。本书以中华书局版《全唐诗》和《全唐诗外编》为底本,收录语词为主,亦收录成语典故、人名、地名、职官名及其他有关的文物典章制度名,常用句亦作为惯用语立目。全书按部首排列。

一些专书词典也以收录语词为主,如:《水浒词典》(胡竹安编,汉语大词典出版社,1989),《水浒语词词典》(李法白等编,上海辞书出版社,1989),《金瓶梅词典》(白维国编,中华书局,1991),《金瓶梅方言俗语汇释》(李申编著,北京师范学院出版社,1992),《红楼梦辞典》(周汝昌主编,广东人民出版社,1987),《红楼梦语言词典》(周定一主编,商务印书馆,1996)等。

成语典故俗语熟语词典

成语典故词典近年出版数量颇多,这里只能选择一部分加以简单介绍。

《汉大成语大词典》 本书编委会编,汉语大词典出版社,1996。本书在《汉语大词典》的基础上选收古今成语(限于严格意义上的成语)24 808 条。书证一般只举最早和最晚两种。词目按汉语拼音音序排列,附词目笔画索引。

《汉语成语考释词典》 刘洁修编著,商务印书馆,1989。收成语 7 600多条,考证其源流演变、定型过程,解释其含义,并举出丰富的书证。每条下列出异体及省略形式,条目总数达 20 000 多条。按音序排列,有四角号码索引。编著者又加以修改扩充,编成《成语源流大词典》(江苏教育出版社,2003),收成语共约 48 000 条。

《汉语成语大词典》 朱祖延主编,河南人民出版社,1985。收成语约 17 000 条。主要特点是对成语加以归纳整理,将同义、近义、反义的成语相对集中,汇为“条目群”,以常见形式作主条,反映出成语的形成和发展演变。

此外还有,《中国成语大辞典》(上海辞书出版社,1987),《成语熟语词典》(刘叶秋等编,商务印书馆,1992)。

典故词典主要解释典故来源及含义,并举出书证。有的是专门解释古代文学作品中用典的。

《古书典故辞典》 杭州大学中文系本书编写组编,江西人民出版社,1984;江西教育出版社 1988 年修订版。本书收先秦至清末古书中常见典故 5 400 余条,每条有释义和典源,有的还举用例。按词目首字笔画排列。

此外还有,《古代诗词典故辞典》(陆尊梧等编,天津人民出版社,1993),《中国典故大辞典》(辛夷、成志伟主编,北京燕山出版社,1991),《多形式典故词典》(方福仁编,浙江人民出版社,1989),《掌故大辞典》(古风主编,团结出版社,1990)等。

古代文学作品的典故词典有:《全唐诗典故辞典》(范之麟、吴庚舜主编,湖北辞书出版社,1989)、《全宋词典故考释词典》(金启华主编,吉林文史出版社,1991)、《全元散曲典故辞典》(吕薇芬编,湖北辞书出版社,1985)等。

引用前人成句称为引语,所引多为名言警句。引语词典,或称名句词典,主要有:

《引用语辞典》 朱祖延编著,四川辞书出版社,1994。本书收经、子、史书及古代文学作品的成句被后人引用而不注明出处的,约 3 000 余条,每条说明出处并举用例,按音序排列。编著者后将此书扩充为《引用语大辞典》(武汉出版社,2000),主要扩大收条范围并增加近现代书证,共收 6 000 条以上。

《中国古代名句词典》 陈光磊等编,上海辞书出版社,1986。收先秦至清末名句 10 000 余条。

《诗词曲名句词典》 赵传仁主编,山东教育出版社 1988。

俗语是通俗性的口头语。熟语是语言中的固定组合,含义很广,格言、谚语、歇后语等都是。成语、俗语也都是熟语,因其量多,故分开另成一类。

《通俗编》 清翟灏编,商务印书馆,1959。附梁同书编《直语补正》。翟书是成书较早、收罗比较完备的俗语词典,收 5 000 多条,分 38 类,后附四角号码索引。梁书收 400 多条。

《恒言录》 清钱大昕编,商务印书馆 1958 年据《丛书集成初编》本重校排印。附陈鳣编《恒言广证》。

《迩言等五种》 商务印书馆 1959 年出版。这五种书是：清钱大昭《迩言》6 卷、清平步青《释谚》1 卷、清胡式钰《语窦》1 卷、清郑志鸿《常语寻源》2 卷、罗振玉《俗说》1 卷。

日本长泽规矩也编《明清俗语辞书集成》(日本汲古书院 1974—1977 年影印，五辑)收书 25 种，其中有些书传本甚少。蒋致远主编《中国方言谣谚全集》(台湾宗青图书出版公司，1984)收明清俗语文献 20 种。

今人所编的俗语、熟语词典主要有：

《俗语典》 胡朴安等编，上海广益书局，1922；上海书店 1983 年影印。

《俗语词典》 徐宗才等编，商务印书馆，1994；2004 年修订本。收古今常用俗语 19 000 余条。

《中国俗语大辞典》 温端政主编，上海辞书出版社，1989。收古今俗语 15 000 余条，举例丰富。

《古今俗语集成》 山西省社科院语言研究所编，温端政主编，山西人民出版社，1989。共 6 卷，广收先秦古籍至当代名家文集中的俗语。

《古谚语辞典》 张鲁原、胡双宝编，北京出版社，1990。

《中华谚语大辞典》 耿文辉编著，辽宁人民出版社，1991。

《中国歇后语大辞典》 欧阳若修主编，广西人民出版社，1990。

第四节 百 科 词 典

百科词典又称知识性词典，包括多学科词典和专科词典，用以解释名词术语。百科词典品种繁多，仅介绍以下 5 类：综合性多学科类，图书文献类，语言文学类，历史、文化、艺术类，一般社科类。

综合性多学科类

《辞源》 陆尔奎、方毅等编，商务印书馆 1915 年出版正编，1931 年出版续编；1939 年出版合订本，略有修订，增加四角号码索引；1949 年出版简编本。

本书收单字 12 890 余个，复词 84 134 条。按 214 个部首排列，用《音韵阐微》反切注音，注明 106 韵韵部。这是我国第一部大型综合性辞书,以语词为主,兼收百科词语,注意探求词义来源,列举书证。缺点是沿袭旧有字书、类书,书证多不注篇名,释义时有错误。

《辞海》 舒新城等主编,中华书局1936—1937年出版,1947年再版,1958年重印。

本书是一部兼收语词和百科词语的大型综合性辞书,规模、编制体例与旧《辞源》相似,注音方法相同。所收科技类名词术语较多,体例也有所改进,如引书多举篇名、采用新式标点等,但仍有错误。两书词目互有出入,注释详略不同,故不能彼此取代。

20世纪50年代末,根据分工原则对两书进行修订,《辞源》(修订本)成为古汉语词典;《辞海》(修订本)成为以百科知识为主的词典。台湾中华书局也对《辞海》加以修订,改写原词条,新增词目30 000余条,改称《(最新增订本)辞海》(1982年2版)。

《辞海》(修订本) 本书编委会编,上海辞书出版社出版。先后出版:未定稿,1965年,另有16分册本;1979年版,另有20分册本;1982年出版《语词增补本》、《百科增补本》,1983年合编为《辞海增补本》;1989年版,另有26分册本;1999年版,彩图5卷本,普及3卷本,缩印1卷本。

1989年版收单字16 534个,复词约12万条,包括120个学科。1999年版收单字19 485个(以2号宋体列为词头的有17 678个),词目122 835条,包括一般词语、典故、人物(在世人物不立词条)、著作、历史事件、古今地名、团体组织及各学科的名词术语等。所收词语兼顾古今。

《中国古代名物大典》 华夫主编,济南出版社,1993。本书收古代名物词,或见诸文献记载,或有实物传世,依物稽名。以正名为主条,详加解释,异名别体为次条,合共约60 000条词目。按类排列,总分天象、地物、人体等37大类,以下再层层细分。惜未编索引,只能按分类查检。

《中国百科大辞典》 本书编委会编,华夏出版社,1990。本书收58个学科,近50 000条词目。按学科分类编排。附有词目分类目录和汉语拼音索引。

《中国百科大辞典》 本书编撰委员会编,中国大百科全书出版社,1999。共10卷。全书收条目近55 000条,包括哲学、社会科学、自然科学、工程技术、文学艺术等 60 余门学科和边缘学科，侧重人文学科各领域研究的新成果。全书按汉语拼音音序编排。第 10 卷为索引。

《百科知识词典》 梅益主编，中国大百科全书出版社，1989。普及型知识词典，收常用的百科词汇 10 000 余条。

《现代学科大辞典》 孟宪鹏主编，海洋出版社，1990。介绍各种学科 1 000 多门，提供的学科尤其是新兴学科参考资料比较系统。

《当代中国百科大辞典》 张锋主编，档案出版社，1991。本书介绍了当代中国各领域、各学科重要的事件、组织、学说和著名的人物。词目按类编排，资料截止 1990 年底。

图书文献类

《四库大辞典》 本书编委会编，李学勤、吕文郁主编，吉林大学出版社，1996。

本书收录范围很广，包括 20 世纪 30 年代以前存世的古籍，并不限于《四库全书》所收。是目前内容较完备的大型古籍辞典。

《四库全书大辞典》 杨家骆编，南京辞典馆，1931；北京中国书店 1987 年影印。台湾、香港曾重印，改称《四库大辞典》。

《四库全书学典》 杨家骆编，上海世界书局，1946。正文与上书相同，词目改按笔画排列；增加多种附录与附表。

《中华古文献大辞典》 吴枫主编，吉林文史出版社 1990 年起出版。本书拟收古籍 35 000 种，分为文学（汪玢玲主编，1994）、历史、哲学、政法、宗教、地理（王兆明等主编，1991）、民族、科技、医药（庄树藩主编，1990）、综合等 10 卷。编者另有《简明中国古籍辞典》，吉林文史出版社，1987。

《简明古籍辞典》 胡道静主编，齐鲁书社，1989。本书分 7 个部分，共收词目 1 944 条。

《二十世纪中国学术要籍大辞典》 方鸣等主编，中共中央党校出版社，1993。

《中国图书大辞典》 宋木文、刘杲主编，湖北人民出版社，1998。此书实为提要书目，只是采用了分类编排的辞典形式。由新闻出版署组织全国 540 余家出版社共同编纂，从 1949—1992 年间我国出版的 80 余万种图书中选出 10 万种加以著录、提要介绍。全书按学科分为 14

卷,第15卷为总索引。全书共19册。此书已出光盘版。另有《中国图书年鉴》与本书衔接。

《文献学辞典》 赵国璋、潘树广主编,江西教育出版社,1991。收词目4 400余条,后附"附目"1 600余条及词目分类目录。2005年广陵书社出版增订本,改名《文献学大辞典》。

《图书学大辞典》 卢震京编著,商务印书馆,1940;台湾商务印书馆1971年影印。

《简明古籍整理辞典》 诸伟奇等编著,黑龙江人民出版社,1990。收词目5 000条。

《中国古籍版刻词典》 瞿冕良编著,齐鲁书社,1999。收录版刻名词、刻字工人、刻抄书家、有关版本方面的参考书等四个方面的辞目20 000余条。

《中国地方志辞典》 黄苇主编,黄山书社,1986。收词目近2 000条,分10类。

《中国方志大辞典》 本书编委会编,浙江人民出版社,1988。收词目2 970条。

《中国年谱辞典》 黄秀文等主编,上海百家出版社,1996。收年谱4 140种,涉及谱主2 445人。

《中国古代书目词典》 卢正言主编,广西教育出版社,1994。收书目2 686种。

《中国古今书名释义辞典》 赵传仁等主编,山东友谊书社,1992。

各种工具书词典参见第三章第二节工具书指南。

语言文学类

《语言学百科词典》 戚雨村等主编,上海辞书出版社,1993。

本书是综合性语言学词典。收词目5 000余条,包括古今中外语言学的术语、理论、方法、学科、流派、人物、著作、事件、世界诸语言等,作出简明的解释。

《传统语言学辞典》 许嘉璐主编,河北教育出版社,1990。传统语言学即"小学"(包括音韵、训诂、文字、语法)。本书立术语(基本理论和学说)、人名、书名、主要学派4类词目,一般截止到1919年。

此外还有:《中国语言学大辞典》(本书编委会编,江西教育出版社,

1991),《语言与语言学词典》([英]哈特曼、斯托克著,黄长著等译,上海辞书出版社,1981;社会科学文献出版社1992年修订本)。

《中国文学大辞典》 马良春、李福田主编,天津人民出版社,1991。8册。

本书共收约33 000条词目,包括古代至当代中国各民族的文学,涉及作家、作品、流派、社团、思潮、事件、论争等。按笔画排列。第1卷为目录,包括分类索引和音序索引。

《中国文学大辞典》 钱仲联、傅璇琮等总主编,上海辞书出版社,1997;2000年修订重排本。收17 000余条目,按朝代分门类编排。

中国古代文学词典中有的是按作品类别或体裁编写的,如:

《中国古代文学理论辞典》 赵则诚等主编,吉林文史出版社,1985。

《中国诗学大辞典》 傅璇琮等主编,浙江教育出版社,1999。这是一部反映中国古典诗学风貌及海内外研究状况的专科工具书。分为诗学概念、诗论著作、重要诗人、诗风流派等10大门类。

《唐诗大辞典》 周勋初主编,江苏古籍出版社,1990。

《全唐诗大辞典》 张忠纲主编,语文出版社,2000。收录《全唐诗》、《全唐诗补编》所收唐诗作者、作品及有关著作方面的词目共计28 000余条。按作者简介、唐诗名篇、唐诗名句、格律与流派体类、语词典故、地名名胜、唐诗著作及其他七大类编排。

《中国词学大辞典》 马兴荣等主编,浙江教育出版社,1996。选收唐五代至现当代的词学条目7 200余条,分为概念术语、词人、风格流派、词集等11部类。

《中国曲学大词典》 齐森华等主编,浙江教育出版社,1997。这是一部反映中国戏曲、散曲、曲艺、民间小曲等领域基本状况的专科工具书,按曲学、曲源、曲种、曲家等分类编排。

《元曲百科大辞典》 卜键主编,学苑出版社,1991。

《中国神话传说词典》 袁珂编著,上海辞书出版社,1985。本书姊妹篇为《中国民族神话词典》(袁珂编著,四川社会科学院出版社,1989)。

《中国历代小说辞典》 侯忠义主编,云南人民出版社,1986—1993。4卷。

《中国小说大辞典》 侯健主编，作家出版社，1991。16卷。

《中国剧目辞典》 王森然遗稿，《中国剧目辞典》扩编委员会扩编，河北教育出版社，1997。收录宋元以来我国古典传统剧目、京剧及部分省市的地方戏剧目15 855条。

《中国昆剧大辞典》 吴新雷主编，南京大学出版社，2002。收录词条5 682条。分列源流史论、剧目戏码、历代昆班、剧团机构等12个专栏。

此外还有：《中国俗文学辞典》（吉林教育出版社，1991），《中国戏曲曲艺词典》（中国艺术研究所、中国戏剧家协会上海分会编，上海辞书出版社，1981），《中国古代戏曲文学辞典》（邓绍基主编，人民文学出版社，2004）。

《红楼梦大辞典》 本书编委会编，冯其庸、李希凡主编，文化艺术出版社，1990。古典文学专书词典以本书最具特色，是兼收书中名词和"红学"词目的百科性辞典，附两种索引。

同类辞典还有：《三国演义辞典》（沈伯峻等编著，巴蜀书社，1989），《金瓶梅大辞典》（黄霖主编，巴蜀书社，1991），《聊斋志异辞典》（朱一玄等编著，天津古籍出版社，1991）等。

《唐诗鉴赏辞典》 萧涤非、程千帆、马茂元等编著，上海辞书出版社，1983。此书问世以来受到普遍欢迎，对提高读者鉴赏水平、普及古典文学知识起了积极推动作用，从而推出一系列"鉴赏"类辞书，扩展到文学、艺术各领域。

历史、文化、艺术类

《中国历史大辞典》 本书编委会编，上海辞书出版社1983年起分卷出版。本书选收从远古至辛亥革命有关词目50 000多条，按断代史和专史分为14卷：先秦史（李学勤等主编，1996）、秦汉史（林甘泉主编，1990）、魏晋南北朝史、隋唐五代史（杨志玖等主编，1996）、宋史（邓广铭等主编，1984）、辽夏金元史（蔡美彪主编，1986）、明史（王毓铨等主编，1995）、清史（荣孟源等主编，1992）、历史地理、思想史（张岂之主编，1989）、史学史（吴泽等主编，1983）、科技史、民族史（翁独健等主编，1995）等。各卷均按词目笔画编排。在分卷本的基础上又编纂出版了汇编本《中国历史大辞典》（郑天挺、吴泽、杨志玖主编，2000）。收词上起远古，下迄

1911年,共67 154条。书后附中国历代世系表,中国历史大事年表,中国历代户籍、人口、垦田总数表,中国历代度量衡演变表等及中国历史地图24幅。

《二十六史大辞典》 戴逸主编,吉林人民出版社,1993。本书分为事件、典章制度、人物、表图索引4卷。

《二十五史导读辞典》 本书编委会编,华龄出版社,1991。本书主要是评价各史的优劣和价值地位,附有研究各史的重要书目和论文索引。

《二十五史专书辞典丛书》 山东教育出版社出版。已出:《史记辞典》(仓修良主编,1991)、《汉书辞典》(仓修良主编,1996)、《后汉书辞典》(张舜徽主编,1994)、《三国志辞典》(张舜徽主编,1992)、《晋书辞典》(刘乃和主编,2001)、《北朝五史辞典》(简修炜主编,2000)、《两五代史辞典》(宋衍申主编,1998)、《元史辞典》(邱树森主编,2002);待出:《南朝五史辞典》、《两唐书辞典》、《宋史辞典》、《辽金史辞典》、《明史辞典》、《清史稿辞典》。

《中国近代史词典》 陈旭麓等主编,上海辞书出版社,1982。

《中华民国史辞典》 陈旭麓、李华兴主编,上海人民出版社,1991。

《中华民国史大辞典》 张宪文等主编,江苏古籍出版社,2001。收录民国时期的重要法令规章、政府组织、党派社团等方面的词条约16 000条。

《中国古代典章制度大辞典》 唐嘉弘主编,中州古籍出版社,1998。本书收词约10 000条,按职官、科举、礼制、封建、教育、法律、兵制、田制、货币、财经、宗教、乐舞、美术、中医、文档、版本、天文、宫室、体育等类编排。除文献资料外,还利用了大量出土文物资料。

《中国古代职官大辞典》 张政烺主编,河南人民出版社,1990。收鸦片战争前的词目9 966条。

此外还有:《中国官制大辞典》(俞鹿年编著,黑龙江人民出版社,1992),《简明中国历代官制词典》(安作璋主编,齐鲁书社,1990)。

《中国文化史词典》 上海师范大学古籍整理研究所编,杨金鼎主编,浙江古籍出版社,1987。本书分类编排,较全面地汇集了古代文化知识,比较适用于文史工作者。

同类词典还有:《中国文化辞典》(施宣圆等主编,上海社会科学院出版社，1987），《中华文化辞典》（丁守和主编，广东人民出版社，1989），《华夏文化词典》（张龙虎等主编，华夏出版社，1988）。

《敦煌学大辞典》 季羡林主编，上海辞书出版社，1998。本书是国内外第一次以工具书形式反映敦煌学研究成就的大型专科辞典。收录敦煌石窟艺术、敦煌遗书、敦煌学研究方面的条目 6 925 条。“敦煌石窟艺术”方面的内容包括：各时代艺术·代表窟，彩塑，本生故事画·因缘故事画·说法图，经变画，壁画技法，石窟考古，以及藏经阁洞遗画、音乐舞蹈、书法印章等。“敦煌遗书”方面的内容包括：地理，历史人物，政治·法律·军事·经济，书仪·社邑·民俗·写经题记，经史子集四部书等。“敦煌学的研究”方面的内容包括：公私收藏·编号，著作·刊物，近现代人物等。半数以上的条目是其他工具书中查不到的。

《中国儒学辞典》 赵吉惠、郭厚安主编，辽宁人民出版社，1988。本书收词目 2 200 余条，分为 4 个部分：人物、典籍著述、学派书院、概念词语，多方面地反映儒学的发生、发展和演变。

此外还有，《孔子大辞典》（张岱年主编，上海辞书出版社，1993），《孔学知识辞典》（董乃强主编，中国国际广播出版社，1990）。

《周易大辞典》 萧元主编，中国工人出版社，1991。

《三礼词典》 钱玄、钱兴奇编著，江苏古籍出版社，1993。本书从《仪礼》、《周礼》、《礼记》、《大戴礼记》四书中选取有关典章制度、礼制、名物等词语 5 000 余条，参考历代注疏及其他先秦古籍、出土文物撰成，对阅读古代文献、研究古代社会生活，有重要参考价值。

《宗教词典》 任继愈主编，上海辞书出版社，1981。本书收词目 6 719 条，包括宗教一般、史前和原始宗教、古代宗教、佛教、基督教、伊斯兰教、道教、中国部分少数民族宗教、中国民间宗教、其他宗教十大类，分别介绍其教派组织、人物、教义、经籍著作、名词术语、教制、器物、节日、寺院及神名等。本书经修订扩充为《宗教学大辞典》（任继愈主编，1998），收词目增至 11 970 条，改按十六大类编排。

《佛学大辞典》 丁福保编著，上海医学书局，1922；上海书店 1991 年影印。此外还有《实用佛学辞典》（上海佛学书局，1934 年；浙江古籍出版社 1986 年影印）。

《佛教大辞典》 任继愈主编，江苏古籍出版社，2002。收词目 11 899 条。

《中华道教大辞典》 胡孚琛等编著，中国社会科学出版社，1996。

《中国正统道教大辞典》 杨逢时编著，台北逸群图书有限公司，1985。

《中国风俗大辞典》 申土垚、傅美琳编著，中国和平出版社，1991。

《岁时纪时辞典》 周一平等编著，湖南出版社，1991。

《中国古今姓氏辞典》 慕容翊编著，黑龙江人民出版社，1985。

《古今称谓词典》 杨应芹、诸伟奇编著，黄山书社，1989。此外还有《称谓大辞典》(新世界出版社，1991)。

《中国名胜词典》(修订版) 国家文物事业管理局主编，上海辞书出版社，1986。

《中国历史文化名城词典》 文化部文物局等主编，上海辞书出版社，1985。

《中国文物精华大辞典》 本书编委会编，上海辞书出版社，1995。本书分陶瓷、青铜、金银玉石、书画 4 卷，精选大陆 100 多家收藏单位所藏一级文物 5 323 件，采用实物拍摄图片，由专家撰写说明，图文并茂，具有极高的学术价值和艺术价值。

艺术类辞典还有《中国书法大辞典》(梁披云主编，广东人民出版社，1984)，《中国美术辞典》(沈柔坚主编，上海辞书出版社，1987)，《中国工艺美术大辞典》(吴山主编，江苏美术出版社，1989)，《中国音乐词典》(缪天瑞等主编，人民音乐出版社，1984)。

一般社科类

《社会科学大词典》 彭克宏主编，中国国际广播出版社，1989。词目按 20 多个学科分类编排，每个学科包括基础理论、学派、代表人物、机构、事件等。

《哲学大辞典》 冯契主编，上海辞书出版社 1985 年起分卷出版，1992 年出版汇编本。分为马克思主义哲学、中国哲学史、外国哲学史、逻辑学、伦理学、美学 6 卷，共收 12 400 余条词目。2001 年出版修订本。对初版中 5 000 余词条进行了重大修改或重新撰写，其余词条亦作不同程度修订，并新增 2 000 余词条。

《教育大辞典》 本书编委会编，顾明远主编，上海教育出版社，1990—1992。共分为 12 卷 25 个分册，收词目 30 000 余条。1998 年出版增订合编本。

《法学大辞典》 曾庆敏主编，上海辞书出版社，1998。本书以《法学词典》(1980 年版)为蓝本扩充编成，共收词目 10 800 余条。

《中国古代法学辞典》（高潮等主编，南开大学出版社，1989）。

第五节 专名词典

专名词典包括人名、地名、书名、官名等，有些已在上一节介绍，本节只介绍人名词典、地名词典两类，以中国的为主。人名录、地名录虽不属词典，因数量不多，附在本节加以介绍。传记类书籍与人名词典关系密切，本节一般不收，个别与专业有关而目前无可取代的，则酌情收录。

人名词典

人名词典简介人物生平事迹，包括姓名、籍贯、字号、生卒年、生平事迹、主要成就和著作等。按照所收录人物的时代、专业，可分为通代人名词典、近现代人名词典和专业人名词典。

通代人名词典主要有：

《中国历代人名大辞典》 张㧑之、沈起炜、刘德重主编，上海古籍出版社，1999。

本书是目前最详备的中国历史人名词典，收录原始社会至清末辛亥革命约 54 500 人，基本上以正史中有传的人物为主，并广收各界人物，也包括部分来华的外国人。条目释文力求客观准确、项目齐备。条目后标注资料来源，便于核检。全书按简化字姓氏笔画编排，末附四角号码索引。

《中国人名大辞典》 臧励龢等编，商务印书馆，1921；1958 年重印；上海书店 1980 年影印。此书收录上古至清末 40 000 多人。凡正史、地方史志、私家著述、金石文字所载重要人名，尽量收录，包括少数民族人物。但清代人名遗漏较多。正文按姓氏笔画排列，书末附“姓氏考略”和“异名表”，四角号码索引。本书的特点是收录人名多，记载也较可靠，缺点是不注人物生卒年，不注资料出处，观点也较陈旧。

《中国人名大词典》 本书编委会编，廖盖隆、罗竹风、范源主编，上海辞书出版社，1989—1992。分为以下 3 卷：《历史人物卷》，选收远古至1949年10月1日以前去世的人物，共约14 000人。《当代人物卷》选收1949年10月1日至1986年12月底去世的人物和在世人物，共13 815人。《现任党政军领导人物卷》收1988年年底前在职的人物2 185人。

《二十五史人名大辞典》 中州古籍出版社，1997。

《汉书古今人表疏证》 王利器、王贞珉疏证，齐鲁书社，1988。《汉书·古今人表》罗列先秦各种人物。本书收集历代注释考订之作，汇集于每人名下，间附己见。末附索引。

《古今同姓名大辞典》 彭作桢编，北平好望书店，1936；上海书店1983年影印。本书收录上古至1936年间同姓名的人物56 700余人。每一人物下注明资料出处。

《历代避讳字汇典》 王彦坤编著，中州古籍出版社，1997。本书将历代帝王、后妃、王公、权臣的名讳、字讳以及与之谐音的字，一一列举，加以说明。可参考陈垣《史讳举例》(中华书局，1962)。

近现代人名词典有：

《中国近现代人名大辞典》 李盛平主编，中国国际广播出版社，1989。本书选收1840年至1988年9月30日前去世的历史人物10 750人，其中来华外国人846人。

《民国人物大辞典》 徐友春主编，河北人民出版社，1991。共收12 000余人。介绍颇为详实。

专业人名词典举例如下：

《中国佛教人名大辞典》 震华法师遗稿，王新等校补。上海辞书出版社，1999。收录自佛教传入中国以来与中国佛教有关的人物共16 973条(含近现代佛教人物)。其中以中国汉传佛教人物为主，兼及藏传、南传佛教人物，至于国外高僧大德，只限与我国汉传佛教有交流记载者。书后附《中国佛教大事年表(前486—1911)》。

《畴人传》(1—4编) 清阮元等撰。清阮元《畴人传》46卷、罗士琳《续畴人传》6卷、诸可宝《畴人传三编》7卷，收入商务印书馆《国学基本丛书》，附华世芳《近代畴人著述记》，总名《畴人传》，1955年重印。该馆1955年另出版清末黄仲骏《畴人传四编》11卷、附录1卷。以上四书是我国从上古至清末自然科学家(以天文历算学家为主)的传记汇编，共收中外科学家867人(其中华人男650人、女7人，西人男206人、女4

人)。全书内容丰富、体例谨严,有很高的参考价值。

《清代朴学大师列传》 支伟成编著,章太炎审订。上海泰东图书局1925年初版,1928年再版,岳麓书社1986年据再版本影印。本书是清代考据学家的学术传记。收顾炎武到王先谦370余人,按经学、小学、史学、地理、金石、校勘、目录、天文、历算等学科及其流派分类排列,每人述其生平、学术渊源、专长、治学方法。于其著述,不论存佚,备举无遗。书中引述章氏意见并刊出所加眉批。虽成书较早,仍有参考价值。

《中国语文学家辞典》 陈高春编,河南人民出版社,1986。所收人物自先秦迄明清,有语文学著作者1 950余人,并收录有关著作5 500余部。

《中国现代语言学家》(1—5册) 本书编写组编,河北人民出版社1981—1986年分册出版。收《马氏文通》出版以来215人,介绍其生平及学术成就,列举其论著目录。

《中国文学家大辞典》 谭正璧编著,上海光明书局,1934;上海书店1981年影印。本书收录春秋至1919年的文学家6 800余人,按生卒年代排列。所引资料大都注明出处。

《中国文学家大辞典》 本书编委会编,中华书局1992年起出版。分为先秦汉魏晋南北朝、唐五代、宋代、辽金元、明代、清代、近代7卷。已出《先秦汉魏晋南北朝卷》(曹道衡、沈玉成编)、《唐五代卷》(周祖谟主编)、《清代卷》(钱仲联主编)、《近代卷》(梁淑安主编)等。对凡有作品存世或作品已佚但史籍载其文学活动者,均详考其生平行实、著作存佚流传情况,并注明资料出处。

《中国文学家辞典》 北京语言学院本书编委会编,四川人民出版社、四川文艺出版社,1979—1985。古代部分已出2本分册,收先秦至唐代1 211人。现代部分已出4本分册,共收2 286人。

《中国美术家人名辞典》 俞剑华编,上海人民美术出版社,1981;后多次重印。本书收历代书画家、篆刻家、建筑家、雕塑家、工艺美术家近29 500人,引用资料广博,均注明来源。

《中国历代画家人名词典》 人民美术出版社,2003。

《中国音乐舞蹈戏曲人名辞典》 曹惆生编,商务印书馆,1959。收古代到清末5 200余人。

外国人名词典数量较多，这里只介绍两种：

《外国人名辞典》 上海辞书出版社，1988。收录世界各国在各个领域、各门学科中比较重要的历史人物 10 690 人。

《世界中国学家名录》 中国社会科学院文献信息中心、外事局合编，社会科学文献出版社，1994。收录海外 21 个国家的中国学家 1 434 人（以 1991 年在世者为限）。

地名词典

《中国古今地名大辞典》 臧励龢等编，商务印书馆，1930；上海书店 1982 年影印。本书上起远古下迄民国，收地名共 40 000 余条。对古地名注明初置、沿革，对今地名则叙述概况。同名异地也分别注明。附有《各县异名表》，有助于了解古郡县名。“今地名”系 1928 年前后通行的行政区域地名，使用时须加核对。台湾商务印书馆 1966 年出版陈正祥续编本，增补了台湾省地名约3 000 条。

《中国古今地名大词典》 中华人民共和国民政部与复旦大学历史地理研究中心主编，上海辞书出版社，2005。

本书共分 3 卷，汇集了上起远古、下至当今的地名 60 000 余条。所述历史沿革详尽，是我国目前规模最大、信息最新、资料最全的古今地名工具书。

《中国历史地名大辞典》 史为乐主编，中国社会科学院出版社，2005。

本书收历史地名 60 000 余条，包括古国、都邑、各级政区、山川、泽薮、津梁、关隘、城镇、堡寨、交通道路及与重大历史事件和人物有关的地名。引证有据（尽可能使用最早出处，并注明版本卷次），纠正已往错讹，吸收了最新研究成果。

《中国历史地名大辞典》 魏嵩山主编，广东教育出版社，1995。本书收远古至 1949 年的历史地名约 90 000 余条，分列为 60 000 余个词目。释文均以文献记载为准。加注的今地名依 1990 年的行政区划。

《中国历史地名辞典》 复旦大学历史地理研究所编，江西教育出版社，1986。收录我国古代重要地名约 21 000 条，介绍建置、沿革，并注明今地名（以 1980 年行政区划为准）。

《中国古今地理通名汇释》 崔恒昇编著，黄山书社，2003。收录自然地理实体、通名和人文地理实体通名。

《通鉴地理注词典》 冯惠民等编，齐鲁书社，1986。本书收录《资治通鉴》中地名的胡三省注，整理归并为6 000条。

《中华人民共和国地名词典》 中国地名委员会等编，商务印书馆1984年起出版。本书是大型标准化地名工具书，按省、自治区、直辖市分卷出版，共收各类地名约10万个。每一地名给出规范的汉字书写形式和罗马字拼音。释文除提供基本的地理要素外，还考究地名语源，介绍社会历史和经济、文化建设成就。1998—2002年，商务印书馆出版综合本，名《中华人民共和国地名大词典》，崔乃夫主编，全5卷。收录中华人民共和国国土范围内的地名约18万条。

《中华人民共和国地名录》 中国地名委员会编，中国社会出版社，1994。本书收乡镇以上地名、山河等自然地理实体名称及名胜古迹等约10万条，资料截止1991年底。全书按汉语拼音顺序排列，每条地名列出汉字、汉语拼音、行政隶属或地理位置。

《世界地名词典》 中国科学院地理研究所等编，上海辞书出版社，1981。收录中国以外的地名约10 000条，收词范围较广，解说亦较完备，但资料稍嫌陈旧。后附词目外文索引及《世界各国家和地区一览表》。

《世界地名录》 中国大百科全书出版社，1984。本书分外国地名、中国地名两部分，共收中外地名近30万条。外国地名按罗马字母顺序排列，每条标注罗马字母拼写、中文译名、所在地域和地理坐标。中国地名按汉语拼音音序排列，每条标注汉语拼音、中文地名和地理坐标。这是目前收录世界地名最完备的工具书。2001年，现代出版社出版了《21世纪世界地名录》。

外国地名词典还有：《外国地名语源词典》(邵献图等编，上海辞书出版社，1983)、《世界历史地名辞典》(孙文范编著，吉林文史出版社，1990)等。

第五章 类书和百科全书

第一节 概 述

百科全书无所不包，是现代工具书中最重要的一类。类书，虽被称为“中国的百科全书”，而且以数量多、规模宏大著称，但实际是中国古代具有百科全书性质的资料汇编型工具书。而政书，原是史书的一个门类，因具有资料汇编性质，往往被视为工具书，甚至被作为类书的一类。

其中，起源最早的是类书。东汉至三国，学者钞书之风甚盛，最初多钞撮旧史，自为一书，后渐及于众籍。魏文帝曹丕“好文学，以著述为务，自所勒成，垂百篇。又使诸儒撰集经传，随类相从，凡一千余篇，号曰《皇览》”（《三国志·魏志》卷2）。虽然对于类书的起源有不同的看法（例如宋晁公武《郡斋读书志》认为类书始于梁元帝撰《同姓名录》，《四库全书总目》类书类从此说），但多数学者承认《皇览》是第一部类书，“类事之书，始于《皇览》”（宋王应麟：《玉海》卷54）。据《魏志》所记，《皇览》自延康元年(220)始撰集，经数岁而成，共40余部，部有数十篇，合800余万字。撰者有王象、刘劭等六七人。其书久佚，唐人已不得见，现有清人辑佚1卷。

南北朝时期编纂的类书数量不少，均已失传。唐代类书有相当发展，《艺文类聚》首创“事文合编”的体例。两宋和明清是类书兴盛发达的时期，不仅出现了几部规模巨大的综合性类书，而且出现了供各种用途的不同类型类书。据统计，历代编成的类书约700种左右，今存约400种。

宋代《崇文总目》和《新唐书·艺文志》均在子部设“类书”类，类书之名始自此。类书可分为综合性和专门性两类。综合性类书包罗万象，巨细毕陈，或按事类、或以字句汇录，查检方便。现存综合性类书中最著名的是唐代《艺文类聚》、宋代《太平御览》、明代《永乐大典》、清代《古今图书集成》。专门性类书汇辑某一门类知识或事物、词语，有综辑故事的，如《白孔六帖》；有类钞经史的，如《子史精华》；有辑录词语、成句的，如《佩文韵府》、《骈字类编》；有考究事物起源的，如《事物纪原》、《格致镜原》；有汇辑图录的，如《三才图会》、《图书编》；有辑录岁时典故的，如《月令粹编》、《岁时广记》，等等。

类书的内容，主要是辑录各类古籍中资料，具有资料汇编的性质。资料的编排采取以类相从的"类聚"的方法。大体上依照"天、地、人、事、物"的顺序分为若干大类，大类之下再分细目，层层递进又层层统摄。在细目下类聚有关资料，大致依时代先后排列，"事居其前，文列于后"，每一条资料注明出于何书。

类书也有采用按韵编排的，始于唐颜真卿的《韵海镜源》(已佚)。明代《永乐大典》"因韵以求字，因字以考事"，按《洪武正韵》韵目排列，每一字下汇集以该字为尾字的各类资料，实际上仍是分门别类地汇集，只是改为按韵目排列细目，便于查检而已。后来的《佩文韵府》才是将字依韵排列，每字先标音、释义，次列成语、复词，以及对语摘句，每一词语下引各书用例，各以经、史、子、集为次。

政书始于唐代刘秩所编《政典》。唐玄宗开元(713—741)末，刘秩按《周礼》天、地、春、夏、秋、冬六官所掌职务，分门汇集经史百家有关典章制度资料，成《政典》35卷。杜佑在此书基础上补充扩增，于唐德宗贞元十七年(801)编成《通典》200卷。叙述史实，首作概述；采录史料，兼及议论。编纂体例更趋完善，成为史书的重要体裁之一。唐苏冕编次唐高祖至德宗九朝史事为《会要》40卷，宣宗年间杨绍复、崔铉等续修德宗以来史事为《续会要》40卷。宋初，王溥对两书重加厘定，续补至唐末史事，成《唐会要》100卷，遂创"会要"一体。会典之体则始于唐玄宗命李林甫等所纂之《唐六典》。

明杨士奇《文渊阁书目》始设"政书"类，后《四库全书总目》仿此于史部设置政书类。政书以事类为中心，类编政治、经济、军事、文化制度方面的史料，从中可以考核有关典章制度的因革损益，查检甚便，故作为工具书使用。但政书又不同于类书，类书只摘抄汇编资料，而政书采编史料，重加组织熔炼，又具有典章制度专史的性质。

类书和政书的功用概括起来有四：查考史实掌故、名物制度，如考证人物、故事、著作，考究事物起源，查考典章制度等；检索辞藻典故、诗赋文章，如查考典故出处，查检诗词文句等；寻检参考史料；用以校勘古籍、辑录散佚。

现代也采用类书的形式汇编资料，如《中国历代文献精粹大典》等。

正在编纂中的《中华大典》也是在继承和弘扬类书优良传统的基础上参考现代图书分类法编纂的新型类书。

百科全书是供查检所需知识和事实资料之用的工具书。西方的百科全书源于古罗马的教科书。"百科全书(Encyclopedia)"一词即源自希腊文 enkyklios(普通的)和 paideia(教育或学识)。百科全书这一译名在中国直至 20 世纪初才出现,通常指现代百科全书。法国哲学家 D. 狄德罗(Denis Diderot)是西方现代百科全书的奠基者。以狄德罗为首的法国百科全书派于 1751—1772 年编纂出版了《百科全书,或科学、艺术与手工艺大词典》。现在世界上出版大、中型综合性百科全书的国家已达 40 多个,数量不下 100 余种。

我国编纂具有百科全书性质的类书虽有悠久历史,但编纂现代百科全书的时间还不长。1980 年开始出版第一部综合性的《中国大百科全书》,已出齐 74 卷。近年又出版了多种中、小型百科全书和专业性百科全书。

百科全书按内容范围的宽狭分为综合性百科全书和专业性(包括专题性)百科全书。按部头大小又可分为大百科全书(20 卷以上)、小百科全书(10 卷以下)和单卷本百科全书。

百科全书的结构与词典相近,正文由众多条目组成。条目是百科全书的基本寻检单元,是一个知识主题或独立概念的系统概述,包括条头和释文。条头通常是一个名词术语或词组,即知识单元的标题。条目采用词典的编排形式,一般按字顺编排,也有按分类或分类结合字顺编排的。条目之间靠"参见"互相联系,交叉而不重复,参见系统有助于扩大检索范围,把一个主题有关的知识沟通并系统化。完备的检索系统是百科全书的特色之一。百科全书往往编有多种索引。最重要的是内容分析索引,即对条目释文进行分析,把其中有名可查、有事可考和有数可据的知识信息均选作主题,按字顺加以编排,注明卷次、页码,使读者能够深入检索条头未能反映出的知识内容。

百科全书和类书还是有区别的。两者虽都包罗各科知识,但类书只是汇编前人的资料,而且偏重于文史方面,对所摘录的资料既不加解释,也不作系统论述,沿袭传统的观念;而百科全书则是概括各学科基本知识,通过条目对各项知识作完整、系统的论述,偏重于科学文化的新成就、新进展。类书的编排不便于检索,而百科全书却以检索便捷为特点。百科全书也不同于词典。词典注重有词必解,但只作简要的解释;百科全书则注重知识的系统性,对有关知识内容加以深入的阐述,而不局限于术语的解释。因此，百科全书也不能取代各种专科词典。

第二节 类 书

历代编纂的类书数量浩繁，但隋以前的类书均已失传，现在存世者以《北堂书钞》为最早。本节只择要介绍历代重要的综合性类书和部分专门性类书，并附带介绍新编类书。

综合性类书

综合性类书是大型的资料汇编，兼包各类，主要的综合性类书有：

《北堂书钞》 唐虞世南编，通行本为清光绪十四年(1888)南海孔广陶校刻本，天津古籍出版社1988年影印本。虞世南隋末任秘书郎，北堂为秘书省后堂。此书成于隋炀帝大业年间(605—618)，故名《北堂书钞》。全书分帝王、后妃、政术、刑法、封爵、设官、礼仪、艺文、乐、武功、衣冠、仪饰、服饰、舟、车、酒食、天、岁时、地等19部，每部下再分类，共851类。每类下摘引词句作标目，再征引包含这个词句的古籍文句。征引古籍，除集部书外，约有800余种，均为隋以前古书。《隋书·经籍志》著录174卷，但今本只有160卷。明以前皆以手钞流传，多删补窜改。

《艺文类聚》 唐欧阳询等奉敕编，中华书局1965年出版汪绍楹校点本，上海古籍出版社1982年重印。此书是现存最早的一部完整的类书。书成于唐高祖武德七年(624)。全书100卷，分为天、岁时、地、州、郡、山、水、符命、帝王、后妃、储宫、人、礼、乐、职官、封爵、政治、刑法、杂文、武、军器、居处、产业、衣冠、仪饰、服饰、舟车、食物、杂器物、巧艺、方术、内典、灵异、火、药香草、草、宝玉、百谷、布帛、果、木、鸟、兽、鳞介、虫豸、祥瑞、灾异等46部，每部又分若干子目，共727目。本书体例较为完善，编排方式为“事居其前，文列于后”(见本书序)。“事”的部分，主要辑自经史诸子；“文”的部分，辑录诗、赋等各种体裁的作品。这种事、文合编的体例为后代类书所沿用。全书征引唐以前古籍达1 431种，今存者不过十之一二。本书以其保存资料之多，历来为学者所重视。重印本增编了《艺文类聚索引》，包括人名索引和书名篇名索引。

《初学记》 唐徐坚等奉敕编，中华书局1962年出版校点本，1980

年重印。唐玄宗为便于诸皇子初学作文时检寻事类辞藻而命人编纂，故名《初学记》。书成于开元十五年(727)，全书30卷，体例略仿《艺文类聚》，分为23部，313目。每目之下，先为“叙事”，次为“事对”(选录对句)，然后摘引诗文。取材于群经诸子、诗赋及唐初诸家作品。本书叙述简明，条理清楚，精华在“叙事”部分。《四库全书总目》以为其“在唐人类书中，博不及《艺文类聚》，而精则胜之”。重印本附许逸民编《初学记索引》，包括事对索引和引书索引。

《太平御览》 宋李昉等奉敕编，中华书局1960年缩印涵芬楼影宋本，1985年重印。本书编于宋太宗太平兴国二年至八年(977—983)，初名《太平总类》，太宗按日阅览，故改此名。全书1 000卷，分为天、时序、地、皇王、偏霸、皇亲、州郡、居处、封建、职官、兵、人事、逸民、宗亲、仪礼、乐、文、学、治道、刑法、释、道、仪式、服章、服用、方术、疾病、工艺、器物、杂物、舟、车、奉使、四夷、珍宝、布帛、资产、百谷、饮食、火、休征、咎征、神鬼、妖异、兽、羽族、鳞介、虫豸、木、竹、果、菜、香、药、百卉等55部，再分为5 363类(另附类63)。征引广博，引书多达2 500余种，其中十之七八已失传，故保存五代以前文献尤多。聂崇岐编有《太平御览引得》(哈佛燕京学社引得编纂处，1935)，分篇目引得和引书引得两部分。

《玉海》 宋王应麟编，台湾华文书局1964年影印元至元六年(1340)庆元路儒学刊本；江苏古籍出版社、上海书店1987年影印清光绪九年(1883)浙江书局重刊本。本书为应博学鸿词科考试而编。全书200卷，分为天文、律历、地理、帝学、圣文、艺文、诏令、礼仪、车服、器用、郊祀、音乐、学校、选举、官制、兵制、朝贡、宫室、食货、兵捷、祥瑞等21部，再分为240余类。辑录有关典章制度的文献和吉祥善事，搜罗宏富，宋代史事多录自实录、国史、日历，为后来史志所未详。体例也与其他类书不同，类目下先撰提要，或简释类目名称，或撮述事实梗概，或勾勒流变大要，尔后才汇集有关资料。类目之间，时有参见。遇有异说，还略加考证。1987年影印本附有王应麟自撰的《诗考》、《小学绀珠》等13种著述和张大昌撰王氏年谱。

《永乐大典》 明解缙、姚广孝等奉敕编。本书是我国历史上最大的类书，书成于明成祖永乐六年(1408)，仅钞成正本一部。全书22 877卷，另凡例、目录60卷，装成11 095册，共约3.7亿字。全书“用韵以统字，用字以系事”，采取按韵与分类结合的编排方法。按《洪武正韵》的韵目分列单字，其下详注该字音韵、训释和篆、隶、楷、草各种字体，再依次把有关资料随字收载。所辑书籍，一字不易，整部、整篇或整段编入。收录明初所存古籍约七八千种。嘉靖时又钞副本一部。原本可能毁于明亡之际；副本至清乾隆时已散失 2 400 余卷。编《四库全书》时，从中辑出佚书共 515 种。此后又陆续散失不少。1900 年八国联军入侵北京，副本大部分被焚毁，部分被劫走。经过数十年多方搜求，征集到 730 卷，中华书局 1960 年影印出版。后又继续征集到 67 卷，影印出版。1984 年中华书局将 797 卷缩印为 16 开本，并附《永乐大典目录》60 卷，是目前收集最齐全的《永乐大典》影印本。《永乐大典索引》(栾贵明编，作家出版社，1997)即据影印本编成。2003 年上海辞书出版社影印出版《海外新发现永乐大典十七卷》，1 册。

《渊鉴类函》 清张英等奉敕编，上海扫叶山房 1932 年影印同文书局本，中国书店 1985 年影印，台湾新兴书局 1986 年影印。本书在明俞安期《唐类函》(将《艺文类聚》、《初学记》、《北堂书钞》、《白氏六帖》四书，删除重复，汇为一函)的基础上，又博采《太平御览》等 17 部类书、总集的材料，增补、汇编而成，大抵至明嘉靖时为止。全书 450 卷，分为 45 部，2 536 类。每一类目，以释名、总类、沿革、缘起居首，典故居二，对偶居三，摘句居四，诗文居五。资料丰富，编排得体，查考辞藻典故，颇为方便。新兴书局影印本附有部、类索引。由于辗转抄引，颇多讹误，使用时应加核对。

《古今图书集成》 清陈梦雷原编，蒋廷锡等奉敕重辑，中华书局 1934 年影印清雍正六年(1728)内府铜活字本；中华书局、巴蜀书社缩印出版，附考证、索引各 1 册。

本书是完整保存下来的规模最大、体例最完善、资料最丰富的一部类书。初名《古今图书汇编》，成书于康熙四十五年(1706)。世宗命人重新编校，改为今名，于雍正四至六年(1726—1728)用铜活字排印 64 部。全书 10 000 卷，目录 40 卷，约 1.6 亿字。本书汇集了清代所能见到的古籍资料，按类编排，分为 6 汇编 32 典：

历象汇编：包括乾象、岁功、历法、庶征 4 典；

方舆汇编：包括坤舆、职方、山川、边裔 4 典；

明伦汇编：包括皇极、宫闱、官常、家范、交谊、氏族、人事、闺媛 8 典；

博物汇编：包括艺术、神异、禽虫、草木 4 典；

理学汇编：包括经籍、学行、文学、字学 4 典；

经济汇编：包括选举、铨衡、食货、礼仪、乐律、戎政、祥刑、考工 8 典。

每典又分为若干部，共计 6 117 部。部是最基本的类目。每部先列汇考，记述大事，引证古书，详其源流；次列总论、图表、列传、艺文、选句、纪事、杂录、外编等项。各部视情况收录若干项。引用的资料，均详注出处。本书分类细致、体例完善，所辑录的资料颇为详备，保存明代史料尤多。不仅供查考某一事物的源流和有关历史资料，也可用以查检诗赋文章及典故。

查阅本书应借助于索引，新编《古今图书集成・索引》(林仲湘等编)最为方便实用。该索引包括部名索引、图表索引、人物传记索引、职方典汇考索引和禽虫草木二典释名索引 5 种(另有艺文篇名和作者索引、引书和引书作者索引，待出版)，从不同角度揭示全书内容，所注出处均包括旧版和新版的册次、页码。

专门性类书

专门性类书收录的范围不及综合性类书广博，往往只撷取某一方面的资料或只采摭辞藻、典故、诗文。其中有许多种在今天仍有重要参考价值。这里只略举数种常用的重要类书。

《册府元龟》 宋王钦若、杨亿等奉敕编，中华书局 1960 年影印明黄国琦刊本，1984 年重印。此书编成于宋真宗大中祥符六年(1013)，是宋代最大的类书。原名《历代君臣事迹》，书成后改今名。全书 1 000 卷，另目录 10 卷，分为帝王、闰位、僭伪、列国君、储宫、宗室、外戚、宰辅、将帅、台省、邦计、宪官、谏诤、词臣、国史、掌礼、学校、刑法、卿监、环卫、铨选、贡举、奉使、内臣、牧守、令长、宫臣、幕府、陪臣、总录、外臣等 31 部。部下分门，计 1 104 门(明刊本 1 116 门)。部有总序，门有小序。取材唐以前以正史为主，唐、五代则直接引用实录、国史，间取经、子，但不采小说、杂书。内容着重历代君臣事迹，收辑上古至五代的典章制度和史料颇为详备。所引均系北宋以前古本，有的已经散佚，故可用以校史，亦可补史。但引书不注书名，是一大缺点。影印本附《类目索引》。

《白孔六帖》 唐白居易编，宋孔传续编，有《四库全书》本。唐白居易杂采成语故实编成《白氏六帖事类集》30 卷，虽体例凌乱，但所征引皆唐以前旧籍。宋孔传续成《六帖新书》30 卷。后人合为一书，又重编定为 100 卷，体例仿《北堂书钞》，所分门类共存 1 387 目。

《子史精华》 清张廷玉等奉敕编，北京古籍出版社 1991 年据上海同文书局本影印。本书主要采集子部、史部书中名言隽语，以存上古至元代典故、辞藻之精华。全书 160 卷，分为 30 部。每部中的条目，以精要的词语标示，下面列出有关资料。在清代官修类书中，此书采择最精、引据谨严，但归类不易掌握，查找不很方便。

《佩文韵府》 清张玉书等奉敕编，清康熙五十年(1711)刊本，商务印书馆 1937 年影印本，上海古籍书店 1983 年重印本。

本书以元阴时夫《韵府群玉》、明凌稚隆《五车韵瑞》为蓝本增补而成。全书 444 卷，附王掞等编《韵府拾遗》106 卷。全书按平水韵 106 韵编排，共收单字 10 257 个，每字之下注反切并释义，后为"韵藻"栏，辑录尾字与标目字相同的词语，依字数多少为序(2 至 4 字的词语约 48 万条，5 字的极少见)。每一词语后，排比包含这一词语的诗文句子(不收词曲)，以经、史、子、集为序。此后，是"对语"和"摘句"栏。本书专供采撷辞藻、典故之用，材料丰富，然多辗转抄袭，引书不注篇名、题目。影印本附索引 1 册，把"韵藻"部分的词语按首字四角号码排列，便于查找。

《骈字类编》 清张廷玉等奉敕编，中国书店 1984 年据上海同文书局石印本影印出版。

本书只收"骈字"(双音词或词组)，按首字归类。全书 240 卷，共分天地、时令、山水、居处、珍宝、数目、方隅、彩色、器物、草木、鸟兽、虫鱼 12 门，又补遗"人事"一门。每门之下再分小类，首字就是类目。首字共 1 604 个。类目中分列词条，之下排比包含这一词语的诗文，以经、史、子、集为次。出处均详细注明。另编有《骈字类编索引》(何冠义等编，中国书店，1988)，将书中 10 万余条词语按四角号码排列；程千帆、陶芸编有《骈字类编音序索引》(武汉出版社，1995)。

《事物纪原》 宋高承编，中华书局 1989 年校点本。本书将历代图书中有关事物起源的记载汇为一编，可资考证。今本 10 卷，分 55 部，1 764 事，每一事目之下为引文。

《广博物志》 明董斯张编，岳麓书社 1991 年影印明刊本。本书为增广晋张华《博物志》而作，但改其体例，变为分门隶事。全书 50 卷，辑录唐以前典籍中有关记载事物起源的资料，分为 22 门，167 目。子目下条列材料，征引各书，皆列原名，且多照录原文，不作删节，保存了唐以前遗文，较为可取。唯采摭颇杂，疏于鉴别；引《太平御览》、《太平广记》不注所引原书之名，只题《御览》、《广记》。

《格致镜原》 清陈云龙编，台湾商务印书馆 1971 年据清雍正间海宁陈氏刻本影印，江苏广陵古籍刻印社 1989 年影印。本书仿《事物纪原》而编，是宋以来考察事物起源类书的发展和总结。全书 100 卷，分为 30 类，复按所属物名分目，共 886 目。每物必述其原始沿革，注明出处，引文多据原书善本。采摭既博，编次又颇具条理，校勘亦较精。

《全芳备祖》 宋陈景沂编，农业出版社 1982 年据宋刻残本配以抄本影印。本书辑录有关植物的资料和诗词。前、后集共辑录植物 307 种，每种植物名下各分事实祖（再分碎录、纪要、杂著 3 目），赋咏祖（分五言散句、七言散句等 17 目）和乐府祖（收录词作，按词牌标目），荟萃宋代资料尤为详备。

《三才图会》 明王圻编，王思义续编，上海古籍出版社 1988 年据明万历王思义校正本影印。全书 106 卷，分天文、地理、人物、时令、宫室、器用、身体、衣服、人事、仪制、珍宝、文史、鸟兽、草木等 14 门，辑录古代文物、人物图象，略加文字说明。搜罗广博，但失之芜杂，考证欠精，间有虚构。影印本附《三才图会图名索引》。

《图书编》 明章潢编，江苏广陵刻印社 1988 年据明万历万尚烈刊本影印。全书 127 卷，分经义、象纬历算（天文）、地理、人道 4 类，诸书有图可考者皆汇辑于此，有图有说，考核也较《三才图会》为精。地理、人道两类，多有反映明代的资料，可补史志所未详。

使用古代类书，有几个问题必须注意：

第一，要熟悉类书的编纂年代和辑录文献资料的时限。例如，《渊鉴类函》编成于清康熙年间，所辑录的类书资料止于明代嘉靖时，从中是查不到晚明和清代的文献资料的。

第二，类书引用古籍，常有校勘不精，甚至删改原文、断章取义之处，类书之间辗转抄袭，更是普遍现象。例如有人指出，《太平御览》就大量引用《艺文类聚》而未注明。因此使用类书时，凡原书尚存的，要尽可能查对原书，以免转引致误。

第三，使用类书要尽量利用索引，以提高查考的准确性。对于未编出索引的类书，要了解其分类体系及类目的含义。如“经济”是指“经世济民”,与今天的含义迥然不同。

新编类书

近代以来虽有大量资料汇编出现,但并未采取类书的编纂方式。20世纪80年代末开始编纂新型类书,已问世的新类书中较重要的有:

《中国历代文献精粹大典》 门岿主编,学苑出版社,1990。本书选取辛亥革命以前历代有代表性的及对今天有应用价值的文献资料。分为政事、文艺、科技、经史、人物5卷。

《中华思想宝库》 吴枫主编,吉林人民出版社,1990。本书收录了从孔子到孙中山1 000多位历史人物的思想文献史料。全书分人伦、治世、人文3个部分25篇,共150多个类目,从1 000多种典籍中精选了有关资料。书后有人物索引和典籍索引。

1992年开始编纂的**《中华大典》**是对汉文古籍进行全面、系统、科学的分类整理和汇编总结的新型类书。所收古籍约30 000余种。全书采用经目、纬目相交织的框架结构,按学科分为22个典,近百个分典,之下再分部;并设题解、论说、综述、传记、纪事、著录、艺文、杂录、图表等纬目。已出版《文学典·隋唐五代文学分典》(卞孝萱主编,江苏古籍出版社,2000,4册)和《文学典·宋辽金元文学分典》(曾枣庄主编,江苏古籍出版社,1999,5册),《历史地理典·域外分典》(2004,3册)等。

新编类书用现代概念采辑古籍资料,对辑录的资料进行了必要的整理,并采用了新的编排方法,易于检索,因此应该注意利用。

第三节 政书

政书是记载典章制度的史书,通常作为查考古代典制及史实的工具书使用。政书分为通记历代典章制度沿革的“十通”和专记一代典制史实的会要、会典。

“十通”

“十通”是《通典》、《通志》、《文献通考》及其续书共十部书的合称,书名中都有一“通”字,1935—1937年上海商务印书馆影印合刊为《十通》。其中,《通典》、《通志》和《文献通考》通称“三通”，以成书早、记述时间长、资料丰富详实、体例完善而被公认为是中国古代史学名著，是政书的主体。

《通典》 唐杜佑撰，中华书局 1984 年影印《十通》本，浙江古籍出版社 1988 年重印。本书始纂于唐代宗大历三年(768)，至唐德宗贞元十七年(801)完成奏进。书中记载上古至唐玄宗天宝年间典章制度的沿革，附注兼及肃宗、代宗时史事。全书分为食货、选举、职官、礼、乐、兵刑、州郡、边防 8 门(按：清代刊本把“兵刑”析为兵、刑二门)，每一门下又分若干子目，共约 1 500 余子目。资料多采自经史和文集，以及奏疏等。按朝代分类编纂，对唐代记述尤详。资料丰富，体例严谨。全书结构上采用分门别类的形式，记述方法以时代为序，叙、说、评、论、注结合，确立了典志体政书的基本编纂方法，为后代所遵循。日本汲古书院 1980—1981 年影印日本宫内厅书陵部所藏北宋刊本《通典》，文字与通行本多有不同，颇具学术价值。

《通志》 宋郑樵撰，浙江古籍出版社 1988 年重印《十通》本。本书为纪传体史书，成书于宋高宗绍兴三十一年(1161)，体例本于《史记》，改表为年谱，改书为略。全书分本纪、年谱、略、世家、列传、载记。“纪传”部分自上古至隋，为抄撮诸史旧文而成；“略”分为氏族、六书、七音、天文、地理、都邑、礼、谥、器服、乐、职官、选举、刑法、食货、艺文、校雠、图谱、金石、灾祥、昆虫草木 20 略，专记上古至唐典章制度的沿革，还包括了社会和自然多方面的知识，取材丰富，颇多独到见解，为全书之精华。《通志略》52 卷有单行本。

《文献通考》 元马端临撰，浙江古籍出版社 1988 年重印《十通》本。本书以《通典》为蓝本，记载上古至宋宁宗嘉定末年典章制度之沿革。成书于元大德十一年(1307)。全书分为 24 考，其中田赋、钱币、户口、职役、征榷、市籴、土贡、国用 8 考从《通典》食货典析出，另新增经籍、帝系、封建、象纬、物异 5 考。每考再分子目，分门别类，条理明晰。各考有小序，阐述立类宗旨及内容演变。记事依时间为序，首引诸史叙事，次引各家议论，末为考论，颇为精辟概括。对唐代天宝以前有所补充，此后为续编，对宋代制度的叙述尤为详备。

“三通”后世有续作，如北宋宋白等撰有《续通典》200 卷(已佚)；明王圻撰有《续文献通考》254 卷，叙明代史事极详。清乾隆年间官修“续三通”，又修“皇朝三通”(即“清朝三通”)，与“三通”汇刻为“九通”。清末刘锦藻又撰成《清朝续文献通考》，成为完整的一套记载上古至清末历代典章制度沿革的通史。“十通”的基本情况见下表：

书名	卷数	著者	类目	记载典制史实起讫年代
通典	200卷	杜佑	食货、选举、职官、礼、乐、兵刑、州郡、边防8门	上古至唐玄宗天宝年间
通志	200卷	郑樵	本纪、年谱、略、世家、列传、载记(略分20略)	纪传部分上古至隋；略上古至唐(艺文、校雠2略止于北宋)
文献通考	348卷	马端临	田赋、钱币、户口、职役、征榷、市籴、土贡、国用、选举、学校、职官、郊社、宗庙、王礼、乐、兵、刑、经籍、帝系、封建、象纬、物异、舆地、四裔24考	上古至宋宁宗嘉定末年
续通典	150卷	嵇璜等撰，纪昀等校订	仿《通典》，析兵刑为兵、刑2门，共9门(子目有改并)	唐肃宗至德元年(756)至明崇祯十七年(1644)
续通志	640卷	同上	本纪、后妃传、略、宗室传、列传	纪传自唐初至元末；略自五代至明末
续文献通考	250卷	张廷玉、嵇璜等撰，纪昀等校订	仿《文献通考》，析出群祀、群庙2考，共26考	宋宁宗嘉定末年至明崇祯末年
清朝通典	100卷	嵇璜等撰，纪昀等校订	同《续通典》(子目有调整)	清开国至乾隆五十年(1785)
清朝通志	126卷	同上	20略	清初至乾隆五十年
清朝文献通考	300卷	张廷玉、嵇璜等撰，纪昀等校订	同《续文献通考》(子目略有增删)	清初至乾隆五十年(1785)
清朝续文献通考	400卷	刘锦藻	仿《清朝文献通考》，增外交、邮传、实业、宪政4考，共30考	清乾隆五十一年(1786)至宣统三年(1911)

“十通”卷帙浩繁，内容互有交叉，查考颇有困难。从中查检资料，最好利用商务印书馆为《十通》合刊本编制的索引：

《十通索引》 上海商务印书馆，1937；浙江古籍出版社 1988 年重印，2000 年再版。

全书分为《四角号码索引》与《分类索引》两部分。《四角号码索引》实际上是主题索引，将“十通”中所载的制度名物、篇章节目，凡能独立成为一个词语的，都列为条目。条目按四角号码顺序编排，下注初见处、论列最详处或兴废沿革必须参考之处的书名、页码及栏次。书名以“典”、“志”、“考”分别代表“三通典”、“三通志”和“四通考”，因为 10 部书连续编页码，要利用卷首的《十通一览表》才能知道所列页码在哪一部书中。

《分类索引》按“三通典”、“三通志”、“四通考”的范围分为三编，是在原来较简单的分类目录的基础上分解而成的详细分类总目录，既可全面了解每一门类下涉及的详细子目，又可集中查到同类的记述在各书中的位置。

2004 年北京图书馆出版社出版《九通拾补》，全 8 册。收录与“九通”相关的文献，分为 4 类：续补类、校勘与订误类、读书札记类、拾遗类。

会　要

会要分门别类记述一代（或某一时期）典章制度、文物故实，所辑资料多有正史所不载者，于查考历代典章制度，颇有参考价值。上海古籍出版社曾计划整理出版《历代会要丛书》，但仅出南朝宋、齐、梁、陈会要 4 种。现将各代会要按其所记时代的先后，简介如下：

《春秋会要》 清姚彦渠撰，中华书局，1955。体例与历代会要不同，仅有各国世系及礼（吉、凶、军、宾、嘉五礼）二门 96 目。内容多据《春秋》三传及各家注疏。

《七国考》 明董说撰，中华书局，1956。分记战国时七国典章制度，体例略同会要，分为 14 门。有《七国考订补》（缪文远著，上海古籍出版社，1987）。

《秦会要订补》 清孙楷撰，徐复订补，中华书局，1959。原书流传不广，多有讹夺。订补本除厘订校正外，增补甚多。全书分 14 门

336目。

《西汉会要》 宋徐天麟撰，中华书局，1955；上海人民出版社1977年校点本。仿《唐会要》分15门367事。

《东汉会要》 宋徐天麟撰，中华书局，1955；上海古籍出版社1978年校点本。分15门384事。与前书不同处为间附按语，杂引论说。

《三国会要》 清杨晨撰，中华书局1956年校点本。

《南朝宋会要》、《南朝齐会要》、《南朝梁会要》、《南朝陈会要》 清朱铭盘撰，上海古籍出版社，1984—1986。

《唐会要》 宋王溥撰，中华书局，1955。全书共514目，目下分条记载史实。内容体例与《通典》相近，但对唐代制度的沿革记载更为详赅，多有《旧唐书》、《新唐书》所未载的史实。原本已残，今本为据乾隆年间整理本重印。

《五代会要》 宋王溥撰，中华书局，1955；上海古籍出版社1978年校点本。

《宋会要辑稿》 清徐松原辑，中华书局1957年影印本，1988年重印。本书是从《永乐大典》中辑出的，分为17门，其中礼、职官、食货等尤详，保存了许多史书未载的史料。现行本经后人整理，已非原貌。可参看《宋会要辑稿考校》(王云海著，上海古籍出版社，1986)。

《建炎以来朝野杂记》 宋李心传撰，江苏广陵古籍刻印社，1982。本书体例实同会要，记宋南渡以后高宗、孝宗、光宗、宁宗四朝典章制度，多有《文献通考》、《宋史》诸志所未载。

《明会要》 清龙文彬撰，中华书局，1956。分15门，子目498事。史料价值不如《明会典》。

会 典

会典也是记述一代典章制度的政书。与会要不同的是，会要多为个人纂辑，以类分编，而会典多为官修，大抵以职官制度为纲，记载一代政典事例。会典只有少数几种。

《唐六典》 唐玄宗时官修，中华书局1985年影印本。亦称《大唐六典》，记载唐初至开元官制建置及其渊源。“六典”之名出自《周礼》，原指太宰掌建邦之六典：治典、教典、礼典、政典、刑典、事典。

《元典章》 元代官修，古籍出版社1957年据清沈家本刻本与陈垣

《元典章校补》合刊，中国书店 1981 年重印。全称《大元圣政国朝典章》，载元世祖到英宗时政令及事例。

《明会典》 明代官修，商务印书馆 1936 年影印本，江苏广陵古籍刻印社 1989 年重印。本书为明弘治间官修，正德、嘉靖间续修，万历时又重修，称《万历重修会典》，为通行本。体例以六部为纲，详述其职掌及事例，而以宗人府置于六部之前，文武职置于六部之后。内容较《明史》各志为详，关于九边形势、冠服、礼仪等并附有插图。

《大清会典》 清代官修，商务印书馆 1908—1911 年影印，台北中文书局 1963 年缩印本。清康熙年间始修《钦定大清会典》，雍正、乾隆、嘉庆、光绪诸朝各有增修。体例仿《明会典》，"以官统事，以事隶官"，所记自清初至光绪二十二年(1896)止。此书分为《大清会典》100 卷，《大清会典则例》1 220 卷，《会典图》270 卷，另卷首 1 卷。本书为清代典章制度之总汇，但卷帙浩繁，不便查检。

《六典通考》 清阎镇珩撰，光绪二十九年(1903)家刻本，江苏广陵古籍刻印社 1986 年影印。本书为"六典"系列的通史性著作，全书分设官、爵命、禄制等 28 考，每考又各分子目，按《周礼》六官职掌编排。将周初至明末典章制度材料汇为一书，于叙事外间以考证、评论，极便查阅。但取材不广、未注出处，是其缺点。

《北周六典》 王仲荦著，中华书局，1979。

第四节 百科全书

中国现代百科全书出现较晚，但近年发展很快。继《中国大百科全书》出齐之后，又陆续出版了多种供不同层次读者使用的综合性和专业性百科全书，在此只介绍几种有关的百科全书。

综合性百科全书

《中国大百科全书》 中国大百科全书编辑委员会、中国大百科全书出版社编辑部编，中国大百科全书出版社，1980—1993。

这是我国第一部大型综合性百科全书。内容包括哲学、社会科学、文学艺术、文化教育、自然科学、工程技术等各个学科和领域。本书充分反映我国当代文化、科学水平，侧重介绍我国历史文化遗产和当代最新研究成果,具有中国特色。编纂工作始于1978年。全书按学科分卷出版,包括69个学科和知识门类,收条目共77 859条,计1亿2 568万字,插图约6万幅。共计74卷:数学、物理学(2卷)、力学、化学(2卷)、天文学、地质学、固体地球物理学·测绘学·空间科学、大气科学·海洋科学·水文科学、地理学、中国地理、世界地理、生物学(3卷)、现代医学(2卷)、传统医学、心理学、农业(2卷)、建筑·园林·城市规划、土木工程、水利、交通、矿冶、机械工程(2卷)、电工、航空航天、电子学与计算机(2卷)、自动控制·系统工程、纺织、轻工、化工、环境科学、哲学(2卷)、经济学(3卷)、中国历史(3卷)、外国历史(2卷)、中国文学(2卷)、外国文学(2卷)、音乐·舞蹈、戏剧、戏曲·曲艺、美术(2卷)、政治学、社会学、法学、军事(2卷)、民族、宗教、考古、教育、语言·文字、体育、新闻·出版、文物·博物、图书·情报·档案、科学社会主义、总索引。

各卷均按学科的知识体系、层次设立条目。条目是一个独立的知识主题,也是基本的检索单位。每一条目包括条头(标题)和释文。释文含定性叙述、基本内容和参阅材料几部分。重要条目附有供深入研究的参考书目。相关条目采用"参见"指引查阅。各学科卷的条目按汉语拼音字母顺序排列,另有条目分类目录、条目汉字笔画索引、条目外文索引和内容索引。卷前有一条介绍本学科内容的概括性长条目。正文之后一般附本学科的大事年表。

各学科卷最后的内容索引是该卷条目及条目内容的主题索引。利用这个索引不仅可以查出隐含在条目之中、未列为专条的主题及有关资料,还可以查找包含在多个条目中的同一主题的资料。

《中国大百科全书》图文数据光盘(中国大百科全书出版社和东方鼎电子有限公司共同研制)已于1999年出版,包括了全书74卷的全部条目和图片。

为了充分反映世界科学文化的新成就、新发展,《中国大百科全书》将修订重编。第二版将改为全部条目按汉语拼音顺序排列,篇幅减为32卷(内索引、附录2卷),约6万个条目,5千万字。

《中国大百科全书(简明版)》 中国大百科全书出版社,1996。本书12卷,是在《中国大百科全书》第一版的基础上,经增补、改编、浓缩而成,重要资料收录到1996年。全书共31 000个条目,约2千万字。除删并原有条目外,还增补了原书欠缺的一些总论性条目,补入了新知识，更新了某些资料和数据，突出了简明实用、以概述中外古今各学科、各领域一般知识为主的特点。

综合性的百科全书还有：

《中国小百科全书》 于光远主编，团结出版社，1994。全书按学科大类分为7卷，收约10万个条目，内容涵盖100多个学科，解释简明扼要。第八卷为附录及索引。

《简明中华百科全书》 中国大百科全书出版社，1994。本书3卷，全面、系统、简明地介绍中国古今文化，内容包括11个学科，正文约8 000个条目。附录有大事年表、历史纪年表等。

《简明华夏百科全书》 华夏出版社，1998。8卷。共收35 000个条目。

《简明不列颠百科全书》 中国大百科全书出版社、美国不列颠百科全书公司合作编译出版，1985—1986。根据《不列颠百科全书》的《百科简编》，增加了《百科详编》的部分内容和增补更新的资料编译而成，其中有关中国的条目由中国学者重新撰写。全书10卷，共收约71 000个条目。第十卷为索引。1991年出版第十一卷，增补了近年的新资料。

《不列颠百科全书（国际中文版）》 中国大百科全书出版社、美国不列颠百科全书公司合作编译，中国大百科全书出版社，1999。对《百科简编》的条目进行了全面修订，并译了《百科详编》的部分条目，有关中国的条目由中方编写。共20卷，收81 600余个条目。正文按条目的英文标题排列，最后两卷为条目中文标题和内容索引。

《拉鲁斯百科全书（中文版）》 华夏出版社，2005。根据法国《拉鲁斯百科全书》编译而成，删除了原书语文性条目，增补了有关中国的内容和新资料。全书10卷，近2万个条目，并有大量彩图和地图。

我国台湾省也出版了一批综合性百科全书，如《大美百科全书》（台北光复书局编译出版，1990）等。

专业性百科全书

专业性百科全书只汇集某一专业、某一门类或某一专题的知识，在较小的范围内尽量求“全”，阐释较综合性百科全书更为详尽、深入。在此只略举几种：

《中国儒学百科全书》 中国孔子基金会编，中国大百科全书出版社，1997。全书共收1 866个条目，分为儒学通论和历代儒学两部分。

《中国佛教百科全书》 赖永海主编，上海古籍出版社，2000—2005。分经典、教义、人物、历史、宗派、仪轨、诗偈、书画、雕塑、建筑、名山名寺等11卷。

《中国古代小说百科全书》 本书编委会、中国大百科全书出版社编辑部编，中国大百科全书出版社，1993；1998年修订本。本书共收2 200个条目，介绍了古代小说理论及现当代小说研究，上古至清末小说(作品及主要作者)，以及小说书目和史料等。

《中华文化百科全书》 高明主编，台北黎明文化事业公司，1982。本书从大文化概念出发，起远古，迄现代，提供中华传统文化的整体知识。全书分为6编，采用类书的编排方法，按章节分多级类目叙述。后附总索引，便于查检。共15册。

第六章 书 目

第一节 概 述

书目是记录图书名称与其他相关项目，并以一定的次序排列，借以反映图书著者、出版年代，有时还包括图书内容与收藏等情况，以便读者查找所需图书的重要工具书。在我国古代，由于书目反映的内容及书目编制时代的不同，还有录、书录、目录、解题等名称。

书目和索引是查找文献资料最常用的两大类型检索工具。

图书产生以后，随着整理图书的需要，就产生了书目。但因年代久远，这些最初的书目的体制今天已很难考究了。现在我们所能知道的最早的严格意义上的书目是西汉刘向所编《别录》。这是我国最早的一部国家藏书书目，也是第一部体制完备的图书分类目录。自此以后，书目的编纂日益被人们重视，体制也日臻完备、多样，并最终形成一门专门的学问——目录学。清代《四库全书总目》的编纂标志着我国古典目录学达到了一个高峰。在西方，书目起源也很久远。早在公元前3世纪，古希腊学者编制的书单就已具专科书目的雏形。英文Bibliography（书目）一词即源于希腊文biblion（书）和graphien（抄写）。

书目是古代图书积累的反映，同时书目的编制又促进了国家和民间藏书事业的发展，并促使图书管理条理化。书目的编制也促进了图书分类学的发展。

根据不同的划分标准，书目可分为不同的类型。如按书目编制的时代及其著录体例的特点来分，可分为古典书目与现代书目两大类。如根据书目所收书籍的内容范围来分，可分为综合性书目与专科书目两大类。本章采用后一种分类，并再根据所编书籍的来源、性质、作用及书目著录的内容，分为史志书目、古籍总目、丛书目录、版本书目、馆藏书目、近现代书目等类。这种分类不是绝对的，同一部书目往往可以归属于几类。以上的划分仅是为叙述方便而已。

书目具有多方面的功用。

通过书目可以了解某一时期或某一学科文献的基本状况，并进而考察一定时期的文化发展状况及学术思潮。书目是学术发展史的一个缩影，通过书目可以了解学科的源流及发展演化过程、学术发展的盛衰。

通过书目也可以了解所著录图书的基本状况。由于书目一般著录书名、著者、卷数、版本等项目，有些还有内容提要，这就使读者能通过书目来了解这些图书的外在特征及其学术价值。因此书目不仅能提供文献线索，还能提供文献资料。

书目可以帮助我们了解前人已经取得的研究成果及研究现状，使我们能避免重复研究。

书目可以揭示治学门径，使读者能在浩如烟海的文献中，根据书目的提示，通过相应的途径，迅速准确而又比较全面地找到自己所需要的文献资料。

书目还有宣传图书的功用。书目通过对图书的介绍，扩大了图书的影响，使更多的读者认识图书、使用图书。

第二节　综合性书目

本节所述综合性书目包括史志书目、古籍总目、丛书目录、版本书目和善本书目、馆藏书目和联合书目、近现代书目。需要说明的是，这种分类只是相对的，许多书目的性质是相互交叉的。我们在使用时要注意灵活掌握。

史志书目

这里所说的史志书目包括正史书目、政书中的经籍志、方志书目、地方文献书目。

正史书目是指历朝正史中的图书目录，通常称为“艺文志”或“经籍志”。东汉初，班固编纂《汉书》，根据刘歆《七略》，编写了《艺文志》一卷，这是我国第一部正史书目。《汉书·艺文志》开创了利用官修书目编正史艺文志的先例。《汉书》以后，在《隋书》、《旧唐书》、《新唐书》、《宋史》、《明史》、《清史稿》等正史中也出现了相应的艺文志(经籍志)。这类艺文志后来又有各种补编。有些正史中原来未设艺文志，后人(主要是清人)又为其作补志。有的史书还不止一种补编，如补晋书艺文志就有五种。

为便于查找和使用，兹将历代正史艺文志及各种补编列表如下：

书名、卷数	作　者	版　本
汉书艺文志一卷	汉班固	通行本
汉书艺文志考证十卷	宋王应麟	二十五史补编本
汉书艺文志拾补六卷	清姚振宗	二十五史补编本
汉书艺文志条理八卷	清姚振宗	二十五史补编本
补续汉书艺文志一卷	清钱大昭	二十五史补编本
补后汉书艺文志四卷	清侯康	二十五史补编本
补后汉书艺文志十卷	清顾櫰三	二十五史补编本
后汉书艺文志四卷	清姚振宗	二十五史补编本
补后汉书艺文志一卷考十卷	曾　朴	二十五史补编本
补三国艺文志四卷	清侯康	二十五史补编本
三国艺文志四卷	清姚振宗	二十五史补编本
补晋书艺文志四卷补遗一卷附录一卷附刊误一卷	清丁国钧撰丁辰注	二十五史补编本
补晋书艺文志四卷附录石刻类	清秦荣光	二十五史补编本
补晋书艺文志六卷	清文廷式	二十五史补编本
补晋书经籍志四卷	吴士鉴	二十五史补编本
补晋书艺文志四卷	黄逢元	二十五史补编本
补南北史艺文志二卷附载记一卷	徐　崇	二十五史补编本
补宋书艺文志一卷	聂崇岐	二十五史补编本
补南齐书艺文志四卷	陈　述	二十五史补编本
补后魏书艺文志	李正奋	抄本，南京大学图书馆藏
隋书经籍志四卷	唐魏徵等	通行本
隋书经籍志考证十三卷	清章宗源	二十五史补编本
隋书经籍志考证五十二卷首一卷	清姚振宗	二十五史补编本
隋书经籍志补二卷	张鹏一	二十五史补编本
旧唐书经籍志二卷	后晋刘昫等	通行本
唐书艺文志四卷	宋欧阳修等	通行本
唐书艺文志注四卷	佚　名	抄本，北京图书馆等藏
续唐书经籍志一卷	清陈鳣	广雅书局本
补五代史艺文志一卷	清顾櫰三	二十五史补编本
宋史艺文志八卷	元脱脱等	通行本
宋史艺文志补一卷	清黄虞稷	二十五史补编本
宋史新编艺文志八卷	明柯维骐	1974年台北新文丰出版公司《宋史新编》本

宋国史艺文志辑本二卷	赵士炜	十史艺文经籍志本
西夏艺文志一卷	王仁俊	二十五史补编本
补辽史经籍志一卷	清厉鹗	厉鹗撰《辽史拾遗》本
补辽史经籍志一卷	清杨复吉	《辽史拾遗补》本
辽艺文志一卷	清缪荃孙	二十五史补编本
辽史艺文志补证一卷	王仁俊	二十五史补编本
补辽史艺文志一卷	黄任恒	二十五史补编本
金艺文志补录	清龚显曾	十史艺文经籍志本
金史艺文略	孙德谦	十史艺文经籍志本
补元史艺文志四卷	清钱大昕	二十五史补编本
补三史艺文志一卷	清金门诏	二十五史补编本
补辽金元艺文志一卷	清倪灿编卢文弨录补	二十五史补编本
明史艺文志四卷	清张廷玉等	通行本
明书经籍志三卷	清傅维鳞	丛书集成初编本
国史经籍志六卷附纠缪一卷	明焦竑	十史艺文经籍志本
清史稿艺文志四卷	章钰等	《清史稿艺文志及补编》本
清史稿艺文志补编	武作成	《清史稿艺文志及补编》本
重修清史艺文志	彭国栋	台湾商务印书馆 1968 年版
清史稿艺文志拾遗	王绍曾主编	中华书局 2000 年版

正史书目是贯穿古代到清代的古籍书目。它反映了历代作家的著作情况和国家的图书收藏情况，并通过存佚等标注揭示了古代图书的变动情况。

这些书目因文献价值较大，且使用比较广泛，多有单行本行世。为了使用方便，还有合刻本，如日本文政八年(1825)辑刊《八史经籍志》即收了 8 个朝代 10 种正史书目。此外还有：

《十史艺文经籍志》　商务印书馆 1955—1982 年分期编辑出版。计有：《汉书艺文志》(1955)、《隋书经籍志》(1955)、《唐书经籍艺文合志》(1956)、《宋史艺文志》(1957)、《辽金元艺文志》(1958)、《明史艺文志》(1959)、《清史稿艺文志·补编》(中华书局，1982)，共 7 种 9 册。每一史志都汇辑了有关资料，书后有书名、人名索引，使用很方便。

《中国历代艺文总志(经部)》　台北中央图书馆编印，1983。此书将历代正史艺文志等所著录书目按统一部类重新编排。

在典志体史书中也收有艺文志。继宋郑樵《通志·艺文略》8 卷和元马端临《文献通考·经籍考》76 卷之后，《续通志》和《清朝通志》均有《艺文略》，《续文献通考》、《清朝文献通考》和《清朝续文献通考》均有《经籍考》。查这类史籍中的书目，可使用《十通索引》。

1993年江苏广陵古籍刻印社影印出版了《中国历代经籍典》8册。此书据《古今图书集成·理学汇编》之《经籍典》和《清朝文献通考》、《清朝续文献通考》两书《经籍考》编辑而成。

在许多地方志中，设有"艺文志"。地方志中的艺文志有两种情况，一种是收录与本地有关的诗文作品，一种即著录本地籍（包括部分流寓）作者的著作。此处所说是指后一种情况。这是我们考查地方人士著作、进行区域文化研究的重要文献资料。

《地方志·书目文献丛刊》 孙学雷主编，北京图书馆出版社，2004。本书从国家图书馆地方志专藏中，选出清季民初通志艺文志中经籍志部分，加以编选、汇集而成（在通志经籍志阙如的个别省份，以相应区域性书目略加配补）。从而在地方通代存佚书目的基础上，形成全国性的通代经籍志集成。全40册。将另编书名索引，单行一册出版。

地方文献书目著录本地区作家的著作，是一定行政区域内著作之总目。这类书目也比较多，如《大清畿辅书征》（徐世昌编，民国徐氏自刊本）、《辽海书征》（金毓黻编，1942年辽阳金氏石印本）、《中州文献总录》（吕友仁主编，中州古籍出版社，2002）、《山东文献书目》（王绍曾主编，齐鲁书社，1994）、《江苏艺文志》（赵国璋主编，江苏人民出版社，1994—1996）、《皖人书录》（蒋元卿著，黄山书社，1989）、《两浙著述考》（宋慈抱原著，项士元审订，浙江人民出版社，1985）等。《山西文献总目提要》（刘纬毅主编，山西人民出版社，1998）著录晋人著述、山西刻书，亦著录地方志、晋藏珍稀善本等。

古籍总目和禁毁书目

古籍总目指汇集全部古籍图书的目录，它反映了国家在一定时期内的图书总量。自汉至清历朝正史中的"艺文志"、"经籍志"以及国家藏书目录、全国图书总目等，都记载了某一历史时期文献的总量，也可以看作是那个时期的古籍总目。

其中隋以前有影响的国家藏书目录有：汉刘向撰《别录》20卷、刘歆撰《七略》7卷、三国魏郑默撰《中经》、晋荀勖撰《晋中经簿》14卷、晋李充撰《晋元帝四部书目》、南朝宋殷淳撰《宋四部书大目》40卷、宋谢灵运撰《宋元嘉八年秘阁四部目录》、宋王俭撰《宋元徽元年四部书目录》4卷、齐谢朏等撰《齐永明元年秘阁四部目录》、梁刘孝标撰《梁天监四年文德殿正御及术数书目录》4卷、梁殷钧撰《梁天监六年四部书目录》4卷、《陈天嘉六年寿安殿四部目录》4卷、隋牛弘撰《开皇四年四部目录》4卷、许善心撰《七林》等。

这一时期的国家图书总目有：南朝宋王俭撰《七志》30卷（一作40卷）、梁阮孝绪撰《七录》12卷、刘杳撰《古今四部书目》5卷等。

唐代国家藏书目录有：唐元行冲等撰《群书四部录》200卷、毋煚撰《古今书录》40卷。宋代有：宋王尧臣等撰《崇文总目》66卷、陈骙等撰《中兴馆阁书目》70卷、张攀等撰《中兴馆阁续书目》30卷。

这些书目大都已佚，今天只能从后人的辑佚书中看到其大概情况。尽管如此，在当年，通过这些书目的编纂，还是把国家图书作了全面的清理，弄清了当时图书的基本数量。

明代以后，图书总目性质的著作有：

《国史经籍志》 6卷附纠缪1卷，明焦竑编，明万历年间曼山馆刻本。此系焦竑为编明史而作。根据古今书目加以编录。虽被人认为芜杂，但也反映了一定时期图书的数量。

《千顷堂书目》 32卷，清黄虞稷撰。1990年上海古籍出版社出版瞿凤起等整理本。2001年上海古籍出版社出版新一版，附著者和书名索引。此书详记明代著述，系据家中原有藏书及本人搜罗所得而编成。除著录书名卷数外，兼记著者略历。王鸿绪《明史稿·艺文志》即根据本书删改而成。《四库全书总目》谓"考明一代著作者，终以是书为据"。

现在我们使用的最重要的古籍总目是《四库全书总目》。

《四库全书总目》 200卷，清纪昀等总纂。中华书局，1965。

清乾隆年间编纂《四库全书》时，由纂修者在校阅各书的同时分别撰写各书的内容提要。提要原附于各书前，后将其抽出汇辑成《四库全书总目》。中华书局1965年据乾隆六十年(1795)浙江刻本影印出版，由王伯祥断句，附书名及著者姓名索引。另附录《四库撤毁书提要》、《四库未收书提要》和《四库全书总目校记》。此为通行本，后多次重印。据中华书局影印组的统计，《总目》共收书10 254种(其中誊录入库者3 461种，存目6 793种)。"存目"是指已经校阅并撰提要，而因价值不高，或对清政府不利，未抄入《四库全书》的书。中华书局1997年又出版整理本《钦定四库全书总目》，由李学勤、傅璇琮等点校，采用新式标点。河北人民出版社2000年出版标点本《四库全书总目提要》。

《总目》按经、史、子、集四部编制。每一部下又分为若干类,四部总计 44 类。有些类下再分为若干子目。每一部前有总叙,每一类前又有类序,子目后有按语。各书注明书名卷数、图书来源。提要概括介绍了作者传略、图书内容、著述体例,叙述版本源流,考核文字异同,并评论内容得失。因《总目》篇幅过大,后来又将其简缩为《四库全书简明目录》。《简目》简化了各书提要,并且不收存目书。

《四库全书》上起先秦,下至清初,我国历史上重要的典籍基本上已收集在内。《总目》是我国规模最为宏大、体例也最为完备的图书目录。

《总目》也存在不少问题,不仅有重大遗漏,著录中也有一些疏误。因此自《总目》问世后,就不断有人作补充和订正。

补充四库未收书目的有:《四库未收书目提要》(4 卷,清阮元等撰,傅以礼重编,上海商务印书馆,1955)、《四库全书失收书目》(杨家骆编,收入《四库全书学典》)、《四库未收书目考》(黄颂尧编,载 1930 年《江苏省苏州图书馆馆刊》第 2 号)、《宛委别藏现存书目及其版本》(袁同礼编撰,载 1932 年《图书馆学季刊》第 6 卷第 2 期)等。

考订《四库全书总目》疏误的著作主要有:《四库提要辨证》(24 卷,余嘉锡著,中华书局 1980 年新 1 版)、《四库全书总目提要补正》(胡玉缙著,王欣夫辑,中华书局,1964)、《四库提要订误》(李裕民著,书目文献出版社,1990)、《四库提要补正》(崔富章著,杭州大学出版社,1990)、《四库全书总目辨误》(杨武泉著,上海古籍出版社,2001)等。

如要查清乾隆以后的古籍,可利用《续修四库全书总目提要》。

《续修四库全书总目提要》 东方文化事业委员会组织编纂。

本书收《四库全书》未收的以及后出的古籍。编纂工作正式开始于 1931 年 7 月,到 1942 年 1 月,共撰提要 32 961 篇。在此同时,对已撰提要分类整理,油印成副本,分送日本东方文化学院京都研究所。后王云五得此油印本,经过重新编排整理,成《续修四库全书提要》,于 1971 年由台北商务印书馆铅印出版,全 13 册。大陆有此本的复印本,全 20 册。此整理本收书10 070种,仅及原稿的三分之一。原稿及有关图书、档案全部由中国科学院图书馆收藏。该馆根据所藏原稿整理成《续修四库全书总目提要》,中华书局 1993 年出版《经部》,收书 4 500 余种。齐鲁书社 1997 年影印出版了全书稿本,共 38 册(其中索引一册)。

《续修四库全书总目提要》收录了《四库全书》编纂以前而为《四库全书》所不收的明人著述、禁毁书、佛道典籍、小说戏曲，以及《四库全书》编纂以后新发现与新编撰的图书。它搜罗广博，采撷富赡，同时著录版本，交待源流。它与《四库全书总目》相互呼应，基本上反映了中国存世古籍的概貌。

《续四库提要三种》 胡玉缙撰，吴格整理，上海书店出版社，2002。本书包括《四库未收书目提要续编》、《许庼经籍题跋》、《续修四库全书总目提要礼类稿》3 种，著录古籍 1 200 余种。

以上所述各种书目主要反映了历史上各类图书的总量情况，为反映现存古籍的基本面貌，有关单位正在积极组织编纂《中国古籍总目》和《中国古籍总目提要》。《中国少数民族古籍总目提要》也在编纂之中。

另外有一些书目侧重于对一个专题、或一个时代的古籍作尽可能完备的著录，如：

《历代妇女著作考》 胡文楷编著，商务印书馆，1957；上海古籍出版社增订本，1985。收录汉魏六朝至近代 4 000 余名妇女作家著作，附小传，并著录资料来源。

《周秦汉魏诸子知见书目》 严灵峰编，台北正中书局，1975；中华书局，1993。本书收先秦汉魏诸子 62 家，全部书目共 6 000 余条，每种书分别注明存、阙、残、未译、未刊、未见、佚等字样。有附录多种。

《现存宋人著述总录》 刘琳、沈治宏编，巴蜀书社，1995。收录现存宋人著述 4 855 种。

《增订日本现存明人文集目录》 [日]山根幸夫编，东京汲古书院，1978。本书收录日本部分藏书机构所藏明人文集约5 000种。

《清人别集总目》 李灵年、杨忠主编，安徽教育出版社，2000。本书收录国内各藏书机构所藏清人现存的近 2 万名作者的文集约4 万种。具有著录广泛、多列版本、译注馆藏、书传结合等特点。

《清人诗文集总目提要》 柯愈春著，北京古籍出版社，2002。本书收清代有诗文别集传世者 19 700 余家，4 万余种。各撰为提要。全书按作者生年排列。

这些书目由于收录范围相对集中，其著录也更为准确，更少遗漏。

禁毁书目是指被历代政府明令查禁的图书目录，也称为禁书书目、毁阙书目、销毁书目。根据对被禁图书的不同处理程度，又有全毁书目、抽毁书目、违碍书目等不同名称。

历史上最早明令禁毁图书的是秦始皇，以后历朝都有禁书令，而清朝禁书的规模和惨烈程度超过历史上任何一个时代。因此现存禁书目录，也以清人所编或反映清代禁书的为多。这些书目主要有：

《清代禁毁书目(补遗)·清代禁书知见录》 清姚覲元等编，商务印书馆，1957。《清代禁毁书目》为清光绪年间姚覲元编。姚氏合诸家禁书书目于一编，包括清英廉编《全毁书目》、《抽毁书目》，清军机处编《禁书总目》、《违碍书目》，共4种。抽毁书注明被毁篇卷及原因。此书有《咫进斋丛书》本及多种翻印本。光绪末邓实编《补遗》3卷，刊于《国粹学报》第二集。《清代禁书知见录》由近人孙殿起编。此书以陈乃乾《索引式的禁书总录》为底本，记录亲见禁书。商务印书馆后将姚目与孙目合订出版。

《清代各省禁书汇考》 雷梦辰撰，书目文献出版社，1989。汇辑清代查办禁毁单，以省份为序，标注奏准禁书之年月、理由及书目。

《中国禁书大观》 安平秋、章培恒主编，上海文化出版社，1990。本书对中国历代禁书进行了系统的理论探讨，并对220种被禁图书作了解题。末附《中国历代禁书目录》。

吴哲夫撰《清代禁毁书目研究》(台北嘉新水泥公司文化基金会，1969)，附《清代禁毁书目》，著录禁书3 000多种。

丛书目录

丛书目录指以丛书为收录对象、专供查检丛书总目及其子目的书目。清嘉庆年间顾修编《汇刻书目》，是我国第一部丛书目录，收丛书261种。此书目既著录丛书，又备列子目，开创了丛书目录的基本体式。民国初杨守敬等编《丛书举要》开分类编列丛书之例。

目前通常使用的丛书目录是以下几种：

《中国丛书综录》 上海图书馆编，中华书局上海编辑所1959—1962年初版；上海古籍出版社1982—1983年再版。

全书收北京图书馆等41个图书馆所藏古籍丛书2 797种，子目(去除重复)38 891种。全3册。第一册是《总目分类目录》(通称“总目”)，著录丛书书名、编纂者、版本，并详列子目。其例如下表：

慎始基斋丛书
（民国）卢靖辑
清光绪中沔阳卢氏刊民国十二年（1923）汇印本
四库全书序一卷　清乾隆四十七年敕撰
姚彦长观书例一卷　（清）姚晋圻撰
田陇初观书后例一卷　（清）田明昶撰
四川省城尊经书院记一卷　（清）张之洞撰
辅轩语一卷　（清）张之洞撰
书目答问不分卷附校勘记一卷　（清）张之洞撰　校勘记（民国）赵祖铭撰
三通序一卷　（民国）卢靖录
经义韵言一卷　（清）喻祥麟撰
古今伪书考一卷　（清）姚际恒撰
天文歌略一卷　（民国）叶澜撰
地学歌略一卷　（民国）叶瀚（民国）叶澜撰

江氏聚珍版丛书（一名文学山房丛书）
（民国）江杏溪辑
民国十三年（1924）苏州文学山房木活字排印本
初集
唐才子传十卷　（元）辛文房撰
古今伪书考一卷　（清）姚际恒撰
思适斋集十八卷　（清）顾广圻撰
艺芸书舍宋元本书目二卷　（清）汪士钟撰
别下斋书画录七卷　（清）蒋光煦辑
墨缘小录一卷　（清）潘曾莹撰
持静斋藏书纪要二卷　（清）莫友芝撰
二集
南濠居士文跋四卷　（明）都穆撰
铁函斋书跋四卷　（清）杨宾撰
拜经楼藏书题跋记五卷附录一卷　（清）吴寿旸撰
小鸥波馆画识三卷画寄一卷　（清）潘曾莹撰
迟鸿轩所见书画录四卷　（清）杨岘辑
国朝书画家笔录四卷　（清）窦镇辑
三集
程氏考古编十卷　（宋）程大昌撰
历代寿考名臣录不分卷　（清）洪梧等辑
雕菰楼集二十四卷　（清）焦循撰
附
蜜梅花馆文录一卷诗录一卷　（清）焦廷琥撰
知圣道斋读书跋二卷　（清）彭元瑞撰
经传释词十卷　（清）王引之撰
古书疑义举例七卷　（清）俞樾撰
四集
经读考异八卷补一卷　（清）武亿撰
句读叙述二卷补一卷　（清）武亿撰
四书考异一卷　（清）翟灏撰
群经义证八卷　（清）武亿撰
读书脞录七卷　（清）孙志祖撰
家语证伪十一卷　（清）范家相撰
声类四卷　（清）钱大昕撰
书林扬觯一卷　（清）方东树撰
西圃题画诗一卷　（清）潘遵祁撰

食旧堂丛书
（清）汪大钧辑
民国十四年（1925）钱唐汪氏刊本
尔雅校义二卷　（清）刘玉麐撰
郑志三卷补遗一卷　（魏）郑小同编　（清）王复辑　（清）武亿校
驳五经异义一卷补遗一卷　（汉）郑玄撰　（清）王复辑　（清）武亿校
箴膏肓一卷　（汉）郑玄撰　（清）王复辑　（清）武亿校
起废疾一卷　（汉）郑玄撰　（清）王复辑　（清）武亿校
发墨守一卷　（汉）郑玄撰　（清）王复辑　（清）武亿校
竹崦盦金石目录五卷　（清）赵魏撰
论语郑氏注十卷　（汉）郑玄撰　（清）宋翔凤辑
论语孔子弟子目录一卷　（汉）郑玄撰　（清）宋翔凤辑
论语师法表一卷　（清）宋翔凤撰
瞥记七卷　（清）梁玉绳撰
读欧记疑五卷　（清）王元启撰
道古堂外集12种　（清）杭世骏撰

该册书后附“丛书收藏情况表”和“丛书书名索引”。收藏情况表反映了某一丛书在全国各主要图书馆的收藏情况，完整收藏者用○表示，残缺者用×表示，未入藏者空缺。其例如下：

	书名	辑撰者	版本	藏										
				北京	首都	科学	北大	北师	清华	中医	上海	复旦	华师	上师
345	古书丛刊	（民国）陈琰辑	民国十一年古书流通处影印本	○	○	○	○	○			○	○	○	○
346	天苏阁丛刊	（民国）徐新六辑	民国杭县徐氏排印本	○	○	○	○	○	○	○	○	×	○	○
347	慎始基斋丛书	（民国）卢靖辑	清光绪中沔阳卢氏刊民国十二年汇印本	○	○	○	○	○	○	○	○			
348	江氏聚珍版丛书(一名文学山房丛书)	（民国）江杏溪辑	民国十三年苏州文学山房木活字排印本								○	○	○	
349	食旧堂丛书	（清）汪大钧辑	民国十四年钱唐汪氏刊本	○	○			○	○		○			

需要说明的是，表中反映的还是1959年前后的收藏情况，与现在的收藏情况已有一定出入。

该书第二册是《子目分类索引》（通称“子目”），按四部分类法编排，详注各子目的书名、卷数、作者及所属丛书。如：

考订辨伪

四部正讹三卷
　（明）胡应麟撰
　　少室山房四集·笔丛
　　广雅书局丛书·杂著·少室山房集·少室山房笔丛
　　明清笔记丛刊·少室山房笔丛
古今伪书考一卷
　（清）姚际恒撰
　　知不足斋丛书（乾隆至道光本、景乾隆至道光本）第23集
　　晋石厂丛书
　　慎始基斋丛书
　　江氏聚珍版丛书初集
　　丛书集成初编·总类
古今伪书考书后一卷
　（民国）程大璋撰
　　半帆楼丛书
　　白坚堂丛书第1集

琐记掌故

吴兴藏书录一卷
　（清）郑元庆撰　（清）范锴辑
　　范白舫所刊书
　　范声山杂著（道光本、景道光本）
　　晋石厂丛书
竹汀先生日记钞三卷
　（清）钱大昕撰　（清）何元锡辑
　　式训堂丛书初集
　　校经山房丛书
　　丛书集成初编·总类

125

该书第三册是索引，包括《子目书名索引》、《子目著者索引》。其例分别如下：

子目书名索引

72 古岳渎经	570 左	古今乐录	935 右	古今善言	1034 右
古兵符考略残稿	658 左	古今外国名考	624 右	古今朔实考校补	874 右
77 古周易	13 右	古今伪书考	640 左	古今朔闰考	875 右
古周易章句外编	896 右	古今伪书考书后	640 右	85 古钵集选	1395 右
古周易订诂	18 右	……古今储贰金鉴	376 右	87 古铜瓷器考	957 右
古局象棋图	943 右	古今律历考	869 左	88 古算衍略	881 左
古学考	182 右	古今冬至表	876 左	古算器考	881 右
古学复兴录	101 左	古今名剧合选	1751 右	古筹算考释	891 左
古巴杂记	638 右	古今纪要	370 右	古筹算考释续编	891 左
古巴述略	639 左	古今纪要逸编	370 右	90 古棠塾言	978 左
古巴节略	638 右	古今注	1017 左	94 古欢录	442 左

四〇六〇〇—四〇六〇一 古

子目著者索引

姚其庆(清)		云台山记	573 左	牧庵集	1302 左
吉仙剩稿	1500 右	姚鹏图(民国)		牧庵集	1302 左
姚其慎(民国)		扶桑百八吟	633 右	姚牧菴先生文选	1302 左
六宜楼诗稿	1522 左	姚际恒(清)		西林日记	1576 右
六宜楼吟草	1522 左	诗经论旨	56 右	牧瑩词	1611 右
姚棻(清)		古今伪书考	640 左	99 姚瑩(清)	
虾夷纪略	632 右	好古堂家藏书画记、续收书画奇物记	911 右	姚氏先德传	393 左
45 姚椿(清)		80 姚镛(宋)		卡伦形势记	485 左
樗寮文续稿	1455 右	雪篷诗稿	1282 右	东溟奏稿	500 左
46 姚觐元(清)				东槎纪略	543 右
				台北道里记	543 右

四二四一三—四二五二一 姚

我们使用该书目,通常是通过第三册的索引查到所要查找的书收在第二册哪一页,以了解该书收入了哪些丛书中,然后再通过第一册的“收藏情况表”了解该丛书的馆藏。例如要查清姚际恒的《古今伪书考》,在第三册的著者或书名索引中查到此书收在第二册第 640 页左面,在该页找到此书收入了《知不足斋丛书》等 5 种丛书中。在第一册中,可查到其中的《慎始基斋丛书》在北京图书馆等处有藏,《江氏聚珍版丛书》在上海图书馆等处有藏。读者可就近借阅。这是迄今著录丛书最多、编排最科学的丛书书目,也是使用最广泛的一部丛书书目。

本书著录也有遗漏及讹误,再版本改正了原书中的一些错误,并拟重新修订。本书的补编、补正本有:

《中国丛书广录》 阳海清编撰,陈彰潢参编,湖北人民出版社,1999。本书主要收录《中国丛书综录》所未收的古籍丛书,属“知见”性质书目。除实存的丛书外,兼收“存目”的丛书、整理本和海外印行的丛书。上册为《总目》,收录中国古籍丛书 3 279 种,含子目 50 078 种(去除重复为 40 027 种)。下册为《索引》,包括子目书名索引、著者索引和分类索引。

《中国丛书综录补正》 阳海清编,蒋孝达校,江苏广陵古籍刻印社,1984。本书考订补正了《中国丛书综录》的缺失,增补了部分丛书编者姓名、丛书异名、版本源流、失收子目等,补充了一些新版丛书。

《中国丛书综录续编》 施廷镛编撰,北京图书馆出版社,2003。著录丛书 1 100 余种。

《中国丛书题识》 施廷镛编著,北京图书馆出版社,2003。此据编著者手稿影印,著录丛书近千种。

除此以外，现在使用的丛书目录还有《中国古籍善本书目(丛部)》(见后)。

《丛书总目续编》 庄荣芳编，台北德浩书局，1974。本书收录台湾地区1949年至1974年间所出丛书683种，其中包括新编丛书246种。

版本书目和善本书目

版本书目是以揭示古籍版本为主旨的书目。版本书目一般著录书名、卷数、刊印年代和刊印者，有些还反映版本特征，如行款、纸张、墨色、题跋等。版本书目是查考、鉴定古籍版本的重要依据。

南宋藏书家、目录学家尤袤在所编《遂初堂书目》中，首先记载了一书的不同版本，如杭本《周易》、旧监本《尚书》等，故一般认为该书目是我国最早的版本书目。现常用的版本书目有：

《增订四库简明目录标注》 20卷附录1卷。清邵懿辰撰，邵章续录，上海古籍出版社，1979年新1版。

本书以《四库全书简明目录》为基础，将各种版本分别注明于各书之下，约3 000多部书数万种版本。有些条目还说明了版本源流及版本优劣。

《郘亭知见传本书目》 16卷。清莫友芝辑，莫绳孙编，1923年上海扫叶山房石印本。本书对《四库全书简明目录》所见原目各书的版本进行了考订，并将编者所见版本注于每条之下。后傅增湘又对此书作了大量增补，由傅熹年整理成《藏园订补郘亭知见传本书目》，中华书局1993年出版，全4册。

《书目答问》 5卷。清张之洞撰，清光绪二年(1876)初刻本。

这是一部举要书目，为答学生“应读何书”、“书以何本为善”之问而作。但因所举各书均详细著录了各种版本，所以也常被后人用作查考版本之用。本书选录标准重实用，故著录版本也重视于学者有益的善本及容易购得的通行本。此书在社会上极为流行，有不少翻刻本和批校本，其中影响最大的是范希曾的《书目答问补正》。范氏补录了图书1 200多种，又增补了大量稿本和新发现的古籍善本。有上海古籍出版社1983年校点本。

《贩书偶记》 20卷。孙殿起撰，中华书局，1959年重版本。著录之书多为《四库全书》未收之清人著作，兼收《四库全书》失收的明人著作及辛亥革命至1935年间有关古代文化的著作。各书详记版本,兼及考证。作者又有《贩书偶记续编》20卷,体例同上。上海古籍出版社1980年出版。两书共收著作16 000余种,一般认为其作用相当于《四库全书总目》的续编,是查考清代与近代版本的重要依据。

版本书目中有一类是专门记述一个时代的著作版本的,如:

《现存宋人别集版本目录》 四川大学古籍整理研究所编,巴蜀书社,1990。

《明代版刻综录》 8卷首1卷。杜信孚纂修,江苏广陵古籍刻印社,1983。著录明刻本近万种,部分书目标注馆藏。

版本书目中还有一类是专门记述一部作品的版本,或一个作家的著作版本的。这通常是重要的作家和重要且版本丰富的作品。这类书目很多,如:《楚辞书目五种》(姜亮夫编著,中华书局,1961;上海古籍出版社,1993)、《楚辞书目续编》(崔富章编,上海古籍出版社,1993)、《三国演义版本考》([英]魏安著,上海古籍出版社,1996)、《苏轼著作版本论丛》(刘尚荣著,巴蜀书社,1988)等。台湾天一出版社1982年前后曾影印过一批由朱传誉主编的专书版本著作,包括《红楼梦版本概述》、《西游记的版本》、《水浒传的版本》、《两拍版本及书影》等。

此外还有一种专题性书目,也常用于核定版本,如王国维的《两浙古刊本考》、《五代两宋监本考》(《王国维遗书》本),《福建版本志》(民国间福州刻本),江澄波等著《江苏刻书》(江苏人民出版社,1993)等。

著录新中国成立后新版古籍的书目有:

《古籍整理图书目录(1949—1991)》 国务院古籍整理出版规划小组办公室编,中华书局,1992。此书收这一时期出版的古籍图书(包括对古籍整理加工的著作和有关古籍的工具书)6 585种。

这类书目还有《古籍目录(1949.10—1976.12)》(国家出版局版本图书馆编,中华书局,1980)等。

善本,一般是指在历史文物性、学术资料性、艺术代表性方面均比一般本子(通称为“普本”)精善而又流传较少的图书。善本书目就是著录善本图书的书目。它除了一般版本书目所具有的著录项外,通常还著录图书的行款、版式、收藏印记、批校者姓名等,特别注意反映本书的版本特征。善本书目是一种特殊的版本书目。

在公共图书馆兴办之前,古籍善本书目主要是由私人藏书家、目录学家编制的。他们不仅揭示了当时存世的善本书的基本面貌，而且确立了古籍善本的基本标准和善本书目的基本著录形式。清代比较重要的善本书目有：毛扆撰《汲古阁珍藏秘本书目》(《士礼居黄氏丛书》本)、徐乾学撰《传是楼宋元本书目》(《传砚斋丛书》本)、孙从添撰《上善堂宋元版精钞旧钞书目》(《湫漻斋丛书》本)、邓邦述撰《群碧楼书目初编》(清宣统三年江宁邓氏吉林铅印本)等。这一时期由政府机构组织编写的善本书目有《天禄琳琅书目》前编 10 卷(于敏中等编，《四库全书》本)、《天禄琳琅书目》续编 20 卷(彭元瑞等编，清光绪十年长沙王氏刻本)。

民国年间最重要的目录学家、藏书家之一是傅增湘，他所撰善本书目经其孙傅熹年整理为《藏园群书经眼录》。

《藏园群书经眼录》 中华书局，1983。全 5 册。著录善本书 4 500 余种，是了解近代所存善本概貌和流传、佚存情况的重要史料。后傅熹年又将傅增湘所撰善本书题跋汇辑整理成**《藏园群书题记》**(上海古籍出版社，1989)。共 581 篇，考订版本异同、字句讹误，多有独到之见。

1949 年以后，善本书目主要由图书馆编撰。这些书目编制科学、著录明晰、使用方便，具有馆藏目录与版本目录的双重功能。比较重要的有：

《北京图书馆古籍善本书目》 书目文献出版社，1987。该馆现藏善本近 30 万册，是国内最大的善本府库。本书收该馆建馆以来入藏的全部珍善本古籍。

此外，还有《上海图书馆善本书目》(上海图书馆，1957)、《中国科学院图书馆藏中文古籍善本书目》(科学出版社，1994)、《北京大学图书馆藏善本书目》(北京大学图书馆，1958)等。

台湾地区的古籍善本书目主要有：《中央图书馆善本书目》(台湾中央图书馆，1967)、《故宫博物院善本旧籍总目》(台湾故宫博物院，1982)等。另可参见《台湾公藏善本书目书名索引》(台湾中央图书馆，1971)、《台湾公藏善本书目人名索引》(台湾中央图书馆，1972)等。

以上各公私善本书目，各有特点，然或限于一人所见，或限于一馆所藏，难免缺漏。现在编得最完备的善本书目是《中国古籍善本书目》。

《中国古籍善本书目》 本书编辑委员会编，上海古籍出版社，1985—1998。

本书是在普查全国各地所藏古籍善本图书的基础上编成的。著录全国782个单位(台湾省暂缺)所藏古籍善本56 000余种约13万部,分经、史、子、集、丛五部,以线装和平装(全9册)两种形式出版。各书著录,包括书名、卷数、著者、版本、行款、批校题跋者等。各条目下均有编号,卷后附藏书单位代号表和藏书单位检索表。本书编辑体例完备,版本著录准确、规范,采摭浩博,是一部全面、系统反映传世古籍善本面貌的大型目录。但因未编书名索引,故查检不便。

《中国古籍善本总目》 线装书局,2005。全7册。与《中国古籍善本书目》相比较,所收古籍善本图书多15%左右,增加了版本信息,对所选书目的著者、版本、刻书年代、行款及刻书者,均依据相关馆藏资料,做了详细介绍,并编制了书名索引。

如要查找辛亥革命以来影印的古籍善本,可利用《影印善本书目录(1911—1984)》(北京图书馆善本室编,中华书局,1992)。该书收这一时期影印的古籍善本1 049种。

善本书目主要提供有哪些古籍善本及收藏单位,若要了解善本的内容特点,则要利用善本书内容提要或读书志等。

《中国善本书提要》 王重民撰,上海古籍出版社,1983。

收录北京图书馆、北京大学图书馆、美国国会图书馆所藏善本书4 300余种。着重记录各书的版本特征,尤注重考析各版本的异同及其源流关系。书目文献出版社1991年出版补编。

《美国哈佛大学燕京图书馆中文善本书志》 沈津撰,上海辞书出版社,1999。著录该馆所藏宋元明刻本1 433种,揭示详尽。

我国古代目录学家除编纂记录式的书目外,还结合自己的藏书、访书经历,撰写了为数众多的藏书志、读书志(包括题跋汇编)。这些藏书志、读书志,介绍图书的内容,评介图书的学术得失,还详细讨论图书的版本特征、刊刻源流、各本的文字异同与内容优劣,为我们了解古代图书提供了极有价值的资料。这类著作重要的有:

《郡斋读书志》 宋晁公武撰,通行本。这是我国现存最早的私藏书目。按经史子集分部,首有总序,部有小序,各书有解题,论书中之要旨,详学派之渊源。后形成袁州本、衢州本两个系统,历代翻刻本甚多。

《直斋书录解题》 宋陈振孙撰,通行本。解题对卷帙多少、著作者简历及其学术渊源、版本异同优劣等,均有所阐述。历代翻刻本甚多。

《读书敏求记》 4卷。清钱曾撰，书目文献出版社，1984年整理本。收录述古堂藏本634种，中多宋元善本及旧抄本。每种下各记其缮写或刊刻的字体、纸张、刀法、墨色等，兼评其优劣。后人多据以考证宋元版本。一般公认此书是我国现存第一部较为完善的版本书目，是版本学奠基著作之一。

钱曾以后，重要的著作还有：黄丕烈撰《士礼居藏书题跋记》及《续记》《再续记》、《荛圃藏书题识》及《续录》(《滂喜斋丛书》本、1919年缪荃孙刻本)、顾广圻撰《思适斋集》(1935年《顾黄遗书》本)、张金吾撰《爱日精庐藏书志》(清道光七年家刻本)、瞿启甲辑《铁琴铜剑楼藏书题跋集录》(上海古籍出版社，1985)、朱绪曾撰《开有益斋读书志》(清光绪六年刻本)、丁丙撰《善本书室藏书志》(清光绪二十七年刻本)、陆心源撰《皕宋楼藏书志》(清光绪八年家刻本)和《仪顾堂题跋》(清光绪二十四年刻本)等。这些著作所著录的大多为珍善本，为后人查考、使用古籍善本提供了丰富的资料。

另外还有一种称为"书录"的目录学著作，它详细著录有关的版本资料，并详尽地辑录有关文献资料，如：《史记书录》(贺次君编，商务印书馆，1958)、《红楼梦书录》(一粟编，上海古籍出版社，1981年增订本)、《水浒书录》(马蹄疾编著，上海古籍出版社，1986)等，还有正在组织编写的《文选书录》等。其中影响较大的有《杜集书录》。

《杜集书录》 周采泉著，上海古籍出版社，1986。收集历代有关杜甫诗集的著作，各条包括著录、版本、序跋、编者按等内容，体例甚为完备。

馆藏书目和联合书目

馆藏书目是指根据图书馆实际藏书编制的反映该馆图书收藏状况的书目。馆藏书目除了一般书目具有的著录项目外，通常还附有本馆索书号，以备读者查检。

有些图书馆形成了自己的馆藏特色，如首都图书馆收藏北京地方文献甚富，大连市图书馆收藏明清通俗小说较丰富，常熟市图书馆以收藏地方人士别集著称，重庆市图书馆是国内收藏抗战期间出版资料最多的图书馆之一，等等。如能充分注意到各个图书馆的馆藏特点，就能更有效地利用馆藏书目。

不过由于馆藏书目的编制、出版一般周期都较长，因此它不能完全反映图书馆实际藏书情况。我们在利用馆藏书目时，要尽量与馆藏目录卡核对，以实际馆藏为准。

馆藏书目数量较多、影响较大的有：

《北京图书馆普通古籍书目》 该馆普通古籍组编，书目文献出版社(今北京图书馆出版社)1990年起陆续出版。北京图书馆现藏普通古籍180万册左右，体系完整，学科齐全，是国内最大的普通古籍府库。本书是该馆馆藏全部普通古籍的目录，共分15卷，每卷一类，即：目录门、经籍门、史乘门、地志门、传记门、古器物学门、社会科学门、哲学门、宗教门、文字学门、文学门、艺术门、自然科学门、应用科学门、总记门。其中“目录门”于1990年出版。

《中国历史博物馆藏普通古籍目录》 该馆图书资料信息中心编，北京图书馆出版社，2002。收古籍4 002种。

《江苏省立国学图书馆图书总目》 44卷，柳诒徵等编；补编12卷，王焕镳等编；江苏省立国学图书馆，1933—1936。该馆为今南京图书馆前身，藏书大多来自钱塘丁氏善本书室和武昌范氏木犀香馆旧藏，后又征调官书，购进新书，故藏书数量多、质量好。书目著录馆藏图书37 002种59 228部，分为经、史、子、集、志、图、丛七部。作者注明籍贯，为其一特色。抗战胜利后，该馆收拾整理藏书，重新编成《江苏省立国学图书馆现存书目》。1948年印行正编2册，1951年印行续编1册。体例基本同上，另以拓本、影印本作为一部列后。两书可参照使用。

上文“善本书目”部分所提及国内图书馆所编善本图书目录也是一种馆藏目录，此不赘述。

联合书目是将两个以上图书馆馆藏的图书按统一体制编制的书目。《中国古籍善本书目》和《中国丛书综录》都是联合书目。由于一部书目反映了众多图书馆的藏书情况，读者可据此考查文献的分布情况，方便自己就近利用。

《中国馆藏和刻本汉籍书目》 王宝平主编，杭州大学出版社，1995。收录我国68家图书馆所藏日本明治年间及明治以前刻印、抄写的中国著者之书和日本著者的校注、研究中国古籍之书，亦收大正、昭和时期的影印本。各书注明藏书处。

《中南、西南地区省、市图书馆馆藏古籍稿本提要》 阳海清主编，华中理工大学出版社，1998。本书由中南、西南地区 10 省市区图书馆协作编成。分为《馆藏古籍稿本提要》(著录 1 801 种，其中含未见刻本之抄本 303 种)、《古籍钞本联合目录》(著录 6 529 种)和索引 3 部分。

《香港所藏古籍书目》 贾晋华主编，上海古籍出版社，2003。香港地区 11 所高校、研究所的联合目录，收古籍 25 700 余种。

《台湾公藏普通本线装书书名索引》 台湾中央图书馆特藏组编，该馆 1982 年印行。据台湾中央图书馆普通本线装书目、故宫博物院普通旧籍目录等 8 种书目汇编而成。可据以查考台湾地区所藏普通本线装书。

联合书目有全国性的，如《中国地方志联合目录》、《全国中医图书联合目录》，也有地区性的，如苏州市图书馆编的《苏州市家谱联合目录》(1986 年铅印本)、湖北省图书馆编的《武汉地区辛亥革命史料联合目录》(湖北省社会科学院，1982)等。有些书目是由几家图书馆联合编制的，虽书名未标"联合书目"字样，但实际上也属于这种类型。如《江苏省扬州地区善本书目》，就是由扬州地区 13 家图书馆联合编制的善本古籍联合书目。

《中国历代诗文别集联合目录》 王民信主编，台北联合报文化基金会国学文献馆，1980—1985。著录西汉至清代的诗文别集，共 14 辑。各书注明版本，稀见本注明馆藏，附作者传记、资料目录及出处。

《东北地区古籍线装书联合目录》 辽海出版社，2003。此书共收录了东北地区 51 所图书馆(包括公共图书馆、高校图书馆、社科院图书馆及部分博物馆)所藏的古籍线装书，著录范围既包括善本古籍，也包括普通古籍，款目总量达 10 万条。

《内蒙古自治区线装古籍联合目录》 何远景编，北京图书馆出版社，2004。收录了内蒙古图书馆等 50 多家单位的馆藏古籍，其中有大量关于蒙元史、北方少数民族史的古籍，也有不少内蒙古地区的方志和元人文集。

其余联合书目参见本章第三节专科书目部分。

近现代书目

近现代书目是指著录近现代出版物的书目。这类出版物中有许多古代典籍重印本或整理本。

《民国时期总书目》 北京图书馆编，书目文献出版社，1986—1996。

收录1911年至1949年9月间我国境内出版的中文图书。按学科分册出版：(1) 哲学、心理学，(2) 宗教，(3) 政治(上、下)，(4) 法律，(5) 军事，(6) 经济(上、下)，(7) 文化、科学、艺术，(8) 教育、体育，(9) 中小学教材，(10) 语言文字，(11) 文学理论、世界文学、中国文学(上、下)，(12) 外国文学，(13) 历史、地理、传记、考古(上、下)，(14) 社会科学总类，(15) 自然科学、医药、卫生，(16) 农业科学、工业技术、交通运输，(17) 综合性图书。共收图书124 000余种，约占民国时期出书总数的90%。著录项目详细，包括出版、形态、提要、附注等。所收之书大都撰有内容提要，并注明收藏馆名。这是查找民国时期出版物的主要工具书。但由于这部书目是根据北京、上海、重庆三家图书馆的馆藏情况编制的，因此还有相当一部分图书被漏收。

《中国近代现代丛书目录》 上海图书馆编印，1979。收录该馆藏1902—1949年间各地出版的近现代丛书5 549种。由于多数丛书不是同时一次性推出的，故在丛书子目下还分别注明著(译)者、出版时间、版次等。书后附《丛书出版系年表》。

《中国近代现代丛书目录索引》 上海图书馆编印，1982。全2册。上册为"子目书名索引"，可供查检子目及异书同名或同书异名。下册为"子目著者索引"，可供查检子目所署著、译、编辑和选注者。

《(生活)全国总书目》 平心编，上海生活书店，1935。收录1911—1935年间出版的书籍近2万种，以今人所写的新文化著作与书店尚在发售的图书为主。

1949年中华人民共和国成立后，图书出版的数量和品种逐年增加，国家对图书统计、登记工作也日益重视。1951年国家出版总署规定了征集新出图书期刊办法，又建立了国家版本图书馆，负责全国出版物的登记工作。1955年颁布了《中华人民共和国文化部关于征集图书、杂志样本办法》，1985年文化部制订了《图书、期刊版权保护试行条例实施细则》。这些制度的实施保证了国家书目编制的完善性、权威性。

《全国新书目》 中国版本图书馆编，现由中国书籍出版社出版。

新书报道性刊物。创刊于1950年，1966年7月停刊；1972年复刊，至1994年底，共出刊554期。刊物内容历年有调整。自1993年第6期起，陆续刊出"在版编目图书(CIP)信息"。本刊能迅速报道全国每月各类图书的出版情况。1995 年停刊。1997 年复刊，由新闻出版总署信息中心主办。每月发布最新图书书目近千条，选摘新书 15—20 部。

《全国总书目》 中国版本图书馆编，中华书局出版。

图书年鉴性质的综合性、系列性全国图书目录。由中国版本图书馆根据全国各出版单位送交的样本书汇编而成（今由新闻出版总署信息中心、中国版本图书馆编），能较全面系统地反映每年度全国正式出版的各种出版物的基本情况。1949—1954 年合编一册，1955 年后年出一册，1966—1969 年停编（后补出合刊本）。1970 年恢复出版年度本。全书编排体例，以 2003 年度本为例，包括“分类目录”、“专门目录”、“附录”三个部分。所著录之书有简单提要。从 2002 年度本起，配有书目检索光盘。

《中国国家书目》 北京图书馆本书编辑组编，书目文献出版社 1987 年起出版，1991 年起由华艺出版社出版。

本书目自 1987 年以来，已出版了 1985、1986、1987、1991、1992、1993 年度印刷本。1988 年起建立了计算机中文文献数据库，从 1992 年起采用计算机编制年累积本，1988—1990 年本将逐步回溯出版，以与印刷本衔接。从 1988 年本起，按“领土—语言”原则，收录用中文出版的普通图书、连续出版物、非书资料、书目索引等，以及我国出版的各种外文文献。书目包括书目正文和字顺索引（含题名索引、著者索引）两部分。图书按照中华人民共和国国家标准《普通图书著录规则》（GB3792.2—85）著录，并撰有简明提要。其例如下：

Z88：J82 **052630**

中国戏曲研究书目提要/中国艺术研究院戏曲研究所资料室编著.—北京：中国戏剧出版社，1992.7.—481 页；20 cm

ISBN 7—104—00364—9：¥8.30

收入有关戏曲研究专著 1 600 种，几乎囊括了自有戏曲研究专著诞生以来的全部著作。按戏曲史研究的脉络分类，分为：总论、中国戏曲史、戏曲声腔剧种、戏曲文学、戏曲音乐等，书后附“书名索引”、“编著者索引”。

Ⅰ.①中… Ⅱ.①中… Ⅲ.①戏曲—研究—专题目录—中国 ②专题目录—戏曲—研究—中国 Ⅳ.①Z88:J82 ②48.703071

Z88：K87 **052631**

中国考古学文献目录：1949—1966/中国社会科学院考古研究所图

书资料室编．—北京：文物出版社，1978.12（1993.3 重印）．—348 页；26 cm

ISBN 7—5010—0692—X（精装）：¥16

本目录包括书目和报刊资料索引两部分，收中国考古学及有关论著共 537 种，收文献 7 000 余种。

Ⅰ．①中…　Ⅱ．①中…　Ⅲ．①考古学—专题目录—中国—1949—1966 ②专题目录—考古学—中国—1949—1966　Ⅳ．①Z88：K87 ②26.32071

本书目详尽、准确地传递书目数据，报道出版发行动态，基本上反映了一个时期全国出版物的全貌。同时它也是沟通国际书目情报、实现国际文献资源共享的重要手段。

除上述书目外，还有《全国内部发行图书总目（1949—1986）》（中国版本图书馆编，中华书局，1986），该书收录内部发行图书 18 301 种，其中初版书 17 754 种。也可利用《中国图书大辞典》（见第四章第四节“图书文献类”）。

台湾地区的近现代书目有：《“中华民国”出版图书目录汇编》（台北中央图书馆 1964 年编辑出版），收录 1949—1963 年间台湾出版的中外文图书（包括部分港澳出版物）。1970 年出版续辑，1975 年出版三辑，1980 年出版四辑。《“中华民国”出版图书目录》（台北中央图书馆编印），1960 年起出版月刊本，每年编印年刊本，又有每五年编印的累积本。

第三节　专 科 书 目

专科书目，也称为学科书目，是指反映某一学科图书文献的书目。也有些书目是专就某一专题编制的，可以称为专题书目。专科书目和专题书目能最大程度地反映本学科和本专题的研究成果，与综合性书目相比，它具有资料集中、系统完整、检索方便等优点。

检索专科文献首先要利用与本专科直接相关的专科书目，但同时也要注意利用相关或相邻学科的有关书目。因为学科具有相关性、渗透性，人们在编制专科书目时，一般也都有意识地将范围适当加以放宽，以便利用，因此专科书目往往具有相当的交叉性。如历史地理学著作既收入地理学专科，也收入历史学专科，在历史学专科书目中也收有部分哲学史书目等。

专科书目有单独刊行的，也有一部分专科书目未单独成书，它附刊在专著、论文集、期刊中。在各专科年鉴中，都载有年度新书书目。在专科辞典、百科全书等工具书中，也包含着大量专科书目。因此要注意广泛使用其他相关工具书。特别是在查考最新书目时，更要注意利用期刊、年鉴等。

此外，有些专科书目是与专科论文索引合编的，称为“目录索引”、“论著目录”或“论文书目索引”，如《隋唐五代史论著目录》等，要注意灵活使用。有些专科书目还要和专科论文索引配合使用，以使所找资料更全面、更准确。

现将常用专科书目择要简介如下：

哲学

《经义考》 300卷。清朱彝尊撰，《四库全书》本。历代经学著作总汇。各书下注明存、佚、阙、未见等字样，并广辑原书序跋及各家论说，是研究古代经学派别、经义和版本目录的重要工具书。翁方纲撰《经义考补正》12卷，有《丛书集成初编》本。

《中国哲学史史料学》 张岱年著，三联书店，1982。介绍先秦至近代的中国哲学史料。书后附《有关中国佛教的思想文献简明目录》、《历代书目举要》、《有关哲学史的丛书举要》、《历代思想家传记资料要目》。

此外，在每年度的《中国哲学年鉴》中，也均附有上年度的《哲学新书目》，可参见。

宗教

《中国佛教史籍概论》 陈垣撰，中华书局，1962年新版。分类介绍六朝以来研究历史所常参考的佛教史籍35种，对各书版本源流、内容体制的考订与分析多精到之处。

《道藏提要》 任继愈主编，中国社会科学出版社，1991；1995年修订本。此书仿《四库全书总目提要》体例，介绍《道藏》每一部书的时代、作者、内容及特点。所据底本为1923—1926年上海涵芬楼影印明刊《正统道藏》和《万历续道藏》。末附编撰人简介、新编道藏分类目录等5种附录。

《道藏书目提要》 潘雨廷著，上海古籍出版社，2003。择取《道藏》287种文献编写提要。

法学

《中国法律图书总目》 中国政法大学图书馆编，中国政法大学出版社，1991。著录1911—1990年间公开出版发行的法律图书28 000余种，其中包括中国法律古籍1 900余种。

《中国法制史书目》 张伟仁主编，台北历史语言研究所，1976。著录台湾地区14家图书馆所藏中国历代法律图书2 352种。

此外还有《中国法制古籍目录学》(高潮、刘斌著，北京古籍出版社，1993)，此书阐述了一般目录学和法制古籍目录学理论及历史沿革，并著录评价了从商周到清末的有关法律制度的古籍1 500多种。

军事

《中国兵书知见录》 许保林编，解放军出版社，1988。著录1911年以前的中国历代兵书及其后对这些兵书的研究、校勘、注释等著作共3 380部23 503卷。按朝代各分为存世、存目两大类。

《中国兵书总目》 刘申宁编，国防大学出版社，1990。著录1911年以前的中国历代兵书4 221种。正文按朝代编排。卷首另有主题分类索引，将古代兵书按内容分为古代兵法、近代军事理论、军事史、军备等9类。

语言文字学

《小学考》 50卷。清谢启昆撰，清嘉庆二十一年(1816)南康谢氏树经堂原刻本，1987年江苏广陵古籍刻印社影印本。著录我国古代的语言学著作，分为训诂、文字、声韵、音义4类。各书注明存佚，并辑录原书序跋及诸家评论。末附按语，多有考辨。

《许学考》 26卷。黎经诰编，1927年江州黎氏铅印本，1987年江苏广陵古籍刻印社影印本。此书续清谢启昆《小学考》而作，收录有关许慎《说文解字》的著作240余部。

《雅学考》 1卷。清胡元玉撰，清光绪十七年(1891)《镜珠斋汇刻》本。分类考订宋代以前关于《尔雅》的书目，共著录22家，撰有按语。民国间周祖谟编《续雅学考拟目》1卷，考订宋代以后至民国年间关于《尔雅》的书目。

《中国语言学要籍解题》 钱曾怡、刘聿鑫主编，齐鲁书社，1991。

选择介绍了从先秦到新中国成立前的语言学专著 186 种(内含少量论文),分为音韵、训诂、语法修辞、方言、文字 5 类。

《文字音韵训诂知见书目》 阳海清等编,湖北人民出版社,2002。主要收录 1911 年以前成稿并印刷、抄写的相关著作4 813种 12 067 部。

文学

《中国古典文学名著解题》 中国青年出版社,1980。选介先秦至近代影响较大的文学作品 250 余部,每书介绍作者生平、作品内容、思想艺术特点及版本源流。

《中国古代文学理论名著题解》 吴文治主编,黄山书社,1987。评介古代文学理论名著 140 种。

检索文学作品,还可利用各种专题书目:

《词学研究书目(1912—1992)》 黄文吉主编,台北文津出版社,1993。著录有关论文和专著。所收书目按门类编排。

《词学论著总目(1901—1992)》 林玫仪主编,台湾“中央研究院”中国文哲研究所筹备处印行,1995。著录中外专著和论文24 989条,分为词学总论、词籍、词学杂著、词家与词作 4 大类。

《中国文言小说书目》 袁行霈、侯忠义编,北京大学出版社,1981。著录先秦至清文言小说书目 2 000 余种,各注明其版本或资料来源,间有考证。

《中国通俗小说总目提要》 江苏省社会科学院明清小说研究中心编,中国文联出版公司,1990。著录唐至清末通俗白话小说 1 160 种。各书均开列回目,撰有内容提要,于版本考订尤详。有附录多种。

《中国古代小说总目》 石昌渝主编,山西教育出版社,2004。收录1912 年以前写、抄、刻、印成的小说作品。全 3 卷。《文言卷》收作品2 904 种,《白话卷》收作品 1 251 种,另有《索引卷》。

《新编增补清末民初小说目录》 (日)樽本照雄编,齐鲁书社,2002。收录书目 19 000 余条,是迄今为止辑录我国清末民初小说目录最为详备的工具书。

有关古代小说的书目还有:《文言小说总目提要》(南开大学中文系编,贵州人民出版社,1996)、《古小说简目》(程毅中著,中华书局,1981)、《中国通俗小说书目》(孙楷第撰,人民文学出版社,1982 年新 1版)、《日本东京所见小说书目》(孙楷第撰,人民文学出版社,1981 年重印)、《伦敦所见中国小说书目提要》(柳存仁编著,书目文献出版社,1982)等。

此外还有:《戏曲小说书录解题》(孙楷第著,人民文学出版社,1990。著录小说、戏曲 50 000 多种。)、《古典小说戏曲书目(1949—1985)》(朱一玄等编,吉林文史出版社,1991)、《晚清戏曲小说目》(阿英编,中华书局 1959 年再版)。

《曲海总目提要》 46 卷。董康等整理,人民文学出版社,1959 年重印;天津市古籍书店 1992 年影印。著录元明至清初杂剧、传奇 684 种。每一剧目叙述其剧情,考证故事来源。后有北婴撰《曲海总目提要补编》,人民文学出版社 1959 年出版。

《古典戏曲存目汇考》 庄一拂编著,上海古籍出版社,1982。著录古代戏曲存目 4 750 余种,包括戏文、杂剧、传奇。每种剧目均注明前人著录情况、版本、存佚,并略述内容梗概,考订其来源影响。

《中国古典戏曲总录》 中国戏曲研究院主编,1957 年起陆续出版。“总录”原计划出八编,已出版傅惜华著四编,分别是:《元代杂剧全目》(作家出版社,1957),收剧目 737 种;《明代杂剧全目》(作家出版社,1958),收剧目 523 种;《明代传奇全目》(人民文学出版社,1959),收剧目 950 种;《清代杂剧全目》(人民文学出版社,1981),收剧目 1 300 种。剧目均注明版本、存佚等,善本注明收藏者。另有《宋金元杂剧院本全目》、《宋元戏文全目》、《清代传奇全目》、《中国古典戏曲研究书目》4 编未出。

《中国戏曲研究书目提要》 中国艺术研究院戏曲研究所资料室编著,中国戏剧出版社,1992。著录戏曲研究书目近 1 600 种,有内容提要及必要的文字说明。

艺术

《四部总录艺术编》 丁福保、周云青编,商务印书馆,1957。分为书、画、法帖、版画四门,收书约 1 500 种。每书下注明版本,并引录各种书目记载。

《书画书录解题》 12 卷。余绍宋撰,浙江人民出版社影印本,1982。收录东汉至近代有关书画论著 850 种。

《中国画学著作考录》 谢巍著,上海书画出版社,1998。收录自汉代迄近现代作者 1 542 人所著所编画学著作 2 315 种(另附编 60 种)。

《中国古代书画目录》 中国古代书画鉴定组编，文物出版社 1983 年起分册出版。著录经鉴定组鉴定过的书画真迹佳品，按收藏地区和收藏机构分册。每件作品均著录时代、作者、作品名称、形式、质地、墨色等。

《中国古代书画图目》 中国古代书画鉴定组编，文物出版社，1986—2001。此为《中国古代书画目录》中精选出来的书画作品目录。收录两晋至明清间的书画作品 20 117 件。附有黑白图版。

《中国音乐书谱志》 中国艺术研究院音乐研究所编，人民音乐出版社，1984。著录先秦至 1949 年的音乐书籍和乐谱5 000 余种。

历史学

《八十年来史学书目(1900—1980)》 中国社会科学院历史研究所资料室编，中国社会科学出版社，1984。著录中国人著译的史学著作约 12 400 种。上编为综论，下编为专论。

《中国史书目提要》 谢保成等编，中州古籍出版社，1991。

一些介绍历史典籍与历史史料学方面的著作，也可作为查考史学图书之用。这些著作有：

《中国古代史籍举要》(张舜徽著，湖北人民出版社，1980 年重印)、《史籍举要》(柴德赓著，北京出版社，1982)、《中国古代史史料学》(陈高华等著，北京出版社，1983)等。

断代史方面的有关书目有：《唐史史料学》(黄永年等著，陕西师范大学出版社，1989)、《明代史籍汇考》(傅吾康编，台湾宗青图书出版公司，1978)、《增订晚明史籍考》(谢国桢撰，上海古籍出版社，1981)、《明清稀见史籍叙录》(武新立编著，金陵书画社，1985)、《中国近代史文献必备书目(1840--1949)》(姚佐绶等合编，中华书局，1996)等。另有部分断代史书目是与论文索引合编的，可参见本书第七章第二节“专科论文索引”部分。

《中国家谱综合目录》 国家档案局二处等编，中华书局，1997。收录全国 400 余家图书馆、档案馆(室)等专业主管机构及个人所藏 1949 年以前编纂的各类华人家谱 14 719 条。每条详列纂修者及纂修时间、出版时间、版本、册数，并注明馆藏。这是我国第一部具有联合目录性质的家谱目录，但所收缺漏较多，特别是未能著录上海图书馆、南京图书馆等馆所藏家谱。

《上海图书馆馆藏家谱提要》 上海图书馆编，王鹤鸣等主编，上海古籍出版社，2000。上海图书馆收藏1949年以前的旧家谱约11 700种。本书所收的线装家谱，也包括部分其他装订形式的旧修家谱。

《中国历代人物年谱考录》 谢巍编撰，中华书局，1992。收录1983年之前全国各主要图书馆及文物保管单位，兼及海外及私人所藏中国历代人物年谱，并辑有历代文献所著录之年谱，以存其目。分为正编、附编，正编共收年谱6 259种，谱主4 010人。著录项目包括谱主、编者、版本、备注、备考等。是目前收罗最广泛、体例最完备的年谱目录。现作者正在进行修订。

《中国历代年谱总录》 杨殿珣编，书目文献出版社，1980；北京图书馆出版社1996年增订本，收年谱4 450种。

《近三百年人物年谱知见录》 来新夏著，上海人民出版社，1983。著录清朝与近代人物年谱800余种。所收各谱均概要介绍其史料价值。

《舆图要录——北京图书馆藏6 827种中外文故旧地图目录》 北京图书馆特藏室舆图组编，北京图书馆出版社，1997。本书是中国将馆藏的全部古旧地图分类编辑而成。

地方志

地方志是我国特有的地方性百科全书，现存方志约8 000多种。现在使用得比较多的方志目录是：

《中国地方志联合目录》 中国科学院北京天文台主编，中华书局，1985。

本目著录全国190家图书馆、博物馆等单位所藏1949年以前编纂的历代地方志8 200余种。收录范围包括通志、府州厅县志、乡镇志、卫所关岛志等。每条注明书名、卷数、修纂者、版本，并列出所有的藏书单位。有的还加以必要的说明。书名前按方志纂修年代或记事所止时间加冠年号。全书按“联合目录”编纂时的省市行政区划为序编排，书后附书名索引。这是目前规模最大、著录最完善、使用也最方便的地方志目录。虽然也还存在一些缺陷，但不影响其整体成就。举例如下：

[万历]续修严州府志二十四卷

(明)吕昌期修　俞炳然纂

明万历四十一年(1613)刻本

北京(又有胶卷)　上海(存卷3—6,9—11,16—18,21—24)

天津　浙江(存卷1,2,11—12)　温州

清顺治六年(1649)增刻本

南京地理所　浙江　台湾

注:增钱广居辑补遗一卷。

《中国地方志总目提要》　金恩辉主编,台北汉美图书有限公司印行,1996。收录1949年10月前编纂的历代地方志8 577种,各撰有提要。

有些方志目录主要著录一定历史时期的地方志,如:

《中国古方志考》　张国淦撰,中华书局上海编辑所,1962。著录秦汉至元末21个省份的古方志2 200余种。不论存佚,一并收入。这是我国古代方志的总目录。

《天一阁藏明代地方志考录》　骆兆平编著,书目文献出版社,1982。著录天一阁原藏明代地方志435种。著录项包括各方志的版本及存佚流传情况。

《稀见方志提要》　陈光贻编著,齐鲁书社,1987。提要稀见方志1 000余种。

有些方志目录记一个地区或几个地区的方志,这类目录有:《上海方志资料考录》(上海师范大学图书馆编著,上海书店,1987)、《浙江方志考》(洪焕椿编著,浙江人民出版社,1984)、《江苏地区期刊与方志综录》(戴国林编著,江苏教育出版社,1990)、《江苏旧方志提要》(徐复等主编,江苏古籍出版社,1993)、《东北地方志考略》(郝瑶甫著,辽宁人民出版社,1984)等。它们可以补充全国性方志目录,也是反映地方文献的重要信息源。

《中国地方志评论丛书》　吉林省地方志编纂委员会、吉林省图书馆学会1985年起编印。此书分省考订各地的地方志,已出版有北京、天津、江苏、黑龙江、山东、江西、青海、西藏等分册。

这类"考录"、"提要"多概括介绍各方志的基本内容及修纂经过,并评论其详略得失,介绍其源流演变,有的还概括介绍主要纂修人的传记

资料，对查找和使用地方志极有参考价值。

1949 年之后，我国曾两次掀起修志热潮，不少新志已陆续修成并公开出版。著录这部分新修方志的书目有：

《中国新方志目录》 全国地方志资料工作协作组编，书目文献出版社，1993 年起陆续出版。本书是我国第一部全面著录各类新方志的工具书，共 3 册。收录新方志的出版时间范围分别为：第一册 1949 年 10 月至 1992 年 12 月，共收录 9 500 余种；第二册 1993 年 1 月至 1996 年 12 月；第三册 1997 年 1 月至本届修志结束。

《中国新编地方志目录》 中国地方志指导小组办公室编，方志出版社，1999。著录新志 3 612 部。

《中国新方志 5 000 种书目提要》 上海通志馆编，上海辞书出版社，2004。收录上海通志馆截止 2004 年 6 月 30 日所征集收藏的 20 世纪 80 年代以来新修的全国省(自治区、直辖市)、地(市)、县(区)三级志书共 5 059 种。

《中国新编地方志总目提要》 本书编委会编，方志出版社 2006 年起出版，第一册收 1949 年 10 月 1 日至 2004 年底新编市县方志 1 173 部。

《台湾地区公藏方志目录》 王德毅主编，台湾汉学研究资料及服务中心，1985。本书收台湾 13 家图书馆所藏地方志 4 600 多种。

我国曾有相当一部分地方志流落到了国外，其中有的还是国内缺藏的。著录这部分方志的目录有：

《美国国会图书馆藏中国方志目录》 朱士嘉编，中华书局，1989。著录方志 2 939 种，其中包括 100 种左右稀见孤本。

《日本现存明代地方志目录》 [日]山根幸夫主编，东洋文库，1971 年增补本。著录日本藏中国明代方志 300 种。

《日本见藏稀见中国地方志书录》 崔建英编，书目文献出版社，1986。著录稀见中国方志 140 种，其中 103 种为第一代方志和不同内容体系的始修志。

《欧洲图书馆藏中国方志目录》 法国巴黎大学教授吴德明(Y. Hervonet)编。收欧洲九国所藏中国方志 1 434 种。

《英国各图书馆所藏中国地方志总目录》 [英]摩登(Andren Morton)编，伦敦大学东方与非洲研究院，1979。收录中国方志

2 516部。

科学技术

《全国中医图书联合目录》 中国中医研究院图书馆编，中医古籍出版社，1991。收录全国113个图书馆截至1980年底为止的馆藏中医药图书。每一种书均注明作者、版本，并附馆藏代号。

《中国医籍通考》 严世芸主编，上海中医学院出版社，1990起出版。全5册。收录春秋战国至清末的中医古籍8 000余种。每书注明存佚，并广辑序跋及历代学者有关论述，详列现有版本。正文4卷，每卷1册，第五册为索引。这是迄今为止著录中医古籍最为完备的书目。

《中国古农书联合目录》 北京图书馆编，全国图书联合目录编辑组，1959。收录25个图书馆于1958年底前馆藏古农书626种。

《中国农学遗产文献综录》 犁播编，农业出版社，1985。收录有关农书及相关文献7 500余种。

文物考古

《百年甲骨学论著目》 宋镇豪主编，语文出版社，1999。收录1899—1999年6月海内外有关甲骨文和商代史的专书和论文共计10 946种。

《甲骨文书籍提要》 刘一曼等编著，书目文献出版社，1988。收录甲骨文著作(包括部分论文)237种，对重要的甲骨文著作的优缺点及其在甲骨学研究中的作用略加评述。附“甲骨文书籍编年简目”等。

《金石书录目》 容媛辑录，商务印书馆，1936年增订本。收入金石书目977种，分为总类、金类、钱币类、石类等10大类。每书著录版本等。编者后又辑录《金石书录目补编》，载于《考古通讯》1955年第3期，按各书内容性质分编为11大类。

《敦煌遗书总目索引》 王重民主编，中华书局，1983年新一版。此分总目、索引两部分。总目包括敦煌遗书国家与个人收藏目录及专科目录。索引按卷子名称字顺排列。2000年中华书局出版《敦煌遗书总目索引新编》，施萍婷主撰稿。

《敦煌遗书最新目录》 黄永武编，台北新文丰出版公司，1986。补订王重民主编《敦煌遗书总目索引》的漏疏缺误，著录了已知的各国收藏的敦煌卷子。

书目之书目和书目丛书

《中国历代书目总录》 梁子涵编，台北中华文化出版事业委员会，1953。按图书总目、史乘目录、学科书目、特种书目和藏书目录五大类著录。所记各书尤详于版本。

《近三百年古籍目录举要》 严佐之编，华东师范大学出版社，1994。

《晚清营业书目》 周振鹤编，上海书店出版社，2005。收录清同光间上海、浙江、湖北等地官方书局和民办书庄刊印的书目。

已出版的书目丛书主要有：

《书目丛编》 台北广文书局编印，1967—1971。共5编，即《书目丛编》、《书目续编》、《书目三编》、《书目四编》、《书目五编》。汇集了历代较重要的古籍书目94种，全215册。所收书目标准，一为解题书目，二为综合性书目，三为各书均具有独立的参考价值。

《书目类编》 严灵峰编，台北成文出版社影印本，1978。收编中日两国古籍书目及有关资料计197种。分为公藏、私藏、专门、丛书、题识、版刻、索引、论述、劝学及日本书目共10类。

《中国历代书目丛刊》 许逸民等编。选收北宋至近代我国主要官私书目，拟出5辑。1987年由现代出版社影印出版第一辑，上下两册。

《北京图书馆藏古籍题跋丛刊》 国家图书馆编，北京图书馆出版社，2002。收录国家图书馆所藏侧重学术资料性的古籍题跋集67种。全30册。第30册内附“篇名索引”，将每种书内所收之题跋篇名析出，按首字笔画排列。

《宋元版书目题跋辑刊》 贾贵荣、王冠辑，北京图书馆出版社，2003。本书收录有关宋元版本的目录27种。全4册。附“书名索引”。

《清人书目题跋丛刊》 汇辑清代重要的私家藏书目录、题跋、读书志、藏书志，如《铁琴铜剑楼藏书目录》、《仪顾堂题跋》、《善本书室藏书志》等，由中华书局分批影印出版，1990年出版第一辑，1995年出版至第十辑。正文后均附有四角号码书名索引。

《中国近代古籍出版发行史料丛刊》 徐蜀、宋安莉编，北京图书馆出版社，2003。收录清末至民国时期的古籍出版发行目录、征订样本等107种。全28册。

《日本藏汉籍善本书志书目集成》 贾贵荣辑，北京图书馆出版社，

2003。本书收录日本藏汉籍善本书志六部,包括《经籍访古志》、《日本访书志》、《书舶庸谈》、《古文旧书考》、《静嘉堂秘籍志》、《日本国见在书目录》。附书名索引。全10册。

《朝鲜时代书目丛刊》 张伯伟编,中华书局,2004。收录朝鲜时代(1392—1910)所编撰的书目26种。《丛刊》注重收录与中国典籍相关的目录学著作。附书名索引。全9册。

关于书目的解题目录有:

《中国版本目录学书籍解题》 [日]长泽规矩也编著,梅宪华等译,书目文献出版社,1990。著录各种版本目录图书500余种。解题内容包括撰述原委、内容特点、著录方法、版本优劣、学术价值及撰者生平。

《清代目录提要》 来新夏主编,齐鲁书社,1997。收录清人所编目录380余种,各为解题。由于资料来源为京、津、沪、宁、苏(州)五地的主要图书馆,所以缺漏较多。

此外,简单提一下个人著作目录和研究资料目录。

个人著作目录是指汇辑一个作家全部著作的目录,有时也兼收别人研究该作家及其作品的图书书目,它为研究某个作家的著作情况提供了系统的文献资料。如清郑珍辑《郑学书目》(有《晋石厂丛书》本)著录郑玄著作59种,各书下均撰有解题,对郑玄著作详加考辨订讹。

个人著作目录常刊载于相关文献如专著、论文集,或期刊、年鉴等刊物、工具书中。也常有将几个相关作家的著作目录合编在一起的,如《颜元李塨著作编年及版本》(宋平生撰,载《北京高校图书馆》1987年第3期)等。查找这类目录常需要利用相关的目录、索引。

研究资料目录是为某个作家、某部作品或某个专题而编制的目录。如《江西古代十大文化名人资料索引》(王亚菲编,江西省文学艺术研究所情报资料室,1987),著录江西古代十大文化名人如陶渊明、欧阳修、曾巩等的研究资料,包括著作版本,研究专著、论文等。这类目录也常附在相关文献资料中,如《秋瑾研究资料目录索引》(郭延礼、朱云雀编),著录专书70种、论文500余篇,载于《秋瑾研究资料》(山东教育出版社,1987)。这类目录因资料集中、主题突出,也是我们经常使用的。

第七章 索 引

第一节 概 述

与我国古代对书目编制的重视程度相比，古人对索引的研究和编制就显得十分落后。通常认为，明万历三年(1575)刊行的《洪武正韵玉键》是我国最早的严格意义上的索引。到清代，逐渐出现了较多的索引。从20世纪20年代开始，我国的索引编制在引进和吸收了国外近代索引编制的理论和经验的基础上，才逐渐走上了科学化、规范化的发展道路。到了三四十年代，前哈佛燕京学社引得编纂处和中法汉学研究所编制了大量的索引。这些索引大部分是根据传统文化经典性著作编制的，由于文献本身的性质，使得这部分索引在今天仍具有相当的使用价值。

自20世纪80年代以来，随着电子计算机技术的广泛应用，出版事业的日益繁荣，人们情报信息观念的增强，同时也受文化研究趋向的影响，索引的编制也逐渐出现了新的高潮。

在这一阶段，逐字索引又重新引起了重视。除继续编制先秦典籍的逐字索引外，主要集中在唐代文学，特别是唐代诗歌方面。其次是在重版或新整理的古籍图书后面，大都附有新编的各种索引。受国外学术著作的影响，在专著、论文集后也常附有相应的索引。再次，一些重要典籍还编制了多种索引，如《史记》，即新编有《史记人名索引》、《史记地名索引》、《史记三家注引书索引》，便于读者从各个不同的角度进行检索。与此同时，还出现了综合性索引《史记索引》。

了解20世纪中国索引编纂情况，可以利用：

《中国索引综录》 卢正言主编，上海辞书出版社，2000。本书著录

1900—1998年间国内(含台、港、澳地区)公开或内部出版的索引文献3 192种。

索引按其检索内容和项目,可分为篇目索引和内容索引。

篇目索引 是根据一种或数种相关文献中的篇目编制的索引。又称题录、论文索引。这里所说的篇目包括古籍篇目和近现代书刊文章篇目。篇目索引大都按分类编排,也有按主题编排的,有时也将两者结合起来,大类按分类编排,小类按主题编排。古籍篇目索引也常按诗文集的篇名或作者顺序集中排列篇目,后再附以相应的索引,这种形式目前多用于编制古代诗文总集的篇目索引上,如《全唐文篇名及作者索引》。

内容索引 是根据一种或数种相关文献中的有关内容编制的索引。按其所收录的内容,大致可分为主题索引、字词句索引、专名索引以及综合性专书索引等。

书目和索引都是文献检索工具。书目以文献整体为记录和检索单元,索引则以文章篇目或文献内容为记录和检索单元。

索引最直接的功能是为查检文献提供线索,帮助读者迅速查到所需要的资料,提高利用文献的深度。同时可以节省时间和精力,避免单凭记忆的不可靠和局限性,提高查检文献的效率。

索引也是对现有研究成果的总结,查检有关索引可以开拓人的视野。从索引中可以了解到一个课题已有的研究成果,并从中发现尚未研究、或有待深入的问题,从而引发读者的思考,进而形成新的研究课题。这一点在专科论文索引中表现得尤为明显。

正确利用索引,还能避免不必要的错误,特别是避免在同一种文献中内容的重复。如《全唐诗》内重见诗篇很多,这固然有多方面原因,但也可能与当时未能编制相应的索引有关。

一些根据特定内容、特定方式编制的索引,还具有独特的功能。如逐字索引具有字频统计意义,它反映了一个时期用字的特点及规律,这对研究汉语史有重要意义。又如语汇、语词索引可以为注释古书提供方便,也可为词典编纂提供系统的词条。

此外,有些索引不仅具有检索功能,还兼具参考功能。如有的人名索引附有人物小传,就兼有人名辞典的作用,这类索引有《宋人传记资料索引》等。方龄贵编著《元朝秘史通检》在一些专有名词下有简注,并有对校、附见，反映了作者自己的研究成果，也具有专书辞典的功能。

前哈佛燕京学社引得编纂处与中法汉学研究所及其所编“引得丛刊”与“通检丛刊”，在我国索引编纂史上具有重要地位，现简介如下。

哈佛燕京学社引得编纂处成立于1930年秋，由洪业主持。1942年一度中断工作，1945年秋恢复，至1951年春关闭。该处编制古籍索引共出版64种，分为“引得”和“引得特刊”两大类。前者只有索引，不附原文，出版41种；后者附有原文，出版23种。总称为“引得丛刊”。引得均采用该处自创的“中国字庋撷法”编排。上海古籍出版社和台北成文出版社有新影印本，中华书局1987年影印了其中4种人物传记引得，附有新编的四角号码人名索引。

哈佛燕京学社引得编纂处所编“引得”书目

引得编号	目　　录	出　版 年　月	按《四库》 分　类
1	说苑引得	1931.2.	子部儒家
2	白虎通引得	1931.6.	子部杂考
3	考古质疑引得	1931.7.	同　上
4	历代同姓名录引得	1931.8.	史部传记
5	崔东壁遗书引得	1937.3.	经部五经总义
6	仪礼引得(附郑注及贾疏引书引得)	1932.1.	经部礼类
7	四库全书总目及未收书目引得	1932.2.	史部目录
8	全上古三代秦汉三国六朝文作者引得	1932.9.	集部总集
9	33种清代传记综合引得	1932.12.	史部传记
10	艺文志20种综合引得	1933.1.	史部目录
11	佛藏子目引得	1933.3.	子部释家
12	世说新语引得(附刘注引书引得)	1933.5.	子部小说家
13	容斋随笔5集综合引得	1933.5.	子部杂家
14	苏氏演义引得	1933.10.	同　上
15	太平广记篇目及引书引得	1934.1.	子部小说家
16	新唐书宰相世系表引得	1934.3.	史部正史
17	水经注引得	1934.5.	史部地理
18	唐诗纪事著者引得	1934.7.	集部诗文评
19	宋诗纪事著者引得	1934.7.	同　上

（续表）

引得编号	目 录	出版年月	按《四库》分类
20	元诗纪事著者引得	1934.7.	同 上
21	清代书画家字号引得	1934.10.	子部艺术
22	刊误引得	1934.11.	子部杂家
23	太平御览引得	1935.1.	子部类书
24	89 种明代传记综合引得	1935.5.	史部传记
25	道藏子目引得	1935.7.	子部道家
26	文选注引书引得	1935.10.	集部总集
27	礼记引得	1937.1.	经部礼类
28	藏书纪事诗引得	1937.9.	史部目录
29	春秋经传注疏引书引得	1937.11.	经部春秋
30	礼记注疏引书引得	1937.11.	经部礼类
31	毛诗注疏引书引得	1937.11.	经部诗类
32	食货志 15 种综合引得	1938.3.	史部政书
33	三国志及裴注综合引得	1938.12.	史部正史
34	47 种宋代传记综合引得	1939.2.	史部传记
35	辽金元传记 30 种综合引得	1940.6.	同 上
36	汉书及补注综合引得	1940.8.	史部正史
37	周礼引得(附注疏引书引得)	1940.12.	经部礼类
38	尔雅注疏引书引得	1941.1.	经部小学
39	全汉三国晋南北朝诗作者引得	1941.3.	集部总集
40	史记及注释综合引得	1947.12.	史部正史
41	后汉书及注释综合引得	1949.5.	同 上

附:“引得”特刊

引得编号	目 录	出版年月	按《四库》分类
1	读史年表附引得	1931.2.	史部正史
2	诸史然疑校订附引得	1932.4.	史部史评
3	明代敕撰书考附引得	1932.6.	史部目录
4	引得说	1932.12.	同 上

(续表)

引得编号	目　　录	出　版年　月	按《四库》分　类
5	勺园图录考附引得	1933.2.	史部地理
6	日本期刊38种东方学论文篇目引得	1933.9	史部别史
7	封氏闻见记校证附引得	1933.11.	子部杂家
8	清画传辑佚3种附引得	1934.1.	子部艺术
9	毛诗引得(附标校经文)	1934.10.	经部诗类
10	周易引得(附标校经文)	1935.10.	经部易类
11	春秋经传引得(附标校经文)	1937.12.	经部春秋
12	琬琰集删存附引得	1938.10.	史部传记
13	日本期刊175种东方学论文篇目附引得	1940.2.	史部别史
14	杜诗引得	1940.9.	集部别集
15	六艺之一录目录附引得	1940.9.	子部艺术
16	论语引得(附标校经文)	1940.11.	经部四书
17	孟子引得(附标校经文)	1941.1.	同　　上
18	尔雅引得(附标校经文)	1941.6.	经部小学
19	增校清朝进士题名碑录附引得	1941.6.	史部传记
20	庄子引得	1947.5.	子部道家
21	墨子引得	1948.5.	子部杂家
22	荀子引得	1950.3.	子部儒家
23	孝经引得	1950.12.	经部孝经

1986年台北宗青图书公司重印这批引得，改名为《汉学索引集成》，除原有部分外，又新增加了日本学者编的中国古籍索引，如梅原郁编《东京梦华录梦粱录等语汇索引》等。

中法汉学研究所是1941年10月在北京成立的一个法国汉学研究机构，1948年改称巴黎大学北平汉学研究所，1953年关闭。该所下设有通检组，编制出版了《中法汉学研究所通检丛刊》。

《中法汉学研究所通检丛刊》书目

编号	目　录	出版年月	按《四库》分类
1	论衡通检	1943.1.	子部儒家
2	吕氏春秋通检	1943.5.	子部杂家
3	风俗通义通检	1943.	同　上
4	春秋繁露通检	1944.1.	经部春秋
5	淮南子通检	1944.12.	子部杂家
6	潜夫论通检	1945.12.	子部儒家
7	新序通检	1946.11.	同　上
8	申鉴通检	1947.1.	同　上
9	山海经通检	1948.4.	子部小说家
10	战国策通检	1948.9.	史部杂史
11	大金国志通检	1949.6.	史部别史
12	契丹国志通检	1949.4.	同　上
13	辍耕录通检	1950.5.	子部小说家
14	方言校笺及通检	1956.9.	经部小学
15	文心雕龙新书通检	1952.	集部诗文评

以上共 15 种，其中第 9 种以后改称《巴黎大学汉学研究所通检丛刊》。第 1 至 13 种为综合性关键词索引，第 14、15 两种为逐字词索引。

《方言校笺及通检》一书由周祖谟撰校记，吴晓铃编索引。汉学研究所曾将《方言校笺》与《方言通检》分别出版，1956 年科学出版社将两书合刊。1966 年、1968 年，台北成文出版社将丛刊影印出版。1986 年上海古籍出版社影印了前 8 种通检，并在书后附有新编四角号码检字。

1953 年汉学研究所关闭，大部分图书资料运回法国，交给巴黎大学汉学研究所，通检编纂工作也由该所接替。至 1979 年，共出《夷坚志通检》、《汉官七种通检》、《史通与史通削繁通检》等 7 种。

第二节　篇目索引

这里所说的篇目索引包括专科论文篇目索引、报刊资料篇目索引和古籍篇目索引三大类。

专科论文索引

专科论文索引是指按照一定的学科体系，把性质相同的论文按类汇集在一起的索引。现择要介绍如下。

《中国哲学史论文索引》 方克立等编，中华书局，1986—1994。

此书收录1900—1984年间中国哲学史论文篇目，同时还收录了有关哲学家的生平传记资料和涉及他们的政治、经济、伦理、宗教等方面内容的重要论文篇目。每篇论文均按篇名、著译者、报刊名称、卷期、出版年月五项款目著录。全部资料约3万条，按收录年限或地区分为5册。第一册：1900—1949；第二册：1950—1966；第三册：1967—1976；第四册：1977—1984；第五册：1950—1980（台港部分）。这是目前同类索引中最为完备的。

此外还有《1900—1949年全国主要报刊哲学论文资料索引》（四川大学、复旦大学哲学系资料室编，商务印书馆，1989）、《中国哲学史论文索引（1900—1980）》（南开大学图书馆、哲学系1980年编印）等。

《中国史学论文索引》 已出版3编。第一编，中国科学院历史研究所资料室、北京大学历史系合编，中华书局1980年新1版。第二编，中国社会科学院历史研究所编，中华书局，1979。两编分别收录清末至抗战前与抗战至1949年9月国内1 960余种期刊上发表的史学论文篇目6万余条，按类编排。每编又分为2册，上册专载有关历史科学的论文，下册专载各学科历史的论文。第一编后还附以人名、地名、朝代名、书名、物名、族名及重要历史事件名称组织起来的辅助索引。第三编，中国社会科学院历史研究所编，中华书局，1995。此编收录了1949年10月至1976年12月国内（包括台湾、香港等地区）发表的史学论文篇目约4万余条。此编分3册，上册专载有关历史科学的论文，中册专载各学科历史的论文，下册是“文化大革命”期间的篇目。此书覆盖学科面比较广，也是目前同类索引中编得最好的。

要查找学术论文集中的史学论文篇目，可利用：《1 522种学术论文集史学论文分类索引》，周迅等主编，书目文献出版社，1990。此书收录从辛亥革命至1986年我国出版的1 522种学术论文集中的史学论文共34 146篇。此外也可利用《建国以来中国史学论文集篇目索引初编》（张海惠等编，中华书局，1992）。

检索中国断代史的论文索引有：

《中国古代史论文资料索引》 复旦大学历史系资料室编，上海人民出版社，1985。收录 1949 年 10 月至 1979 年 9 月国内报刊发表的古代史论文资料共 3 万余条。

《战国秦汉史论文索引》 张传玺等编，北京大学出版社，1983。收录 1900—1980 年间报刊论文篇目 1 万余条。

《战国秦汉史论著索引续编》 张传玺主编，北京大学出版社，1992。上编收国内(包括台港澳)1981—1990 年间的论文和资料，下编收国内(包括台港澳)1900—1990 年间出版的专著和资料，共 3 000 余种。北京大学出版社 2002 年出版张传玺主编《战国秦汉史论著索引三编》，收录 1991—2000 年间的论著。

《魏晋南北朝史研究论文书目引得》 邝利安编著，台湾中华书局，1977。

《魏晋南北朝史书目论文索引》 武汉大学图书馆 1982 年编印。收录 1900—1981 年底发表的专著及论文，酌收部分国外论文。

《隋唐五代史论著书目》 中国社会科学院历史研究所隋唐史研究室编，江苏古籍出版社，1985。收录 1900—1981 年间中国、日本发表和出版的论文与著作。

《隋唐五代史论著目录》 胡戟主编，陕西师范大学出版社，1997。收录 1982—1995 年间发表的论文和专著。

《宋史研究论文与书籍目录》 宋晞编，台湾中国文化大学出版社，1983。收录 1905—1981 年间发表的论文与著作。

《辽史研究论文专著索引》 辽宁社会科学院历史研究所 1982 年编印。收录清末至 1981 年国内外发表的论文与著作。

《二十世纪辽金史论著目录》 刘浦江编，上海辞书出版社，2003。

《中国近八十年明史研究论著目录》 中国社会科学院历史研究所明史研究室编，江苏人民出版社，1981。

《清史论文索引》 中国社会科学院历史研究所清史研究室等编，中华书局，1984。收录 1903 年至 1981 年 6 月我国有关鸦片战争前清史的论文、史料篇目约 24 000 条，包括 1949 年 10 月以后台港地区发表的论文篇目。

《中国近代史论文资料索引(1949—1979)》 熊炜等编，中华书局，1983。

《中国近代史论著目录(1979—2000)》 张海鹏主编,上海人民出版社,2005。

《中国近现代史论著目录总汇(1980—1990)》 徐舸主编,南京大学出版社,1992。书分2册,已出版的一册为论文部分,包括近代史、现代史、人物(1840—1980)三个部分。

《中国现代史论文著作目录索引(1949—1981)》 荣天琳主编;《中国现代史论文著作目录索引(1982—1987)》,成汉昌等编,北京大学出版社1986年、1990年分别出版。这两本索引收录了这一时期国内发表和出版的有关从五四运动到中华人民共和国建立这一历史时期的论著及史料,基本上反映了建国以来中国现代史科学研究的成果。

《中国历史地理学论著索引(1900—1980)》 杜瑜等编,书目文献出版社,1986。收录这一时期国内(包括台港)和日本学者的有关论文著作篇目。分类编排,收集资料较丰富。

《中国文化研究论文目录(1946—1979)》 张锦郎等编辑,台湾商务印书馆,1982—1985。本书主要收录了台湾地区有关中国文化研究的单篇论文,共12万余条。全6册。

《中国古代经济史研究资料》 中山大学历史系1982年编印。

《中国语言学论文索引》 中国社会科学院语言研究所编,商务印书馆出版。

此书分甲乙编。甲编1987年出版,收录1900—1949年间语言学论文5 000余篇。乙编1983年增订第2版,收录1950—1980年间语言学论文12 000余篇。2003年又出版了《中国语言学论文索引(1991—1995)》,收集论文篇目17 000余篇。

《中国语言学论文索引(1981—1990)》 吉林省图书馆学会编印,1986—1994。2册。

《中国语言学论文索引(1991—1995)》 中国社会科学院语言研究所编,商务印书馆,2003。

《古汉语语法研究论文索引(1900—2000)》 孙力平主编,商务印书馆,2003。

《二十世纪现代汉语语音论著索引和提要》 王理嘉编,商务印书馆,2003。

《二十世纪现代汉语词汇论著指要》 周荐主编,商务印书馆,2004。

《中国古典文学研究论文索引(1949—1966.6)》 河北北京师范学院中文系资料室等编,中华书局1979年增订第2版。

《中国古典文学研究论文索引(1966.7—1979.12)》 中国社会科学院文学研究所资料室编,中华书局,1982。两书前后衔接。以后又出版续编,每两年为一册。

《中国古典文学研究论文索引(1949—1980)》 中山大学中文系资料室编,广西人民出版社,1984。

《中国古典戏曲小说研究索引》 于曼玲编,广东高等教育出版社,1992。

《中国近代戏曲论著总目》 傅晓航等主编,文化艺术出版社,1994。本书收录1840—1949年间有关戏曲专著474种,附有详细的章节目录或款目;专业的或有关戏曲的报刊362种,收5 940余篇文章篇目。附有详细分类索引。

《中国考古学文献目录(1949—1966)》 中国社会科学院考古研究所图书资料室编,文物出版社,1978。著录分目537种,论文资料7 000余条。

《甲骨学与商史论著目录》 濮茅左编,上海古籍出版社,1991。收录近90年来有关论文和著作。

《青铜器论文索引》 孙稚雏编著,中华书局,1986。收录1982年以前有关中文论著,酌收译文。2005年香港明石馆出版《青铜器论文索引(1983—2001)》,收录研究论文约11 000条。

《汉简研究文献目录》 邢义田编,载《史学评论》1980年第2期。收录1905—1979年间有关汉简研究论著。

《中国出土简牍研究文献目录》 [日]大庭修编,载《简牍研究译丛》1983年第一辑。

《敦煌学论著目录》 刘进宝编,甘肃人民出版社,1985。收录1909—1983年间我国(包括台港)有关敦煌学的论文和专著。

《国家图书馆藏敦煌遗书研究论著目录索引》 中国美编,北京图书馆出版社,2001。收录1910—2001年间有关国家图书馆藏敦煌遗书研究论文、专著8 576条。

《敦煌研究论著目录》 郑阿财、朱凤玉主编,台北汉学研究中心,

2000。收集1908—1997年间海峡两岸及东亚地区学者的敦煌学成果，旁及海外汉学家研究成果，共收专著、论文约12 000条。

《中国古籍整理研究论文索引》 东北师范大学古籍整理研究所编，江苏古籍出版社，1990。

此索引围绕古籍、古籍整理、古籍研究三个专题，收录了从清末到1983年间有关论文和资料2万篇左右，分为古籍整理工作、古代文献源流、古籍整理研究、古籍整理方法、整理研究知识、古代文化知识、人物等七编。

《中国文献学资料通检》 蔡贵华编著，中国文史出版社，2004。本书提供古典文献学范围内人、事、物有关资料的检索。

《图书馆学情报学论文索引(1990—1994)》 卢子博主编，北京图书馆出版社，2002。收录相关论文资料篇目26 088条。

《二十世纪中国辞书学论文索引》 广东外语外贸大学词典学研究中心等编，上海辞书出版社，2003。

报刊资料索引

目前使用较多的报刊资料索引有以下几种：

《全国报刊索引》(月刊) 上海图书馆编辑出版。

这是查找国内报刊资料的大型综合性检索工具书。原名《全国主要期刊资料索引》、《全国主要报刊资料索引》，创刊于1953年，由上海市报刊图书馆编辑出版，1966年9月停刊。1973年复刊后改今名。该刊收中央和各省、市、自治区出版的报刊，包括部分内部报刊，约三四千种，及时报道全国主要报刊论文资料的发表情况，提供国内外最新研究成果的信息。从1980年起，分哲社版和科技版两种发行。哲学社会科学版包括马克思主义、列宁主义、毛泽东思想，哲学，社会科学总论，政治、法律，军事，经济，文化、科学、教育、体育，语言、文字，文学，艺术，历史、地理11个大类。自1992年第1期起，索引采用《中国图书资料分类法》(第3版)标引、编排。自1991年第1期(总第208期)起，参照国家标准局颁发的《检索期刊条目著录规则》(GB3793—83)，结合报刊文献特点，采用标准著录，电脑排版。其著录基本格式为：

文献顺序号 文献题名/著者;译者//报刊名

.—年,卷(期).—所在页码

例如：

B22 先秦哲学

970100154“孙卿道宋子，其言黄老意”正解/白奚//中国哲学史.—1996.(4).—123—127

970100155 先秦阴阳学说初探：《曹氏阴阳》、《三十时》的文献学价值/陈乃华//山东师大学报：社科版.—1996.(6).—19—23

从1991年起，书后新增了“著者索引”和“题中人名分析索引”。所谓“题中人名分析索引”，即将所收文献题名中出现的人名按音序编成索引，1994年第1期起取消。查检本索引所收论文，主要是通过分类途径来查，也可通过著者索引来查。

自1994年起，上海图书馆又编制成《中文社科报刊篇名数据库》。数据库仍分为11类，按照国家标准著录。数据库系统具有检索、索引等5种主要功能，其中检索功能具备主题词、分类号、著者、文献题名、母体文献题名、卷期年月、题中人名等途径。检索结果可以打印、拷贝。产品形式包括机读版和印刷版两种，印刷版即《全国报刊索引》(哲社版)。

《复印报刊资料》 中国人民大学书报资料中心编印。

它既提供报刊论文全文，亦提供报刊论文索引。报刊资料复印开始于20世纪50年代末，最初分为9个专题分册，1966年停刊。1978年复刊，现已包括100多个专题。按期将全国公开出版的2 100多种期刊和300多种报纸上所刊载的文献编成索引，收入各专题中。同时选出若干有代表性的论文，按专题按期全文复印。目前，该中心全部期刊已同时出版了电子版和网络版。

《报刊资料索引》 中国人民大学书报资料中心编辑出版。

这是为配合检索《复印报刊资料》各专题分册复印和题录报道的文献篇目而编制的索引，1980年起出版年度本。它依据《复印报刊资料》分列为若干个专题，将类别相近的专题集中于一册，共分为8个分册。其中第八分册为著者索引。

使用本索引，应先明确所要查检的文献属于哪个专题，然后再查找相应的分册。由于每年的索引类别并不完全相同，所以在使用前还要先检查一下每册前面的“说明”，以了解本年度本共分多少类别，然后再按类查检。

《中国社会科学文献题录》(双月刊) 中国社会科学院文献情报中心编,社会科学文献出版社出版。主要收录全国社会科学报刊上具有学术性、理论性、信息性的文章,以及对社会科学研究有参考价值的资料或动态。

《全国高等院校社会科学学报(年度)总目录》 吉林大学社会科学学报编辑部编,吉林大学出版社出版。本书以收学术论文为主,有助于了解全国高校社科学报所发表的论文及学术动态。已出1906—1949、1950—1966、1977—1979年三个累积本,从1980年开始每年出版一本。

一些大型报纸也都编有自己的索引,如《人民日报索引》、《光明日报索引》等。

期刊篇目汇录将多种期刊篇目汇集一书,为读者查找提供了方便。其中重要的有:

《中国近代期刊篇目汇录》 上海图书馆编,上海人民出版社,1965—1985。3卷。

全书收录1857—1918年间出版的期刊495种,逐期汇录其全部篇目。对每种期刊都有简介,说明期刊的性质和出版情况,并注明收入的卷数、出版时间、收藏单位。

《中国现代文学期刊目录汇编》 唐沅等编,天津人民出版社,1988。收录1915—1948年间重要文学期刊176种,汇录各期目录。每种期刊均加简介。附有著者索引和期刊馆藏索引。

古籍篇目索引

古籍篇目索引就是把古代典籍中的篇目标引出来,并注明出处的一种索引。古籍篇目索引大致上有三种类型。

第一类,编制目的仅是为方便读者查找某书篇目,所以结构比较简单,将原书所有的篇目按一定的排检法重新编排一下。这类索引有按专书编制的,也有按群书或全集型总集编制的。后一种通常又和作者索引合编在一起。常用的有:

《全上古三代秦汉三国六朝文篇名目录及作者索引》 中华书局,1965;1986年重印。

《先秦汉魏晋南北朝诗作者篇目索引》 常振国等编,中华书局,1988。

《全唐文篇名目录及作者索引》 马绪传编,中华书局,1985。

《全唐文篇目分类索引》 冯秉文主编,中华书局,2001。收录唐文23 034篇,按内容分为人物传记、史事典制、艺文杂撰三大部分。

《全唐诗索引》 史成编,上海古籍出版社,1990。依据上海古籍出版社影印本《全唐诗》编制,包括作者索引和篇名索引。

《全唐诗重篇索引》 河南大学唐诗研究室编,河南大学出版社,1985。将《全唐诗》中重出作品6 000余首编成索引。

《全宋词作者词调索引》 高喜田等编,中华书局,1992。在词调索引中,于调名后胪列该词首句。

《群经诸子二十五史篇目便览》 杨坚编,岳麓书社,1990。

《二十二种大藏经通检》 童玮编,中华书局,1997。

《道藏索引》 (法)施舟人原编,陈耀庭改编。上海书店出版社,1996。

此外,在一些重要的作品,如总集类的《文选》,别集类的李白诗集、杜甫诗集后面,也都附有相应的篇目索引。

第二类,群集(书)篇目分类索引。将多部性质类似的古代典籍中的篇目按统一的编排方式重新编制,便于读者迅速从众多的典籍中按照主题找到自己所需要的资料。这类索引有:

《元人文集篇目分类索引》 陆峻岭编,中华书局,1979。

收元代和明初人别集167种,元代总集3种。各体文章分类编排,分为三类:(1)人物传记,分为男子、妇女、释道、有姓无名者4类;(2)史事典制,分为政事、赋役、礼教、军事等7类,各类下再分小类;(3)艺文杂撰,类目参酌《四库全书》。

《清代文集篇目分类索引》 王重民、杨殿珣等编,中华书局,1965。

收清代学者别集428种,总集12种。将所有文章按内容分为学术文、传记文、杂文三大部分。学术文部分按经类、史地类、诸子类、文集类四大类编排,以下再分细类。传记文部分又分碑传、赠序、寿序、杂类等小类,各小类再按传主姓名笔画顺序排列。杂文部分又分书启、碑记、赋、杂文四类。书前有《所收文集目录》、《所收文集提要》、《所收著者姓氏索引》。

《四库全书文集篇目分类索引》 台湾四库全书索引编纂小组主编,台湾商务印书馆,1989,全5册。分为《学术文之部》、《杂文之部》和

《传记文之部》。取材范围以《四库全书》集部文集的篇目为主,并增以史部诏令奏议类的篇目和地理类的艺文部分。

第三类,综合篇目索引,就是在作者名下分系篇目,在篇目下分别标引出收有该篇目的文献名称。这类索引有:

《唐代的散文作品》 [日]平冈武夫等编,上海古籍出版社1989年影印。此书据《全唐文》、《唐文拾遗》、《唐文续拾》、《文苑英华》、《唐文粹》、《唐大诏令集》及四部丛刊所收唐人别集编成,共收散文22 896篇。略依作者时代先后编排,可按作者检索篇名及出处。每篇有序列号,篇名之后注明见于何书、何卷、何页。

《唐代的诗篇》 [日]平冈武夫等编,上海古籍出版社1989年影印。此书据《全唐诗》、《全唐诗逸》、《文苑英华》、《唐文粹》、《唐诗纪事》、《乐府诗集》及四部丛刊所收唐人别集编成,共收诗歌49 475篇。体例同上。

这类索引使我们可以看到同一篇目在不同文献中的收录情况,通过不同文献的比较,有助于进行文字校勘,也可看出文献的流传情况。

第三节 字词句索引

字词索引

字词索引就是把书中的字、词标引出来,并注明出处的一种索引。它以字、词立目,在目下引出包含这个字、词的全部句子,并一一注明在原书中的位置。

字词索引可分为逐字词索引和关键词索引两大类。

逐字词索引是一种周遍型索引,就是把书中的全部字、词都加以立目。关键词索引是一种选择型索引,它选择对揭示文献内容有实质意义的语词,如人名、地名、篇名、典制名以及事件、定义、术语等立目。

逐字词索引使用比较方便,它能为读者提供较多的检索途径,读者选择任何一个字或词都可以从索引中找到出处。但其篇幅过于庞大,所以一般是重要的或使用频率高的文献才编成这种类型的索引。关键词索引篇幅较少,主题突出,内容精炼,但有时对立目的词语不容易掌握,且同义词、近义词较多,使用上不如上一类索引方便。

逐字索引 哈佛燕京学社引得编纂处所编"引得"中,有许多种就是这种类型的索引。此外人们常用的还有:

《十三经索引》 栾贵明、田奕主编，中国社会科学出版社，2004。此为十三经逐字索引，附有原文。全 4 册。

《十三经新索引》 李波等主编，中国广播电视出版社，1997。此为十三经逐字索引，同时设有人名、地名、职官、引书、其他专有名词等 5 种专项索引。2003 年出版修订本。

《先秦两汉古籍逐字索引丛刊》 刘殿爵等主编，香港商务印书馆 1992 年起出版。

1988 年，香港中文大学中国文化研究所建立了“汉及以前全部传世文献电脑化资料库”，拟将先秦两汉文献 102 部，共近800 万字，全部用电子计算机编制为逐字索引。已出版《战国策》、《礼记》等 15 册共 18 种古籍索引。每册均附原文。编排上以单字为纲，旁列该字在全书中出现之频数，每一例句后加上数字编号，表示本册所附原文的章次、页次、行次。如：

贝 bèi	1
共人玄〇	59 / 35 / 6
背 bèi	4
昭让非〇	37 / 16 / 11
〇党雍德	37 / 16 / 11
远人〇畔	52 / 26 / 23
〔其〕〇有两角	59 / 35 / 5

叛 pàn	4
极丑则民〇	2 / 2 / 1
民〇则伤人	2 / 2 / 1
〔〇人甚易〕	58 / 34 / 5
天下〇林氏	61 / 37 / 22
畔 pàn	2
远人背〇	52 / 26 / 23
诸侯〇之	61 / 38 / 5

末附“全书用字频数表”，可据以研究当时的用字规律及其特点。

《全唐诗索引》 中华书局 1991 年起出版。

《全唐诗索引》丛书是中国社会科学院计算机室依据其研制的全唐诗数据库系统，通过电子计算机进行编纂的逐字索引。索引正文由索引字、引文及出处标码组成，附基本数据表、字频统计表、异体字表等。使用方便，检索准确、全面。索引以作者分册，分批出版，第一批书目包括王维卷、孟浩然卷等共 30 卷。

逐词索引 将一部典籍所有的词，包括成词的单字（即单音节词）全部编成条目。不能成词的单字不立目。

《韩非子索引》 周钟灵等编，中华书局，1982。将《韩非子》中出现过的词、词组、短语一一标目，按汉语拼音字母顺序排列。并在其下列出含有标目的所有例句。

日本学者斯波六郎主编的《文选索引》(日本京都大学人文科学研究所,1959;台北正中书局,1975年第二版)也属于周遍型逐词索引。

关键词索引　这类索引有些比较单一,即只选取某一类或某一主题的词语立目,如日本学者所编语汇索引。这可称为单一性关键词索引。这类索引有《金瓶梅词话语汇索引》(1968)、《儒林外史语汇索引》(1971)、《儿女英雄传语汇索引》(1971)、《红楼梦语汇索引》(1973)、《水浒全传语汇索引》(1973)、《朱子语类口语语汇索引》(1985)等。这类索引对进行专题性研究作用尤为突出。

这类索引中还有一些是将能揭示古籍内容的关键词语,不分类项,全部揭示出来,混合编成索引。这可称为综合性关键词索引。这类索引比较多见,引得编纂处编《说苑引得》、《容斋随笔五集综合引得》,中法汉学研究所编《论衡通检》等,都属于这类索引。

《食货志十五种综合引得》　洪业等编,引得编纂处,1938;上海古籍出版社1986年影印。食货志是古代史书中叙述经济内容的专志,通常记述田制、户口、赋役、漕运、税法、会计等方面资料。"引得"将15种史书中的食货志(《史记》称为《平准书》)所涉及的制度名称、事项、货物名、人名、地名等标引出来,编成索引。如我们要查找古代漕运的有关资料,就可在"漕"字下查到漕户、漕司、漕米、漕运、漕运司、漕运把总、漕运总督、漕运总局等28项条目。每个条目下均标有出处,如以"漕粮"这一条目为例:

漕粮 坏于坝户　新元 75/10a
— 折银之率　明 79/5b
— 岁入　明 82/19a
— 之充军稍　明 82/22b—23b
—,杭嘉湖,减原额三十分之八　清 2/9b
—,胡林翼定核收,每石不得过六千钱
清 2/10a

表示"漕粮坏于坝户"见于《新元史》卷75第10页上半面,而"杭嘉湖漕粮减原额三十分之八"这项内容则见于《清史稿》卷2第9页下半面,等等。

《宋代文集索引》　[日]佐伯富编,京都大学东洋史研究会,1970;台北宗青图书公司《汉学索引集成》,1986。此书将范仲淹、欧阳修、司马光等10种宋人文集中的人名、地名、官职名、官制、法制、文学、掌故等有关名词约7万条，编为索引。

日本学者所编《中国随笔索引》、《中国随笔杂著索引》等，也都属于这类索引。

《大正新修大藏经索引》 日本大藏经学术用语研究会编纂，台北新文丰出版公司，1992。全48册。

这是为检索日本所刊《大正新修大藏经》中名词、法数、术语等而编制的。其内容包括：收录典籍解题、分类项目一览、音次索引、梵语索引、分类项目别索引、检字索引等。“解题”项对每部经典都有详尽著录，简要介绍其源流演变，并有评析。分类项目别索引是将藏中全部名词，依50项分类项目及其细目整理综合而成。这种索引扩大了检索途径，便于读者了解大藏经内容。

《大藏经索引》 宋一夫编，吉林文史出版社，1987。16册。

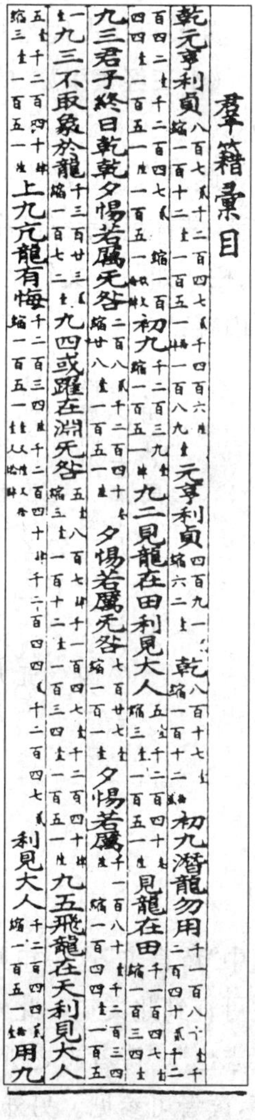

句子索引

句子索引就是将一部或若干部典籍中所有的句子都编成索引。它通常以句子首字为序编排。

《皇清经解敬修堂编目》 清陶治元编，清光绪十二年(1886)鸿宝斋石印本。此书将《皇清经解》的篇名和句子全部列出，并在其下一一注明卷页数。如一句之义散见于几个地方的，亦一一摘出，统注于此句之下。凡标出卷页数在前一行的，为学海堂版；标以“缩”字的，为鸿宝斋石印缩版本。

如例所示，对《周易》乾卦“元亨利贞”一句的解释见于学海堂版《皇清经解》的卷807、卷1247、卷1406，即见于阮元撰《十三经注疏校勘记》、张惠言撰《易义别录》、冯登府撰《北宋石经考异》。“贰”、“陆”等表示各卷的页数。通过索引，我们很快就能查到清代经学家对这一文句的解释。

此书以十三经顺序为次。在各经前，还有一份目录，标明所收各种相关著作及各自的篇目在全书中的卷次。因此此书具有句子索引和书名、篇名目录的双重功能。但它主要是句子索引。后尤莹仿陶氏之例，编成《皇清经解续编》索引《式古堂目录》19 卷。

《皇清经解》及其续编汇集了清代重要的经学研究成果，但由于篇幅过于浩大，各家经解又不统属，要想从中查找有关内容非常困难。有了这两部“索引”，使用就方便了，而至今为止尚无同类索引可以替代。

如要查找古代经书的文句，最常用的是《十三经索引》。

《十三经索引》 叶绍钧编，开明书店，1934；中华书局修订重版本，1983。

此书将十三经中所有文句按首字笔画编排，注明所在书名、篇名、章节，并标出《十三经注疏》(修订重版本据中华书局 1980 年影印本)的页、栏。如同一文句见于不同的篇章，则一一列出。例如“诗”字条有如下内容：

诗以言志 **左**襄二七5·一九九七中
诗可以兴 **论**阳8·二五二五中
诗亦至焉 **礼**孔1·一六一六下
诗言志 **书**舜·一三一下
诗言其志也 **礼**乐15·一五三六下
诗所谓人之无良者 **左**宣二1·一八六六中
诗所谓白圭之玷 **左**僖九5·一八○一上
诗所谓有力如虎者也 **左**襄十2·一九四七上
诗所谓我躬不说皇恤我后者 **左**襄二五
15·一九八六中
诗所谓彼日而食 **左**昭七3·二○四八下
诗者何 **公**襄十三·二三○六中
诗者志之所之也 **诗**南关序·二六九下
诗书不讳 **礼**曲上41·一二五一上
诗书执礼 **论**述18·二四八二下
诗书义之府也 **左**僖二七5·一八二二下
诗教也 **礼**经1·一六○九下
诗怀之 **仪**特2·一一八五上
少2·一二○二下
诡辞而出 **穀**文六1·二四○六中
诘之 **左**僖十五4·一八○五下
诘四方 **周**秋大·八七○上

其中“诗言志”这一句见于《尚书·舜典》，在《十三经注疏》第 131 页下栏可查到此文句。此外，与此意思相同的文句还有“诗以言志”、“诗言其志也”、“诗者志之所之也”等，分别见于《左传》襄公二十七年第 5 节等，读者可参见。另外“诗怀之”这一句既见于《仪礼》的《特牲馈食礼》，亦见于《少牢馈食礼》，故一一注出。所用出处简称可查卷首"篇目简称"表。

《汉诗大观索引》 ［日］佐久节编，东京凤出版社，1974。全8册，前6册为15种诗歌总集和别集白文，后2册为诗句索引。

《杜诗五种索引》 钟夫等编，上海古籍出版社，1992。供查检上海古籍出版社和中华书局所出版的《钱注杜诗》、《杜诗镜诠》、《杜诗详注》、《读杜心解》、《全唐诗》（排印本）与《全唐诗补遗》等书中杜诗句子之用。

名言警句索引有：《唐宋名诗索引》（孙公望编，湖南人民出版社，1985）、《唐宋名家词检索大全》（孙公望编，华中师范大学出版社，1992）、《中国诗词文赋名句全书》（姚力等主编，南海出版公司，1992）等。

从本质上讲，这类名句索引与旧时所编以查检文句为主要功能的一些类书，如《佩文韵府》等，是相同的。

第四节　专名索引

专名索引是以文献中的人名、地名、书名等专有名词作为检索对象而编制的索引。

人名索引

人名索引就是通过人名来查找人物资料的索引。在所有的专名索引中，人名索引是应用得最广泛，也是编制得最完善、数量最多的。按照内容又可分为正史人名索引、方志人名索引、碑传文人名索引、传记资料综合索引、作者索引、名号索引等。

正史人名索引是将正史中出现的人名编成索引，它包括群史人名索引和专史人名索引两类。群史人名索引就是将多种正史中有传和附传的人名统一编成的索引。我国第一部重要的群史人名索引是清代乾隆年间汪辉祖编的《史姓韵编》。现在人们一般使用的有：

《二十五史人名索引》 二十五史刊行委员会编，开明书店，1935；中华书局，1956年重印。这是供检索开明书店版"二十五史"中的人名而编制的索引。

《二十四史纪传人名索引》 张忱石、吴树平编，中华书局，1980。

此索引是根据中华书局出版的"二十四史"点校本编制的，收录有本纪、列传(包括附传及有完整事迹的附见人物)的人名。一人分见于两部以上史书，而所记人名又有异文异名，则选定其中的一个作为主目，异文异名另立参见条目。各史中同姓名的人物分别立目。全书按四角号码顺序编排，每一人名下列出史书名、册数、卷数、页数。如：

杨庆
隋书 4 / 43 / 1212
北史 8 / 71 / 2455
杨庆
隋书 6 / 72 / 1666
北史 9 / 84 / 2836
杨庆
宋史
38 / 456 / 13411

杨文度(杨文庆)
宋书 8 / 98 / 2411
南齐 3 / 59 / 1028
梁书 3 / 54 / 816
魏书 6 / 101 / 2231
南史 6 / 79 / 1979
北史 10 / 96 / 3175
杨文庆 见杨文度

《二十五史纪传人名索引》 上海古籍出版社、上海书店，1990。

此索引是为配合上海古籍出版社和上海书店联合出版的"二十五史"而编制的，其基本体例同上书，不过同时列出了上海版(简称"上")和中华版(简称"中")二十五史的书名、册数、卷数、页数(上海版另加栏数)，方便读者对照使用。如：

杨庆
隋书上 5 • 43 • 3393 • 4
中 4 • 43 • 1212
北史上 4 • 71 • 3151 • 4
中 8 • 71 • 2455
杨庆
隋书上 5 • 72 • 3448 • 2
中 6 • 72 • 1666
北史上 4 • 84 • 3193 • 2
中 9 • 84 • 2836
杨庆
宋史上 8 • 456 • 6691 • 1
中 38 • 456 • 13411

以上两种索引是目前最常使用的。但因上海版索引收进了《清史稿》，对未备《清史稿纪表传人名索引》的读者来说，使用就比较方便。

另外上海版所收人名稍多于中华版索引，有时同一人的传记资料，如徐铉、钱谦益等，也比中华版索引要丰富。读者可根据实际需要灵活使用。

专史人名索引是将一部(或几部)正史中所有的人名全部编制成索引。我们现在通常使用的是由中华书局和上海古籍出版社根据中华书局标点本二十五史编制的。具体书目如下：

书　　名	编　　者	出版者	初印年
史记人名索引	钟华(吴树平)	中华	1977
汉书人名索引	魏连科	中华	1979
后汉书人名索引	李裕民	中华	1979
三国志人名索引	高秀芳、杨济安	中华	1980
晋书人名索引	张忱石	中华	1977
南朝五史人名索引	张忱石	中华	1985
北朝四史人名索引	陈仲安、谭两宜等	中华	1988
隋书人名索引	邓经元	中华	1979
新旧唐书人名索引	张万起	上海古籍	1986
新旧五代史人名索引	张万起	上海古籍	1980
宋史人名索引	俞如云	上海古籍	1992
辽史人名索引	曾贻芬、崔文印	中华	1982
金史人名索引	崔文印	中华	1980
元史人名索引	姚景安	中华	1982
明史人名索引	李裕民	中华	1985
清史稿纪表传人名索引	何英芳	中华	1996

1998 年，中华书局将上述二十四史(《清史稿》除外)专史人名索引汇编缩印为两册出版。

这类索引极其详密。它以姓名或常见称谓作主目，主目下注明在本史中出现的所有卷次和页码。凡有正传、附传的人物，其正传、附传首见的卷页加 * 号为标识，排在最前面。人物其他异称如字、号、封爵、谥号等括注于主目后，并另立参见条目。如以《北朝四史人名索引》中杨庆、杨文度为例：

杨庆(郭庆、郇国公、郇王)
北71 / 2455*
12/ 454
60/ 2133
60/ 2136
72/ 2482
杨庆(伯悦)
北84/ 2836*
84/ 2827

杨文度(武兴王)
魏101/ 2231*
7 上/ 144
51/ 1133
101/ 2242
北96/ 3175*
3/ 93
37/ 1353
96/ 3190

内容显然比群史人名索引要丰富得多。

我国现存数量巨大的地方志，其中收有大量的人物传记资料。方志人名索引就是为检索方志中人物资料而编制的索引。

这类索引主要有：

《中国地方志宋代人物资料索引》 沈治宏、王蓉贵编，四川辞书出版社，1997。收录 302 种地方志的宋代人物资料信息 10 万 4 千条。

《宋元方志传记索引》 朱士嘉编，中华书局，1963。收录 33 种宋元方志中的人物 3 949 人。

《天一阁藏明代方志选刊人物传记资料索引》 华东师范大学图书馆编，上海书店，1996。上海古籍书店 1981—1983 年影印出版的《天一阁藏明代方志选刊》收方志 107 种。此索引即据《选刊》编成，收录秦汉至明代各类人物条目达 11 万条，其中明人条目约 8 万条。

《中日现藏三百种明代地方志传记索引》 台北大化书局，1986。据日本和台湾所藏 300 种地方志编成。

《北京天津地方志人物传记索引》 高秀芳等编，北京大学出版社，1987。据北京、天津两地 73 种方志编辑而成，共收人物 14 608 人。

《东北方志人物传记资料索引》 索引按地区分为 3 卷。“黑龙江卷”由高凤岩主编，黑龙江人民出版社 1989 年出版；“吉林卷”由吉林省图书馆编，吉林文史出版社 1989 年出版；“辽宁卷”由辽宁省图书馆编，辽宁人民出版社 1991 年出版。

《方志著录元明清曲家传略》 赵景深等编，中华书局，1987。收录方志中著录戏曲作家、散曲家、戏曲理论家等658 人。

此外还有《山西通志人物传索引》(池秀云编，山西省地方志办公室，1984)、《广西方志传记人名索引》(广西通志馆旧志整理室等编，广西人民出版社，1989)、《吴县志列传人名索引》(江苏省立图书馆编纂委员会编印，1939；1943 年重印)、《福建通志传记兼艺文志索引》(方品光编，福建师范大学图书馆，1981）等。在1936年商务印书馆影印出版的《畿辅通志》、《山东通志》、《浙江通志》、《湖北通志》、《湖南通志》、《广东通志》等书后所附综合索引，也可用来查找有关人物。这些通志都有新印本。

传记资料综合索引是综合各种人物传记资料如正史、别史、杂史、野史、传记集以及其他相关文献如书目、别集、文学总集、题名碑录、地方志等而编成的索引。它最显著的特点是收罗面广，在同一人下可以检索到记载其事迹的许多相关资料，便于使用者较全面地掌握有关线索。因其编制科学，使用方便，被广泛地用来查找历史人物资料。这类索引从上古至近代，彼此相接，构成一个完整的系列。

《四库全书传记资料索引》 台湾四库全书索引编纂小组主编，台湾商务印书馆出版。

本书是《四库全书索引丛刊》之三。它将《四库全书》中所有有传记资料的人物全部编成索引。由于现在尚无唐代以前人物的传记资料综合索引，而《四库全书》收录唐代以前的典籍资料比较齐全，所以本书亦可补这方面的缺失。全3册。1990年出版人名（包括字号）索引，1991年出版传记资料索引。

《唐五代人物传记资料综合索引》 傅璇琮等编，中华书局，1982。

此索引据83种人物传记资料编制而成，收录唐五代人物近3万人。全书分“字号索引”和“姓名索引”两部分。

《唐五代五十二种笔记小说人名索引》 方积六等编，中华书局，1992。索引据唐五代笔记小说、宋人撰记载唐五代事迹的笔记及有关总集编成，可作为上书的补充。

《四十七种宋代传记综合引得》、《辽金元传记三十种综合引得》、《八十九种明代传记综合引得》、《三十三种清代传记综合引得》 哈佛燕京学社引得编纂处编印，中华书局1987年影印本；上海古籍出版社1986年缩印合刊本。

这四种引得在时间上先后相接，共收录宋至清代历史人物8万余人。由于编制年代较早，检索不太方便，收集资料也不够完备，所以查考这一时期的历史人物，通常使用下列索引：

《宋人传记资料索引》（增订本） 昌彼得等编，王德毅增订，台北鼎文书局，1977—1980；中华书局1989年影印出版。

此索引在每一人物下列有小传,小传下著录有关传记资料出处。引用古籍 505 种,并引用大量书刊中的传记资料,收录 15 000 余人。全 6 册,第 6 册为宋人别名字号封谥索引。

《宋人传记资料索引补编》 李国玲编纂,四川大学出版社,1994。本编补上书之缺,体例亦同。

《元人传记资料索引》 王德毅等编,台北新文丰出版公司,1979—1982;中华书局 1987 年影印出版。

此书体例与《宋人传记资料索引》同。引用书近 800 种,收录元代人物 16 000 余人。

《明人传记资料索引》 昌彼得等编,台北中央图书馆,1978;中华书局 1987 年影印出版。此书体例同上。引用明清人文集 528 种,史传及笔记类典籍 65 种。书末附"字号索引"。

《明代传记丛刊索引》 周骏富编,台北明文书局,1991。明文书局出版的《明代传记丛刊》收传记类书籍 147 种。本书即是为此《丛刊》编制的索引。

《明遗民传记资料索引》 谢正光编著,台北新文丰出版公司,1990;上海古籍出版社,1991。收录明清之际历史人物 2 300 余人。

《清代传记丛刊索引》 周骏富编,台北明文书局,1986。明文书局出版的《清代传记丛刊》收传记类书籍 150 种。本书即是为此《丛刊》编制的索引,收清代人物逾 46 000 人,其中清末民初的人物较多。书后附字号、谥号索引。本书的缺点是条目出处只列出在《丛刊》中的册、页数,而不说明在原书的卷、页,使用不便。

《清代蒙古族人物传记资料索引》 云广英总编著,内蒙古大学出版社,1998。收录清代蒙古族人物 1 850 人。

《二十五史外人物总传要籍集成》(董治安主编,齐鲁书社,2000)从私家著述的历代人物总传中选出使用频率较高的 34 种,以善本影印。各书入传人物 2 万多人,各类人物兼顾。编有人名索引,可补以上各书之不足。

《辛亥以来人物传记资料索引》 王明根主编,上海辞书出版社,1990。

收录 1911 年辛亥革命至 1949 年中华人民共和国成立这段时间各类人物 18 000 余人,所收传记资料达 8 万余条。

碑传文索引是把散见的碑志和传记文章集中起来编成的索引。这类索引有：

《清代碑传文通检》 陈乃乾编，中华书局，1959；北京图书馆出版社，2003。本书将1 025种清人文集中所载碑传文编成此索引，共收录传主13 000余人。全书依次列出传主姓名、字号、籍贯、生卒年和碑传文作者及所载书名、卷数。此书使用甚为方便，但由于所收资料仅限于文集，而且文集种类尚嫌不足，因此还有许多人物，包括一些重要人物的传记资料无法查到。

《清代碑传全集》（上海古籍出版社，1987）将钱仪吉编《碑传集》、缪荃孙编《续碑传集》、闵尔昌编《碑传集补》、汪兆镛编《碑传集三编》合为一书，收清代4 500余人的7 300余篇碑传文，末附人名字号索引。可与上书配合使用。

《明清进士题名碑录索引》 朱保炯等编，上海古籍出版社，1980。

本书著录明清两朝201科进士考试所考中的进士51 624人。全书按姓氏四角号码排列，可查检两朝进士的姓名、籍贯、科年、甲第、名次。末附“历科进士题名录”，按科年、名次排列。使用非常方便。个别地方有失载和误录，故使用时还得注意与地方志或其他相关资料相核对。

作者索引通常是为大型诗文总集或书目文献而编制的，如《全上古三代秦汉三国六朝文作者引得》、中华书局影印本《四库全书总目》后附《著者姓名索引》等。作者索引通常附在该类文献书后，也有单独刊行的。有时它也常与书名、篇名索引等合编，如《先秦汉魏晋南北朝诗作者篇目索引》等。这种索引虽然只是为配合查找特定的文献而编制的，但由于它有一定的针对性，用来查找某一方面的人名，也很适用。

名号索引是为查找人物别名、字号、尊号、绰号、谥号、室名等而编制的索引，它在查找古代人物资料时应用得很广泛。

综合型的名号索引有：

《古今人物别名索引》 陈德芸编，广州岭南大学图书馆，1937；上海书店1982年影印本。此书辑录古今人物的别名、原名、字号、谥号、爵里称谓、斋舍名、帝王庙号，在这些条目后注出本名和时代。全书共7万余条。本书收录范围较广，特别是其中收录了大量谥号和较通行的官职称谓、爵里称谓，给使用者提供了很大方便，这也是同类书中很少见的。缺点是人名未注籍贯，检索也很不方便。

《室名别号索引(增订本)》 陈乃乾编，丁宁等补编，中华书局，1982。增订本共收人物名号34 000余个。室名别号之后列出朝代、籍贯、姓名，查检较上书方便。但本书也有很大的缺陷，如不收表字，而实际上古人的字和号往往混淆不清，有时很难明确区分；又如不收两个字的号，但实际上古人两个字的号很多。

断代的名号索引有：

《唐人行第录》(外3种) 岑仲勉著，中华书局，1962。

《宋人行第考录》 邓子勉著，中华书局，2001。

《明人室名别称字号索引》 杨廷福、杨同甫编，上海古籍出版社，2002。收录明代23 000余人的字号、室名、别称共5万余条。

《清人室名别称字号索引》 杨廷福等编，上海古籍出版社，1988。本书收录清代36 000多人的字号、室名、别称等10万3千条。全书分甲乙两编。甲编通过字、号、别号、室名等，可查出人物姓名。乙编通过人名，可查出人物籍贯、字号。末附异名录。2001年出版增补本，增补了3 000多人，1万多条。

《中国人名异称大辞典》 尚恒元、孙安邦主编，山西人民出版社，2002。收1949年以前逝世的古今人物约5万人的各类异称逾10万条。

《中国近现代人物名号大辞典》 陈玉堂编著，浙江古籍出版社，1993；2005年增订本。共收1840—1949年间人物14 000余人，每人均有小传。

有些朝代的名号索引尚未有专书，可通过相应的工具书查找，如《唐五代人物传记资料综合索引》中收有“字号索引”，可据此查找唐代人物字号。

专科型的名号索引有：

《著者别号书录考》 杜信孚、蔡鸿源著，江苏古籍出版社，2000。本书收录著者以别号署名而不用真实姓名的古籍，共收别号1 200多个，书目1 200多种。

《中国历代书画篆刻家字号索引》 商承祚等编，人民美术出版社，1960；2002年第2版。本书收录上古至民国间书画篆刻家16 000余人的字号。

《清代书画家字号引得》 蔡重金编，燕京大学引得编纂处编，1934。本书收录清代书画家5 787人的字号。

另外，在一些专业性工具书后面也常附有本专业人物的别称、字号，如《中医人物辞典》后附有历代中医人物字号索引。

地名索引

以文献中的地名为检索对象的索引，称地名索引。现在常用的地名索引有：

《中国上古国名地名辞汇及索引》 潘英编著，台北明文书局，1986。

本书以《春秋》、《左传》、《国语》、《尚书》、《古本竹书纪年》、《诗经》、《论语》、《逸周书》、《周礼》所载之国名、地名，按一定次序排列，并加注释。其中国名包括国名、部落名、氏族名，地名包括地、山、水、宫殿等。这是一部兼有辞典与索引功能的工具书。如国名部分：

> 贰，偃姓，灭于楚，地在今湖北应山。见《春秋左氏传·桓十一》。

又如地名部分：

> 九毕，西周地，在雒北，近雒阳，周公东征后，曾迁殷民于此。见《逸周书·作雒》。

解释非常简明实用。

《甲骨地名通检》 曾毅公著，齐鲁大学国学研究所，1939。

本书为研究殷代地理的工具书。作者将殷墟卜辞中所记地名加以编排与考释。每一地名下注明出处、卷、页、片。全书列出地名 919 个，包括可以隶定的地名、方国 524 个，待考未隶定的地名、方国 395 个。

有些地名索引属于区域性的，如：

《唐代的长安与洛阳·索引》 [日]平冈武夫等编，京都大学人文科学研究所，1956；上海古籍出版社，1991。《唐代的长安与洛阳》分为索引篇、资料篇、地图篇三册，索引篇即据资料篇分项列表，注出资料篇所收各书的卷页，并有订补。据此可查考唐代两地的宫苑坊里等地名。

《山西历史地名通检》 刘纬毅编著，山西教育出版社，1990。收录 1915 年以前山西地区的行政区划名、古国名、关隘名，以及元以前有记载的城邑村镇名。

我国古代文献中的地名资源非常丰富，但独立编制的地名索引并不多，它大多是作为附录附在某种文献后面，或作为某种文献的配套索引而编制的。这类文献又以史地类典籍为多。常用的配套地名索引有：

《历代地理志韵编今释》 清李兆洛编，中华书局《四部备要》本；江苏广陵古籍刻印社1992年影印。这是正史地理志地名索引。将14部地理志中的地名及部分清代地名汇录并按地名末一字所属平水韵为序排列，每一地名下先注明此地历朝所属行政区划，并注明现今（清代）所属地。

《史记地名索引》（嵇超等编，1990）、**《后汉书地名索引》**（王天良编，1988）、**《三国志地名索引》**（王天良编，1980）

这是中华书局为配合点校本二十四史而编纂出版的配套地名索引中的三种，是查检正史中地名的工具书。其体例大致相同，即将该史中出现的所有地名全部编入索引，并一一标出其卷数和页数。地名包括先秦诸侯国名、邑名，各个朝代属于政区的王国、州、郡、县、侯国以及城邑、乡、里、亭等县级以下地名，同时收录山川、湖泊、宫苑、道路等地理实体的名称。凡同名而异地异类的地名，分别列目，括注其性质或类别。

《水经注通检今释》 赵永复编，复旦大学出版社，1985。本书将《水经注》中所有水道一一按书中次序排列，又对其中地望明确者予以今释。附水名索引。

《太平寰宇记索引》 王恢编，台北文海出版社，1975。将《太平寰宇记》所收地名一一编成索引，并注明所在该书卷数、所属州（府军监）县（场）等。

《资治通鉴胡注地名索引》 ［日］荒木敏一等编，京都人文科学出版社，1967。胡三省注《资治通鉴》，对该书的地名来源、州县沿革等，有极为详尽的注解与考订。《索引》以1956年中华书局本为底本，将所有地名编成索引，并附宋朝地图。冯惠民等编有《通鉴地理注词典》（中华书局，1986），可相互配合使用。

《读史方舆纪要索引（中国历史地名要览）》 ［日］青山定雄编，东京东方文化学院初版，1933；东京省心书房，1974。清顾祖禹撰《读史方舆纪要》为一部地理名著。《索引》将此书中所有地名全部编入，并按1931年中国行政区划，注明其位置。

附于书后的地名索引常见于地理类总志后，如重新整理的《括地志辑校》、《宋本方舆胜览》等，均附有地名索引。有些地理总志如《清一统志》,以及大型类书如《佩文韵府》等,附有今人编制的综合索引,里面也包括地名。

书名索引

书名索引是按书名顺序编排的索引,它为读者提供书名线索。书名索引大致有两种,一种是图书目录书名索引,一种是引书索引。

图书目录书名索引 有的工具书中涉及大量的书名。由于正文是按一定顺序(或以人物生年先后,或以图书部类先后等)编排的,这使得要从中查找某一书名很不方便。为此,许多工具书都配有相应的书名索引。这种索引有时根据多部性质相同的文献统一进行编制,更多的则是附在相应的工具书后面。

《艺文志二十种综合引得》 哈佛燕京学社引得编纂处编,1933;上海古籍出版社 1986 年影印,与《食货志十五种综合引得》合印。

这是根据 15 种正史艺文志和 5 种其他书目编制的(见下表):

序号	略语	书 名	著 者	版 本
1	汉	汉书艺文志	班 固	八史经籍志本
2	后	后汉艺文志	姚振宗	适园丛书本
3	三	三国艺文志	姚振宗	同 上
4	晋	补晋书艺文志	文廷式	长沙铅印本
5	隋	隋书经籍志	长孙无忌等	八史经籍志本
6	旧唐	旧唐书经籍志	刘昫等	同 上
7	唐	唐书艺文志	欧阳修等	同 上
8	五	补五代史艺文志	顾櫰三	广雅丛书本
9	宋	宋史艺文志	脱脱等	八史经籍志本
10	宋补	宋史艺文志补	卢文弨	同 上
11	辽	补辽金元艺文志	卢文弨	同 上
12	补	补三史艺文志	金门诏	同 上
13	元	补元史艺文志	钱大昕	同 上
14	明	明史艺文志	张廷玉等	同 上
15	禁	禁书总目		抱经堂印本
16	全	全毁书目		同 上
17	抽	抽毁书目		同 上
18	违	违碍书目		同 上
19	目	征访明季遗书目	刘世瑗	铅印本
20	清	清史稿艺文志	朱师辙	清史稿单行本

全书共著录先秦至清末图书 4 万余种,可据以考查历代图书著述及流

传情况。引得将书名与著者名混合编排,可从书名、著者两种途径进行检索。

《稿本中国古籍善本书目书名索引》 天津图书馆编,齐鲁书社,2003。据《中国古籍善本总目》的稿本编制。

《古籍版本题记索引》 罗伟国等编,上海书店,1991。本书系根据102种有关古籍版本的书目、题跋记、读书志、书影等类图书编制的索引。包括"书名索引"和"著者索引"两大部分。每一种书下均注明版本,并注明此版本的根据。本书可作为考索古籍版本之用。

工具书后面附以书名目录,这种情况比较多见。这种情况又以书目与辞典为多。

传统的书目一般都是按分类法编制的,如不熟悉部类,或即使知道部类,但因有的部类过大(如集部),有的部类过繁(如子部),要从中查找某些著作,也是很困难的。这样就需要另外编制书名索引。有的书目原来并无索引,新印本后面都另外加上了,如中华书局1965年影印《四库全书总目》等。

新编的书目常常同时配套编有书名索引,如《中国丛书综录》分别编有丛书书名索引与子目书名索引。其他如《中国医籍通考》、《古典戏曲存目汇考》等等,也都编有相应的书名索引。

有些人物辞典其中涉及著作很多,这些著作对研究人物事迹,或在学科研究方面有较高的使用价值,因此也常在书后附有书名索引,将本书出现的书名均编制在里面,如《中医人物辞典》后附有"中医书名索引",《中国语文学家辞典》后附有"中国语文学著作索引"等。这些索引虽然只是根据辞典正文中出现的书名编制的,但由于它所涉及的都是某一专业的著作,所以有时对查找专科图书很有用处。

引书索引 在一些著作中,常常大量引用他人著作,人们把这些著作题名编制成索引,就叫引书索引。引书索引一般是为产生年代较早而引用资料丰富的先秦汉魏著作的注释本,以及资料丰富的唐宋类书而编制的。引书索引反映出古代图书的存佚、流传,对古籍的辑佚、校勘也有重要意义。前哈佛燕京学社引得编纂处所编引得中,就有多种引书索引:如《仪礼引得附郑注及贾疏引书引得》、《世说新语引得附刘注引书引得》、《太平广记篇目及引书引得》、《文选注引书引得》、《春秋经传注疏引书引得》等。

有些引用著作较丰富的典籍还不止一种引书索引，如《太平广记》，除上述引得外，另外还有周次吉编《太平广记人名书名索引》（台北艺文印书馆，1973），其中书名索引即引书索引；王秀梅、王泓水编《太平广记索引》（中华书局，1996），包括引书索引、篇目索引和人名索引。

《史记》三家注因其征引图书丰富，且多为唐初及唐以前古籍，故今人编有《史记三家注引书索引》（段书安编，中华书局，1982）。

类书因为征引的古籍非常丰富，因此一些新版类书，都配有相应的引书索引，如《初学记索引》（许逸民编，中华书局，1980）；《艺文类聚索引》（李剑雄等编，附于上海古籍出版社 1982 年版《艺文类聚》后）等。

古书异名索引 古代图书常有同名异书、同书异名的现象，为了正确区分，需用专门的书名索引。这些索引有：

《古书同名异称举要》 张雪庵编，山东人民出版社，1980。收录比较重要且常见的书名 5 600 余种，分为同名异书、同书异名与附录三部分。附录对书名、人名有简要考辨。

《同书异名通检》 杜信孚编，江苏人民出版社，1982 年修订本。收同一书而有不同题名的著作共 5 200 余条。后将陆续收集的 1 100 余条，及王剑收集的 7 200 余条增入，共为 13 500 余条，并将书名改为《同书异名汇录》，2004 年由江苏古籍出版社出版。

《同名异书通检》 杜信孚等编，江苏人民出版社，1982。收作者或内容不同但题名相同的著作 3 500 余条。2000 年江苏古籍出版社重印，易名为《同名异书汇录》。

第五节 专书索引和书后附录索引

专书索引

专书索引是指在以一种著作为对象而编辑的索引中，同时收有几种不同类型的子索引。它与第三节所说的综合性关键词索引不同，子索引都是独立编制的，具有相对的完整性。如：

《史记索引》（修订版） 李晓光、李波主编，中国广播电视出版社，2001。编者将《史记》（中华书局 1985 年标点本）全文通过电子计算机处理编成一系列索引，包括单字索引、人名索引、地名索引、援引著作索引、专有名词（包括天文词、年号名、神仙名、学派名等）索引、补遗索引、衍文索引。

《汉书索引》 李波等主编,中国广播电视出版社,2001。

《后汉书索引》 李波等主编,中国广播电视出版社,2001。

《三国志索引》 李波等主编,中国广播电视出版社,2001。

《文心雕龙索引》 朱迎平编,上海古籍出版社,1987。包括《文心雕龙》的四种索引:文句索引、人名索引、书名篇名索引和文论语词索引。以文句索引为经,贯通全书,其他三种专名索引弥补文句索引之疏略。

此外如《元朝秘史通检》(方龄贵编著,中华书局,1986)包括人名通检、山川地名通检、种姓名通检三部分。《古今图书集成索引》(林仲湘等编,中华书局、巴蜀书社,1985)包括部名索引、图表索引、人物传记索引、职方典汇考索引、禽虫草木二典释名索引等几种索引。

书后附录索引

有些工具书后面,常附有各种索引。这类索引都与相关论题有联系,如能注意利用,可开拓思路,拓宽检索途径,从中找到需要的资料。下面分几种情况加以说明。

一种常见的是书后附参考文献。如郑良树编著《续伪书通考》后附有"伪书通考正续编征引资料索引",从中可以看到本书使用材料上的特点,也为读者查找相关文献提供了线索。

另一种书后索引,是著者为某一论题系统编制的,它的目的在于收齐本论题的全部文献资料,带有专题索引的性质。如谭家健著《墨子研究》后面,即附有《墨子研究论文分类索引》,通过这个索引,可比较全面地查到1904年至1995年6月间中国大陆与台湾地区发表的墨学论文题目。

书后附录索引常可补充正文内容的不足。

例如有的正文限于体例或篇幅,不可能涉及更多内容,书后附录索引则可将相关内容较详细地加以补充。如《中国禁书大观》正文对中国历史上220种禁书的内容、被禁原因及被禁经过,作了概括的介绍。又在书后附了一个历代禁书目录,详尽地列出了历史上各个时期的禁书名称。这不仅是对此书正文内容的重要补充,也是对古代禁书的系统总结。

也有些内容正文中不便说明或难以说明，加一个附录，既起到索引作用，亦补充了正文的不足。如钱实甫编《清代职官年表》、《清季重要职官年表》，书后附“人名录”，按姓氏笔画为序编排，各人名下注明字号、籍贯、并所任官职、年限等，有的还注明卒年、年岁、子嗣。它不仅为查检正文提供了很大的方便，还提供了新的人物传记资料。这些内容在正文中是很难收入的，现在单独列出，眉目就非常清楚。与“人名录”相配套，还有别号索引、谥号索引、籍贯索引等，互相配合使用，为查找人物资料提供了极大的方便。

也有些书后附录索引是从正文中分析出来的，它虽然没有提供多于正文内容的资料，但由于经过了重新序化，也就能满足特殊需要。如《历代妇女著作考》，正文按姓氏编排，我们要找古代某个女作家的著作情况，十分方便。但如仅知书名而不知作者，就难以查找了。该书后附有“书名索引”，将本书中所有妇女作家的著作均收录在其中。这样无论从哪个角度来查找，都十分便利。

这些索引不是目录或正文条目的简单重复或调整，有些经过重新组织编制，产生了新的检索功能。它不仅有助于读者更方便地使用本书，其本身也可起到独立工具书的作用。

例如我们通过《中国美术家人名辞典》可以查到古代书画家的字号、事迹等。但书画家一般好用字号相称，见诸文献记载以及书画题款的，也以字号为多。对于大多数读者来说，这些字号都比较生疏，因此要查其事迹就比较困难。在该辞典后面，附有“字号异名索引”，我们通过此索引，可以迅速查到本名，再通过正文查出其事迹。也有涉及几个书画家的连称，一般人更不熟悉，如“一石两水”，就不知是指谁。我们通过上述索引，也可以迅速查到“一石”指刘墉(号石庵)，“两水”指李宗瀚(号春湖)、程恩泽(号春海)。

只要我们注意充分利用这类书后附录索引，就可提高原书的使用价值，达到对一种图书内容的多维检索。

第八章 表谱和图录

第一节 概 述

表谱和图录的起源都很早。

表谱的起源可以追溯到周代记载帝王家世、事迹的谱牒。汉代司马迁据历代谱牒在《史记》中撰成十表，是表谱的奠基之作。十表中，因年代久远，不能详考，而按世系记述，为《三代世表》；《十二诸侯年表》、《六国年表》等按年列表记事；历时短而事迹多则按月记事，为《秦汉之际月表》。后世正史沿袭其例，也都列有年表。晋杜预撰《春秋长历》，开史日考订之绪。宋以后表谱除附史书以行（如司马光《资治通鉴》目录30卷实即一部大事年表）外，多半独立成书。历代书目中，谱牒自成一类，而史表则归入史部编年类。近现代编撰的表谱不仅种类增多，体例也益趋完善。

图录一类中以地图出现最早，春秋战国时期已有各种地图的记载。1986年在甘肃天水放马滩一号汉墓出土了绘在木板上的地图，是现存最早的地图实物。《晋书・裴秀传》记述了应用测绘方法的"制图六体"理论，裴秀曾编成历史地图《禹贡地域图》。自唐代《元和郡县图志》之后，各代均编有舆地图。清康熙年间用新法实测绘成《大清一统舆图》，已相当精确。清末杨守敬等即据此编成《历代舆地图》。晋以后出现了考释古代制度名物的图谱，如晋郭璞《尔雅图》、六朝的《礼制图》、后周聂崇义《三礼图》、唐成伯玙《毛诗图》等。宋吕大临撰《考古图》被认为是最早的古器物图录，开创了图录的基本体例。现代图录多采用摄影图片，更为精确、清晰。

表谱和图录的种类既多，体例也不尽一致，只就常用者概略加以介绍。

表谱大多采用表格形式，也有以简明文字按编年记述的。历表、纪年表和大事年表都各有特点。

历表以科学方法编制而成。古代历表如宋刘羲叟《长历》和清汪曰桢《历代长术辑要》，主要考订史日、推算朔闰，排列纪年、月日。现代历表则改为不同历法年月日的对照表，以一种历法为基准，或逐日对照，或仅每月对照一日（朔日）至数日。利用历表不仅可以查考中历的年号和年次、纪年干支、月份和闰月、日期和纪日干支，还可以对照或推算西历及其他历法的年、月、日、星期。有些历表罗列较详，各项一目了然；有些历表则需换算。使用历表，要掌握历法的基本知识，了解各种历表的不同编排格式和换算方法。

纪年表和大事年表统称为年表，都可用于查考和对照不同纪年方法的年代，不同之处在于纪年表只对照年代，而大事年表则以纪事为主，在每一年下列出重要史事。清万斯同《纪元汇考》是古代纪年表的代表，此书将唐尧至明崇祯十七年(1644)四千年间历代帝王年号与干支纪年对列，于改元、易位、帝王死亡等事作简要记载。现代纪年表则改为表格式，以公元纪年与中国历史纪年对照，一般起自西周共和元年(前841)。中国历史纪年部分列出纪年干支，朝代和帝王名号（谥号或庙号，姓名）、年号、年次。封建割据和农民起义政权也依次并列。纪年表后附有年号索引，以便查检。大事年表除对照年代外，还简明扼要地记述历史事件、名人生卒及事迹等。由于大事年表按年系事，一些延续时间较长的历史事件被分散记于各年之下，不易查考，故某些新编的大事年表吸取了纪事本末体的特点，对重大事件则叙其原委。大事年表纪事不能详尽，因此又衍变出各种专题性大事年表以及专门查考人物的生卒年表、职官年表等。

图录主要汇辑图画、照片等形象性资料，如古器物的照片和线描图、历史事件遗存实物和场景的照片与图画、人物图像、艺术品的照片和拓片以及古籍的书影，动、植物的图片等，并辅以少量文字说明。宋吕大临撰《考古图》10卷，著录当时宫廷和私人收藏的古铜器、古玉器215件，每件皆摹绘图形、款识，记录尺寸、容量和重量。后世多仿其体例。

地图是图录中特殊的一类。地图按一定的法则概括反映地球表面的事物和自然、社会现象的分布情况及相互关系，以符号和文字加以标示。多幅地图汇编则成地图集。历史地图则反映人类各历史时期的发展情况，内容包括疆域、政区、政治形势、军事行动、经济和文化发展、民族迁徙、地理环境的变迁等。

表谱和图录都是研究文史的重要参考工具书。有的简明扼要，一目了然，省略繁琐的文字记载，便于概括掌握；有的则可补文字叙述之不足，利于考索辨正。

第二节 表 谱

历 表

历表是按一定历法排列年、月、日序列供人查考，或将不同历法的年、月、日序对照排列以供换算的工具书。常用的历表有：

《中国史历日和中西历日对照表》 方诗铭、方小芬编著，上海辞书出版社，1987。

本书分上、下编及附编。上编起西周共和元年（前841），迄西汉哀帝元寿二年（前1）；下编起西汉平帝元始元年（1），迄中华民国三十八年（1949）。附编为殷盘庚十五年（前1384）至周厉王三十七年（前842）的殷、西周历日表和1949—2000年历日表等。各编都按中国历史纪年编排，每年一表，分为12格（中历十二个月，闰月入上月格内）。每格只列出该月三旬的第一日，公元前部分月日与纪日干支对照，公元后部分增加西历月日对照。（举例见185页）

使用本书时应注意：(1) 从汉代开始，注明帝王即位、建元、改元以及覆灭的中历月份，但凡在正月者一概不注，其即位与建元不在同时者，亦不注即位月份。需查时，可用该作者的《中国历史纪年表》。(2) 公元前部分未注西历月日，须另查《三千五百年历日天象》或《新编中国三千年历日检索表》。(3) 本书未注星期，可利用《五千年间星期检查表》（见荣孟源编《中国近代史历表》）。

《两千年中西历对照表》 薛仲山、欧阳颐编，三联书店，1956。本书逐日对照公元1年—2000年中历和西历的历日。以中历年、月、日列为表格，填入西历年、月、日，查检甚为简便。星期及纪日干支则需另推算（以阴历日序与星期或干支栏的数字相加即得）。附有各朝代朔闰表等18个表，与正文配合使用。（举例见186页）

唐懿宗咸通九年戊子(868—869)

一·一	丙申	1.29	二·一	乙丑	2.27	三·一	乙未	3.28	四·一	乙丑	4.27
一·十一	丙午	2.8	二·十一	乙亥	3.8	三·十一	乙巳	4.7	四·一一	乙亥	5.7
一·二十一	丙辰	2.18	二·二十一	乙酉	3.18	三·二十一	乙卯	4.17	四·二十一	乙酉	5.17
五·一	甲午	5.26	六·一	癸亥	6.24	七·一	壬辰	7.23	八·一	壬戌	8.22
五·十一	甲辰	6.5	六·十一	癸酉	7.4	七·十一	壬寅	8.2	八·十一	壬申	9.1
五·二十一	甲寅	6.15	六·二十一	癸未	7.14	七·二十一	壬子	8·12	八·二十一	壬午	9.11
九·一	辛卯	9.20	十·一	辛酉	10.20	十一·一	庚寅	11.18	十二·一	庚申	12.18
九·十一	辛丑	9.30	十·十一	辛未	10.30	十一·十一	庚子	11.28	十二·十一	庚午	12.28
九·二十一	辛亥	10.10	十·二十一	辛巳	11.9	十一·二十一	庚戌	12.8	十二·二十一	庚辰	1.7
									闰十二·一	庚寅	1.17
									闰十二·十一	庚子	1.27
									闰十二·二十一	庚戌	2.6

唐懿宗咸通十年己丑(869—870)

一·一	己未	2.15	二·一	己丑	3.17	三·一	己未	4.16	四·一	戊子	5.15
一·十一	己巳	2.25	二·十一	己亥	3.27	三·十一	己巳	4.26	四·十一	戊戌	5.25
一·二十一	己卯	3.7	二·二十一	己酉	4.6	三·二十一	己卯	5.6	四·二十一	戊申	6.4
五·一	戊午	6.14	六·一	丁亥	7.13	七·一	丁巳	8.12	八·一	丙戌	9.10
五·十一	戊辰	6.24	六·十一	丁酉	7.23	七·十一	丁卯	8.22	八·十一	丙申	9.20
五·二十一	戊寅	7.4	六·二十一	丁未	8.2	七·二十一	丁丑	9.1	八·二十一	丙午	9.30
九·一	乙卯	10.9	十·一	乙酉	11.8	十一·一	甲寅	12.7	十二·一	甲申	1.6
九·十一	乙丑	10.19	十·十一	乙未	11.18	十一·十一	甲子	12.17	十二·十一	甲午	1.16
九·二十一	乙亥	10.29	十·二十一	乙巳	11.28	十一·二十一	甲戌	12.27	十二·二十一	甲辰	1.26

《两千年中西历对照表》

年序 Year		阴历月序 Moon	1	2	3	4	5	6	7	8	9	10	11	12	13	14	15	16	17	18	19	20	21	22	23	24	25	26	27	28	29	30	星期 Week	干支 Cycle
永乐 4 丙戌 1406—07	26	1	20	21	22	23	24	25	26	27	28	29	30	31	21	2	3	4	5	6	7	8	9	10	11	12	13	14	15	16	17	18	2	28
		2	19	20	21	22	23	24	25	26	27	28	31	2	3	4	5	6	7	8	9	10	11	12	13	14	15	16	17	18	19	—	4	58
		3	20	21	22	23	24	25	26	27	28	29	30	31	41	2	3	4	5	6	7	8	9	10	11	12	13	14	15	16	17	18	5	27
		4	19	20	21	22	23	24	25	26	27	28	29	30	51	2	3	4	5	6	7	8	9	10	11	12	13	14	15	16	17	—	0	57
		5	18	19	20	21	22	23	24	25	26	27	28	29	30	31	61	2	3	4	5	6	7	8	9	10	11	12	13	14	15	—	1	26
		6	16	17	18	19	20	21	22	23	24	25	26	27	28	29	30	71	2	3	4	5	6	7	8	9	10	11	12	13	14	—	2	55
		7	15	16	17	18	19	20	21	22	23	24	25	26	27	28	29	30	31	81	2	3	4	5	6	7	8	9	10	11	12	13	3	24
		7	14	15	16	17	18	19	20	21	22	23	24	25	26	27	28	29	30	31	91	2	3	4	5	6	7	8	9	10	11	—	5	54
		8	12	13	14	15	16	17	18	19	20	21	22	23	24	25	26	27	28	29	30	O1	2	3	4	5	6	7	8	9	10	11	6	23
		9	12	13	14	15	16	17	18	19	20	21	22	23	24	25	26	27	28	29	30	31	N1	2	3	4	5	6	7	8	9	10	1	53
		10	11	12	13	14	15	16	17	18	19	20	21	22	23	24	25	26	27	28	29	30	D1	2	3	4	5	6	7	8	9	10	3	23
		11	11	12	13	14	15	16	17	18	19	20	21	22	23	24	25	26	27	28	29	30	31	11	2	3	4	5	6	7	8	—	5	53
		12	9	10	11	12	13	14	15	16	17	18	19	20	21	22	23	24	25	26	27	28	29	30	31	21	2	3	4	5	6	7	6	22
永乐 5 丁亥 1407—08	38	1	8	9	10	11	12	13	14	15	16	17	18	19	20	21	22	23	24	25	26	27	28	31	2	3	4	5	6	7	8	9	1	52
		2	10	11	12	13	14	15	16	17	18	19	20	21	22	23	24	25	26	27	28	29	30	31	41	2	3	4	5	6	7	—	3	22
		3	8	9	10	11	12	13	14	15	16	17	18	19	20	21	22	23	24	25	26	27	28	29	30	51	2	3	4	5	6	7	4	51
		4	8	9	10	11	12	13	14	15	16	17	18	19	20	21	22	23	24	25	26	27	28	29	30	31	61	2	3	4	5	—	6	21
		5	6	7	8	9	10	11	12	13	14	15	16	17	18	19	20	21	22	23	24	25	26	27	28	29	30	71	2	3	4	—	0	50
		6	5	6	7	8	9	10	11	12	13	14	15	16	17	18	19	20	21	22	23	24	25	26	27	28	29	30	31	81	2	—	1	19
		7	3	4	5	6	7	8	9	10	11	12	13	14	15	16	17	18	19	20	21	22	23	24	25	26	27	28	29	30	31	91	2	48
		8	2	3	4	5	6	7	8	9	10	11	12	13	14	15	16	17	18	19	20	21	22	23	24	25	26	27	28	29	30	—	4	18
		9	O1	2	3	4	5	6	7	8	9	10	11	12	13	14	15	16	17	18	19	20	21	22	23	24	25	26	27	28	29	30	5	47
		10	31	N1	2	3	4	5	6	7	8	9	10	11	12	13	14	15	16	17	18	19	20	21	22	23	24	25	26	27	28	29	0	17
		11	30	D1	2	3	4	5	6	7	8	9	10	11	12	13	14	15	16	17	18	19	20	21	22	23	24	25	26	27	28	—	2	47
		12	29	30	31	11	2	3	4	5	6	7	8	9	10	11	12	13	14	15	16	17	18	19	20	21	22	23	24	25	26	27	3	16

《中西回史日历》 陈垣撰，中华书局1962年修订本。本书对照公元1年—2000年中历、西历、回历三种历法的年、月、日。主体部分是“日序表”，每四年为一单元，直行逐日排列西历月日，行右加注中历每月初一日以便推算。自公元622年（回历元年）起加注回历每月初一日。在表中查任意一天均可知三种历法的日期。（举例见188页）另与“日曜表”和“甲子表”配合，可查检星期及纪日干支。（举例见189、190页）

《二十史朔闰表》 陈垣撰，中华书局1962年修订本。是前书的姊妹篇，作用相同，但此书以中历为主，对照汉高祖元年（前206）至公元2000年间中、西、回三种历法的日期。仅记载每月朔日（初一日）和闰月朔日与西历日期的对照及回历每年元旦日与中历日期的对照，推算较为复杂。根据出土的古历书，本书所记汉初的历日有误差。（举例见191页）

《近世中西史日对照表》 郑鹤声编，中华书局，1980。本书以日历形式将明正德十一年（1516）至1941年的中、西历日，逐日对照，查检最便。（举例见192页）。

《天历考及天历与阴阳历日对照表》 罗尔纲著，三联书店，1955。天历是太平天国所用历法，一年366天，以立春为岁首。干支纪日和星期均提前一天。本书除考证外还列出太平天国壬子二年（1852）至戊辰十八年（1868）七月天历与中历、公历的逐日对照。

此外，可用的历表还有《中西回俄历表（1821—1950）》（纪大椿编，新疆人民出版社，1979）、《清代中西历表（1573—1840）》（中国人民大学清史研究所编，中国人民大学出版社，1980）、《中国近代史历表》（荣孟源编，中华书局，1977）以及中国科学院紫金山天文台编的《1821—2020二百年历表》（科学出版社，1959）、《新编万年历（1840—2050）》（科学普及出版社，1984）等。

前述各种历表中，涉及公元前的历日都只列中历月、日和纪日干支。推算公元前西历历日，可利用以下几种历表：

《新编中国三千年历日检索表》 徐锡祺编，人民教育出版社，1992。

本书主要采用朔闰表形式，列出公元前1500年至公元2050年间阳历（公历）、阴历（回历）和阴阳历（农历）三种历法的对照，以便换算。

《中西回史日历》日序表

一七九六 丙辰 清仁宗 嘉庆元 1211	一七九五 乙卯 乾隆六〇 1210

11	11	12	12	13	14	14	15	15	16	15	16	17	17	18	18	19	20	20	21	21	10 22	9 20	21	正22	十二
12	12	13	13	14	15	15	16	16	17	16	17	18	18	19	19	20	21	21	22	22	23	21	8 22	7 23	
13	13	14	14	15	16	16	17	17	18	17	18	19	19	20	20	21	22	22	23	23	24	22	23	24	6
14	14	15	15	16	17	17	18	18	19	18	19	20	20	21	21	22	23	23	24	24	25	23	24	25	
15	15	16	16	17	18	18	19	19	20	19	20	21	21	22	22	23	24	24	25	25	26	24	25	26	
16	16	17	17	18	19	19	20	20	21	20	21	22	冬22	23	23	24	25	25	26	26	27	25	26	27	
17	17	18	18	19	20	20	21	21	22	21	22	23	23	24	24	25	26	26	27	27	28	26	27	28	
18	18	19	19	20	21	21	22	22	23	22	23	24	24	25	25	26	27	27	28	28	29	27	28	29	
19	19	20	20	21	22	22	23	23	24	23	24	25	25	26	26	27	28	28	29	29	30	28	29	30	
20	20	21	21	22	23	23	24	24	25	24	25	26	26	27	27	28	29	29	30	30	31	3	30	31	
21	冬21	22	22	23	24	24	25	25	26	25	26	27	27	28	28	29	30	30	31	5	4	2	31	1	
22	22	23	23	24	25	25	26	26	27	26	27	28	28	29	29	30	31	7	6	2	2	3	2	2	
23	23	24	24	25	26	26	27	27	28	27	28	29	29	30	30	31	8	2	2	3	3	4	2	3	
24	24	25	25	26	27	27	28	28	29	28	29	30	30	31	10	9	2	3	3	4	4	5	3	4	
25	25	26	26	27	28	28	29	29	30	29	30	31	12	11	2	2	3	4	4	5	5	6	4	5	
26	26	27	27	28	29	29	30	30	31	3	31	1	2	2	3	3	4	5	5	6	6	7	5	6	
27	27	28	28	29	30	30	31	5	4	2	2	2	3	3	4	4	5	6	6	7	7	8	6	7	
28	28	29	29	30	31	7	6	2	2	3	2	3	4	4	5	5	6	7	7	8	8	9	7	8	
29	十二29	十一30	30	31	8	2	2	3	3	4	3	4	5	5	6	6	7	8	8	9	9	10	8	9	
30	30	31	十10	九9	八2	3	3	4	4	5	4	5	6	6	7	7	8	9	9	10	10	11	9	10	
31	7 12	11	2	2	3	七4	4	5	5	6	5	6	7	7	8	8	9	10	10	11	11	12	10	11	
日	2	6 2	5 3	3	4	5	六5	五6	6	7	6	7	8	8	9	9	10	11	11	12	12	13	11	12	
曜	3	3	4	4 4	3 5	6	6	7	四7	8	7	8	9	9	10	10	11	12	12	13	13	14	12	13	
表	4	4	5	5	6	2 7	1 7	12 8	11 8	三9	二8	9	10	10	11	11	12	13	13	14	14	15	13	14	
7	5	5	6	6	7	8	8	9	9	10 10	9 9	正10	十一11	十一11	十12	12	13	14	14	15	15	16	14	15	
甲	6	6	7	7	8	9	9	10	10	11	10	8 11	7 12	12	13	九13	八14	15	15	16	16	17	15	16	
子	7	7	8	8	9	10	10	11	11	12	11	12	13	6 13	5 14	14	15	七16	六16	17	17	18	16	17	
表	8	8	9	9	10	11	11	12	12	13	12	13	14	14	15	4 15	3 16	17	17	五18	四18	19	17	18	
37	9	9	10	10	11	12	12	13	13	14	13	14	15	15	16	16	17	2 18	1 18	19	19	三20	18	19	
	10	10	11	11	12	13	13	14	14	15	14	15	16	16	17	17	18	19	19	12 20	11 20	21闰	19	二20	

《中西回史日历》日曜表

11	•11	12	12	13	14	14	15	•15	16	15	16	17	17	18•	18	19	20	20	21	21	22	•20	21	22
12	12	13	13	14•	15	15	16	16	17	16	17	•18	18	19	19	20	21	21•	22	22	23	21	22	23
13	13	•14	14	15	16	16	17	17•	18	17	18	19	19	20	20	•21	22	22	23	23	24	22•	23	24
14	14	15	15	16	17	•17	18	18	19	18	19	20	•20	21	21	22	23	23	24	•24	25	23	24	25
15	15	16•	16	17	18	18	19	19	20	•19	20	21	21	22	22	23	•24	24	25	25	26	24	25	•26
16	16	17	17	18	19	19	•20	20	21	20	21	22	22	•23	23	24	25	25	26	26•	27	25	26	27
17	17	18	18	•19	20	20	21	21	22	21	•22	23	23	24	24	25	26	•26	27	27	28	26	27	28 •
18	•18	19	19	20	21	21	22	•22	23	22	23	24	24	25•	25	26	27	27	28	28	29	•27	28	29
19	19	20	20	21	•22	22	23	23	24	23	24	•25	25	26	26	27	28	28	•29	29	30	28	29	30
20	20	•21	21	22	23	23	24	24	•25	24	25	26	26	27	27	•28	29	29	30	30	31	3•	30	31
21	21	22	22	23	24	•24	25	25	26	25	26	27	•27	28	28	29	30	30	31	•5	4	2	31	1
22	22	23	•23	24	25	25	26	26	27	•26	27	28	28	29	29	30	•31	7	6	2	2	3	2	•2
23	23	24	24	25	26	26	•27	27	28	27	28	29	29	•30	30	31	8	2	2	3	•3	4	2	3
24	24	25	25	•26	27	27	28	28	29	28	•29	30	30	31	10	9	2	•3	3	4	4	5	3	4 •
25	•25	26	26	27	28	28	29	•29	30	29	30	31	12	11•	2	2	3	4	4	5	5	•6	4	5
26	26	27	27	28•	29	29	30	30	31	3	31	•1	2	2	3	3	4	5•	5	6	6	7	5	6
27	27	•28	28	29	30	30	31	5•	4	2	2	2	3	3	4	•4	5	6	6	7	7	8•	6	7
28	28	29	29	30	31	•7	6	2	2	3	2	3•	4	4	5	5	6	7	7	•8	8	9	7	8
29	29	30	•30	31	8	2	2	3	3	•4	3	4	5	5	6	6	•7	8	8	9	9	10	8	•9
30	30	31	10	9	2	3•	3	4	4	5	4	5	6	•6	7	7	8	9	9	10	•10	11	9	10
31	12	11	2	•2	3	4	4	5	5	6•	5	6	7	7	8	8	9	•10	10	11	11	12	10	11 •
日	2	2	3	3	4	5	5	•6	6	7	6	7	8	8•	9	9	10	11	11	12	12	•13	11	12
曜	3	3	4	4	•5	6	6	7	7	8	7	•8	9	9	10	10	11	12•	12	13	13	14	12	13
表	4	•4	5	5	6	7	7	8•	8	9	8	9	10	10	11	•11	12	13	13	14	14	15•	13	14
7	5	5	6	6	7	•8	8	9	9	10	9	10•	11	11	12	12	13	14	14	•15	15	16	14	15
	6	6	•7	7	8	9	9	10	10	•11	10	11	12	12	13	13	•14	15	15	16	16	17	15	•16
	7	7	8	8	9	10	•10	11	11	12	11	12	13	•13	14	14	15	16	16	17	•17	18	16	17
	8	8	9	•9	10	11	11	12	12	13	•12	13	14	14	15	15	16	•17	17	18	18	19	17	18 •
	9	9	10	10	11	12	12	•13	13	14	13	14	15	15•	16	16	17	18	18	19	19	•20	18	19
	10	10	11	11	•12	13	13	14	14	15	14	•15	16	16	17	17	18	19•	19	20	20	21	19	20

《中西回史日历》甲子表

40	39	38	37	36
丁亥 丁巳	丙寅 丙申	乙巳 乙亥	甲申 甲寅	癸亥 癸巳
戊子 戊午	丁卯 丁酉	丙午 丙子	乙酉 乙卯	甲子 甲午
己丑 己未	戊辰 戊戌	丁未 丁丑	丙戌 丙辰	乙丑 乙未
庚寅 庚申	己巳 己亥	戊申 戊寅	丁亥 丁巳	丙寅 丙申
辛卯 辛酉	庚午 庚子	己酉 己卯	戊子 戊午	丁卯 丁酉
壬辰 壬戌	辛未 辛丑	庚戌 庚辰	己丑 己未	戊辰 戊戌
癸巳 癸亥	壬申 壬寅	辛亥 辛巳	庚寅 庚申	己巳 己亥
甲午 甲子	癸酉 癸卯	壬子 壬午	辛卯 辛酉	庚午 庚子
乙未 乙丑	甲戌 甲辰	癸丑 癸未	壬辰 壬戌	辛未 辛丑
丙申 丙寅	乙亥 乙巳	甲寅 甲申	癸巳 癸亥	壬申 壬寅
丁酉 丁卯	丙子 丙午	乙卯 乙酉	甲午 甲子	癸酉 癸卯
戊戌 戊辰	丁丑 丁未	丙辰 丙戌	乙未 乙丑	甲戌 甲辰
己亥 己巳	戊寅 戊申	丁巳 丁亥	丙申 丙寅	乙亥 乙巳
庚子 庚午	己卯 己酉	戊午 戊子	丁酉 丁卯	丙子 丙午
辛丑 辛未	庚辰 庚戌	己未 己丑	戊戌 戊辰	丁丑 丁未
壬寅 壬申	辛巳 辛亥	庚申 庚寅	己亥 己巳	戊寅 戊申
癸卯 癸酉	壬午 壬子	辛酉 辛卯	庚子 庚午	己卯 己酉
甲辰 甲戌	癸未 癸丑	壬戌 壬辰	辛丑 辛未	庚辰 庚戌
乙巳 乙亥	甲申 甲寅	癸亥 癸巳	壬寅 壬申	辛巳 辛亥
丙午 丙子	乙酉 乙卯	甲子 甲午	癸卯 癸酉	壬午 壬子
丁未 丁丑	丙戌 丙辰	乙丑 乙未	甲辰 甲戌	癸未 癸丑
戊申 戊寅	丁亥 丁巳	丙寅 丙申	乙巳 乙亥	甲申 甲寅
己酉 己卯	戊子 戊午	丁卯 丁酉	丙午 丙子	乙酉 乙卯
庚戌 庚辰	己丑 己未	戊辰 戊戌	丁未 丁丑	丙戌 丙辰
辛亥 辛巳	庚寅 庚申	己巳 己亥	戊申 戊寅	丁亥 丁巳
壬子 壬午	辛卯 辛酉	庚午 庚子	己酉 己卯	戊子 戊午
癸丑 癸未	壬辰 壬戌	辛未 辛丑	庚戌 庚辰	己丑 己未
甲寅 甲申	癸巳 癸亥	壬申 壬寅	辛亥 辛巳	庚寅 庚申
乙卯 乙酉	甲午 甲子	癸酉 癸卯	壬子 壬午	辛卯 辛酉
丙辰 丙戌	乙未 乙丑	甲戌 甲辰	癸丑 癸未	壬辰 壬戌

《二十史朔闰表》

庚寅	7己丑	戊子	丁亥	丙戌	6乙酉	甲申	癸未	壬午	5辛巳	
八	七	六	五	四	三	二	永乐元	明成祖四	三	
二戊 4辰	一甲 16辰	一庚 28戌	二丙 8辰	一壬 20辰	一戊 31戌	二癸 11卯	一己 23卯	二 2甲	一辛 15酉	正
三戊 6戌	二甲 15戌	二庚 27辰	三丙 10戌	二壬 19戌	三丁 1卯	三壬 11申	二戊 21申	三甲 4寅	二庚 13寅	二
四丁 4卯	三甲 17辰	三庚 28戌	四乙 8卯	三辛 20卯	三丙 30申	四壬 10寅	三戊 23寅	四甲 3申	三庚 15申	三
五丁 4酉	四癸 15酉	四己 26卯	五乙 8酉	四辛 19酉	四丙 29寅	五辛 9未	四丁 21未	五癸 2丑	五己 13未	四
六丁 3卯	六壬 13申	五己 26酉	六甲 6寅	五庚 18寅	五乙 28未	六辛 8丑	五丁 21丑	六癸 1未	六己 12丑	五
七丙 2申	七壬 13寅	六戊 24寅	七癸 5未	六己 16未	六乙 27丑	七庚 7午	六丁 20未	七癸 1丑	七戊 11午	六
八丙 1寅	八辛 11未	七丁 23未	八壬 3子	七戊 15子	七甲 26午	八庚 6子	七丙 19子	七壬 30午	八戊 10子	七
八乙 30未	九庚 9子	八丙 21子	九壬 2午	九丁 12亥	八甲 25子	九庚 5午	八丙 18午	八壬 29子	九丁 8巳	八
九乙 29丑	十庚 9午	九丙 20午	十辛 1亥	十丁 12巳	九癸 23巳	十己 4亥	九丙 17子	九辛 27巳	十丁 8亥	九
十甲 28午	十一己 7亥	十乙 19亥	十辛 31巳	十一丁 11亥	十癸 23亥	十一己 3巳	十乙 16巳	十辛 27亥	十一丙 6辰	十
十一癸 26亥	十二己 7巳	十一乙 18巳	十二辛 30亥	十二丁 11巳	十一癸 22巳	十二己 3亥	十一乙 15亥	十一庚 25辰	十二乙 5酉	十一
十二癸 26巳	一戊 5戌	十二甲 17戌	十二庚 29辰	一丙 9戌	十二癸 22亥	一戊 1辰	一甲 13戌	十二庚 25戌	一乙 4卯	十二
	五四 15癸卯			八七 14戊午			十二十一 14甲辰		四三 14庚寅	闰
四 3	闰 2•	五 2	五 3	六 3•	六 3	六 4	七 3•	七 3	七 2•	回
			天文志 十一辛未误					七月朔成祖复称 洪武三十五年		回历304 西历1401

《近世中西史日对照表》

癸卯 一七二三年（清世宗雍正元年）

阳历一月份																						（阴历十一、十二月份）									
阳	1	2	3	4	5	6	7	8	9	10	11	12	13	14	15	16	17	18	19	20	21	22	23	24	25	26	27	28	29	30	31
阴	廿五	廿六	廿七	廿八	廿九	卅	十二	二	三	四	五	六	七	八	九	十	十一	十二	十三	十四	十五	十六	十七	十八	十九	廿	廿一	廿二	廿三	廿四	廿五
星	5	6	日	1	2	3	4	5	6	日	1	2	3	4	5	6	日	1	2	3	4	5	6	日	1	2	3	4	5	6	日
干节	丙午	丁未	戊申	己酉	庚戌	小寒	壬子	癸丑	甲寅	乙卯	丙辰	丁巳	戊午	己未	庚申	辛酉	壬戌	癸亥	甲子	大寒	丙寅	丁卯	戊辰	己巳	庚午	辛未	壬申	癸酉	甲戌	乙亥	丙子
阳历二月份																						（阴历十二、正月份）									
阳	2	2	3	4	5	6	7	8	9	10	11	12	13	14	15	16	17	18	19	20	21	22	23	24	25	26	27	28			
阴	廿六	廿七	廿八	廿九	正	二	三	四	五	六	七	八	九	十	十一	十二	十三	十四	十五	十六	十七	十八	十九	廿	廿一	廿二	廿三	廿四			
星	1	2	3	4	5	6	日	1	2	3	4	5	6	日	1	2	3	4	5	6	日	1	2	3	4	5	6	日			
干节	丁丑	戊寅	己卯	立春	辛巳	壬午	癸未	甲申	乙酉	丙戌	丁亥	戊子	己丑	庚寅	辛卯	壬辰	癸巳	甲午	雨水	丙申	丁酉	戊戌	己亥	庚子	辛丑	壬寅	癸卯	甲辰			
阳历三月份																						（阴历正、二月份）									
阳	3	2	3	4	5	6	7	8	9	10	11	12	13	14	15	16	17	18	19	20	21	22	23	24	25	26	27	28	29	30	31
阴	廿五	廿六	廿七	廿八	廿九	卅	二	二	三	四	五	六	七	八	九	十	十一	十二	十三	十四	十五	十六	十七	十八	十九	廿	廿一	廿二	廿三	廿四	廿五
星	1	2	3	4	5	6	日	1	2	3	4	5	6	日	1	2	3	4	5	6	日	1	2	3	4	5	6	日	1	2	3
干节	乙巳	丙午	丁未	戊申	己酉	惊蛰	辛亥	壬子	癸丑	甲寅	乙卯	丙辰	丁巳	戊午	己未	庚申	辛酉	壬戌	癸亥	甲子	春分	丙寅	丁卯	戊辰	己巳	庚午	辛未	壬申	癸酉	甲戌	乙亥

历日检索表是全书主体，自公元前1500年起按朔闰（仅列每月朔日）对照农历和公历月日，自公元445年起加入日本和历与农历对照，自公元622年起加入回历与公历、农历对照。并有表列出太平天国天历、法兰西共和国革命历各年月首的公历日期。本书用于查中国特有的干支纪日极为方便。表中除中国历史纪年外，还详细列出了日本、朝鲜、越南的历史纪年。（举例见194页）

列国纪年表部分是对主表的补充，包括五帝在位年数、三代世系表、西周十二诸侯纪年表、春秋诸侯纪年表、战国纪年表、十六国纪年表、柔然纪年表、高昌纪年表以及渤海、南诏、吐蕃、大理、北辽、西辽纪年表和十国纪年表等，较一般中国历史纪年表为详。

参考资料部分包括14种表，如干支、生肖、岁星（太岁）互检表，世界纪元表，月名对照表，年的天干与相应的纪月干支表，月相纪日参考资料，检星期表，韵目代日表，古代纪时对照表，日的天干与相应的时的干支推算表，中国古代的自然历，中国古代杂节等，收罗颇为详备，且有裨实用。书末附年号索引，包括日、朝、越等国年号。

本书是迄今最完备的一种历表，对于研究中国历史和世界各国历史都有重要参考价值。

《中华五千年长历》 毛耀顺主编，气象出版社，2002。本书为公元前2070年夏朝开始至公元2100年的历法长编。书中历表以最新公布的《夏商周年表》确定的中国历史纪年为重要依据。历表形式分年历表、月历表、日历表。

《三千五百年历日天象》 张培瑜编，河南教育出版社，1990。本书从公元前1500年起列出每月朔日的中、西历对照，推算较为准确。

《中国先秦史历表》 张培瑜编，齐鲁书社，1987。本书包括两部分："冬至合朔时日表"列出公元前1500年至前104年（汉武帝太初元年）每年冬至日的干支，每月合朔的西历月日时分和纪日干支；"史日朔闰表"列出公元前722年至前105年用复原的历法及古六历推算得出的各月朔日干支和闰月位置，可据以推算中西历日。

《中国年历总谱》 董作宾编，香港大学出版社，1960。本书分为两编。黄帝元年（前2674）至殷盘庚十四年（前1383）只记世系和历史纪年；盘庚十五年（前1382）至2000年列出每月朔日的中、西历对照，可供推算。公元后部分系据《中西回史日历》等书改编。本书有简编本《中

B. C. 555.—B. C. 543.

新编中国三千年历日检索表

纪年			农历公历月日对照 —6日为格历													星次名	日本
			正月	二月	三月	四月	五月	六月	七月	八月	九月	十月	十一月	十二月	闰月		
丁未	周灵王 18年	鲁襄公 19年	丙寅 —**555.** 11.20.	丙申 12.20.	乙丑 —**554.** 1.18.	乙未 2.17.	乙丑 3.19.	甲午 4.17.	甲子 5.17.	癸巳 6.15.	癸亥 7.15.	壬辰 8.13.	壬戌 9.12.	辛卯 10.11.	辛酉 11.10.	降娄	绥靖天皇 28年
戊申	19年	20年	庚寅 —**554.** 12.9.	庚申 ▲**553.** 1.8.	己丑 2.6.	己未 3.7.	戊子 4.5.	戊午 5.5.	戊子 6.4.	丁巳 7.3.	丁亥 8.2.	丙辰 8.31.	丙戌 9.30.	乙卯 10.29.	乙酉 11.28.	大梁	29年
己酉	20年	21年	甲寅 —**553.** 12.27.	甲申 —**552.** 1.26.	癸丑 2.24.	癸未 3.26.	壬子 4.24.	壬午 5.24.	辛亥 6.22.	辛巳 7.22.	庚戌 8.20.	庚辰 9.19.	庚戌 10.19.	己卯 11.17.		实沈	30年
庚戌	21年	22年	己酉 —**552.** 12.17.	戊寅 —**551.** 1.15.	戊申 2.14.	丁丑 3.15.	丁未 4.14.	丙子 5.13.	丙午 6.12.	乙亥 7.11.	乙巳 8.10.	甲戌 9.8.	甲辰 10.8.	癸酉 11.6.		鹑首	31年
辛亥	22年	23年	癸卯 —**551.** 12.6.	癸酉 —**550.** 1.5.	壬寅 2.3.	壬申 3.5.	辛丑 4.3.	辛未 5.3.	庚子 6.1.	庚午 7.1.	己亥 7.30.	己巳 8.29.	戊戌 9.27.	戊辰 10.27.	丁酉 11.25.	鹑火	32年
壬子	23年	24年	丁卯 —**550.** 12.25.	丙申 ▲**549.** 1.23.	丙寅 2.22.	乙未 3.22.	乙丑 4.21.	乙未 5.21.	甲子 6.19.	甲午 7.19.	癸亥 8.17.	癸巳 9.16.	壬戌 10.15.	壬辰 11.14.		鹑尾	33年
癸丑	24年	25年	辛酉 —**549.** 12.13.	辛卯 —**548.** 1.12.	庚申 2.10.	庚寅 3.12.	己未 4.10.	己丑 5.10.	戊午 6.8.	戊子 7.8.	丁巳 8.6.	丁亥 9.5.	丁巳 10.5.	丙戌 11.3.		寿星	安宁天皇 1年
甲寅	25年	26年	丙辰 —**548.** 12.3.	乙酉 —**547.** 1.1.	乙卯 1.31.	甲申 3.1.	甲寅 3.31.	癸未 4.29.	癸丑 5.29.	壬午 6.27.	壬子 7.27.	辛巳 8.25.	辛亥 9.24.	庚辰 10.23.		大火	2年
乙卯	26年	27年	庚戌 —**547.** 11.22.	庚辰 12.22.	己酉 —**546.** 1.20.	己卯 2.19.	戊申 3.20.	戊寅 4.19.	丁未 5.18.	丁丑 6.17.	丙午 7.16.	丙子 8.15.	乙巳 9.13.	乙亥 10.13.	甲辰 11.11.	析木	3年
丙辰	27年	28年	甲戌 —**546.** 12.11.	癸卯 ▲**545.** 1.9.	癸酉 2.8.	壬寅 3.8.	壬申 4.7.	壬寅 5.7	辛未 6.5.	辛丑 7.5.	庚午 8.3.	庚子 9.2.	己巳 10.1.	己亥 10.31.	戊辰 11.29.	星纪	4年
丁巳	周景王 1年	29年	戊戌 —**545.** 12.29.	丁卯 —**544.** 1.27.	丁酉 2.26.	丙寅 3.27.	丙申 4.26.	乙丑 5.25.	乙未 6.24.	甲子 7.23.	甲午 8.22.	甲子 9.21.	癸巳 10.20.	癸亥 11.19.		玄枵	5年
戊午	2年	30年	壬辰 —**544.** 12.18.	壬戌 —**543.** 1.17.	辛卯 2.15.	辛酉 3.17.	庚寅 4.15.	庚申 5.15.	己丑 6.13.	己未 7.13.	戊子 8.11.	戊午 9.10.	丁亥 10.9.	丁巳 11.8.		娵訾	6年

国年历简谱》。

纪年表

纪年表是把不同纪年法的年代对照排列，以供查考和换算的工具书，一般以表格对照中国历史纪年与公元纪年。最常用的纪年表是：

《中国历史纪年表》 方诗铭编，上海辞书出版社，1980。

本书是《辞海(1979年版)》附表的单行本，增编了年号索引。纪年起自西周共和元年(前841)，迄于1949年，按朝代分为15个纪年表。另附三代世系表、辛亥革命时期所用的黄帝纪年对照表和韵目代日表。表中分栏记载公元纪年、干支纪年和年号纪年(列出帝王谥号或庙号、姓名、年号)。重要的并建立年号的封建割据、少数民族政权以及农民起义和农民战争，亦尽量在表中罗列。农民革命政权和所建年号加〔 〕号标志。从秦代开始，注明帝王即位、建年号、改年号以及覆灭的中历月份，各加圆圈标志。农民革命政权的建立、年号更改和失败的中历月份也同样加以注明。从公元1年开始，在第三栏左侧用两个圆圈加注与每年西历12月31日相当的中历月日，以解决中历和西历的年代交叉问题，得以准确地换算年份。(举例见196页)

同类的纪年表还有：

《中国历史纪年》 荣孟源编，三联书店，1957。本书包括《历代建元谱》、《历代纪年表》和《年号通检》三部分。《历代建元谱》详列汉高祖以来历代帝王的各种名号、世系、在位年数、年号等，并附列各朝农民起义的年号。

《中国历史纪年表》 万国鼎编，万斯年、陈梦家补订，中华书局1978年重印本。本书对西周共和以前难考年代重加整理与拟定，可资参考。

《中国历代各族纪年表》 陆峻岭、林幹编，内蒙古人民出版社，1980。

《中国日本朝鲜越南四国历史年代对照表》 山西省图书馆1979年编印。本书从日本神武天皇元年(前660)开始，逐年对照列出中、日、朝、越四国的历史纪年以及相应的公元和干支纪年，至1918年止。所附年号索引，注明了国别。

由公元推算干支或由干支推算公元，还可利用《公元干支推算表》

（汤有恩编，文物出版社，1961）或简便的《公元甲子互检表》（举例见197页）。

《中国历史纪年表》

公元	干支	清		
1716	丙申	⑪⑱	康熙 55	
1717	丁酉	⑪㉙	56	
1718	戊戌	⑪⑩	57	
1719	己亥	⑪㉑	58	
1720	庚子	⑫③	59	
1721	辛丑	⑪⑬	60	朱一贵〔永和〕④　1⑥
1722	壬寅	⑪㉔	61（世宗⑪）	
1723	癸卯	⑫⑤	世宗（爱新觉罗胤禛）雍正 1	
1724	甲辰	⑪⑯	2	
1725	乙巳	⑪㉗	3	
1726	丙午	⑫⑨	4	
1727	丁未	⑪⑲	5	
1728	戊申	⑫①	6	
1729	己酉	⑪⑫	7	
1730	庚戌	⑪㉓	8	
1731	辛亥	⑫③	9	
1732	壬子	⑪⑮	10	
1733	癸丑	⑪㉖	11	
1734	甲寅	⑫⑦	12	
1735	乙卯	⑪⑱	13（高宗⑧）	
1736	丙辰	⑪㉚	高宗（—弘历）　乾隆 1	
1737	丁巳	⑪⑪	2	
1738	戊午	⑪㉒	3	
1739	己未	⑫②	4	
1740	庚申	⑪⑬	5	

《公元甲子互检表》

公元的千、百位				0	1	2	3	4	5	6	7	8	9	公元的个位
	0 3 6 9 12 15 18	1 4 7 10 13 16 19	2 5 8 11 14 17 20	辛 **庚**	庚 **辛**	己 **壬**	戊 **癸**	丁 **甲**	丙 **乙**	乙 **丙**	甲 **丁**	癸 **戊**	壬 **己**	天干
公元的十位	0,6	2,8	4	酉 **申**	申 **酉**	未 **戌**	午 **亥**	巳 **子**	辰 **丑**	卯 **寅**	寅 **卯**	丑 **辰**	子 **巳**	地支
	1,7	3,9	5	亥 **午**	戌 **未**	酉 **申**	申 **酉**	未 **戌**	午 **亥**	巳 **子**	辰 **丑**	卯 **寅**	寅 **卯**	公元前的甲子查宋体字 公元后的甲子查黑体字
	2,8	4	0,6	丑 **辰**	子 **巳**	亥 **午**	戌 **未**	酉 **申**	申 **酉**	未 **戌**	午 **亥**	巳 **子**	辰 **丑**	
	3,9	5	1,7	卯 **寅**	寅 **卯**	丑 **辰**	子 **巳**	亥 **午**	戌 **未**	酉 **申**	申 **酉**	未 **戌**	午 **亥**	
	4	0,6	2,8	巳 **子**	辰 **丑**	卯 **寅**	寅 **卯**	丑 **辰**	子 **巳**	亥 **午**	戌 **未**	酉 **申**	申 **酉**	
	5	1,7	3,9	未 **戌**	午 **亥**	巳 **子**	辰 **丑**	卯 **寅**	寅 **卯**	丑 **辰**	子 **巳**	亥 **午**	戌 **未**	

由公元查干支，先在左上角找出要查的公元年份的千、百位数，再在这一直行下面找出要查的公元年份的十位数，在十位数的这一横行同右上角要查的公元年份的个位数相交的一点，就是公元年份的干支(粗黑线以上是天干，以下各格是地支)。

例如要查公元424年的干支，先在左上角第二直线找出4(百位)，然后在这一行下面的第一横行里找出2(十位)，由这一行同右栏第五行4(个位)相交的一点，即为干支：甲子。

由干支查公元将上法倒转即可。

大事年表

大事年表也称史事年表、大事记，是以年月为序，简明扼要记述历史事件的工具书。

宋代司马光撰成《资治通鉴目录》30卷，以年为经，以国为纬，叙事撮《通鉴》精要之语，各年下列举大事，均注明见某卷。不仅是《通鉴》的提纲，也是战国至五代1 300多年的大事年表。嗣后又撰成《稽古录》，记事起伏羲、神农，止于宋英宗治平四年(1067)，亦是大事年表，但较《通鉴目录》更为简要。

清代学者编撰史表风气甚盛，尤以补各史阙表最为突出，多半至今仍有参考价值。兹举其要：

《历代史表》 清万斯同撰，四部备要本、二十五史补编本。59卷，目录1卷。《史记》创立表的体例，《汉书》以后各史多缺而不备。此书补《后汉书》至《五代史》共68种表，计：东汉7种，三国8种，晋17种，宋3种，齐3种，梁2种，陈2种，魏7种，北齐3种，周2种，隋2种，五代12种。将此书与《史记》、《汉书》、《新唐书》各表合起来，即是一部较完备的历史年表。

《春秋大事表》 清顾栋高编，中华书局1993年点校本。本书每卷1表，凡50种表。另有舆图1卷，附录1卷。于查检春秋史事甚便。

此外如《历代统记表》13卷（清段长基编，四部备要本）、《历代纪事年表》100卷（清王之枢等编，四库全书本）、《历代帝王年表》14卷（清齐南台编，清阮福续，丛书集成初编本、四部备要本）等，均可供参考，但各书观点陈旧，须加注意。

现代所编大事年表，依记载的内容可分为综合性大事年表和专题性大事年表。

综合性大事年表兼记各方面事件，内容广泛。常用的有：

《中外历史年表（前4500—1918）**》** 翦伯赞主编，中华书局，1961。

本书依公元纪年顺序记载国内外历史事件，自公元前841年起逐年记事。每一年中先列中国历史纪年并按月（中历月份）记载史事，其次分国列外国重要史事。注重记述生产工具和生产技术的改进，经济、政治制度的改革和重要法令的颁行，阶级斗争和统治阶级内部的矛盾，重大科学技术的发明，国际间、民族间关系，著名历史人物生卒年等。本书有续编《中外历史年表（1919—1957）》（中华书局，1963）。

《中国历史大事编年》 张习孔、田钰主编，北京出版社，1987。全书分5卷：先秦至汉，三国至隋唐，五代、两宋，元、明，清、近代。记载原始社会至1918年间中国史事，按年月记事，内容涉及范围很广。遇有重大历史事件，则加标题，扼要叙其原委，兼有纪事本末体的特点。

《中国历史大事年表（古代卷）》 沈起炜编著，上海辞书出版社，2001。记事上起远古，下迄清道光十九年（1839）。

《中国历史大事年表（近代卷）》 沈渭滨主编，上海辞书出版社，1999。记事上起清道光二十年（1840），下迄1919年5月。

《中国历史大事年表（现代卷）》 唐培吉主编，上海辞书出版社，1997。记事上起1919年五四运动，止于1994年。

《20世纪中国大事年表(1900—1988)》 贾新民主编,中国人民大学出版社,1993。

记载近现代史事较详的有郭廷以编《近代中国史事日志》(中华书局,1987)和《太平天国史事日志》(上海书店,1986),以及《中华民国大事记》(李新总编,韩信夫、姜克夫主编,中国文史出版社,1997。共39卷,精装5册)。

记述外国史事的大事年表有:

《外国历史大事年表》 王治邦等编,辽宁人民出版社,1985。本书按年代分国记事,自公元前4500年至1945年,对近现代史事记述较详。

《世界七千年大事总览》 〔美〕伯纳德·格伦主编,雷自学、王迎选译,东方出版社,1990。本书以表格形式编年记载公元前5000年至1918年世界重大事件,分为七栏:历史、政治,文学、戏剧,宗教,哲学、学术,观赏艺术、音乐,科学、技术、发展,日常生活。古代部分较为简略,且偏重西方世界。

此外还有《世界史便览:公元前9000年—公元1975年的世界》(三联书店,1983)、《世界现代史大事记(1917—1959)》(吴成平编,知识出版社,1984)等。

专题性大事年表,包括学术年表,专记某一学科或专题的重要历史事件。例如:

《全球文明史·人类百科大事通览》 许志峰等主编,吉林人民出版社,1990。本书包括哲学文科卷、历史艺体卷和数学理工卷3卷,编年记述自人类诞生至1989年10月各方面大事。每卷各记重要史实1万余件,附有内容分析索引,按事件主题和人名编排。

《世界文明史年表》 沈坚主编,上海古籍出版社,2000。本书以纪年图表形式反映世界历史变迁的大体脉络。纪事起自人类文明发端,迄于1950年,按中国与世界各大地区并列对照。前编为考古文化卷,正编为有文字记载的文明史卷。

《世界哲学史年表》 马采、陈云编,中国社会科学出版社,1992。记述公元前624年至1945年东西方著名哲学家的生卒年、著作、学术活动,与哲学有关的历史事件以及邻近学科重大发现等。附录有西方主要哲学家文献书目。

《中国文化史年表》　虞云国等编著，上海辞书出版社，1990。本书从远古至1949年，记述范围广泛，以公认属于文化范畴的思想、哲学、宗教、教育、学术、法律、文学艺术、新闻出版、伦理道德、体育卫生、科学技术、风俗习惯等为主要内容，反映重要的文化制度、政策、事件、人物、社团、流派、著述、发明、文化交流等。附有人名索引。

《中国书文化要览（古代部分）》　施金炎编著，湖南教育出版社，1992。

《中国文学史大事年表》　吴文治编著，黄山书社，1987—1993。全书共三册，上起春秋，下至五四运动，按年纪事。内容分两栏："时事纪要"概略提供社会、政治背景；"文学史事"详列文学家生卒及重要事迹、主要作品系年，相互交往，政府对文坛的重要举措，国际和民族间文学交流及文坛轶事等。涉及文学家1万余人，文学史事数10万条。每册前有"姓名检目"，供按人索事。

《甲骨年表》　董作宾、胡厚宣编，商务印书馆1957年增订本。本书起自清光绪二十五年（1899），分纪年、纪事、撰著三栏，按年记述甲骨文字的发现、流传和研究、撰著（详列专著和论文），记至1936年。

《汉晋学术编年》　刘汝霖编撰，商务印书馆，1935；中华书局1987年影印本。本书内容大多取自正史，采用编年体，将史料系于各年之下，附以考证；各卷末论述该阶段的学术发展流变。全书观点较为陈旧。作者尚编有《东晋南北朝学术编年》（中华书局1987年影印本）。

《中国学术界大事记（1919—1985）》　王亚夫、章恒忠主编，上海社会科学院出版社，1988。编年记述五四以来学术界的重大事件和活动，突出反映各个时期的学术论战。

专题性大事年表数量较多，有些涉及专门研究，例如：《佛教史年表》（慈怡主编，高雄佛光出版社，1987）、《秦史编年》（王云度编，陕西人民出版社，1986）、《匈奴历史年表》（林幹编，中华书局，1984）、《楚文化考古大事记》（楚文化研究会编，文物出版社，1984）、《明清江苏文人年表》（张慧剑编，上海古籍出版社，1986）、《中国美术年表》（傅抱石编著，商务印书馆，1935）、《宋元明清书画家年表》（郭味蕖编，人民美术出版社，1962）、《莫高窟年表》（姜亮夫编，上海古籍出版社，1985）等。

专题性大事年表，除单行本外，还有一些附于百科全书、辞书、年鉴等工具书或有关专著中。如《中国大百科全书》各学科卷都附有该学科大事年表,《中国文学》卷所附年表后扩编为《中国文学编年录》(刘德重编,知识出版社,1989);《中国美学史大事年表》和《外国美学史大事年表》附见于《哲学大辞典·美学卷》;《历代战争年表》(解放军出版社,1985)为《中国军事史》的附卷;等等。

世系表和族谱

记述氏族或宗族世系的表谱通称为谱牒,包括家谱、族谱、宗谱、世系表等。谱牒被视为重要史料,正史中也有世系表之作。这里只介绍几种作为工具书使用的世系表。

《二十一史四谱》 清沈德震编,商务印书馆,1936。54卷。分为:《纪元谱》,载汉迄元历代帝王纪元年号;《封爵谱》,按韵排列历代受封王公、侯伯爵位之名号;《宰执谱》,依时代载自黄帝至元历代宰相官职及名号;《谥法谱》,记历代帝王谥号、追尊,后妃公主谥号,诸臣谥号。除《封爵谱》外,各谱均有按韵编的通检,或由年号查帝王,或从人名检官职、谥号。

《中国历代帝王谱系汇编》 贾虎臣编著,台北正中书局,1966。本书以表格形式记述黄帝至清宣统,旁及五胡十六国、五代十国,计242位帝王的谱系事迹。依朝代和执政先后为序,每一帝王记述帝号、年号、民族、姓名、年龄、籍贯、祖、父、母、后、子(女)、在位年数、纪年、国都、地陵、备考及生平事迹等项,较一般年表为详。

《中国帝王皇后亲王公主世系录》 柏杨编著,台北星光出版社,1977;中国友谊出版公司,1986。以表格形式列出神话传说时代至清末帝王等人世系。

《蒙古世系》 高文德、蔡志纯编著,中国社会科学出版社,1979。本书列世系表48张,从成吉思汗的远祖孛儿帖赤那至清末止,记载人名约6 000个。注释部分对重要历史人物作了介绍和考证。

族谱、家谱除了记载宗族、家族的世系,还收有大量的人物传记资料和诗文,是重要的史料。魏晋至隋唐盛行谱牒修撰,“人尚谱系之学,家藏谱系之书”(郑樵《通志》卷25《氏族略》),自此确立了谱牒在史书中的地位。宋以后,修谱之风经久不衰,到清代达到高峰。现存族谱的数量难以确切统计。上海图书馆主持编纂的《中国家谱总目》目前正在进行中。山西省社会科学院家谱资料研究中心和中国谱牒学会编成《中华族谱集成》(巴蜀书社,1996),包括 6 卷:通谱,张氏谱,王氏谱,李氏谱,刘氏谱,陈氏谱。

年谱从谱牒发展演变而来,按年月详记谱主生平事迹、家庭情况、事业著作、师友交往和有关史事等,已成为编年体个人传记。年谱之作,始于宋,发展于元明,盛行于清。年谱不仅是研究历史人物的重要传记资料,也为史学研究提供资料。年谱数量较多,应利用年谱目录查检。

生卒年表

生卒年表专门记载历史人物的生卒年。清钱大昕撰《疑年录》考求古今名人生卒年,是为此类著作之始,其后多有续作。现代所编生卒年表多采用表格式。

《疑年录汇编》 张惟骧编,小双寂庵丛书本,1925。本书汇编各家疑年录,并加以增补正误,正编 16 卷共收 3 928 人,补录 1 卷收 20 余人。各记姓名、字号、年岁和生卒年。附"分韵人表"1 卷供查检。梁廷灿以此书为底本,编成《历代名人生卒年表》(商务印书馆,1930);陶容、于士雄又编成《历代名人生卒年表补》(香港中美图书公司,1969),北京图书馆出版社 2002 年出版两书合刊本。

《疑年录集成》 贾贵荣、殷梦霞辑,北京图书馆出版社,2002。此书汇辑"疑年录"著作 19 种。全 9 册(第九册为人名索引)。

《历代人物年里碑传综表》 姜亮夫编,中华书局,1959。本书搜罗较为完备,收录孔丘至卒于 1919 年的历代人物约 12 000 人。全书按人物生年排列,生年不可考者,以卒年排列。每人列姓名、字号、籍贯、岁数、生年、卒年,备考栏注明传记资料出处及生卒年异说。末附人名索引。

《中国历史人物生卒年表》 吴海林、李延沛编,黑龙江人民出版社,1981。共收西周共和至清末 6 600 余人,各记姓名、字号、籍贯和生卒年。

《历代名人年谱》 清吴荣光编,国学基本丛书本。本书记载汉初至清道光二十三年(1843)历代大事和名人事迹,实为年表。共 10 卷。表分四栏:干支纪年、年号纪年、时事、名人生卒。时事栏记该年史事和重要人物活动及官职升黜,清代此栏为登科录。生卒栏记名人生卒年月及谥爵。附存疑及生卒无考者 1 卷。记事间有错讹,且无索引,不便查检。北京图书馆出版社 2002 年出版影印本，书名改为《中国古代名人生卒·历史大事年谱》，并编制了人名索引。

《清代人物生卒年表》 江庆柏编著，人民文学出版社，2005。本书收有清一代在政治、经济、军事、科技、医卫、文教、文学、艺术、收藏等方面有突出事迹、重要影响的人物 25 000 万人左右。每人著出姓名、生卒年、字号、籍贯和记载生卒年的原始文献出处(有异说加注说明)。

《清代人物大事纪年》 朱彭寿编著，北京图书馆出版社，2005。本书根据朱彭寿著《皇清纪年五表》、《皇清人物通检》、《皇清人物考略》三书整理而成，著录了约 20 000 名清代自中央到地方有影响人物的个人资料，包括姓名、字、号、籍贯、生辰、科第、官职、恩遇、封爵、著述、卒年、谥号、死因等十多项内容。

《宋元理学家著述生卒年表》 麦仲贤编，香港新亚书院研究所，1968。

《明清儒学家著述生卒年表》 麦仲贤编，台湾学生书局，1966。

《释氏疑年录》 陈垣撰，中华书局，1964。本书收晋至清初有年可考的僧人 2 800 人。每一名上冠地名、寺名，或缀以号，下注出家前地名姓氏、生卒年、所据资料，间有说明文字。引书达 700 余种。为研究佛教史的重要工具书。

职官表

职官表是供查考历代官制的工具书，以表格形式列出职官设置和沿革，辅以文字说明。职官年表则在职官下按年系人，注明任职时间，可供查考人事更替及有关人物资料。

《历代职官表》 清纪昀等编，上海古籍出版社 1989 年影印武英殿本。本书为清代官修，成于乾隆四十八年(1783)，共 72 卷。全书以清代官制为纲，追溯历代沿革，按机构分别列表，以清代职官比照历代职官。共 67 表。每表后有清朝官制和历代建置两项，说明表中各官人数、职掌和建置沿革，并比较异同。取材于各史职官志、《通典》、《文献通考》、《清会典》等书。虽不免牵强舛误之处，仍不失为查考古代职官的重要工具书。影印本编有索引。

《历代职官表》 清黄本骥编，上海古籍出版社，1980。

前述官修本《历代职官表》卷帙繁多，使用不便。清道光年间黄本骥将其改编为6卷，删去考订说明，只保留诸表及清代官制。中华书局上海编辑所于1965年重加校勘，订正讹误，增加了瞿蜕园撰写的《历代官制概述》和《历代职官简释》两部分。书后附综合索引(倒序排列)，查检甚便。

《中国历代官制简表》 卫文选编，山西人民出版社，1987。本书以朝代为纲，将商周至清代官制各列为若干个图表，佐以扼要文字说明，可供系统了解历代官制。

职官年表主要有：

《清代职官年表》 钱实甫编，中华书局，1980；1997年重印。本书是在作者原编的《清季重要职官年表》(中华书局，1959)和《清季新设职官年表》(中华书局，1961)基础上改进补充编成的。全书共49种年表，反映出顺治至宣统年间各种机构设置、裁并情况，注明时间；每一职官都按年系人，注明任职时间及升迁等。书后附人名录，为查检提供线索。

《民国职官年表》 刘寿林、万仁元等编，中华书局，1995。反映中华民国元年(1912)元旦至1949年10月机构设置及各种职官的任职情况。

此外还有《清代各地将军都统大臣等年表》(章伯锋编，中华书局，1965)、《清季中外使领年表》(故宫博物院明清档案部、福建师范大学历史系编，中华书局，1985)、《辛亥以后十七年职官年表》(刘寿林编，中华书局，1966)、《北洋政府职官年表》(钱实甫编，华东师范大学出版社，1991)等。

可供查考历代职官的还有《唐仆尚丞郎表》(严耕望撰，中华书局，1986)、《唐方镇年表》(吴廷燮撰，中华书局，1980)、《唐刺史考全编》(郁贤皓著，安徽大学出版社，2000)、《北宋经抚年表、南宋制抚年表》(吴廷燮撰，中华书局，1984)、《宋代郡守通考》(李之亮著，巴蜀书社，2001)、《明督抚年表》(吴廷燮撰，中华书局，1982)。吴廷燮撰有《历代方镇年表》56卷，自汉至清以朝代和地域排列。各表均分三栏，上栏纪年，中栏纪人，下栏纪事。有民国年间辽海书社印本和二十五史补编本。前列数种均由该书中抽出单印，其中《唐方镇年表》附后人补正及新编索引。

地理沿革表和行政区划表

地理沿革表以表格形式反映政区设置变迁、历史沿革,用于查考不同历史时期疆域和地名的变化。行政区划表则主要反映现行政区的变动。

《历代地理沿革表》 清陈芳绩编,丛书集成初编本。本书47卷,按古代地方三级行政区划分为部表、郡表、县表。各表均以地为经,以朝代为纬,前有概叙。部表首列虞12州及交州,下列虞至明历代辖境内之州、国、道、路、府、省等地方区划。郡表首列秦40郡,下列秦至明历代辖境内之郡、州、路、府、军、卫等地方区划。县表按《汉书·地理志》所载1 450县次序,列举汉至明历代之增废,注明变化沿革年月。

《历代沿革表》 清段长基编,段搢书注,四部备要本。本书3卷,以地为经,以时为纬,纵横编排。所收地名,起自初置,讫于明。首列清代省、府、县(清嘉庆年间行政区划),以下逐代记述。

《历代疆域表》 清段长基编,段搢书注,四部备要本。本书3卷,上起五帝,下迄明代,记述历代疆域变迁。表分三栏:上栏都邑,记国都所在及变迁;中栏疆域,记郡或州、路、府建置及变迁,并注领县;下栏列举领县,注明清代属地。

《清代政区沿革综表》 牛平汉主编,中国地图出版社,1990。本书依据档案史料反映清代(1644—1911)地方政区沿革,文表兼用,每章文字详述地理沿革,再以沿革表揭示,便于查找,表中并列出今地名及经、纬度。全书以省、地区分为27个单位,最后为商埠、租界、租借地,共28章。各省建置基本分为省、府(直隶州、厅)、县(州、厅)三级,三级以上政权机构的建置、裁并、徙治、异名、归属均加收录。清代道级建置虽未形成政权机构,仍在各章文后叙述。本书收录详尽、叙述简括、注明出处,优于《清代地理沿革表》(赵泉澄编著,中华书局,1955)。

《中国近现代政区沿革表》 张在晋编,福建地图出版社,1987。本书以现时行政区划为纲,表列1820—1984年间全国县级以上行政区划的沿革。“总表”反映省级政区及其治所的沿革;“分表”反映县级以上政区和隶属关系的沿革。

《中华人民共和国行政区划简册》 民政部编,逐年出版。根据上一年度行政区划资料汇编而成,内容包括全国县级以上行政区划名称、各级行政机构所在地、行政区划的变动情况,以及统计数字和地名索引。

第三节 图 录

本书将图录分为文物图录、版本图录、历史图录、人物图录、艺术图录和地图等几类。

文物图录

文物图录汇辑古代器物的图形或出土文物的图片，辅以文字说明，图文互相印证、互相补充，便于了解古器物的形制、考辨名物，也有助于研究古代的各种制度。

自宋代吕大临撰《考古图》、王黼（一说王楚）撰《宣和博古图》和龙大渊等撰《古玉图谱》开始，古代的文物图录主要著录宫廷和私人收藏的铜、玉器，摹绘其图形、款识，记载尺寸大小、重量、容量等。后世多沿袭其例，如通称“西清四鉴”的《西清古鉴》（清梁诗正等编）、《西清续鉴甲编》（清王杰等编）、《西清续鉴乙编》和《宁寿鉴古》，四书均为著录清代内府所藏青铜器，并加考订之作，所记各种铜器在 4 000 件以上。清代考据之学盛行，学者多以金石资料证经订史，搜访古器物的范围扩大到碑石、玺印、封泥、砖瓦、钱币等，亦多有成书的。如清杨守敬辑《寰宇贞石图》，清吴式芬、陈介祺编《封泥考略》，罗振玉辑《古明器图录》，丁福保编《历代古钱图说》等。现代编印的文物图录多为出土文物和博物馆藏品的照片，附以说明和论述文字，更具参考价值。

还有一些图录以古代文物制度的考证、研究为主。首开其端的是清戴震所撰《考工记图》（《皇清经解》补刊本），此书对先秦典籍《考工记》所录宫室、车舆、兵器、礼乐诸器物，列图说明，对文物、制度、字义等加以考证。沈从文编著的《中国古代服饰研究》（商务印书馆香港分馆，1981）选收了出土和传世的文物图像 700 幅，对历代服饰制度作了深入的探讨。

文物图录数量多，范围广，这里只能择要加以介绍。

《新中国的考古发现和研究》 中国社会科学院考古研究所编，文物出版社，1983。本书是新中国考古发现和研究成果的总汇，附插图 104 幅。精装本另有彩色图版 24 面，黑白图版216 面。

《汉代物质文化资料图说》 孙机编著，文物出版社，1991。本书是中国历史博物馆编辑的《中国历代物质文化资料图说》中的一册。全书按物质文化特点分为40多项。有图版111面。

《中国古代天文文物图集》 中国社会科学院考古研究所编，文物出版社，1978。

《中国古代度量衡图集》 国家计量总局、中国历史博物馆、故宫博物院主编，文物出版社1984年修订版。

《中国历代服饰》 上海市戏曲学校中国服装史研究组编著，学林出版社，1984。

《中国古代体育文物图集》 邵文良编著，人民体育出版社，1986。

《中国古代兵器图册》 刘旭编，书目文献出版社，1980。

《中国古代生产工具图集》 第一册，西北大学历史系编印；第二至四册，徐文生编，西北大学出版社，1986。

《中国古代车马》 王今栋编绘，河南人民出版社，1984。

《中国古建筑》 中国建筑科学研究院编，中国建筑工业出版社，1983。

《中国历代货币(公元前16世纪—公元20世纪)》 中国人民银行编，新华出版社，1982。

《中国古青铜器选》 文物出版社编辑出版，1976。

《故宫博物院藏瓷选集》 故宫博物院编，文物出版社，1962。

《太平天国革命文物图录》 太平天国起义百年纪念展览会编，上海出版公司，1952；《续编》，郭若愚编，上海出版公司，1953；《补编》，郭若愚编，群联书店，1955。

《上海古代历史文物图录》 上海市文物保管委员会编，上海教育出版社，1981。

版本图录

版本图录，也称之为书影，即用影刻或影印的方式，将图书的部分内容(通常为一二页)，再现出来。它是了解古籍版本知识、研究版本目录的重要工具。从版本图录中可看到古籍的形态，如行款、字体、边栏、墨色以及藏印、题跋等，使读者如见原书。书影只有一页或数页，但它显示了不同形态的书本实例，可以提供许多重要的版本信息。

我国最早的书影是杨守敬所编的《留真谱》。他将收集到的珍稀古

籍摹刻上板,印刷流传。其后随着石印技术、摄影技术的广泛应用,书影大量出现。现在常用的版本图录有:

《中国版刻图录》 赵万里、冀淑英编,文物出版社,1960;1961年增订本。全8册。收录历代善本书影和重要版画共550种,图724幅,分三部分:一、刻版,收唐、五代、宋金、元、明、清各代刻版书影;二、活字版,收明清两代活字版书影;三、版画,收宋元明清四朝版画。图录所收都是我国现存版刻的精华,系统地反映了我国版刻的发展过程,是我们研究古书版本、版刻艺术的重要工具书。

《中国古籍稿钞校本图录》 王世伟、陈先行主编,上海书店出版社,2000。选录元至清代有代表性的稿本、抄本、校本共375种,每种有书影1—3幅,附文字说明。

《中国国家图书馆古籍珍品图录》 任继愈主编,北京图书馆出版社,1999。从馆藏400余种古籍珍品中选出。分为古籍善本、甲骨金石、中外舆图、少数民族文献四部分。各幅图版从形态、特点、价值等方面给予提要介绍。

《北京大学图书馆藏善本书录》 张玉范、沈乃文主编,北京大学出版社,1998。从馆藏130余种古籍珍品中选出。分为宋元刻本,明刻本,抄本、稿本、校本,古代日本、朝鲜本,活字本、套印本、绘本五部分。各幅图版从形态、特点、价值等方面给予提要介绍。

《铁琴铜剑楼宋金元本书影》 瞿启甲编,1922年家印本。收录宋金元图书270种的书影。书影前各附版刻说明。

《宋元版刻图释》 陈坚、马文大撰辑,学苑出版社,2000。本书所辑版本书影包括宋代660余种,辽西夏金55种,元代370余种,另辑录宋元版画99种。各种版本均附有简短释文。全4册。

《宋元书刻牌记图录》 林申清编著,北京图书馆出版社,1999。收录宋元书刻牌计百余幅,分为官刻、家刻、坊刻三类。

《明代版本图录初编》 共12卷,线装4册。潘承弼、顾廷龙编著,开明书店,1941。本书是明代所刻书籍的版本书影。共有分代、监本、内版、藩府、书院、家刻、毛刻、书林、活字、套印、绘图、附录等12卷。书末附有索引。

《明代版刻图释》 周心慧主编,学苑出版社,1998。本书辑录明代版本书影近2 000幅,涉及版本1 400余种。各种版本均附有简短释文。全4册。

《清代版刻一隅》 黄裳著,齐鲁书社,1992。全书按刻书年代编排,收清代版刻196种,每种有简要解题。

《清代版本图录》 黄永年、贾二强撰,浙江古籍出版社,1997。全5册。收录清本350种的书影。

《古本小说版画图录》 金沛霖主编,线装书局,1996。收录宋至清末雕印的小说版画1 220幅,涉及古小说版本247种。每种版本均有图版释文。全16册。

《中国古代戏曲版画集》 周心慧、王致军撰集,学苑出版社,2000。辑录历代所刊戏曲版画600余幅,涉及版本300余种。

《古本戏曲版画图录》 金沛霖主编,学苑出版社,1997。辑录中国古代戏曲版画2 000幅左右,所辑作品上起元末戏曲版画发端,下迄清末,涉及古代戏曲版本200余种。

《所见中国古代小说戏曲版本图录》 吴希贤选编,全国公共图书馆古籍文献编辑出版委员会影印出版,1995。收录图书220余种。全5册。

《珍稀古籍书影丛刊》 徐蜀主编,北京图书馆出版社,2003。收录清末至民国年间编印出版的书影类图书及日本同期编印出版的汉籍书影类图书10余种。

《中国国家图书馆古籍藏书印选编》 国家图书馆分馆编,线装书局,2004。从该馆所藏古籍中,选出书影3 000多幅、藏书印5 000多方,编成此书。全10册。

国家图书馆正在编纂《中国古代版印图录》,李致忠主持。《图录》选收唐至清历代各地区、各民族现存有代表性、有特色的公私出版之印刷品。

历史图录

历史图录汇辑在历史发展进程中有代表性的文物、人物图,重大历史事件遗存实物、场景的照片、图画等,供历史教学和研究参考。重要的历史图录有:

《中国历史参考图谱》 郑振铎编,上海出版公司,1947—1951;书目文献出版社影印本,1994。本书汇辑从上古到晚清的重要文化遗迹、名人图像、手迹、器物、文献,以及雕刻、书画、工艺品等图片,共3 000余幅，按时代先后编排为24辑。每辑有目录和说明，查检方便。

《中国古代史参考图录》 中国历史博物馆编，上海教育出版社，1987—1991。本书共9册，选收历史文物和遗址照片7 000余幅，从原始社会至清代按时代编排。

《中国近代史参考图录》 中国历史博物馆编，上海教育出版社，1986。

常用的还有：《古代世界史参考图集》（朱龙华编，人民教育出版社，1960）、《简明中国历史图册》（中国历史博物馆编，天津人民美术出版社，1978—1982，10册）、《中国历史图说》（苏振申总编校，台湾新文化出版社，1978，12册）、《中国近百年历史图集》（本书编委会编，香港天地图书公司，1979）等。

人物图录

人物图录主要汇辑历史人物的画像。较早的如明代中叶刻本《历代古人像赞》（古典文学出版社1958年影印本）收上古至宋末历史人物图像88幅，清金古良绘《无双谱》（中华书局1961年影印本）绘制西汉至南宋名人故事40幅。现在常用的人物图录有：

《中国历代名人图鉴》 苏州大学图书馆编，上海书画社，1989。本书选收上古至清末影响较大、有一定代表性的人物1 137人，图像1 165幅，按年代先后排列，各图有简要说明。所收图像包括画像、塑像、木刻像、石刻像及照片等。另编有《中国历代人物图像索引》（瞿冠群、华人德主编，江苏教育出版社，1994），收录历代人物增至4 353人，引用书刊660余种，同一人传世的各种图像尽量加以收录。

《中国历代人物图像集》 华人德主编，上海古籍出版社，2004。选收上古至清末人物图像3 033幅（3 037人）。

《中华各姓祖先像传集》 马小林、鲍国强主编，民族出版社，1999。收入164个姓氏，723种家谱，7 511人的画像及其赞语和传记。使用时要注意本书资料的真实可靠性。

《清代学者像传》 叶兰台、叶恭绰编绘，上海古籍出版社影印本，1989。分两集，共收369人。第一集每像附一小传，第二集有像无传。各像多以确有所据的肖像画为底本。

《中国近代学人像传（初辑）》 江苏广陵古籍刻印社影印本，1997。

收录 160 人，每像附一传略。除少数几人外，人像均为摄影照片。

艺术图录

艺术图录汇辑艺术品的图片，不仅供鉴赏，也是研究历史的参考资料。艺术图录数量较多，主要有：

《中国美术全集》 本书编委会编，人民美术出版社、文物出版社等 1984 年起联合出版。本书是大型艺术图录总集，选编历代有重要价值、有代表性的美术作品，并尽量收入新发现和未发表过的珍品。古代部分已于 1989 年出齐，分为绘画、雕塑、工艺美术、建筑艺术、书法篆刻等五编，每编再分类按时代顺序编排，共 60 册。入选有 15 000 余幅图版。

另有《中国美术分类全集》是《中国美术全集》的扩展，预计出版 300 册左右。已出版的如《中国绘画全集》(中国古代书画鉴定组编，文物出版社、浙江人民美术出版社，1997)、《中国画像石全集》(山东美术出版社、河南美术出版社，2000)、《中国石窟雕塑全集》(重庆出版社，2000—2001)等。

《中国美术史图录丛书》 上海人民美术出版社 1981 年起陆续出版。包括《中国绘画史图录》、《中国雕塑史图录》、《中国书法史图录》、《中国版画史图录》、《中国印章史图录》、《中国工艺史图录》、《中国陶瓷史图录》、《中国建筑史图录》、《中国民间年画史图录》等。每种均收录历代有代表性的美术作品，并附简要说明。

《中国历代绘画图录》 林树中、周积寅编著，天津人民美术出版社，1981。

《新版中国版画史图录》 周心慧主编，学苑出版社，2000。收入隋唐之际至清末雕印的木版画 4 000 余幅，版本逾 1 000 种。全 11 册。

地　图

地图分为普通地图、专业地图和历史地图三类。

普通地图综合反映地表物体和各种现象的一般特征，内容包含地理要素和社会经济要素。如《世界地图集》、《中华人民共和国地图集》以及世界各国的分国地图和中国各省的地图等，都是大家熟悉的，兹不赘述。但使用时应注意地图所据资料是否新颖，要选用最新的版本。

专业地图反映有关自然、社会、经济现象，多为供学术研究使用。

如《中国文物地图集》(国家文物局主编,中国地图出版社 1992 年起出版)分为 31 册,分别展示全国重要文物和各省、市、自治区文物的分布,并辅以详细的文字介绍。正在绘制中的《中国语言地图集》展示出我国各种语言和方言的地理分布。

历史地图反映人类各历史时期的发展情况,内容包括各时期的疆域、政区、政治形势、军事行动、经济和文化发展、民族迁徙、地理环境的变迁等。常用的历史地图集有:

《中国历史地图集》 谭其骧主编,地图出版社,1982—1983;香港三联书店 1992 年出版繁体字版。

这是一部以历代疆域政区为主的地图集。反映了 1840 年以前我国各历史时期的疆域、政区设置和部族分布的概貌。全书按历史时期分为 8 册。每一时期先有一幅全图,然后为分图。共有 20 个图组,304 幅图(不另占篇幅的插图未计在内)。全书所收历史地名共约 7 万个。因每一朝代的政区都有一些变化,故对政区的设置和部族分布只选择某一年代的情况编绘。凡重要地名,都采用古今对照的标示方法,用不同颜色套印,今地名以 1980 年底全国行政区划资料为准。每册后均附地名索引,收该册古地名,注明历史时期、图幅页码和在图中的坐标。本书广泛吸收了前人的研究成果和最新资料,是迄今为止国内外同类地图中质量最高、内容最详、印制最精的一种。

为了弥补《地图集》无说明文字之不足,另编《〈中国历史地图集〉释文汇编》,分东北、蒙古、青藏、西南、中原五朝等 6 卷,内容主要介绍各册图幅点、线、面的定位依据,具有历史地理资料汇编的性质。各卷附有地名索引,注明所释条目在《地图集》及本卷的位置与页码。已出版东北卷(谭其骧主编,中央民族学院出版社,1988)。

在《中国历史地图集》的基础上又编出《简明中国历史地图集》(谭其骧主编,中国地图出版社,1991),供一般读者使用。此书专收历代的全图,从原始社会遗址至中华人民共和国时期,共 36 个图幅,每一时期有简要说明。亦附地名索引。

《中华古地图珍品选集》 中国测绘科学研究院编纂,哈尔滨地图出版社,1998。收录战国至清代的古地图 166 幅。

《历代舆地图》 清杨守敬编绘,清光绪三十二年(1906)至宣统三年(1911)观海堂朱墨套印本。本书是古代历史地图中最详尽的一部。

分总图和分图。总图为“历代舆地沿革险要图”，共71幅。分图为春秋至明历代疆域图44种。各图均以《大清一统舆图》为底影，古今对照。并有文字说明一代疆域区划之分合。1975年台北联经出版公司影印本改名《历代舆地沿革图》，另影印《大清一统图》与之配套。嗣又出版《历代舆地沿革图索引》(乔衍琯主编，联经出版公司，1981)，供查找地名。

《中国地理沿革图》 苏甲荣编，上海日新舆地学社，1931。较前书简明易查，且增加了清和民国两代地图。

此外还有:《中国历史地图集(古代史部分)》(顾颉刚、章巽编，上海地图出版社，1955)、《中国历史疆域古今对照图说》(樊开印编，台北徐氏基金会，1979)、《中国历史·文化地理图册》(陈正祥编，日本原书房，1981)、《太平天国历史地图集》(郭毅生主编，中国地图出版社，1989)、《辛亥革命史地图集》(辛亥革命武昌起义纪念馆编，中国地图出版社，1991)等。

《泰晤士世界历史地图集》 〔英〕杰弗里·巴勒克拉夫主编;中文版编辑邓蜀生，三联书店，1982。本书约有600幅彩色地图，反映了从人类起源到1975年的人类历史的运动和发展。另有世界历史大事年表、100余篇文字论述和介绍史事及人物的“专名汇编”。

《钱伯斯世界历史地图》 杨慧玫译，三联书店，1981。

历史地图中有一类“读史地图”，是为配合某部历史著作或供学习历史而编制的。主要有:

《中国史稿地图集》 郭沫若主编，(上册)地图出版社，1979;(下册)中国地图出版社，1990。配合《中国史稿》而编，从原始社会至清前期，收图140余幅。

《中国近代史稿地图集》 张海鹏编，地图出版社，1984。

《中国古代史教学参考地图集》 张传玺、杨济安编，北京大学出版社，1984。自旧石器时代至清，收图64幅，附图9幅，以疆域、经济、政治形势、农民战争、民族分布及中外交通等方面为主。附《古今地名对照表》，收古地名5 000多个。

第九章　年鉴和手册

第一节　概　述

年鉴作为一种及时报道最新信息、积累资料的工具书，能够满足读者查找资料的广泛需求，才在较短的时间内得到迅速发展。年鉴和手册、名录都属于能迅速提供所需资料的事实便览型工具书。

年鉴的编纂始于欧洲。直到18世纪才有各类年鉴大量出版。中国古代亦有“年鉴”之名，《宋史·艺文志》著录刘玄撰《年鉴》1卷，但原书早佚，无法查考其内容，或仅名称偶同。近代年鉴在中国始于清同治三年(1864)创刊的《海关中外贸易年刊》，宣统元年(1909)奉天学务公所图书科出版了《新译世界统计年鉴》，1913年上海神州编译社出版了《世界年鉴》。20世纪20年代以后出版了一批年鉴，如《上海年鉴》(商务印书馆)、《申报年鉴》(上海申报馆)等，但多未坚持连续出版。中华人民共和国成立以后，出版了《人民手册》、《世界知识手册》等年鉴，但数量不多。1980年以后年鉴数量激增，同时出现了不同类型的年鉴。

年鉴具有资料广泛、反映及时、连续出版等特点。年鉴取材源于政府公报和文件、重要报刊的报道、统计部门的数据和专业人员的撰述，其内容有较大的总结、统计意义和较系统的连续参考价值，通常被认为是知识密集、信息密集、时间密集的资料工具书。每一本年鉴提供的资料在横向上是范围广泛的，而逐年连续出版的年鉴系列提供的资料则具有纵向的可比性，这一特点是其他工具书所不具备的。

年鉴的内容主要通过文字记述和统计资料表现出来，表现的形式是由大小不等的条目组成栏目，各种栏目的组合构成年鉴的框架结构。一般包括概况、专题、文章、纪事、二次文献、统计资料、附录几个部分。

概况是综合概括基本情况和基本进展，提供宏观资料的重要栏目。专题，在综合性年鉴中称为“百科”，是年鉴的主体，分门别类记述具体的进展、事件、动态、资料等，或为概述，或为典型事例。专题部分一般采用分类编排，也有采用按字顺编排栏目的。文章，是指为年鉴专门撰写的论述某一领域现状和发展趋势的专文、特稿或评述一些具体问题的综述、述评等。有些年鉴还全文刊载法规、条约和重要会议文献。纪事，也称大事记，记载一年中的重大事件。年鉴创刊号的大事记往往有回溯性的内容。年鉴还常设人物栏目，介绍一年内的新闻人物、重要人物和逝世的知名人士。专科性年鉴很注重二次文献的栏目，常设论著提要、论文摘要、专科书目、论文索引等专栏。除了专门的统计年鉴外，各种年鉴也收入表格形式的统计资料。附录一般汇集实用性的指南资料，如机构名录等，或专题性的资料。

年鉴的内容主要是通过条目表现出来的，条目是年鉴的基本单元。但年鉴的条目不同于辞书和百科全书的条目，不是词语的解释或知识的介绍，而是提供事实和资料，并用标题加以揭示。年鉴的目录有时无法列出条目的细目，要通过栏目或利用内容索引检索。目前编制有内容索引的年鉴还不多。

通过年鉴，可以查找国际国内时事，各部门、行业的进展及各学科、专业的研究动态；可以查找政府颁布的重要法律、法规和逐年可比的统计数据；可以查找学术论著的线索及有关评介；还可查找有关机构、企业的简介及著名人物生平，以及一些实用的指南性资料等。年鉴不仅提供事实、概况等现实性资料，也能提供回溯性资料。

年鉴的类型多种多样，按收录的学科范围来划分，有综合性年鉴（如《中国百科年鉴》）和专科性年鉴（如《中国历史学年鉴》）；按地域范围来划分，有世界性年鉴（如《国际形势年鉴》）、国家性年鉴（如《中国出版年鉴》）和地方性年鉴（如《广东年鉴》）；从编纂形式来看，有记述性年鉴（如《中国哲学年鉴》）和统计性年鉴（如《中国统计年鉴》），还有图谱性的年鉴（如《中国摄影年鉴》）等。

手册在中国出现则很早。在敦煌石窟曾发现唐代的《随身宝》，此后有元代的《居家必备》（阴时夫撰）、《居家必用事类》，明代的《万事不求人》，清代的《万宝全书》（石天基撰），都是具有类书性质的汇辑日常生活知识的手册。此外，如用于航海的《针经》、医疗用的《针灸经》、兽医用的《牛马经》之类，也都是专门性的手册。只不过“手册”一词是近现代才出现的，20 世纪 30 年代以后，手册这一类工具书才日益增多，并有指南、要览、便览、大全、全书等不同名称。

手册汇集某一方面常需查考的基本知识和数据资料，多采用分类编排，便于随时翻检。手册的特点是简明扼要地概述某一学科、专题的基本知识，提供一些基本的公式、数据、日期、名称、规章、条例等，注重图表和数据。综合性手册在内容上包括范围广泛的基本知识和资料，如《国际资料手册》、《世界新学科总览》；专科性手册则汇集某一学科或某一业务范围的资料，如《当代国外社会科学手册》。

手册所收录的材料应该是准确、可靠而有参考价值，通常是比较稳定的资料。专科性手册则必须反映最新的知识和成果，并应注意修订和更新内容。

与年鉴不同的是，手册实用性强，所提供的基本知识和数据资料，涉及的时间较长，而且灵活多样，可以满足读者多方面的需求。

名录性质与手册有相近之处，属于指南性质的工具书。名录只汇集和提供机构概况、人名和地名的基本资料。

虽然中国古代已有类似人名录的“同姓名录”，如南朝梁萧绎编的《古今同姓名录》以及同年录、同乡录一类的书，但名录一类工具书也是 20 世纪 30 年代以后才发展起来的。

根据中国的实际情况，名录包括机构名录、人名录和地名录三类。

机构名录简要介绍某一专业或行业有关机构的基本情况，一般用栏目形式提供最新资料，包括宗旨、职能、业务范围、产品、组织、人员、地址等。如《中国出版者名录》。

人名录简要介绍有关人物的简历及著作等，近似人名词典。不同之处是以在世人物为主，且按固定格式提供有关人物的最新传记资料，包括生卒年、籍贯、工作单位、学历、经历、著作等。如《中国普通高等学校教授人名录》。在国外，这类工具书被称为 Who’s Who，也译为名人录，只收录在世人物；收录已去世人物的称 Who was Who。

地名录只提供地名的书写形式（包括译名）和地理位置（所在地区和经纬度）的简要资料，与地名词典不同。如《世界地名录》、《中国地名录》。

名录提供的资料准确、简明，内容较新，可补其他工具书之不足。

机构名录则为沟通信息、促进交流提供了方便。

第二节 年 鉴

年鉴数量众多，可划分为各种类型。为了便于介绍，按照内容和编纂特点，归纳为综合性年鉴、专科性年鉴、统计年鉴和地方性年鉴四类。

综合性年鉴

综合性年鉴也称百科年鉴，比较全面地记载世界或一国范围内社会经济、政治、文化等各个领域的年度进展情况和自然界的新事物，从中可了解国内外各方面的大事，获得有关的资料。常用的综合性年鉴有：

《中国百科年鉴》 本书编辑部编，中国大百科全书出版社，1980 年起出版。

1980 年创刊，每年出版一册，逐年全面反映上一年度国内外的重大事件及各领域、各学科的新情况、新成果、新知识、新资料。由于出版的目的是为《中国大百科全书》的编写和修订积累、提供资料，故能系统全面地记载世界范围内所发生的重大社会事件和自然现象，以及人们对之进行研究、探索的活动。

年鉴由概况、百科、附录三部分组成。百科部分是全书主体，分类分栏目以条目的形式介绍我国各个领域的成就和进展，兼及国外动态。附录提供有关参考资料，各卷均不相同。从 1989 年卷起，本书的框架结构、编排方式有所调整和改变：概况部分包括“中国概况”和“各国概况”；百科部分减为 18 个大类，并由分类编排改为所有栏目均按题头拼音字母顺序排列。

本书查检方便，卷首有分类目录，卷末有按汉语拼音排列的内容索引。内容索引不仅收有全书所有条目和图、表，还包括全书内容的主题，并把同一主题的有关资料集中，读者可以一次检索到分散在年鉴多处的资料；内容交叉的条目用不同的主题词重复反映，使读者可从不同的角度查出。

《中国年鉴》 新华通讯社本书编辑部编，新华出版社、香港新中国新闻有限公司联合出版。1981 年创刊，同时出版中、英文版，向海外全面介绍中国各方面情况。从 1997 年本开始，改名为《中华人民共和国年鉴》。

《人民手册》 大公报社本书编委会编，大公报社 1950—1966 年出版。本书按年度汇辑中国政治、经济、文化等方面的重要文件和资料，按类编排。名为手册，实为年鉴。每年度本一般收上年度下半年和本年度上半年的资料。

1980 年，人民日报社编辑、出版了《人民手册》(1979)，性质与上书大致相同。

《世界知识年鉴》 本书编委会编，世界知识出版社出版。1952 年创刊，原名《世界知识手册》，1958 年改用今名，1965 年停刊。1982 年复刊，一般每年一本，有时两年合刊。本书反映国际政治、经济、军事、文化等方面的概况，内容包括各国概况、国际组织和国际会议、专题统计、世界大事记和便览。各卷收录资料互相衔接，一般截至上一年 6 月。另出版《各国概况》单行本。

专科性年鉴

专科性年鉴反映某一范围内的年度进展情况和有关资料，多半围绕某一学科或专题提供系统的资料。也包括按部门、产业(行业)及单位编纂的年鉴。专科性年鉴虽然数量众多，但只有少部分能够坚持逐年按期出版。在此只能择要加以介绍。

《中国学术年鉴(人文社会科学版)》 中国社会科学出版社 2005 年起出版。介绍上一年度 40 个一级学科、200 个二级学科的发展状况，覆盖了人文社会科学各个学科领域。

《中国哲学年鉴》 中国社会科学院哲学研究所编，中国大百科全书出版社出版。1982 年创刊。本书逐年反映我国哲学研究的概况、进展和成果。主要栏目有：特载、专文、研究状况和进展、新书选介、论文选介、哲学界概况、哲学界动态、国外哲学见闻、中国已故哲学家传略等。

《世界哲学年鉴》 中国社会科学院哲学研究所编，上海人民出版社出版。1986 年创刊。

《中国儒学年鉴》 中国孔子基金会主办，2001 卷起由山东中国儒学年鉴社出版。

《中国出版年鉴》 中国出版工作者协会编，商务印书馆出版。

1980年创刊。1987年卷起由中国出版工作者协会、中国出版发行科学研究所合编,中国书籍出版社出版。2000—2001卷起改由中国出版年鉴社出版。本年鉴全面反映我国出版事业的基本情况和主要成果。"图书评介"栏目包括重要图书评介、图书出版综述、书评文摘、报刊书评索引、新书简介等。有些卷后附有内容索引。

《中国语言学年鉴》 李行健主编,语文出版社1993年起出版。创刊号为1992年卷,内容包括1991年语言研究综述、大事记、有关机构简介、专著提要和书目、论文摘要和论文索引等。

《中国文学年鉴》 中国社会科学院文学研究所编,社会科学文献出版社,1993年起。原以《中国文学研究年鉴》名称出版过8卷(1981—1988),1989年停办。1991—1992年卷起为双年刊。反映中国文学工作的主要成果和基本情况,记录每年度中国文学创作与研究的进展和重大事件。1995—1996年卷(作家出版社,1999)为总第13卷,新增比较文学和国外汉学研究。2001年起改为年刊,由中国文学年鉴社出版。

《中国古典文学研究年鉴》 本书编委会编,上海古籍出版社出版。1984年创刊。

《唐代文学研究年鉴》 中国唐代文学学会、陕西师范大学中文系编,陕西人民出版社出版。1983年创刊。1990年卷起由广西师范大学出版社出版。

《中国历史学年鉴》 中国史学会本书编辑组编,人民出版社出版,1979年创刊。逐年反映我国历史研究的基本情况。主要包括两部分。一部分按专题综合评述史学研究的成果并报道研究动态,一部分介绍史学新书、论文、人物、机构等。

《中国考古学年鉴》 中国考古学会编,文物出版社出版。1984年创刊。逐年反映考古学研究新成果和考古文物新发现,附有考古学文献资料目录。

《中国人物年鉴》 李方诗等主编,华艺出版社出版。1989年创刊。本书是介绍我国知名人士的活动、事迹、贡献及生平的专门性年鉴。

《中国图书年鉴》 杨牧之主编,湖北人民出版社,1999年起出版。与《中国图书大辞典》相衔接,以介绍新出图书为主。从1994年卷起每年一卷,由前一年国内新出图书中选介10%,按学科分类排列条目。

统计年鉴

统计年鉴以统计数字说明有关领域和部门的进展情况，一般以表格为主，辅以少量说明文字。目前，我国既有综合性的《中国统计年鉴》，又有专科性统计年鉴和地方性统计年鉴。统计年鉴大多由各级政府的统计局编纂，以保证统计数字的准确性和权威性。

《中国统计年鉴》 国家统计局编，中国统计出版社出版。1981 年创刊。本书提供我国国民经济和社会发展的各项最新统计资料，注重提供资料的全面、详尽。既有全国性统计资料，又有按地区、部门及重点城市统计的主要经济指标，以及社会文化、生活方面的统计数据。1981 年卷收有 1949 年以来历年主要统计指标(已经过重新核实)。本书的统计数字具有权威性，以前发表过的数字，凡与本书有出入的，均应以本书为准。

专科性统计年鉴有《中国城市统计年鉴》、《中国农村统计年鉴》、《中国人口统计年鉴》、《中国教育统计年鉴》、《中国文化文物统计年鉴》、《中国科技统计年鉴》等。

地方性年鉴

地方性年鉴反映某一地区的年度进展并提供有关资料。目前我国的地方性年鉴以省级、市级为主，也有县级的，其中既有综合性的，又有专科性的统计年鉴。地方性年鉴的编纂往往与方志编纂结合，故发展很快，数量猛增，在年鉴总体中占有很大比重。但从分布地区来看，发展还极不平衡，而且大多不能按年编纂、及时出版，影响使用。有关地方性年鉴可参看《中国工具书大辞典》及续编，此处不再列举。

我国台湾省及香港、澳门地区也出版了多种年鉴，其中较重要的有：

《“中华民国”年鉴》 “中华民国”年鉴社编，台北正中书局出版。1951 年创刊。逐年出版，从未间断，对台湾的政治、经济、社会状况、民情风俗等记载较详。同时发行中、英文版。

《“中华民国”出版年鉴》 台北中国出版公司编辑出版。1975 年创刊，至 1982 年为年刊，此后改为双年刊，1984 年卷包括 1982 年和 1983 年资料。但有时仍出年刊，如 1991 年卷和 1994 年卷。自 1994 年卷起改由“行政院新闻局”印行。各卷体例及内容略有不同，但能较全面地反映台湾出版业的概貌(包括图书出版业、杂志出版业、有声出版业和新闻出版业),除各种名录外,每卷有新出版图书目录。

《香港年鉴》 曾卓然主编,香港华侨日报社出版。1948年创刊,每年出版一册,反映香港的政治、经济、社会、人文等主要情况。内容偏重介绍现状,以实用为主,故性质接近手册、指南。各种名录较多,仅工商名录就几占全书篇幅三分之一。

第三节 手 册

手册是一种比较灵活的工具书,编纂体例多种多样。有的以知识性条目分类编排,有的将知识性条目和资料按篇、章编排,还有的以资料汇编的形式出现。内容题材也相当广泛,以专科或专题性手册居多。有些名为手册的,实际是名录或是辞书。本节只举要介绍部分常用的手册。

《当代中国社会科学手册》 汝信、易克信主编,社会科学文献出版社,1988。本书系统地介绍了1949年以来我国社会科学发展的基本状况。全书分三编。第一编介绍各个学科研究取得的主要成果、发生的重大学术争议以及发展趋势;第二编分别介绍各省、自治区、直辖市社会科学研究的发展概况;第三编为基础资料,介绍全国的社会科学研究机构、学术团体、学术会议、研究员和教授、报刊、图书馆、博物馆、出版社、重要的工具书以及大事记等。按分类编排。所收资料一般截至1984年,少部分截至1986年或1987年。

《当代国外社会科学手册》 中国社会科学院情报研究所等编,杨承芳主编,江苏人民出版社,1985。本书较系统地介绍当代国外社会科学发展的基本状况。全书分两编。上编介绍14个主要学科的研究概况和动向;下编介绍一些国家(地区)社会科学研究的方针政策、机构体制等组织与管理情况以及重要的国际社会科学研究机构、学术团体、学术会议、著名学者、重要的专业性期刊和参考工具书等。书后附国际机构索引和人名索引。

《世界新学科总览》 金哲等主编,重庆出版社,1987。本书介绍了470多门哲学社会科学和与新技术革命有关的自然科学与技术科学的新学科。每门新学科介绍其定义、基本内容、发展历史、代表人物和著作、研究机构、动态以及发展趋势等。

《中华人民共和国资料手册(1949—1985)》 寿孝鹤主编,社会科学文献出版社,1986。本书设概况、政治、经济、文化教育、文学艺术、人物等栏目,各部分通过简述、统计数字、表格、名录、索引等反映各方面的基本情况和新进展。末附大事记及文献。

《中国省市自治区资料手册》 寿孝鹤等主编,社会科学文献出版社,1990。是前书的姊妹篇。

《外国文学手册》 刘献彪主编,北京出版社,1984。本书包括外国重要作家生平著作年表、外国文学名著介绍、外国现代当代文学概况、世界文学史大事年表、名词解释、中国外国文学研究翻译工作者、外国文学论著及期刊介绍等七个部分,采用条目形式编排。

《考古工作手册》 中国社会科学院考古研究所编,文物出版社,1982。

《语言文字规范手册》(增订本) 语文出版社,1993。

《外国地名译名手册》(中型本) 中国地名委员会编,商务印书馆,1993。

《英语姓名译名手册》(第二次修订本) 新华通讯社译名资料组编,商务印书馆,1985。

此外,一些统计资料汇编也具有手册的性质,如:

《中国历代户口、田地、田赋统计》 梁方仲编著,上海人民出版社,1980。

《全国各省、自治区、直辖市历史统计资料汇编(1949—1989)》 国家统计局综合司编,中国统计出版社,1990。

第四节 机构名录

名录中的人名录和地名录已经略作介绍,本节只介绍机构名录。机构名录应能反映机构的最新情况,及时更新资料,但目前我国名录出版滞后,故还应注意利用各种年鉴中的名录。

《中国高等学校大全》 国家教育委员会计划建设司、财务司编,高等教育出版社,1989。收录了普通高等学校 1 075 所、成人高校 1 373 所,资料截至 1988 年底。

《世界各国高校名录》 国家教育委员会外事局编，北京语言学院出版社，1990。介绍了 88 个国家和地区近 6 900 所高等学校的基本情况。

《中国图书馆和情报机构名录大全》 辛希孟等主编，东北大学出版社，1995。收录全国各系统和台湾省的图书馆、资料室、情报机构共 15 697 家。

《中国档案馆名录》 国家档案局编，档案出版社，1990。

《中国出版者名录》 中国 ISBN 中心编，人民中国出版社，1992。收录中国图书出版单位 505 家(台湾及港澳地区资料暂缺)。列出的项目有:名称、出书范围、地址、邮政编码、电话及 ISBN 出版者前缀。

《港澳台及海外华人报刊名录》 中国新闻社香港分社主编，海天出版社、香港中国新闻出版社，1993。收录近 300 家，客观介绍其基本情况，尽可能兼顾通讯社、电台、电视台的介绍。资料以 1992 年年中情况为准。

使用编

第十章 查图书和报刊论文

第一节 查古今图书

查找古今图书最常用的工具书是各种书目，有时还要辅之以相关索引。本节主要介绍：查考古籍流传存佚、查考古籍版本、查古人著作、查古籍篇目、查近现代图书。

查考古籍流传存佚

查考古籍的流传存佚，主要利用各种书目，包括国家藏书目录、全国图书总目、史志书目、提要书目等。

国家藏书目录是一个时期国家图书馆的藏书目录，全国图书总目是一个时期国家所有图书的普查目录，它是比藏书目录更为丰富的书目。

我国古代很早就组织专门力量编制了这两类书目，但后来大部分已散佚，今天能看到的仅是其中的片断。不过其主要内容基本上被史志书目吸收了。

史志书目中的正史书目是贯穿上古到清代的图书目录。《汉书艺文志》至《宋史艺文志》各记一代藏书之盛，明、清两史艺文志则各记一代著述之丰，所记一般比较准确全面。

利用正史书目来查考图书，可分别利用各史艺文志，也可使用《艺文志二十种综合引得》。通过引得可以查到一个作者的所有著作，也可查到一部著作在不同的书目中的著录情况。我们据此可以大致判断出一书的流传过程和存佚情况，也大致可以知道图书的散佚时间。

如我们想了解东晋虞预所撰《晋书》的流传情况，可直接按书名查《艺文志二十种综合引得》，查得撰著《晋书》的有 14 家，其著录情况如下：

晋书；束晳：晋 2/3b.
—；谢沈：晋 2/3b.
—；王隐：隋 2/2b；旧唐 1/21b；
唐 2/2b.
—；虞预：隋 2/2b；旧唐 1/22a；
唐 2/2b；清[黄奭辑]2/5b.
（下略）

其中虞预一条表示，其书见于《隋书经籍志》卷 2、《旧唐书艺文志》卷 1、《新唐书经籍志》卷 2，不见于《宋史艺文志》，表明流传至唐宋间亡佚。"清[黄奭辑]2/5b."表示《清史稿艺文志》卷 2 著录有清黄奭辑本。这样虞预撰《晋书》的流传经过与存佚情况就很清楚了。

如果还要了解虞预其他著作的流传情况，我们还可以通过人名来查检，在"虞预"条下，我们查到：

虞预；诸虞传：晋 2/42b.
—；會稽典录：隋 2/17a；旧唐 1/31b；
唐 2/16b.
—；晋书：隋 2/2b；旧唐 1/22a；唐 2/2b.
虞预集：隋 4/8b－9a；旧唐 2/21a；唐 4/5a.

这表示历代史志书目中著录虞预著作共 4 种。其中《诸虞传》只见于清文廷式《补晋书艺文志》，可能早就亡佚了。《会稽典录》、《晋书》、《虞预集》则都可能佚于宋代之前。

当然这种情况也不是绝对的。正史书目遗漏也很多，且书籍的流传情况也很复杂。正史书目只是为我们的判断提供了一定的依据。

查考古籍的流传存佚，还要充分利用提要书目。提要书目对古籍的流传、分合等过程往往有具体的说明。特别是我们不可能接触到所有的图书，借助于提要书目的说明，可以了解到所需要的内容。

例如宋代著名的书目《郡斋读书志》，其流传过程就十分复杂。此书有 4 卷、20 卷之分，后又有袁本、衢本之别，后人的征引与今流通本在内容文字上又多有出入。这个演化过程在《四库全书总目》里有非常具体的分析。根据这个分析，再去查考具体的典籍，往往可以收到事半功倍的效果。

我们在查考古籍存佚时，还要注意辑佚书的问题。所谓佚书，有两种情况，一种是原书完全散佚，一种是原书已散佚，但有部分内容尚保存在其他文献中。辑佚，就是将这残存的部分整理出来，使之部分恢复原书面貌。辑佚在宋代已很发达，到清代达到高峰，如《玉函山房辑佚书》、《汉学堂丛书》(《黄氏逸书考》)等，都是清代重要的辑佚丛书。

因此，在判断古籍的存佚时就要有所注意，要将确实完全散佚与尚有辑佚本的典籍相区别。宋代郑樵作《通志·校雠略》，就已经注意到了这个问题，为此专门写了《书有名亡实不亡》、《阙书备于后世》、《亡书出于后世》、《亡书出于民间》等专论。

我们查考古籍的存佚流传，还得注意出土文献。20世纪以来，我国出土了大量古代文献。这些文献的出土不仅大大丰富了我国古代灿烂的文化遗产，同时对研究古籍的流传存佚也提供了切实的实物依据。

例如《汉书艺文志》兵权谋著录《齐孙子》89篇图4卷，其作者被认为是战国时齐国的孙膑。但自《隋书经籍志》以下即不见此书著录，人们通常认为此书已佚。清代各家辑佚书也无此书辑本。1972年，在山东临沂银雀山汉墓中出土了此书残简，约存11 000余字。孙膑兵法也就由佚而残存。出土文献还提供了过去未见著录的作品，如1993年在连云港尹湾村汉墓中出土的《神乌傅(赋)》，就从未有人提及。由此可见在判断古籍的流传存佚时要持慎重态度。

要查现存古籍，比较常用的工具书是版本目录、馆藏目录等。一般说来，凡这些目录上著录的，也就是现存的。有关单位正在组织编纂《中国古籍总目》，这将为查考现存古籍提供切实可靠的依据。

就流传下来的古籍来说，在长期的发展演化过程中，内容、形式也会有许多变化。内容上包括文字的变易、篇幅的增删等，形式上包括名称的变更、篇卷的分合等。这样就形成了同一种书的不同版本。查考现存古籍常常是与查考其版本分不开的，因此下面即讨论古籍版本的查考。

查考古籍版本

版本，就是图书的各种本子。古典文献学意义上的版本，通常是指印本书（刻本、活字本、石印本、影印本等）和非印本书（写本、稿本、抄本等）在流传和出版过程中所形成的多种书本形式。

查考古籍版本首先是为求真，通过了解各种版本的真实面目，使自己能正确利用。其次也有助于比较，通过不同版本之间的比较，可看出各种版本的好坏以及各种版本间的相互继承关系，以便利用完善的本子进行各种研究。查考古籍版本，就是要解决下列问题：一部古籍有哪些不同的版本，各个版本之间有哪些联系和区别，各个版本的优劣如何。

版本书目是检索查考古籍版本的主要依据。例如我们要查考唐姚思廉撰《梁书》，通过《藏园订补郘亭知见传本书目》，可以查到有南、北监本，汲古阁本，殿本等版本，在“补”中，还可以查到宋刊元明递修本等版本。

在实际使用过程中，要注意各种版本书目的收录范围，然后根据不同的需要选择不同的书目。例如查普通书的版本，只要利用普通本书目即可，但如要查善本书的版本，就要利用善本书目。

这里所说的版本书目是一个比较宽泛的概念，凡是注有版本的书目，都可以作为查考版本的依据。例如《中国丛书综录》是查考丛书及其子目版本的最基本的工具书，《中国地方志联合目录》是查考我国现存旧方志版本的最基本的工具书。

许多古籍往往不止一种版本，有时我们还需考查这些版本之间的联系，这往往也可以通过版本书目来加以解决。如西汉贾谊的《新书》，卢文弨曾作校正，并刻入《抱经堂丛书》中。卢氏刻本成为后来许多翻刻本的祖本，但到底哪些版本是根据卢氏校印本重刻的呢？查范希曾《书目答问补正》，就能找到答案：“杭州局《二十二子》本，潮州郑氏《龙溪精舍丛书》本，皆据抱经堂本重刻。”各自的联系就讲得很清楚了。

我们有时还需要知道在众多版本中，哪个本子最好、最切实用。这同样也可以通过版本书目来得到解决。例如《增订四库简明目录标注》一书所要解决的问题之一，就在于“分别本之存佚，与刻之善否”。《书目答问》因本来就是为答学生“应读何书”、“书以何本为善”之问而编选的，所以在详细介绍书籍的版本时，还常常评论各种版本的特点及其优劣，以指导读者进行选择。如在《积古斋钟鼎款识》下注云："学海堂本未摹篆文，不便学者。"在《尔雅正义》下注云："孙郝联薇校刻足本，沔阳陆氏刻本、学海堂本皆未足。郝胜于邵。"这种提示对读者选择版本是很有用处的。

不同的版本书目有不同的著录重点，我们在使用时，需互相参见。例如唐代马总所编《意林》保存了许多古代诸子佚文，为后世辑佚家所重。《意林》历代的版本很多。查《书目答问补正》，就著录了聚珍本、福本、学津本等十多种版本，非常详尽。然而都是清代版本，清以前的版本则无从查考。而在《铁琴铜剑楼藏书题跋集录》中，则著录了明黄凤仪刊本和徐元太校刻《道藏》本，并指出徐本为善，黄本为差。我们将相关书目结合起来查考，结论就会比较全面。

在许多情况下，查找、考实图书版本，需要综合运用各种版本书目。试以宋王应麟撰《困学纪闻》为例加以说明。

《困学纪闻》是一部杂记式考证文集，版本很多，也比较复杂。通过《中国古籍善本书目》可查到元泰定二年(1325)庆元路儒学刻本、明刻本、明万历三十一年(1603)吴献台刻本、清乾隆嘉庆年间刻本以及全祖望、钱大昕批校本等众多善本；通过《中国丛书综录》，可查到《四库全书》、《四部丛刊》等丛书本；通过《贩书偶记》，可查到清道光刻本等普通本；通过《(1911—1984)影印善本书目录》，可查到1926年藏园傅氏影印元刻本等影印本；通过《古籍整理图书目录》，可查到1959年商务印书馆出版的新印本等。我们将以上几方面查得的结果综合起来，就可以整理出比较完整的版本系统表。

通过版本书目，我们可以查考到所需要的各种版本。但由于这类书目著录一般都比较简单，有时仅靠此类书目还不能了解到各版本的特点，不便于使用版本，为此，还需要利用有关古籍版本的读书志、题跋记等提要式版本书目。

要查这类书目，可利用《古籍版本题记索引》。仍以《困学纪闻》为例加以说明。我们在"索引"的"书名索引"中查到如下内容：

困学纪闻二十卷 宋王应麟撰
元刊本 [9]·六·13、14
[9]·后编·十·6
[11]·五十六·24
[17]·三·23 [22]·四·22 [34]·二·16
[35]·上·43 [35]·下·13、29 [43]·三·42 [48]·二辑下·121
[55]·二·39 [59]·二·10 [72]·19
[76]·七·33 [91]·十八·30 [93]·十六·14
元刊黑口本 [4]·8
[17]·三·23
元泰定二年(1325)庆元路刊本
[2]·三·26
[16]·二十四·9
[92]·三·106
明刊本 [12]·三·11
[91]·十八·30
清乾隆刊本 [75]·四十二·23
马氏丛书楼刊本 [91]·十八·30 [96]·五十四·1079
刊本 [28]·续·十·14
[71]·子·杂家·8
[89]·一集·六·12
钱竹汀评校本 [17]·三·24
钱竹汀校元刊本 [55]·四·1
校元本 [51]·二·19
录何义门校明刊本 [30]·六·30
全谢山校本 [17]·三·24
[54]·四·1
校本 [83]·三·23

“索引”将各家题记综合分析，归纳为元刊本、元刊黑口本等13种版本，其中元刊本又见于15家读书志。

方括号内的数字为书名代号，其后分别为卷、页数。如[9]·六·13、14，表示《天禄琳琅书目》卷6第13、14页。我们要考查版本，只要在相应的内容下查找即可。例如我们在“善本书目”中查到有钱大昕(号竹汀)校注本，钱氏校记又被后来许多版本过录，那么这个校注本有什么特点呢？这从“善本书目”中是反映不出来的。我们通过“索引”，查知在傅增湘撰《双鉴楼善本书目》卷3和《藏园群书题记续集》卷4中，有关于钱氏校注本的著录。我们再查傅氏二书，看到他对钱氏校注本有“卷中随文考辨，语多精确”的评价。这样我们对钱氏校注本就有了初步的印象。

有时我们查到版本后，还需要对这些版本作出判断，而有些版本，单单根据一般的版本书目，还不易下结论。例如孙星衍《孙氏祠堂书目》内编卷2著录《困学纪闻》有元刊本。今查《中国古籍善本书目》，只有元泰定二年庆元路儒学刻本。孙星衍所说的元刊本与元泰定二年刊本是同一种版本，还是不同的版本呢？我们仍可借助上述“索引”来查考。从“索引”中查到丁丙《善本书室藏书志》等记有元刊本，又查到张金吾《爱日精庐藏书志》等记有元泰定二年庆元路刊本。我们将这两种读书志的记载相比较，就发现所记原书序跋、书牌木记等完全相同，从而可以证明孙星衍所说的元刊本就是元泰定二年刊本，虽然著录有不一致处，但实际上是同一种版本。

一些重要的著作，或重要作家的著作，其版本十分复杂，我们在查考时，要注意利用专书版本书目或专人著作版本书目。这两类书目比较多，其中许多书目都经过专家系统整理，不仅版本内容丰富，而且条理清晰，源流分明，对查找考核版本是十分有用的。

以上从工具书使用的角度对如何查考古籍版本作了一些说明，需要强调的是，我们在实际查考版本时，一定要注意查考原书。这是因为任何一部版本书目对版本的描述都不可能完全反映该书的全部版本特征，况且版本书目的著录本身也可能有讹误。

我们在查考版本时，还要注意利用古籍新整理本。这些新整理本书后，常附有关于本书的详细的版本资料。例如安旗主编的《李白全集编年注释》(巴蜀书社，1990)后面，汇辑了从唐代李阳冰，一直到民国年间刘世珩关于编集、辑刻、影印李白集的有关序跋题记，无疑是一份详实的李白集版本资料。像这类资料要注意利用。

查古人著作

查考古人著作，就是要查明古代某个作者有哪些著作。这是进行作家研究的文献基础。查考古人著作的途径是多方面的，下面主要就从书目文献中查考与从传记文献中查考两个方面进行说明。

从书目文献中查考，特别是要注意利用个人著作目录。个人著作目录即著录个人著述情况的书目，它一般著录得比较周全，有的还有详尽的题解及评价，对各著作的出处及版本也都有明确的说明。

题作梁元帝撰的《金楼子著书考》是现存最早出现的个人著作目录，它按甲乙丙丁四部著录梁元帝萧绎所著及组织他人编写的书籍 38 种 677 卷。

个人著作目录也有将几个作者合在一起的，如清周亮工编《杨朱两先生著述目录》(清康熙元年周亮工赖古堂刻本)即是明代学者杨慎、朱谋玮两人的著述目录。有些重要的作者还不止一种著作目录，如罗振玉的著述(包括校订编纂及收藏)目录就有自编《松翁著书目·雪堂校刊群书目录》、佚名编《罗雪堂先生所著所刊书目录》、赵成山撰《罗振玉收藏整理古代文献图籍述略》等。这些书目各有详略，可互相补充。其中有些还以单篇形式发表在期刊上。

一些大家族为了显示自己家族的文化成就，还常常组织族人编写家族书目。如袁宝璜编《袁氏艺文志》著录江苏吴县袁氏家族的著作，唐鼎元编《武进唐氏先世著述考》著录江苏武进唐氏家族的著作等。由于这是家族通过实地采访，或根据前代文献记录而编集整理的，所以一般都比较完备、详尽，有的还列出了书的序跋，有许多著作目录及著作的内容是一般书目查不到的。这类书目有单独刊行的，但大都收在各家族宗谱中。

个人书目和家族书目虽非常有用，但只有少量的个人或家族才编有这类书目。对于大多数作者来说，要查考其著作情况，还必须充分利用史志书目、古籍总目、地方艺文志及各种专科书目等。

史志书目由于编纂者距作者年代相对来说比较接近，而且有相当的藏书可备查阅参考，因此其可靠性较强。许多作者，特别是隋唐以前作者的著作目录主要是依靠史志书目保存下来的。史志书目成为后人考察隋唐以前作家作品真伪、存佚、完缺等情况的重要依据。出土文献中的一些著作也往往是根据史志书目的记载来确定其作者、书名及内容完整度的。

隋唐以后的史志书目在查考古人著作方面的作用相对来说要小一点，主要是缺漏太多。例如明代作家岳岱，《明史艺文志》仅著录其《山居稿》30 卷，实际上他还纂有《阳山志》3 卷，辑有《今雨瑶华》1 卷，另与顾元庆同辑有《阳山新录》1 卷等，且多存世。可见《明史艺文志》远远不能反映明人的著作情况。至于《清史稿艺文志》，其疏漏讹误，更为人所共知。所以查考明以后作家的著作情况，需配合查检其他各种书目。

各种古籍总目因其收罗范围较广，因此也是查考古人著作的重要依据。地方志中的艺文志因所收均为本地作家，能广泛地收集到一般人不容易见到的地方文献，因此所收古人著作比史志书目等要具体、完备。

对于一些专业特征比较明显的作者来说，查考其著作最好使用专科书目，如要查医家的著作，可利用医学书目。例如清末潘霨，号韡园，以医知名，咸丰五年(1855)曾召进寿康宫视脉。通过《中国医籍通考》、

《全国中医图书联合目录》等,可查到其大量存世的和已亡佚的医学著作。当然有些人的才能成就是多方面的,这样考查其著作,也就不能局限于某一类书目。仍以潘霨为例,他曾官至贵州巡抚,兼提督全省军务,在易学、艺术等方面也有一定造诣,并有著作传世,此外还撰有政书、文集。这类著作从医学书目中是查不到的,必须广泛查考其他相关书目。

查考古人著作,还要充分利用年谱、家谱、日记、传记文等传记文献。这些传记文献不仅可提供作者详尽的著作目录,有时还能提供非常具体的著作背景资料。如以撰写《小腆纪年附考》和《小腆纪传》而著称的徐鼒,自己编了一部《敝帚斋主人年谱》,年谱中对自己的著作及著作缘起介绍得非常详细,如道光二十九年(1849)条云:“时连岁饥馑,度支告匮,廷臣有开矿折漕捐输之议。主人谓银非耕织所出,求之末而忘其本,非计也,著《务本论》二卷。”这对理解作者的著作和思想都是很有用处的。

查考古人著作还要注意充分利用今人的整理研究成果。在今人整理的各种本子后面往往附有系统的著作资料。如胡道静《新校正梦溪笔谈》(中华书局,1958)书后,就附录了一份“沈括著述目录”,已佚者注“亡”,存世者注出版本,方便读者查考。

以上分析了查考古人著作的几个途径。我们查到古人著作后,还有一个加以考辨的问题,即要判断查到的某部作品是不是所要查考的作家的作品。这里关系到作品的真伪、误录,及同书异名、同名异书等一系列问题。

作品的伪托就是后人假托前人、或同时代人假托他人之作,有全部伪托的,也有部分伪托的。对此特别要注意分辨。例如查《中国丛书综录》,在唐代牛僧孺名下查到有《周秦行记》一种。但查新旧《唐书》及《四库全书总目》,都未著录此书,这又是为什么呢?通过《古籍版本题记索引》可查到在晁公武《郡斋读书后志》卷2有此书的说明:“贾黄中以为韦瓘所撰。瓘,李德裕门人,以此诬僧孺。”原来这是李德裕门人韦瓘为诬陷牛僧孺而伪造出来的著作。查考古今伪书,可利用张心澂的《伪书通考》(商务印书馆,1957)和郑良树的《续伪书通考》(台北学生书局,1984),但前者由于成书年代较早,也存在怀疑过头的倾向,把一些本来不伪的书也一概当作伪书处理了。

有时由于同姓名等原因,会把不同人的著作误作同一个人的著作,这也需要细加考辨。例如民国《吴县志·艺文考一》著录吴县袁表著作有《黎平府志》9卷、《闽中十子诗》30卷等。黎平府在贵州，闽即福建，考袁氏生平，仅任西城兵马司指挥，升临江(今江西清江)通判，未到过贵州、福建等地，与这些地方也无任何交往，怎么会有这些著作呢？查《明人传记资料索引》，知《列朝诗集小传》有其传，经查，原来另有一袁表，闽县人，终黎平知府。又精研格律，为闽人所推。据此可知这两种书均为福建袁表所作。袁修《黎平府志》已佚，《闽中十子诗》有《四库全书》本，提要称其与马荧同编，皆福州人。这样就可知道《吴县志》把两个人的著作混作一人之书了。但著录错误的不仅是《吴县志》。《中国人名大辞典》只收吴县袁表，但却将《闽中十子诗》列入其名下。《明人传记资料索引》小传全抄"辞典"，籍贯注明吴人，同样将《闽中十子诗》列其名下，而传记资料出处注的却是为闽县袁表立传的《列朝诗集小传》，真是错中又错。此外《中国丛书综录》著者索引中袁表条下有《庭帏杂录》、《闽中十子诗》两种，前书作者确为吴县袁表，后书作者已如上述。"综录"于此未依本书体例分别列出，是亦误认为同一人的著作。

查考古人著作还要注意同名异书与同书异名。例如记东汉历史而同称之为《后汉书》的就有谢承、华峤、谢沈、袁山松、范晔等好几家，而以《易说》作书名的至少有26家。有时同一作家也存在同名异书的问题，如清代汪中，其文集称作《述学》，其论学制的著作也称作《述学》。这种情况要注意分辨清楚。

同书异名又有两种情况。一种情况是一部著作原有一个书名，后来又改另名。例如清代袁枚的小说集《子不语》，后改名为《新齐谐》，查继佐的《明史》后改名为《罪惟录》等等。这都给人以不同的著作这一印象。另一种情况是有时一部书卷端与版心书名不一致，各家著录不一，以致产生混淆。例如清代僧人超源所撰诗集，《中国古籍善本书目·别集类》著录清抄本《未筛集》1卷，《广东省中山图书馆古旧图书目录》著录宣统元年(1909)上海存古学社校刊《香岳室诗集》1卷。书名不同，版本也不同，似乎好像是两部书。经查原书，可知卷端题《未筛集》，版心题《香岳室诗集》。清抄本与宣统本是两种不同的版本，但书确实是一种。关于古籍书名的著录，图书馆界约定以卷端为准，但实际上并未能严格遵守，同时书名的实际情况也是很复杂的，这就造成了各家著录的不一致，给查考古籍带来了许多困难。

遇到这类问题,可以通过《同书异名汇录》、《同名异书汇录》等书来查考,但更重要的还是要查考原书。

书名是著作的标志,但古人使用书名比较随便,往往好用俗称、省称,有时又随文气需要而信手列举,因此书名不是很好确定的,这也给查考古人著作带来了一定困难。例如1981年上海古籍出版社出版的《艺风堂友朋书札》下册缪朝荃第一札云:"董方立《式训堂》两书,近已购得。"从文义上看,董方立是人名,式训堂加书名号,当是书名之省,意谓购得了董方立的《式训堂》之书。但一种书何以称"两"? 从《清人室名别称字号索引》中查到"式训堂"为清章寿康室名,又从《中国人名大辞典》中查得章寿康编有《式训堂丛书》。此《式训堂》显系《式训堂丛书》之省。但此丛书与董方立又有什么关系呢? 在《中国丛书综录》中可查到该丛书的全部子目,均与"董方立"无关。再从《清人室名别称字号索引》中查到"方立"乃董祐诚之字。董祐诚的著作在《中国丛书综录》中可以查到,曾被结集为《董方立遗书》。据此,所谓"董方立"实即《董方立遗书》之省。因此,上文以标点作"《董方立》《式训堂》两书"为好。这里如辨识不清,就会误将《式训堂丛书》当作"董方立"所编之书,以此来查考作者著作,就会陷入混乱。

古籍不加标点,书名确实不好辨认。后人标点本给读者带来了许多方便,但如标点不准,同样会给人带来麻烦,上述事例也说明了这一问题。再如《清史列传》卷71《朱彝尊传》,标点本作:"是时彝尊……私以《小胥录》四方经进书,为学士牛钮所劾。"朱彝尊是清代重要学者,传记资料很丰富,著作目录也不难查考。但遍查公私各家书志,均未见著录有《小胥录》一书。是书志有缺,还是《清史列传》有误? 复查《清史稿》卷484本传,作:"旋坐私挟小胥入内写书被劾。"意思是说朱彝尊因私自请小吏录写四方经进之书而被人弹劾,方知"小胥录"是"小胥录写"的意思,并非著作名称。可见查考古人著作切忌望文生义,要将有关资料反复核对,谨慎从事。

查古籍篇目

我们在从事古籍整理研究时,还经常需要查找某些单篇诗文。由于单篇诗文数量极大,如不熟悉文献的分布情况,要想查到所需要的篇目就非常困难。我们要想在数量较大的文集中查找一篇诗文,已很不容易,如要在一代文献中查找一篇或几篇诗文，则难度更大。为此，须根据实际需要，利用不同类型的篇目索引。

总集篇目索引是我们查找篇目时常用的工具书。如清冒春荣《葚原诗说》卷 1 云："诗以自然为上，工巧次之。五言如孟浩然《过故人居》，王维《终南别业》，又《喜祖三至留宿》，李白《送友人》，又《牛渚怀古》，常建《题破山寺后禅院》，宋之问《陆浑山庄》，此皆不事工巧极自然者也。"冒春荣在这里列举了许多诗篇来说明自己的论点。这些都是唐人作品，故只需查《全唐诗索引》，就可找到相应的资料。

由于这些索引都是以篇目首字为序排列的，所以引用完整的篇名，查找起来并不困难。但古人行文比较随便，即以篇名来说，往往不举全名，有时取其部分，有时仅取其大意。这样查找篇目相对就要费事一点。

仍以上引冒春荣之语为例。冒氏在文中提及李白《牛渚怀古》诗，今查《全唐诗索引》及李白集索引，都无此题。显然这不是一个完整的篇名，需要通过其他途径来查找。在《李白大辞典》中，可以查到"牛渚"这样一个辞目，释文中记有李白《夜泊牛渚怀古》诗。显然《牛渚怀古》即《夜泊牛渚怀古》之省称。

以上篇目的查找虽然困难一点，但由于诗题中出现了"关键"词语，所以还是留下了一点相关线索。有些篇目完全是以意概述，查找就更为费事。

仍以《葚原诗说》为例。冒春荣云："一首有一首章法，一题数首又合数首为章法，有起结，有次序，有照应，阙一不得，增一不得，乃见体裁。陈思《赠白马王》，谢家兄弟酬答，杜少陵《游何将军山林》之类是也。"陈思即三国魏文学家曹植，杜少陵即唐代诗人杜甫，其篇目容易查到。但"谢家兄弟酬答"指的是哪些篇目呢？由于作者不明确，所以诗题就不好查找。为此先要确定作者。其人排在曹植与杜甫之间，显然是三国至隋唐初这一时期人。通过《辞海》文学分册等可以查到，这一时期重要的谢姓亲属作家为南朝宋谢灵运、谢惠连族兄弟。作者大致确定后，再通过《先秦汉魏晋南北朝诗作者篇目索引》，查到谢灵运有《酬从弟惠连诗》五章、谢惠连有《西陵遇风献康乐诗》五章。此即所说"兄弟酬答"，且与"一题数首又合数首为章法"之语合。在查找这类篇目时，关键是要先确定一个大致的范围。

如果研究某一课题需要集中查找古籍中的有关篇目时，使用上述索引，就显得不够了。因为一方面这样查找过于繁琐，另一方面也不容易查全。为此，可考虑使用群书篇目索引。

例如我们要查清人有关古代书籍制度的论述，就可利用《清代文集篇目分类索引》。可以这样考虑：古代书籍制度属目录类，目录类又属于史部，于是可以在"学术文"之部的"史地类"十四"目录类"二"书籍制度杂论"中找到所需要的资料：

周代书册制度考	金　鹗	求古录礼说	10/1a
周代书册制度考	汪继培	诂经精舍文集	11/28a
……			
汉唐以来书籍制度考	金　鹗	求古录礼说	15/1a
		诂经精舍文集	11/36b
……			

共10篇文章。

如果我们要查找某一人物的相关传记文资料，这类索引也有很大的优势。例如我们要查找清代文学家袁枚的传记资料，先通过前书"传记文"之部的"传记文部姓氏检字"，知道袁姓资料分布在碑传甲、碑传乙、赠序、寿序、哀祭、赞颂、杂类等七类中。然后再根据目录中的页数按类查找，在碑传甲、赠序、哀祭这三类中可找到袁枚的资料，目录如下：

袁随园君墓志铭并序	姚　鼐	惜抱轩文集	13/17a
送简斋太史改官江南序	胡天游	石笥山房文集补遗	1/17a
送袁子才之江南序	杭世骏	道古堂文集	15/6a
祭袁随园文代和潜斋观察	丁履恒	思贤阁文集	4/23a

这类综合性篇目索引最大的特点是篇目按类编排，对查考、积累某一专题资料，特别方便。例如我们要收集有关古代学校方面的资料，可以从《元人文集篇目分类索引》史事典制部分三"礼教"9"学校"部分查到，也可以从《清代文集篇目分类索引》杂文之部二"碑记"2"学校"部分查到。这两部分包括了元、清两代有关学校的各种形式和制度的资料，集中查找，省去许多翻检之劳。这一优点是纯粹以字头为序编排的索引所无法企及的。

这类索引的缺点是检索比较繁琐，如果未查准类目，有关资料就无法找到。所以在使用前一定要熟悉其分类体系;有些资料则要到相近的类别中去查找。另外目前这类索引数量也太少,远远满足不了研究者的需要。

有时我们为了考察同一篇文章在收入不同的文献集后,有哪些变化,可以考虑使用综合篇目索引。如唐代文学家王勃的著名骈文《秋日登洪府滕王阁饯别序》(即《滕王阁序》)在当时曾广为流传,我们要了解这些情况,可查《唐代的散文作品》,在"王勃"条下查到:

秋日登洪府滕王阁饯别序　　文. 0181. 18a.
四. 05. 01a.　别. 08. 01a.　英. 0718. 016.

其中"文"代表《全唐文》,"四"代表《四部丛刊》影印江南图书馆藏明刊本《王子安集》,"别"代表清光绪九年(1883)吴县蒋氏双唐碑馆刻本《王子安集注》,"英"代表《文苑英华》。"文"字后的0181表示该书卷181,18a表示该卷第18页上半面。其余可类推。

这类索引用于对同一篇目进行文字校勘时,功用尤为明显。如《全唐文》卷275载薛稷《临难不顾徇节宁邦科策第一道》云:"待以二旌,无过屠羊之肆。""二旌"一词费解。经查《唐代的散文作品》,知此篇亦见《文苑英华》卷479。在那里则作"三旌"。三旌即诸侯之三卿。薛稷此句典出《庄子·让王》:"夫三旌之位,吾知其贵于屠羊之肆也。"由此可见《全唐文》有误。这样不仅文义可通,且有版本依据。

查近现代图书

查考近现代图书,主要利用近现代图书书目。查考中华人民共和国成立之前的图书,需要利用《民国时期总书目》和《中国近代现代丛书目录》,另外可参考各种专科书目。

现以徐枕亚为例说明。徐枕亚(1889—1937),原名觉,字枕亚,以字行。南社社员。辛亥革命后到上海办报刊,写了大量诗词杂文,而以小说最为著名。所创作的《玉梨魂》为早期鸳鸯蝴蝶派成型时最重要的奠基作,对鸳鸯蝴蝶派的形成起了极为重要的作用。其作品在近代影响极广,如《玉梨魂》一书先后重版不下六七十次。因徐枕亚的创作活动都在民国间,我们要了解他的著作流传情况可查《民国时期总书目》。

但由于该书只有书名索引,没有作者索引,因此在使用该书目前,还必须大致知道该作者有哪些著作,属于哪些部类。通过郑逸梅《南社从谈》、邵迎武《南社人物吟评》以及《中国近代文学大系》、《鸳鸯蝴蝶派研究资料》、《鸳鸯蝴蝶派作品选评》等人物传记或资料集，可以查到其人有《玉梨魂》、《枕亚浪墨》、《雪鸿泪史》、《燕雁离魂记》等作品。然后再根据这些著作名称，去查找《民国时期总书目》"中国文学分册"。我们从该分册中可以一一查到这些作品的出版情况，例如《玉梨魂》仅民权出版部所出版单行本，从1913年至1928年16年间，即印了32次，上海益明书局至1924年，也出版了第十六版。从这些具体数字中确实可以看到该书广泛的社会影响。

不仅是查找近现代人的著作，就是查找古籍版本，也常常离不开近现代图书，而且往往还需要将多种工具书结合起来。

例如南朝梁萧统主持编纂的《文选》在封建社会里是士人必读的典籍，地位很高。而到五四新文化运动时期，《文选》被当作是宣扬封建观念的工具，因而提出了打倒"选学妖孽"的口号。近几年来，对《文选》的研究又逐渐被人们重视，《文选集成》的编纂正在积极进行中，并召开了多次国际文选学会议。现在我们需考查该书在近现代的流传情况。

通过《民国时期总书目》，可以查到该书在民国年间的出版情况。在"中国文学分册"中，通过书名索引的"文"字字头，可以查到有《文选》、《文选学》、《文选注引书引得》等该书的几种新印本及有关的研究著作。

这样查尚不完全。因为萧统曾被立为太子，未及即位而卒，谥昭明，世称昭明太子，因此《文选》一书，也被称为《昭明文选》，所以还需查"昭"字字头，结果又查到有《昭明文选》等几种刻本。

了解文选发展史的人都知道，《文选》不仅被作为文学研究的对象，而且常被作为语言学研究的对象，"以小学（语言文字学）通选学"是一个具有相当代表性的口号。有些《文选》研究著作，实际上属于语言学范畴。因此我们必须再查"语言文字"分册，通过索引，果然又查到有"文选"、"文选读本"两种书目。查正文得知，前者的"文选"实际是一部现代文学作品选，与萧统编《文选》不是同一部书，这属于同名异书。后一种才是我们所要查找的。

《民国时期总书目》收录下限为1949年9月，要查此后出版的图书，必须使用其他专业性书目。例如《古籍整理图书目录（1949—1991）》（中华书局，1992），收录这一时期出版的古籍整理图书目录。我们可以利用书名索引查找有关图书。如仍以《文选》为例。从书名索引的"文"字字头中,可以查到《文选》有三种新印本,另外又出版了《文选李注义疏》、《文选类诂》两种著作。再查"昭"字字头,又可查到有《昭明文选译注》、《昭明文选笺证》两种著作。

以前许多著作在书名前还常常加上反映本书不同的著作或刊刻情况的说明性词语,称为冠词。《文选》一书有时前面也有冠词,如"昭明"二字就是冠词。另外《文选》在历史上又有李善注与五臣注之分,习惯上也合在一起,统称为"六臣注"。"六臣注"也常作为《文选》书名的冠词。我们试查上述书目中的"六"字字头,结果又查到了《六臣注文选》一种著作。

这些事例说明,查找一部图书固然需要利用不同的书目,而即使在同一部书目中,有时也需要通过不同的角度,方能查全。这不仅需要文献学知识,同时也需要一定的文化史、学术史知识。

《古籍整理图书目录》著录的书籍是比较完备的,但由于所收录的是古籍整理方面的著作,因此一些研究性著作就未收在内,这需要通过《全国总书目》等来查找,如在《全国总书目(1989)》中,可查到该年由中华书局重新出版的骆鸿凯著《文选学》一书。如果要查 1991 年以后出版的有关著作,也可利用《中国国家书目》等。在该书目 1993 年度本的书名索引中,可查到《文选学论集》、《文选指南》两种。前者为"选学国际学术研讨会论文集",从中可了解到有关《文选》的最新研究成果和动态。后者则是一般性的文章选读,与所要查找的著作是同名异书。

只有通过这样多方位、多角度的反复查找,所要查考的版本才能做到比较齐备,不致有大的缺漏。

查近现代图书,特别要注意了解最新出版动态。要注意利用现行书目,如新版《全国新书目》中,就有"在版编目图书(CIP)信息",能迅速报道全国最新的图书出版情况。

此外还要留心《社科新书目》和《古籍新书目》(2002 年 9 月起改名为《古籍新书报》)上的图书广告。前者由新华书店北京发行所编印,后者现由上海古籍出版社等全国 22 家古籍出版社,或以出版古籍为主的出版社联合参办。这两种书目都能及时反映最近出版和即将出版的图书信息,一些重点图书还配有相应的内容介绍,便于读者及时了解图书内容。

最新出版的《中国出版年鉴》以及各专科年鉴、专科书目等，也是查近现代图书经常使用的。

第二节 查报刊资料

我们在进行课题研究时，必须随时了解前人已经取得的成果以及目前正在进行的研究，掌握学科的最新研究动态；不仅要了解和掌握国内的研究情况，还要尽可能了解和掌握国外的研究情况，这样可有效地避免重复研究，也更有利于自己的研究工作。这就需要学会查检国内外的有关论文资料。下面从查论文资料、了解学术研究动态、查国外汉学研究资料三个方面来谈。

查论文资料

论文，即根据一门学科或一定领域内亟待研究的问题所作的带有创见性的论说。查找报刊上发表的论文，可以考虑从以下几个途径入手。

通过学科论文索引查找。学科论文索引收录的是某一专题的论文目录，其收录范围较广，并具有回溯性，能够将有关本学科已发表的全部或主要论文资料，甚至包括本学科第一篇文献产生以后的所有论文资料，都系统完整地收录在里面。这是我们查找论文时所用的主要工具书。至于一些专书或专人的研究论文索引（如《史记研究的资料和论文索引》、《孔子研究论文著作目录(1949—1986)》)，更是我们查找专门课题论文或相关课题论文必须使用的工具书。

但学科论文索引的最大缺点是时效性不强。由于编集、出版、发行的周期过长，我们所看到的论文资料，已不能反映最新的研究成果，如以《中国哲学史论文索引》为例，其第五册台港部分所收论文下限为1980年，而这一册正式出版时间为1994年，其间整整相隔十四年。如果再加上发行周期，则时间更长。因此要了解最新的研究成果，还必须通过综合性或专科性报刊索引来查找。

综合性报刊索引有上海图书馆编印的《全国报刊索引》等。专科性报刊索引有中国人民大学书报资料中心编印的《复印报刊资料》，它按学科性质编排，从中不仅能查到最新论文资料的目录，还可以查到代表性论文的原文。

以上两类是我们查找报刊论文资料时最常用的工具书。除此之外，查找论文的途径通常还有：

通过综述查找。综述是对特定时期某一课题的大量原始文献进行综合分析、归纳概括并加以评述的一种参考性文献。综述不仅总结概括了已有的研究成果和主要研究现状，并对之作出评判，同时也大量提示重要文献的出处，读者可利用这些出处再直接查找原文。综述主要以单篇文章的形式出现，一般发表在高校学报、专业性刊物或专业性年鉴上；也有形成专书的，如《建国以来古代文学问题讨论举要》(齐鲁书社，1987)，形成专书的综述在书后通常还附有专题论文索引。综述丛书有《学术研究指南丛书》(天津教育出版社 1987 年起出版)。这套丛书以介绍哲学和社会科学各分支的概况、研究成果、研究动态和发展趋势为主要任务。它介绍各学科的研究沿革，对各学科的研究成果进行归纳和分析，对各学派或不同学术观点进行评介，对当前研究动态及未来研究趋势进行预测。为了便于研究者查检，书后还附有本学科的基本资料书目及提要和重要论文索引。丛书按学科或专题分册，已出版的有《明史研究备览》、《辛亥革命研究一览》、《中国近代人物研究信息》、《诗经研究反思》、《宋词研究之路》、《明清小说研究概说》等数十种。

通过论文集查找。论文集包括收集各家研究论文的专题研究论文集和个人研究论文集，这里主要是指前者。论文集既包括在报刊上发表过的，也包括没有公开发表过的。论文集将相关论文集中在一起，可省去读者查找论文的时间，同时论文集所收录的一般都是具有一定代表性的文章，使读者可看到一定时期内本专题的主要研究成果。有的论文集后面还附有论文索引。以《文心雕龙研究论文集》(中国文心雕龙学会选编，人民文学出版社，1990)为例，前面是《序——"龙学"七十年概观》，概括了从 1914 年到 1984 年《文心雕龙》研究的发展过程。正文部分选录了有代表性的论文 47 篇。最后是《〈文心雕龙〉研究论著索引(1907—1985)》，收录近 80 年来有关《文心雕龙》研究的论文、注译、序跋和专著 1 300 条，其中论文按内容分类编排。又如《历史研究方法论集》(河南人民出版社，1987)，书后附《历史研究方法论文索引(1949—1986.6)》，收录建国以来历史研究方法方面的论文 500 余篇。这种论文集对读者使用或查检论文来说都很方便。

有些专著后面也附有相应的论文索引，可以利用，如《墨子研究》(谭家健著，贵州教育出版社，1995)等。

通过文摘查找。文摘是对一篇文献主要内容的提炼概括，文摘能使读者迅速掌握原始文献的基本观点和结论，并能节省阅读时间。读者可通过阅读文摘，再从中选择需全文阅读的文章。学术性文摘有《中国社会科学学术论文·学位论文活页文摘》(中国社会科学院文献情报中心摘编，光明日报社出版)。

也可以通过年鉴查找，一般专科性年鉴后面都附有上年度的论文目录。

如查台湾地区的文史论文，目前主要可用《台湾地区汉学论著选目》。此为年度本，由台北汉学研究资料及服务中心编印，收上一年度台湾地区汉学研究的专著、论文、论文集、学位论文以及提交学术会议的论文的目录，按类编排。

我们在查考论文前，最好应先有一个大致的计划，明确自己需要查找的那部分论文属于哪一类专业及其分布情况，然后选择相应的检索工具书。

需要指出的是，我们除了要注意本学科的资料，还要注意相关或邻近学科的资料。这是因为，科学发展到今天，交叉学科、边缘学科不断出现。各个学科在不断向其他学科渗透，同时也不断吸收其他学科的知识。

其次，有些学科的性质本身也具有多重性，各人对其认识也不一致，如以“地名学”为例，对其学科性质，就有属于语言学学科、历史地理学学科等七种不同的看法。学科性质的不确定，并不影响对这一学科的研究。不过由于研究角度的不同，其论文也就分布在各种不同学科的刊物上。仍以地名学为例，其有关论文就分布在地名学、语言学、历史学、地理学、测绘学、历史地理学等各类专业刊物及高校学报上。

再次，对于同一个人或同一部著作来说，人们也可以从不同的角度来进行研究。例如《红楼梦》，除了文学的研究外，通常还从语言、美学、历史、民俗等方面来进行研究，并都取得了相当的成果。

学科性质的多重性、不确定性，以及学科之间的日趋综合、分化，使学科研究论文也呈分散状，给论文检索带来了一定的困难。为了能迅速而又较全面地查到所需专题的论文资料，就要对该学科的性质大致有所了解，确定基本资料（或核心资料）与相关资料，然后利用相应的检索工具书去查检。

了解学术研究动态

为使自己的研究能跟上形势的发展，并及时调整研究方向，充实研究内容，必须随时了解最新的学术研究动态，吸收最新的学术成果。这主要通过以下途径：

一、查阅最新出版的报刊

了解学术动态，要随时留意报刊，特别是专业性报刊所传递的最新学术信息。

例如 1973 年在长沙马王堆三号汉墓出土的《地形图》、《驻军图》等，在相当长一段时间内，一直被认为是我国现存最古老的地图，然而 1986 年在甘肃天水放马滩一号秦墓出土了绘在木板上的地图，其下葬时代比马王堆出土的地图要早 70 多年。1989 年《文物》第 12 期发表了曹婉如《有关天水放马滩秦墓出土地图的几个问题》，对这个问题作了论证。

人们对事物的发现、认识有一个过程，同时也受某些历史和技术条件的制约，因此有些结论也有一个逐步修正的过程。如 1993 年 3 月在南京市近郊江宁县汤山镇发现了古人类头骨化石，当时测定为距今 10 万年的中更新世（见 1994 年《中国历史学年鉴》），后测定其年代为距今 30 万年前。1996 年重新测定为距今 35 万年前。（见 1996 年 7 月 28 日《中国文物报》）我们了解了这一最新信息，有关的学术研究也要作相应的调整了。

但是由于种种原因，报刊报道也常会产生误差。这里有主观原因，也有客观原因。从客观上讲，有些问题确实不是一下子就能得出正确的结论，需进行深入的研究。因此，对最新报道也有一个分析、辨识的问题。典型的例子如《孙子兵法》82 篇的问题。

1996 年 9 月份以后，一些新闻媒体广泛报道了在西安发现孙武亲著的抄本《孙武兵法》82 篇的消息，并很快在海内外引起重大反响。一些学者从学术研究的角度出发，提出应将其作为一个重要工程，组织专家进行校勘、注疏、研究，也有的学者拟据此撰写学术论文。1996 年 11 月 19 日《光明日报》又对此事作了最新报道，但意见却完全相反，认为抄本“很可能是近人的伪作”。1996 年 12 月 17 日《光明日报》“史林·

学术争鸣”栏发表了吴九龙《〈孙武兵法〉八十二篇考伪》的文章，对“抄本”的作伪之处进行了系统的考辨。

我们举这个例子，意在说明报刊报道、特别是最新报道对了解学术动态的重要性。我们进行学术研究时不能不随时注意这类问题。

报刊文献传递信息的速度是图书文献远远不能比拟的，但是报刊文献也有缺陷，一是信息分散，二是缺乏完整系统性。为此，我们还要注意利用各专业学术动态刊物。

二、查阅专业学术动态刊物

学术动态刊物能比较及时、客观并集中地报道国内外有关本学科领域的最新研究热点、最新研究成果等。现在这类学术动态刊物有《哲学动态》（月刊，中国社会科学院哲学研究所主办）、《中国史研究动态》（月刊，中国社会科学院历史研究所主办）、《学术动态》（陕西省社会科学情报学会等编）等。

这类动态刊物往往每期都有“研究综述”，主要对最近一个阶段某一专题的研究情况进行全面的回顾和总结。例如有一阶段“国学”研究在国内比较热门，我们要了解这场研究的过程及相关问题，可查《哲学动态》。在该刊 1995 年第 10 期上有《关于“国学”研讨中的几个问题》的述评。文章概述了近年来“国学热”的有关观点，并提出了三个方面的问题。这些对研究者来说是有一定启发意义的。

在综合性报刊索引中，也有学术动态的报道，如《中国社会科学文献题录》“历史类”下，每期都有“学术动态”一项，专门报道有关学术会议纪要、最新研究热点等。由于各自的角度不同，因此可以互相参见。

三、查阅最新出版的年鉴、文摘

论文索引、学术动态等，有时只是提供了一个资料线索，要进一步利用原始文献而又查找不到的时候，有时也可利用文摘、年鉴等。

各类年鉴里面除了概述性的文字如年度研究综述外，还常有专著提要、论文摘要等，可以看到最新论著的基本内容。

文摘可以在有限的篇幅内，容纳尽可能多的有研究价值的信息，能够大体反映出当前的研究动态和水平。文史类文摘主要有《高等学校文科学报文摘》、《中国史研究文摘》等。

《高等学校文科学报文摘》，由上海市高教局、上海师范大学主办，1984 年创刊。“文摘”汇集全国高校文科学报精华，提供社会科学、人文学科研究信息，刊发单篇论文摘要，同时在有关栏目中及时报道学术界关心的热点、难点问题和即将出版的书稿的最新观点。

此外有些"综览"、"概述"性著作也值得注意。例如上海书店出版社 1995 年出版的《文心雕龙学综览》，分各国（地区）研究综述、专题研究综述、专著专书简介、论文摘编等六个专栏，介绍了各国各地区研究《文心雕龙》的进展和主要成果。这些著作虽然时效性不是很强，但能反映出某个研究课题的发展过程及其基本趋向，所以也值得利用。

查国外中国学研究资料

中国学（Sinology），系指海外的中国研究。这是一门研究中国的政治、哲学、文化、历史、语言、经济等学科的综合性科学。也称为汉学，指研究以汉文化为主的传统的中国文化的学问。随着国外对我国研究对象和范围的扩大，"汉学"一词已难于概括这门学问的全部内涵，故现在通常称这门学问为"中国学"。

中国学术文化的博大精深，使国外学者一直非常感兴趣，发表过众多的研究论著。随着我国国际地位的不断提高，世界各国对我国历史文化的研究也必然会越来越深入。由于各自所处文化背景的不同，也由于使用的方法、手段的差异，国外的中国学研究也值得我们借鉴或参考。

从现有的实际条件出发，我们查检国外中国学研究资料，主要通过以下途径。

一、通过书目、索引查找

通过国内外学者编写的各种书目、索引，可以大致了解到国外中国学研究的基本情况。国内编制的索引有：

《国外社会科学论文索引》，中国社会科学院文献信息中心编，中国社会科学出版社出版。本刊为双月刊，专门提供国外哲学社会科学最新期刊的重要学术论文题录。收录文种为英、法、德、西、塞尔维亚、俄、日文，收录范围包括哲、经、文、史、语言、文化、图书、情报等。本刊所收论文题录涉及国外哲学社会科学方面的各种新思潮和观点。论文题目有中文译文，并标有我国的馆藏标记。其中如"国外中国研究"、"国外中国学"等项，著录了国外中国学研究的论文。由于所利用的期刊在国内都可以看到，因此这是一本了解国外最新中国学研究资料的有用的刊物。

一些国外学者编制的各种书目、索引更值得重视。国外组织编纂的中国学工具书，数量多、范围广，这些工具书比较集中和全面地反映了国外中国学研究的情况和特点，部分地体现了国外中国学研究的水平，特别是一些专题目录，对我们进行专题研究，了解国外有关此专题的研究动向和查找有关文献资料，都有很大用处。例如：

《汉学研究提要目录》，法国莫顿公司出版，1957年出版第1辑。这是法国高等研究专业丛刊之一，为不定期出版物。每辑收录一年中各国发表的中国学论著提要。第一辑有中华书局出版的中译本。

《东洋学文献类目》，日本京都大学人文科学研究所编辑出版，1934年创刊，每年度一册。原名《东洋史研究文献类目》，1961年改名《东洋学研究文献类目》，1963年改今名。这是综合性社会科学文献分类目录索引，有关评论亦附于题录之下。

《近代中国社会研究论著类目索引》，美国斯坦福大学出版社，1973。收录17世纪以来世界各国出版的有关近代中国问题的论著。

国外编纂的各类工具书很多，如要具体查找某一类工具书，可使用冯蒸编著的《近三十年国外"中国学"工具书简介》（中华书局，1981）。该书收录了1949—1978年间国外学者编纂的中国学工具书991种，大多数撰有内容提要。惟此书出版年代较早，已不能反映目前的工具书编纂情况。

另外据1996年3月《高校古籍工作通报》（第51期）报道，全国高校古委会情报研究中心与日本北陆大学汉语所正合作编纂《日本的中国学论著索引》，收录1951年1月至1993年12月在日本出版、发表的研究辛亥革命之前的中国文化、典籍的论著目录。该"索引"的出版必将给查找日本的中国学研究资料提供极大的方便。

二、通过专业学术动态刊物查找

专业学术动态刊物不仅刊载国内的最新研究动态，而且还大量介绍国外的研究成果与学术信息。如《中国史研究动态》，就专门设有"国外中国史研究"专栏。在该刊1996年第5期上发表了《日本文部省1989—1993年科学研究费（一般研究费）资助的中国历史文化研究课题介绍》，课题涉及人文、文学、哲学、史学等各个方面，本文作者认为这是"把握日本学术研究动向的最新情报"。该刊还不时配发一些专论，综述国外的研究成果，如1995年第3期上有《剑桥大学中国学的历史与现状》、《二战以来法兰西学院的中国学研究》等专论。

三、通过年鉴查找

近年出版的各种专业年鉴中，大都设有“海外研究动态”等栏目，介绍国外的研究情况，读者可根据实际需要查找。

此外，一些国际性学术会议所发报道，也常常会概括地介绍国外的最新研究情况。这类会议报道一般发表在专业性动态刊物、年鉴等出版物上，有时也发表在专业性学术刊物或各种论文集中。

四、通过论文集查找

这里所说的论文集主要有两种，一种是国内外学者均收的论文集，如《中日李白研究论文集》(展望出版社，1986)，收中日两国学者研究李白的论文22篇。

一种是专收国外学者的论文集，如《国际易学研究(第一辑)》(朱伯昆主编，华夏出版社，1995)。这类论文集很多，有的是以丛书形式出现的，如：

《日本学者研究中国史论著选译》，刘俊文主编，中华书局，1992—1993。入选论文的标准：一是反映学者最高研究水准，二是已经发表并产生过较大影响，三是尚未译成中文(个别极重要的论文例外)。全书分通论、专论、上古秦汉、六朝隋唐、五代宋元、明清、思想宗教、法律制度、民族交通、科学技术十卷。

《日本中青年学者论中国史》，刘俊文主编，上海古籍出版社，1995。全三册，与上书可互为配合。

这类论文集有时也以专辑或集刊的形式出现，如《国外中国近代史研究》(中国社会科学出版社出版)。该专辑以国外学者的论文和专著选译为主，也酌收书评、学术动态及有重要价值的短篇资料等。1980年出版第1辑，至1994年出至第26辑。《国际汉学》(本书编委会编)，商务印书馆1995年出版第1辑。它以中国文化为其研究对象，旨在沟通海外中国学界和中国学术界的联系，展示海内外学者对中国历史文化的研究成果，报道世界各地中国学研究进展的信息，并介绍重要的中国学研究机构、研究团体及海内外著名的学者等。有时也加以“译丛”等名称，如《简牍研究译丛》(中国社会科学出版社出版)，1983年出版第一辑，重点介绍日本学者研究居延汉简的著作，并附有研究论文索引。

《日本学者中国文学研究译丛》(刘柏青等主编,吉林教育出版社出版),以发表日本学者研究中国古代、近代、现代、当代作家、作品和理论批评的专论、专著译文为主,也刊载消息、动态,1986—1990 年共出版五辑,其中前三辑附有"日本研究中国文学目录索引",第五辑为古典文学专辑。

在一些国内或国外举办的国际性学术会议期间或会后,也常编选论文集,在这类论文集中,也常可了解到国外的最新研究成果。如中国孔子基金会、新加坡东亚哲学研究所合编的《儒学国际学术讨论会论文集》(齐鲁书社,1989),对儒学的总体特征、儒学对东亚各国和地区的影响、世界各地儒学研究的情况等,都有论述和介绍。1994 年 2 月在瑞士苏黎世大学东亚研究所召开了第一届国际先秦汉语语法研讨会,会后编辑出版了《第一届国际先秦汉语语法研讨会论文集》(高思曼主编,岳麓书社,1994)。通过论文集可以了解到有关研究的最新成果,并了解到本学科的发展趋势。

第十一章 查字词、文句

第一节 查字词

在学习和阅读中，常常会遇到生字难词，需要了解一些汉语字、词的读音、意义和用法，有时还要弄清某些汉字的字形。而阅读古代文献，则不仅需要掌握更多的汉字，还要了解古今词义的演变，重在掌握词义，更需要借助于各种语文辞书和综合性辞书。

查考字、词，最常用的辞书有《新华字典》、《现代汉语词典》、《辞海》、《辞源》、《康熙字典》、《汉语大字典》、《汉语大词典》等。

掌握查字典的方法

字典、词典需要勤翻、勤查才能提高使用它们的熟练程度和查阅速度，但也还要掌握一些查字典、词典的诀窍。

首先，对各种常用的字典、词典的特点和作用要熟悉，知道遇到某类问题应该查哪一部或哪几部字典、词典。如《辞海》和《辞源》都是综合性辞书，但《辞海》兼收语文性词语和古今中外知识性词语，而《辞源》只收在阅读古书时可能遇到的词语；《辞海》以简化字作为字头，《辞源》则以繁体字作为字头。

其次，应该掌握主要的排检法(查字法)。常用的字典、词典大多按部首法编排，应该记住部首的位置和顺序。还要掌握部首归并、调整的情况。此外，掌握汉语拼音、四角号码等查字法，也便于利用字典、词典的索引(检字表)。

例如，《汉语大词典》卷帙浩繁，虽然每一卷书脊上都标明了本卷编入了哪些部首，查检仍不方便。如果利用《附录・索引》卷的《单字笔画索引》和《单字汉语拼音索引》,则可迅速找到要查的字头。四卷本《辞源》每一卷后都附有该卷全部单字、复词的四角号码索引,另外还出版了将四卷索引汇编而成的《辞源修订本索引(四卷本·四角号码)》,利用这一索引可知某一字、词《辞源》是否收入,以免劳而无功,查字、词较之用部首法要快速得多。

此外,还要注意利用辞书的各种附录。附录是辞书的有机组成部分,也是其内容的补充。如《辞海》及《现代汉语词典(修订本)》均附录《计量单位表》,以中华人民共和国法定计量单位为主,并与常用非法定计量单位对照和换算;而《汉语大词典》附录卷则有中国历代度制、量制、衡制演变测算简表。各书附录不尽相同,但可互为补充。

查辞书,不能只满足于查一部即得解,而是应该多翻查几部,对释文加以比较,以求得确切解释。例如,"文"字今义主要指"文字;文章",但"文"字的本义是什么?这就需要查一些大型的辞书。

《辞海(1989 年版)》"文"字有二音:"㊀(wén)① 纹理。《左传·隐公元年》:'仲子生而有文在其手。'② 花纹。《汉书·食货志下》:'其文龙。'引申为刺画花纹。见'文身'。③ 字、文字。[以下略]㊁(wén,旧读 wèn)掩饰;修饰。如:文过饰非。《盐铁论·毁学》:'学者所以防固辞,礼者所以文鄙行也。'"

《辞源(修订本)》"文"字也有二音:"1. wén 无分切,平,文韵,明。㊀彩色交错。《易·系辞下》:'物相杂,故曰文。'《礼·乐记》:'五色成文而不乱。'引申为文雅,常和'质'或'野'对称。《论语·雍也》:'质胜文则野,文胜质则史。'㊁纹理,花纹。《左传·隐元年》:'仲子生而有文在其手曰:为鲁夫人。'《史记·平准书》:'故自金三品,其一曰重八两,圜文,其文龙。'引申为刺画花纹,见'文身'。㊂文字,文辞。[以下略]2. wèn《集韵》文运切,去,问韵。㊀文饰。《论语·子张》:'小人之过也必文。'"

《汉语大字典》"文"字仅注一音:"wén㊀《广韵》无分切,平文微。谆部。①(在肌肤上)刺画花纹。《说文·文部》:'文,错画也。象交文。'王筠句读:'错者,交错也。错而画之,乃成文也。'《庄子·逍遥游》:'越人断发文身。'《穀梁传·哀公十三年》:'祝发文身。'范宁注:'文身,刻画其身以为文也。'《礼记·王制》:'被发文身……雕题交趾。'郑玄注:'雕文,谓刻其肌以丹青涅之。'[以下略]② 纹理;花纹。《古今韵会举要·文韵》:‘文,理也。如木有文亦名曰理。’[书证及以下释文略]㊁《集韵》文运切,去问微。① 掩饰。如:文过饰非。[书证略]② 装饰。[书证略]”

《汉语大词典》将“文”字字头分立为:“文[1][wén《广韵》无分切,平文,微。]① 彩色交错。亦指彩色交错的图形。[书证略]② 纹理;花纹。[书证略]③ 字,文字。[书证略。]④ 谓刺画文字或花纹。[书证略。]”“文[2][wén《集韵》文运切,去问,微。] ① 修饰;文饰。② 掩饰;粉饰。[书证略]”“文[3][mín《集韵》眉贫切,平真,明。]通‘忞’。[以下略]”

对比这四部辞书的释文及所引书证,可以看出,《辞源》和《汉语大词典》以“彩色交错”作为“文”的本义是准确可信的。《说文》释为“错画也”,也是此义。《汉语大字典》以“刺画花纹”作为本义,似乎不妥,而且引王筠《说文句读》中的“文”也不应是动词。《辞源》和《辞海》将“刺画花纹”作为引申义,并有“文身”条。《汉语大词典》亦释“文身”为“在身体上刺画有色的花纹或图案”,书证引《礼记·王制》及孔颖达疏。

通过对比还可以看出,“文”的第二音依《集韵》文运切应读 wèn,今音亦读 wén(《现代汉语词典》即将“文过饰非”的“文”注音为 wén)。但“文饰”一词因读音不同,却有二义,应加以区别。“文(wén)饰”义为“文采,修饰”;“文(wèn)饰”义为“掩饰”。《辞源》分立为两个词条,分别注音、解释。《汉语大词典》虽也分为两个词条,但第二音也注为 wén,读者就难于辨别。《辞海》注明第二音“旧读 wèn”,但将“文饰”作为一个词条,分立义项,而未区别音读,亦不够妥当。

由此可见,尽可能多查几种辞书,加以对照比较,学会选择或对释文加以综合,才能得到最准确的解释。必要时还须核对所引书证的原文,以求正确理解。

查冷僻字

一般语文字、词典收汉字在 1—2 万个之间,收字最多的《汉语大字典》约收汉字 55 000 个。阅读古书时经常会遇到不知读音、不明其义的字、词,在一般语文辞书中查不到,这就是所谓冷僻字,利用《康熙字典》和《汉语大字典》大都能够解决。但也有一些字连《汉语大字典》也未收入(编纂《汉语大字典》时收集到不同字头 63 000 余个,经核对、清理,实收楷书单字 54 678 个),主要是一些只见于某些古代字书而别无书证的字、音义未详字、古文字的不同楷化字、不规范的地名用字和方言字等。这些字，可利用《中华字海》(收字约85 000个)来查。

《晋书》卷36《卫恒传》引汉崔瑗《草书势》："或黝黈點黏，状似连珠，绝而不离，畜怒怫郁，放逸生奇。"这里有三个冷僻字，《康熙字典》、《汉语大字典》和《汉语大词典》全收，《辞源》只收了"黈"字。据《汉语大字典》，黝(zhǐ)，黝黈：草书的笔势；黈，同"丶"(zhǔ)；黏(niǎn)，點黏：草书笔势；各引古代字书的注音、释义及《晋书》和明、清时代书证。《汉语大词典》则着重解释"黝黈"、"黈"、"點黏"、"點黈"(指书法上的点顿)、"黏黈"(点主；题主。亦指神主牌位)等词语，并举出《晋书》及宋、明、清代的书证。

冷僻字中有很大一部分是异体字和古今造出的形声字。鲁迅《呐喊·故乡》中讲到一种爱吃瓜的野兽"猹"，各种字、词典大多收入此字，注音为chá(只有旧版《新华字典》注为zhá，1998年修订本改注为chá)，《汉语大词典》引鲁迅1929年5月4日致舒新城信："'猹'字是我据乡下人所说的声音，生造出来的，读如'查'。……现在想起来，也许是獾罢。"又，孙犁《村歌》上篇："到地里，无非是锄个小苗儿，长个棉花叉儿，撧个菜苗儿，摘个豆角儿。""撧"即"薅"。《汉语大字典·补遗》收入了此字。

古书中的冷僻字还有一些是讹字，应加以注意。唐李邕《国清寺碑》："由是渔父易节，鲜食向风，释纶解徽，停筤去笱。"(《全唐文》卷262，中华书局影印本2662页)"筤"字不见于古今辞书，当是"筤"字之讹，下当从"良"，缺一点而讹作"艮"。《说文·竹部》："筤，篮也。从竹良声。"卢当切。此字置于篓、篮之间，《说文》释篓为竹笼，释篮为大篝(有别于今之竹篮)，筤当与此同类，是竹编的有孔的篓状器具，可用于捕鱼。《汉语大字典》收有"筤"字，但无"篮"义。

查异体字、古文字

同一个字的不同写法称为异体字，一般区分为音义全同的异体字和音义部分相同的异体字。异体字是汉字历史发展的产物，而且也在不断演变。有些始终是异体字；有些曾是异体字，后来却成为意义无关的不同的字；有些不是异体字，后来变成异体字。阅读古书时常会遇到这类问题。旧时读书人喜用异体字，鲁迅《孔乙己》中孔乙己所问的"回字有四样写法，你知道么?”就反映出这一现象。

历代辞书都注重收录异体字。《康熙字典》对前代辞书的收字已作了一些初步的整理和规范工作。我国发布的《第一批异体字整理表》(1988 年修订本)已经废除了 1 000 多个异体字，《现代汉语通用字表》又规定了汉字的字形标准，使用汉字已有规范可以遵循。但对于阅读时遇到的异体字，仍须利用《康熙字典》、《汉语大字典》等大型字典来解决。

《现代汉语词典》在“回”字字头下括号中有“囘、囬、迴、廻”四个字。《现代汉语词典》的体例是以规范字形(简化字)作为字头，繁体字和异体字注在括号内。因此，“囘、囬”是“回”的异体字，而“回”又是“迴”的简化字，“廻”是“迴”的异体字。“迴、廻”简化为“回”，是“回”的第一个义项(“曲折环绕”)。

《康熙字典》正文囗部收有“回、囘、囬”三个字，并注明“囘”为回本字，“囬”为俗字。“回”的第四种写法“囯”见于《康熙字典·备考》。《备考》收“无可考据”的字。此字是据金代字书《篇海》收入的，别无书证，说明这种写法确实罕见。

《汉语大字典》对异体字作了系统的整理。除正文中对异体字加以注明外，第八卷另有《异体字表》，收同一主体字统领的简化字、古今字、全同异体字(意义全同，而形体不同)和非全同异体字共 11 900 组，集中反映了正文及补遗所收录的异体字。如在“回”字下，除“囘、囬、囯”外，还收了“佪、徊、廻、迴、韦、违”。有些《汉语大字典》未收的异体字(如古文字的不同楷化)，可查《中华字海》。

《汉语大字典》历史地、全面地反映了汉字形体的源流演变，楷书单字下收列了有代表性的甲骨文、金文和篆、隶形体，对于查考古文字极为方便。此外，还可以利用古文字字典和字表，如《甲骨文字典》、《金文大字典》、《古文字类编》、《秦汉魏晋篆隶字形表》等。

查通假字

用一个音同或音近的字来代替本字，称为通假。通假是古代文献中常见的现象，或同音通假，或双声通假，或叠韵通假，均指古音。“不明古音者，不足以识通假。”(清朱骏声《说文通训定声·自序》)古今学者对通假的看法不尽一致，在古籍注释和辞书中通假义项的建立等方面目前存在不少分歧。

查考通假字，主要利用《辞源》、《辞海》、《汉语大字典》、《汉语大词典》和专门的通假字字典，如《古汉语通假字字典》、《古字通假会典》等。《汉语大字典》第八卷中有《通假字表》，将以“甲通乙”格式关联的借字和本字全部收入，依上古音三十韵部排列，查找颇为方便。

例如，《论语·学而》：“学而时习之，不亦说乎。”通常注释为“说”通“悦”。《汉语大字典》释“说(yuè)”同“悦”，是古今字，而非通假。而“说(shuì，休憩，止息)”通“税”(《诗·召南·召棠》：“蔽芾甘棠，勿翦勿拜，召伯所说。”)；“说(tuō，解脱，脱下)”通“脱”(《易·蒙》：“利用刑人，用说桎梏。”)。《汉语大词典》解释更详，释“说(shuì)”为“通‘税’。停置，引申指休憩；止息。”“说(tuō)”通“脱”有第二义项“急骤”(《管子·幼官》：“说行若风雨，发如雷电。”)，另“说(yuè)”：“通‘阅’。看。《隶续·汉武都太守耿勋碑》：‘君敦《诗》说《礼》，家仍典军。’”

解决通假问题还可以利用《辞通》，这是一部专门解释古汉语中同义异形的双音词(或词组)并加以沟通的词典。此书运用“因声求义”的方法，把同义异形词，或音同、音近而通假的，或义同通用的，或形近而讹的，汇为一组，详列古书中的例证，加按语说明相通的原因。编者朱起凤晚年曾追述编纂《辞通》的起因：“光绪乙未年，吴外祖掌教海宁安澜书院，月以诗文课士。余为代阅课卷，加评语，定甲乙，士论翕然。一日，见卷中有用‘首施两端’字，疑为笔误，因加墨其上云：‘当作首鼠。’卷发，合院大哗，贻书谩骂，谓：‘《后汉书》且未见，乌能阅文?’”(朱起凤：《古欢斋杂识》)于是历三十余年而编成《辞通》。在《辞通》中即通过大量书证说明“首施”、“首鼠”和“首尾”三词音近通假。

《史记》卷79《范雎蔡泽列传》，历来版本或作“雎”，或作“睢”，莫衷一是。中华书局标点本作“睢”。《辞通》有“范睢、范且”条，引《史记》、《通鉴》和《韩非子》书证，并加按语：“范睢之睢，从且不从目。后人有读为‘睢’者，其误始于胡三省注《通鉴》。清钱大昕《通鉴注辨正》曰：‘考武梁祠画像作“范且”。“且”与“睢”同字，宜从且不从目。注读为“虽”，失之甚矣。’然钱氏未引《韩非子》，亦其疏也。”这一类异文讹字的考订，在《辞通》中虽为数不多，但反映了编者的功力，亦可见《辞通》在阅读古代文献中具有不可代替的作用。

查虚字

古代汉语中的“虚字”是相对实字而言，没有实在的意义，其中一部分相当于现代的虚词。

元卢以纬《语助》是最早的解释虚字的专书。清刘淇《助字辨略》、王引之《经传释词》，以及今人杨树达《词诠》，都是研究虚字的重要著作。查考古代文献中的虚字，除了利用语文辞书外，还要注意利用上述专书及虚词词典(如《古代汉语虚词词典》)。

例如，李白《秋浦歌》之十五：“白发三千丈，缘愁似个长。”韩愈《盆池》五首之一：“老翁真个似童儿，汲水埋盆作小池。”两例中的“个”，查《辞源》等语文词典即可知，前一个“个”作指示代词，后一个“个”作助词。如查《古代汉语虚词词典》尚可见到较详细的解说及更多的书证。

查古代文学作品中的词语

诗、词、曲、通俗小说、戏曲等古代文学作品中，往往保留了一些口语、俗语词汇或方言词汇。这些词语在当时是易懂的，但对于今人则成了难理解或易误解的特殊词语。查考这类词语，除了利用语文词典，还应该利用断代语言词典，如《近代汉语词典》、《宋元语言词典》；汇释这类词语的专书，如《诗词曲语辞汇释》、《敦煌变文字义通释》、《元曲释词》、《小说词语汇释》以及专书、专人词典，如《世说新语辞典》、《李白大辞典》等。

《中国文学发展史》(上海古籍出版社 1986 年版)释汉乐府《陌上桑》“耕者忘其犁，锄者忘其锄，来归相怨怒，但坐观罗敷”句中的“坐”为“坐着”。丰子恺画唐杜牧《山行》诗“停车坐爱枫林晚，霜叶红于二月花”诗意，亦画一个人坐着观赏枫林。其实，以上两处的“坐”均应释为“因为，由于”，《诗词曲语辞汇释》举多个用例释之甚详，修订本《辞源》也吸收了这一成果，列出“因为”这一义项。

唐杜甫《奉赠韦左丞丈二十二韵》诗：“读书破万卷，下笔如有神。”句中“破”字如何解释？《辞源》为“破”字立了五个义项，均不适用于此例。《诗词曲语辞汇释》释为“尽、遍”，又举宋张元幹《满庭芳》词：“三十年来，云游行化，草鞋踏破尘沙。”“踏破”意为“踏遍”。《汇释》指出“破”还有“着、在、了、得”义，如唐李商隐《即日》诗：“何人书破蒲葵扇，记看南塘移树时。”唐皮日休《鲁望戏题书印囊奉和》诗：“不知夫子将心印，印破人间万卷书。”又有“过”义，如唐杜甫《绝句漫兴》：“二月已破三月来，渐老逢春能几回。”宋苏轼《蝶恋花》词：“梦破五更心欲折，角声吹落梅花月。”又有“安排”义，如唐李商隐《春日》诗：“欲入卢家白玉堂，新春催破舞衣裳。”这些义项，《辞源》均未收列，而《汉语大词典》均收入了，并加以详细解说，援引了各时代的例证。

又如“惭愧”一词，在诗词、戏曲、小说中常见，但并非“羞愧”义，而是感幸之辞，意为多谢、难得、侥幸，是唐代以来常见的用法。如唐元稹《长滩梦李绅》诗：“惭愧梦魂无远近，不辞风雪到长滩。”因此，在文学作品中遇见的一些习见的词语，也不能臆断其意义，应多查查辞书。

第二节 查成语典故

综合性辞书《辞源》、《辞海》和语文词典如《汉语大词典》，都收入了数量众多的成语和典故，查考时可先加利用。也可以直接使用成语词典和典故词典。

成语词典所收以四字格成语为主，典故词典则收字数不等的各种较常见典故形式。在众多的成语词典中，《汉语成语考释词典》、《汉大成语大词典》和《汉语成语大词典》是考释成语来源、反映成语发展演变较为详尽准确的几部，所引书证丰富，解释也细致。如“脱颖而出”是一个使用较多的成语，典出《史记》卷76《平原君虞卿列传》中“毛遂自荐”故事，原作“颖脱而出”，后世多作“脱颖而出”，用作典故时也单作“颖脱”、“脱颖”、“颖出”等。由同一典源又衍生出“锥处囊中”、“碌碌无能”、“因人成事”、“一言九鼎”等成语和“藏颖”、“透颖锥”、“碌碌十九人”、“碌碌因人”等不同的典故形式。从各种成语词典和典故词典中大都可查出。值得指出的是，《汉语成语考释词典》在解释成语来源及其中一些词语时颇有独到之处。如“颖”，旧注指锥把上套的环，而此书释为“指嵌锥针的两片铁。一说，指用来箍住两个铁片的环。”就较为准确。又如，“程门立雪”通常引宋杨时谒程颐故事，而此书别引《祖堂集》慧可向达摩求法故事，释“立雪”为“指佛教徒站在雪中虔诚求道”，则使“程门立雪”的必诚必敬就学师门的含义更为明确。

利用综合性辞书和语文词典查典故，可从一些关键词语或人名入手查找，如遇到熟典，查考就更为容易。例如唐李益《塞下曲》：“伏波惟愿裹尸还，定远何需生入关；莫遣只轮归海窟，仍留一箭定天山。”这首诗每句都用典。《后汉书》卷 24《马援列传》:[马援曰:]"方今匈奴、乌桓尚扰北边,欲自请击之。男儿要当死于边野,以马革裹尸还葬耳,何能卧床上在儿女子手中耶?"《后汉书》卷 47《班梁列传》:班超晚年请求自西域还,上疏和帝有云:"臣不敢望到酒泉郡,但愿生入玉门关。"《春秋公羊传·僖公三十三年》:"然而晋人与姜戎要之殽而击之,匹马只轮无反者。"《旧唐书》卷 83《薛仁贵传》:仁贵领兵击九姓突厥于天山,发三矢,射杀三将,馀众下马请降。"军中歌曰:'将军三箭定天山,战士长歌入汉关。'"利用《辞源》查这些典故,从"伏波"、"定远"查出指东汉伏波将军马援和定远侯班超,再依释文的指引去查《后汉书》中二人的传,前两句的典故就迎刃而解了。"只轮"(以"只轮不返"立目)也可查到语出《春秋公羊传》。如果稍加联想,利用成语典故词典也可查出。从《汉语成语考释词典》就可查到"马革裹尸"、"只轮不返"和"三箭定天山"的出处。

古代诗文中常用典故,除事典外,多用语典,即有出处的词语或句子。宋辛弃疾《一剪梅·游蒋山,呈叶丞相》:"独立苍茫醉不归。日暮天寒,归去来兮。探梅踏雪几何时;今我来思,杨柳依依。"末句用《诗·小雅·采薇》:"昔我往矣,杨柳依依。今我来思,雨雪霏霏。"用《汉语大词典》或《辞源》查"依依"一词即可知出处。但首句暗用杜甫《乐游园歌》:"此身饮罢无归处,独立苍茫自咏诗。"则用词典无法查出。唐李白《行路难》:"金樽清酒斗十千,玉盘珍羞直万钱。停杯投箸不能食,拔剑四顾心茫然。"后两句用语本鲍照《行路难》:"对案不能食,拔剑击柱长叹息。"和汉无名氏"回车驾言迈"诗:"四顾何茫茫。"有些用典很巧妙,使读者不知为用典。如宋苏轼《念奴娇·赤壁怀古》:"遥想公瑾当年,小乔初嫁了,雄姿英发。"文意了然易解。但"英发"一词实出自《三国志》卷 54《吕蒙传》:孙权论周瑜、鲁肃、吕蒙,论及吕蒙时云:"及身长大,学问开益,筹略奇至,可以次于公瑾,但言议英发不及之耳。"

有些从辞书中查不到的典故,或辞书的解释与诗文所用不甚符合的典故,都可查阅类书,寻求线索,加以解决。常用的类书是《佩文韵府》和《骈字类编》,也可使用《太平御览》、《渊鉴类函》、《古今图书集成》等综合性类书。使用《佩文韵府》和《骈字类编》要注意的是,先选出关键词语(《佩文韵府》收二至五字的词语,《骈字类编》只收二字的词语),然后按首字的四角号码分别从《佩文韵府索引》和《骈字类编索引》中查出词语所在页码。《佩文韵府》按词语尾字的韵部编排,《骈字类编》按词语首字分类编排。也可以按各书的编排方法直接检索。其他类书都按分类编排,按类目即可检得。如宋文天祥《杜架阁》诗:“诸君皆雨别,一士独星言。”(《指南录》卷2)可选“雨别”和“星言”两个关键词查阅《佩文韵府》(入声屑韵“别”、上声元韵“言”)及《骈字类编》(天地门“雨”、“星”),均可查到。“雨别”引唐独孤及《海上寄萧立》诗:“契阔阻风期,荏苒成雨别。”“星言”引《诗·鄘风·定之方中》:“命彼倌人,星言夙驾。”“星言”即“星焉”,意谓“披着星星”。“雨别”实出后汉王粲《赠蔡子笃》:“风流云散,一别如雨。”(《文选》卷23)喻离散难再相会。两部类书囿于体例,未举出篇名。需要注意的是,《佩文韵府》引书多只举书名或作者名而不著篇名,要加以核对。

典故中出现人名(包括各种别称)时,还可以利用人名词典或通过人名索引查传记资料来了解典故来源。宋文天祥《正气歌》中一连列举了12位历史人物的典故:“在齐太史简,在晋董狐笔,在秦张良椎,在汉苏武节。为严将军头,为嵇侍中血,为张睢阳齿,为颜常山舌。或为辽东帽,清操厉冰雪。或为出师表,鬼神泣壮烈。或为渡江楫,慷慨吞胡羯。或为击贼笏,逆竖头破裂。”以他们至死不屈的事迹,颂扬“万古存”、“贯日月”的浩然正气,表现了“人生自古谁无死,留取丹心照汗青”(《过零丁洋》)的英雄气概。诗中前面的八人已指明是齐太史、董狐、张良、苏武、严颜、嵇绍、张巡、颜杲卿,后面则用的是管宁、诸葛亮、祖逖和殷秀实四人的故事。利用《中国人名大辞典》、《古今人物别名索引》和二十四史就可以查明这些典故的出处。

但是,古人确有错用典故的。李白《送贺宾客归越》诗:“山阴道士如相见,应写《黄庭》换白鹅。”《黄庭》为道经。但《晋书》卷80《王羲之传》:“又山阴有一道士,养好鹅,羲之往观焉,意甚悦,因求市之。道士云:‘为写《道德经》,当举群相赠耳。’羲之欣然写毕,笼鹅而归,甚以为乐。”这里是因误记而错用。王维《老将行》:“昔时飞箭无全目,今日垂杨生左肘。”杨柳是柳之别名,垂杨即垂柳。《庄子·外篇·至乐》:“支离叔与滑介叔观于冥伯之丘、昆仑之墟,黄帝之所休。俄而柳生其左肘。”王先谦注:“瘤作柳。”这里是因不知假借而误用。

古代一些诗文用典有时会流为雕琢或堆砌典故。堆砌典故历来为人所诟病,被称为“编事”,或讥为“獭祭鱼”、“衲被”。试举北周庾信《谢滕王赉马启》为例:“某启:奉教垂赉乌骝马一匹。柳谷未开,翻逢紫燕;陵源犹远,忽见桃花。流电争光,浮云连影。张敞画眉之暇,直走章台;王济饮酒之欢,长驱金埒。谨启。”全文只 57 个字,却一连用了 7 个有关马的典故。《搜神记》卷 7:“张掖之柳谷,有开石焉。其文有五马,象魏晋代之兴也。”“柳谷未开”反用此典。“紫燕”、“桃花”、“流电”、“浮云”并为骏马名。《尔雅·释畜》:“黄白杂毛,駓。”郭璞注:“今之桃花马。”《西京杂记》卷 2:“文帝自代还,有良马九匹,皆天下之骏足也。一名浮云,一名赤电……一名燕紫骝……号为九逸。”《汉书》卷 76《张敞传》:“敞无威仪,时罢朝会,过走马章台街,使御吏驱,自以便面拊马。”《世说新语·汰侈》:“王武子被责,移第北邙下,于时人多地贵,济好马射,买地作埒,编钱匝地竟埒,时人号曰‘金埒’。”用典虽多,这封书启的意思只不过是:承赐乌骝马一匹,我喜得骏马,可乘以朝会游乐了。用典多,就难免牵强。因桃花马而拉扯上武陵源(陶渊明《桃花源记》);拉出张敞和王济,也与谢赉马无关。这些典故,从《汉语大词典》可以查到“章台”、“金埒”和“桃花”等骏马名,但释“柳谷”则与文不符;从《太平御览》兽部“马”目也可查到部分典故出处。而清倪璠《庾子山集注》注释独详。因此,查检典故时也要注意利用古今注本。

第三节 查引语出处

语典多用古书中有来历出处的词语,或略加改动,化用前人诗文成句。但也有直接引用古人文句或诗句的。唐柳宗元《捕蛇者说》末段:“孔子曰:‘苛政猛于虎也。’吾尝疑乎是,今以蒋氏观之,犹信。”引用《礼记·檀弓下》所记孔子的话作为结论。唐刘禹锡《陋室铭》也以“孔子云:‘何陋之有!’”作结,语出《论语·子罕》。引用前人诗文成句,称为“引语”,可算广泛意义上的用典。上例为明用,不加说明则是暗用。南唐李煜《望江南》词:“多少恨,昨夜梦魂中。犹记去年游上苑,车如流水马如龙,花月正春风。”以前人诗句(唐苏颋《公主宅夜宴》:“车如流水马如龙,仙史高台十二重。”)直接入词。

查考引语出处,可利用的工具书很多,除综合性辞书和语文词典外,还可利用典故词典、引语辞典(名句辞典)、类书和字句索引。

由于引用古人诗文句子有一定的随意性,古代诗文数量又浩如烟海，若非较常见习用的，就不可能全部靠工具书查出出处。清末秋瑾赴刑前写下了一句“秋风秋雨愁煞人”，曾被认为秋瑾的绝命诗，但后来有人查出此句出自嘉庆、道光间娄江陶澹人的七古《秋暮遣怀》：“秋风秋雨愁煞人，寒宵独坐心如捣。”（清陶澹人《沧江红雨楼诗集》）鲁迅在《从百草园到三味书屋》一文中记有塾师寿镜吾朗读的“铁如意，指挥倜傥，一座皆惊呢；金叵罗，颠倒淋漓噫，千杯未醉嗬。”直到编辑 1981 年版《鲁迅全集》时，才从清人笔记中查到出自清末刘翰《李克用置酒三垂冈赋》。

清代学者阎若璩因为一时未能说出“使功不如使过”一语的出处，读书随时留心考查，直至二十年后才从《后汉书・独行传》中查明出处，慨叹“甚矣学问之无穷，而尤不可以无年也！”（阎若璩《潜邱札记》）而今天，从《汉语大词典》、《古书典故辞典》和《引用语辞典》中都可以很容易地查出此语出处。

《引用语辞典》（朱祖延编著）所收条目都是后人引用而不注明作者或出处的成句，每条略加解释，说明出处及作者，并举出后人引用的例子。如“读万卷书，行万里路”通常作为熟语引用，实出元方回《六言四首・自来》：“读万卷行万里，酌一杯题一诗，颓龄如此如此，豪气已而已而。”（元方回《桐江续集》卷 27）经常引用的“人生何处不相逢”、“疾风知劲草”等语，一般词典不收，虽知有来历但不易查清楚。《引用语辞典》则注明，前者出自宋欧阳修《归田录》卷 1：“及丁（晋公）之贬也，冯（相拯）遂拟崖州，当时好事者相语曰：‘若见雷州寇司户，人生何处不相逢？’”后者出自《后汉书・王霸传》：“光武谓霸曰：‘颍川从我者皆逝，而子独留努力，疾风知劲草。’”并各举若干后世用例。由此可见，此书是查引语的较好工具书。编著者又将此书扩展为《引用语大辞典》，收条目增加近一倍。此外，如《诗词曲名句辞典》（赵传仁主编）专收古代诗歌中的名句，加以解释并汇集后人品评；《中国古代名句辞典》（陈光磊等编著）广收历代典籍及名家诗文集中的名句，也都可用于查考引语出处。如“大海从鱼跃，长空任鸟飞”多认为出自宋李颀《古今诗话》所引唐玄览诗，且只存此二句，而《诗词曲名句辞典》则举唐段成式《酉阳杂俎・语资》所引全诗并其本事。

引语辞典、名句辞典都是以句子为收录单位的。查检引语出处也可以利用各种句子索引，如《十三经索引》、《万首唐人绝句索引》、《汉诗大观索引》等。《史记》卷 61《伯夷列传》:“子曰‘道不同不相为谋’,亦各从其志也。故曰‘富贵如可求,虽执鞭之士,吾亦为之。如不可求,从吾所好。’‘岁寒,然后知松柏之后凋。’举世混浊,清士乃见。岂以其重若彼,其轻若此哉?”一段中引了三句孔子的话。分别按各句首字查《十三经索引》,可知“道不同,不相为谋”出《论语·卫灵公》;“富贵”句出《论语·述而》,但今本(《十三经注疏》本)作“富贵可求也”;“岁寒然后知松柏之后凋也”出《论语·子罕》。查这些句子的出处也可利用逐字索引《论语引得》,从任意一字均可查出全句的出处。

句子索引均按每句的首字排列,如首字不符则查不到。如“人为万物之灵”语出《尚书》,但在《十三经索引》“人”字下无此句,再检逐字索引《尚书通检》,知原句为“惟人万物之灵”,出《尚书·泰誓上》。可见字词索引对于查找引语出处更为实用。字词索引数量很多,经部、子部的重要典籍和《史记》、《全唐诗》等都已编制了逐字(词)索引。

从关键词语入手,查语文词典、类书或词语索引,也是查引语出处的一种方法。“十年磨一剑,霜刃未曾试”出自唐人诗,查《汉语大词典》“霜”字下“霜刃”条或《骈字类编》天地门“霜刃”条,都注明出自贾岛《剑客》诗。这与查检典故的方法相同。

再举一个可利用类书查检诗文句出处的例子。1961 年 11 月 6 日毛泽东给秘书田家英写了一封信:“有一首七言律诗,其中两句是:雪满山中高士卧,月明林下美人来。是咏梅的,请找出全诗八句给我,能于今日下午交来则最好。何时何人写的,记不起来,似是林逋的,但查林集没有,请你再查一下。”同日又有一信,谓记起了四句,是否是清人高士奇的。(董边等编《毛泽东和他的秘书田家英》,中央文献出版社 1989 年出版,109—110 页)要查的两句诗是咏梅的名句,但不知时代和作者,只能先查类书。《骈字类编》“雪满”、“月明”两条下均无此句;《佩文韵府》“雪满”条下亦无。这样,只能查《古今图书集成》了,《古今图书集成》各部的“艺文”部分辑录历代有关的赋、诗、词等颇为详备。果然在《古今图书集成·博物汇编·草木典》卷 210 梅部艺文中查到这两句诗出自明高启《梅花》六首之一,全诗是:“琼姿只合在瑶台,谁向江南处处栽?雪满山中高士卧,月明林下美人来。寒依疏影萧萧竹,春掩残香漠漠苔。自去何郎无好咏,春风愁寂几回开?”再检高启《高青邱集》,卷 15 载有此诗。“雪满”句常为后人称引,清吴乔《围炉诗话》、赵翼《瓯北诗话》、王士禛《渔洋诗话》等均引有此句。

顺带提一下，这两句诗中用了两个典故。“高士”出《后汉书·袁安传》李贤注引《汝南先贤传》：“时大雪积地丈余，洛阳令身出案行，见人家皆除雪出，有乞食者。至袁安门，无有行路，谓安已死，令人除雪入户，见安僵卧，问何以不出，安曰：‘大雪人皆饿，不宜干人。’令以为贤，举为孝廉。”《古今图书集成·历象汇编·乾象典》卷92雪部纪事引有此事；《艺文类聚》卷2《天部·雪》亦载此事，惟引自《录异传》。“美人”出自唐柳宗元《龙城录》：隋开皇中，赵师雄过罗浮山，天寒日暮，残雪对月色微明，在松林间酒家，一女子淡妆素服出迓，与之饮。顷醉寝，醒时乃卧于大梅花树下。《古今图书集成·博物汇编·草木典》卷212梅部外编具引。此例亦说明如《古今图书集成》之类大型综合性类书也可用于查检典故，只是要善于利用。

第十二章　查人物资料

第一节　查考历史人物名号

姓名是区分人类个体的符号。人们在确定和选择姓名时，一般都会考虑到稳定性和“唯一”性问题。但由于各种原因，这两方面都很难完全做到，这就给我们查考人物资料带来了困难。人们经常会遇到姓名改变、同姓名以及姓名与别号的关系等问题。

通常人们的姓名是比较稳定的，但在一些特殊情况下，也会发生变化。如为了改籍入学，或参加科举考试，有时就要改姓。如过继给他人，也要改姓。有时因避讳或避祸，或为了某一些特殊需要，就要改名。例如明嘉靖四十一年（1562）状元是申时行，因其祖父自幼育于外家徐氏，时行从其姓，故金榜题名时即作徐时行。再如清代著名文学家王士禛，因避讳先后改名为士正、士祯。无论改姓改名，都会给查考人物带来困难，例如任何传记资料上就都查不到“徐时行”这个人物。现在尚没有查考人物改姓的工具书，如需查考避讳改名则可使用清黄本骥编《避讳录》（《三长物斋丛书》本）、清刘锡信编《历代讳名考》（《畿辅丛书》本）、陈垣《史讳举例》（科学出版社，1958）等。

相对于改姓改名来说，同姓名的问题更为复杂。在我国，虽然历代出现过的姓氏有 12 000 多个（窦学田编撰《中华古今姓氏大辞典》，警官教育出版社 1997 年版，收有姓氏词条 12 000 余款），但常用的不过几百个，而使用得最多的如李、王、张、刘等不过近 100 个。在取名上，由于共同的文化结构和心理特征的影响，也常常呈现趋同倾向，这样就产生了大量的同姓名者。据《古今同姓名大辞典》统计，称王佐的就有 71 人，称李锐的也有 26 人，其中有不少是历史上著名的人物。同姓名问题给学术研究带来很大困难。例如《史记》中有两个公孙龙,《汉书》中有两个《易》学家京房,都被后人误认为是同一个人。

查考古今同姓名者最常用的工具书是《古今同姓名大辞典》。例如我们在《中国丛书综录》第三册索引中查到清代王豫名下有《蕉窗日记》、《孔堂私学》、《孔堂初集、文集》、《种竹轩诗钞》四种著作。再根据索引提供的线索查该书第二册子目,结果发现"孔堂"两种收入《吴兴丛书》,《种竹轩诗钞》收入《京江七子诗钞》。吴兴(今浙江湖州)、京江(今江苏镇江)为两地,如无特殊情况,一个人的著作是不可能同时收进两部地方性丛书中的。查《古今同姓名大辞典》,才知原来清代有两个王豫,一为浙江长兴人,著有《孔堂小稿》;一为江苏江都(实际应为江苏丹徒)人,著有《种竹轩诗文集》等。清代长兴属吴兴府,丹徒属镇江府,故其书收入各自的地方丛书中。按照《中国丛书综录》的编纂体例,这里是应该分开立目的。这是因没有区分同姓名者而造成的著录混乱。

我国古代人物与近代部分人物,除了本名外,还有字、号、室名等。字是对名的解释或补充,通常也叫"表字"。号是名字以外的别称,室名原是主人对自己住处或书斋、藏书处等所取的名字,室名加"主"或"主人"等字样,即成为主人别名。清末以后作家写文章时又好用笔名。

古代人物相互交往,有"讳名称字"的习俗,即对尊长者不称其名,只称字号,以示客气和尊重。但同一个人往往不止用一个字号,多的可能有几十个。另外同一个字号往往也会被许多人使用。

为了迅速、准确地从纷繁的字号中查出人物的本名,就需要使用查考人物字号的工具书。

例如宋代欧阳修在《答吴充秀才书》(《欧阳文忠公集·居士集》卷47)中写道:"孟子皇皇不暇著书,荀卿盖亦晚而有作。若子云、仲淹,方勉焉以模言语。"这里提到四个人物,孟子、荀卿大家都知道,子云、仲淹分别是谁呢?因不知其姓氏,又不知其朝代,故须使用通代别号索引去考查。查《古今人物别名索引》,自汉至清以"子云"为字号的共21人,宋以前(包括宋代)称"子云"的有王缙、韩云龙、扬雄等11人。我们根据欧阳修文章来分析,显然此处是指汉代扬雄。再看仲淹,初一看,常会认为这是指范仲淹。然范氏为一代名臣,与欧阳修同时而略早,欧阳修对其政事甚为敬仰,直称其名已与习惯不合,且此处显然含有贬义,并主要与著述有关,故不可能是范仲淹。再查《古今人物别名索引》,知以仲淹为字号的有隋王通和明汪道贯。从年代上来分析，那么，只能是隋代王通了。扬雄曾模仿《周易》作《太玄》，模仿《论语》作《法言》，王通则模仿《论语》作《中说》，这显然就是欧阳修文章中所说“方勉焉以模言语”之意。因两人有共同之处，故欧阳修作为一种典型，连类而及，是很自然的。

以上是既不知人物朝代，又不知其姓氏，故查起来比较费事。如朝代、姓氏都明确，查起来相对比较简单一些，但也要注意辨析。如《国朝先正事略》卷37宋琬事略云：“同时山左诗家，自渔泽外，有田山薑、曹实庵、颜修来、王秋史、徐东痴、谢方山、张历友。”因均是清代人，故只需查《清人室名别称字号索引》。从该索引甲编中可以顺利查到田山薑、曹实庵等人的本名，但称作谢方山的却有谢重辉、谢履忠两人，这里究竟是指哪一个呢？这需要再通过该索引的乙编来查其籍贯。从乙编中查到谢重辉为德州人，谢履忠为昆明人。查《中国历史地名辞典》，得知山左即今山东省的别称。德州属山东省，据此可知列名山左诗家的应是谢重辉。

古人除以字号来尊称他人外，还常用地望、官爵、谥号等来指称。所谓地望，即用主人的出生地或住地来代替人名，如称曾巩为曾南丰、王安石为王临川等，南丰、临川均为地名。用官爵指代人物使用较多。有时是直接使用官名，如称杜甫为杜工部(杜甫曾官检校工部员外郎)；有时则是使用任职时治所的地名，即所谓宦地。如李白曾在《与韩荆州书》中说：“生不用封万户侯，但愿一识韩荆州。”(《李太白全集》卷26)韩荆州即韩朝宗，因其曾任荆州刺史，故以此相称。

用官职指称人物，有些重要的人物能通过工具书查到，如工部指杜甫，右军指王羲之等。但大部分人物无法直接查到，有些是临时性称呼，则更难查考。《清代闺阁诗人征略》卷7《恽珠传》记云：“仪征相国论为女中之儒。”这仪征相国是指谁呢？恽珠(1771—1833)为清嘉庆道光年间人，“仪征相国”亦应是这一时期人。相国是明清时代对内阁大学士的尊称，查《清代职官年表》中的“大学士年表”，这一时期任此职人很多，但仪征人只有阮元。据此可以推断仪征相国即指阮元。

查考字号的目的是为了正确确定本名，然后通过本名再去查找有关资料。如《古典戏曲存目汇考》卷11董舜民小传云：“未详其字，别号苍梧生。里居、生平亦未详。”今查《古今人物别名索引》、《清人室名别称字号索引》,可知其本名为元恺,舜民为其表字,清长洲人。《中国人名大辞典》有董元恺条。《汇考》误将其表字当作本名,就无法查到里居、生平了。同样,谭正璧《中国文学家大辞典》董定园条亦因"名不详"而查不到其生卒年及生平。如果我们查《清人室名别称字号索引》,就可知董定园本名达章。再通过《清代碑传文通检》,可查到其生卒年为1753—1813年,清包世臣《艺舟双楫》卷9有其墓志铭。

只知字号不知本名,固然难以查到人物资料,如果字号和本名对应不起来,也会造成差错,最常见的就是人物重复出现。例如《清诗纪事》第11册既有徐礼华,又有徐步云,既有陈行之,又有陈毓升;《中国藏书家考略》既有李文藻,又有李南涧;《历代人物年里碑传综表》既有钱陆灿,又有钱湘灵;《中国美术家人名辞典》既有大汕,又有石濂,等等。这都是因人名和字号未能查实对应,致使一人变为两人,重复出现。要避免这类问题,只有勤翻阅别名字号索引。

此外还有一个名号区分问题。如李文忠为明盱眙人,卒后追谥岐阳王。而"文忠"又常被用作谥号,清代李鸿章即谥此号,史志亦常径称其为李文忠。如不注意区分,就会产生混乱。

古人姓名字号往往连称,如辨认不当,也会产生错误。如谢国桢《江浙访书记》著录常熟图书馆藏稿本《甑尘纪略》,云:"清昭文姚齐宋古愚撰。按宋古愚,名再元,常熟人。"但无事迹。今遍查各种工具书,均不见"宋再元"其人。是其人本无事迹传世,还是人名有误呢?经查《清人室名别称字号索引》,方知姚齐宋才是其姓名,而再元为其字,古愚为其号。谢先生可能因"宋"为常见姓氏,遂将其本名读破,又连缀其表字而成姓名。根据《索引》提供的线索,在光绪《常昭合志稿》卷30查到了姚齐宋的传记。由此可见人名的查实确实是很重要的。①

有时在姓名字号间还要插入地望、官爵等,则更难分辨。试看《碑传集》卷125清魏礼撰《李君世熊墓志铭》中的一段文字(原无标点):

君晚节好南丰程山谢秋水文洊甘健斋京宁都易堂彭躬庵士望家叔子冰叔禧及吾庐魏礼……

初看完全摸不着头脑。中华书局1993年标点本将其标点为:

① 后查常熟图书馆藏此书,亦证明其作者姓名应作姚齐宋。

君晚节好南丰 程山 谢秋水 文洊、甘健斋京、宁都易堂 彭躬庵 士望、家叔子 冰叔 禧、及吾庐 魏礼……

这就清楚了。其中谢为姓，文洊为其名，秋水为其字，南丰为其籍贯。谢文洊尝建程山学舍于城西，故后人亦称其为程山。馀可类推。如果没有标点本，又无法弄清其关系，就需借助《清人室名别称字号索引》、《中国历史地名辞典》等，逐一查找。

有些特殊类型的人物，如古代医家、书画家、戏曲家、僧道等，其字号广为人知，而本名反而不彰，在一般字号索引中往往查不到。其中书画家可利用《中国历代书画篆刻家字号索引》等查考，其他类型人物可利用专业工具书的附录查考，如《中医人物辞典》、《中国佛学人名辞典》、《释氏疑年录》、《古典戏曲存目汇考》等，书后都附有专门的人物名号索引。

查清楚人物的姓名字号，再来查找该人的生平简介、传记资料，就方便多了。

第二节 查古今人物生平简介

有时我们需要简要迅速地了解一下古今人物的生平事略，就可以利用百科全书、辞典、人名录，或书目、年鉴、人物年表等。它们介绍人物简明扼要，概括性强，比直接使用传记资料要方便快捷。

百科全书中收有众多的人物条目。如《中国大百科全书》各学科卷均收古今重要代表人物，而且评介较详，特别是对历史人物的介绍反映出当代最新的研究成果。

辞典是查检古今人物生平简介的重要工具书。除了专门的人名辞典外，综合性辞书和专科词典中也都收入大量人物条目。综合性辞书《辞海》和《辞源》所收以各方面代表人物为主，释文较为简略。《辞海》所收包括古今中外各科人物（但不收在世人物），《辞源》则侧重历史人物（大致以 1840 年为限）。同时《辞海》所收人物明显多于《辞源》，如陈忱、丁耀亢、毛宗岗等人，在《辞源》里就查不到。

专科辞典如常用的《哲学大辞典》、《中国历史大辞典》、《中国文学大辞典》、《宗教辞典》等，都从专业的角度对人物生平作有重点的介绍，并对所涉专业的成就有概括而精要的评定，其针对性更强。

需要注意的是，有些人物的成就是多方面的，因此被广泛收进各种专科辞典。除一些基本项目如字号、籍贯、生平等大致相同外，涉及其思想特征及学术成就，则各种专科辞典具有明显的专业特征。

试以黄宗羲为例。黄宗羲是著名思想家，同时又是著名的哲学家、史学家、文学家，在佛学、方志学方面也有独到的成就。如果我们要查找他在某一方面的成就，可使用不同的专业辞典。如查《哲学大辞典·中国哲学史卷》可以看到他对宋儒“理在气先”的批判；查《中国历史大辞典·史学史卷》可以看到他在史学、特别是在明史研究方面的贡献；查《佛教文化辞典》，可以看到他“通儒释之学”的学术面貌；查《中国文学大辞典》则可以看到他在古文和诗歌创作上的重要成就以及强调“性情”的文学思想。如再查《中国地方志辞典》，还可以看到他所纂修的《四明山志》的特点及后人对此志的高度评价。而《辞海》则从史学、哲学、文学三个方面概括了黄宗羲的成就，论述全面，但在具体问题的阐述上则不如专科辞典深入细致。

这就告诉我们在利用辞典来查找人物生平简介时，要注意所要达到的目的是什么。如要全面了解该人生平，则宜用综合性辞书，如用专科辞典，难免会以偏概全。如只想了解某一方面的成就，则不妨选用相应的专科辞典。当然如能将两类辞典结合起来使用，则效果更好。

人名辞典按其收录范围分，也可分为综合性的，如《中国人名大辞典》、《中国人名大词典》等，和专科性的，如《中国文学家大辞典》、《中医人物辞典》、《中国帝王宰相辞典》等。也有按年代区分的，如《民国人物大辞典》，或按地域区分的，如《湖北历史人物辞典》、《无锡名人辞典》等。

这类辞典结构都比较简单，使用并不复杂，基本原则仍如上述，要注意根据自己的需要灵活使用。

此外，人物志是专门记述人物生平事迹的著作，从内容上看，比传记集精炼概括，比人名辞典则略为详尽，但与人名辞典并无多少实质性区别。这类著作，如《浙江人物简志》（浙江省社会科学研究所编纂，浙江人民出版社，1984）、《江苏出版人物志》（俞洪帆等主编，江苏人民出版社，1995）等，对人物生平事迹都有清楚完整的记述。

一些大型的人物传记集，将人物资料与人物研究融为一体，也是查考古今人物生平时不能忽略的，如《中国古代思想家传记汇诠》（王蘧常主编,复旦大学出版社,1988—1989)、《中国古代思想家评传》(匡亚明主编,南京大学出版社)、《中国历代著名文学家评传》、《中国古代著名哲学家评传》等。这些合传或独传,有详实的史料,又有一定的学术深度,需注意利用。

书目虽然是揭示、报道图书的工具,但许多书目往往附记作者生平简历。西汉刘向撰《别录》,在著作下均介绍作者生平,这一传统为后世目录学家所遵循。有一些人物的生平资料,只见于书目记载。如明代作家帅机著有《阳秋馆集》23卷,有清乾隆三年(1738)刻本,又有《帅惟审先生集》2卷,收入《临川文献》。但《明史艺文志》未收其书,各种传记集中也查不到其生平资料。因《千顷堂书目》著录明人著作较齐备,且大都附有作者小传,可试查此书。结果在卷24别集类中查到了其小传:"字惟审,临川人。思南知府,谪两浙盐运司副,迁南京刑部郎中。"由于现在通行的《明人传记资料索引》未收这部书目,就使相当一部分人的生平无从查考。

在古人所著图书中,或图书前后所附的序跋、题赠等资料中,常常会提到作者的生平事迹,书目编写者大多能接触到这部分内容,所以能提供其他地方找不到的传记资料。这是书目的可贵之处。

通过以上各种工具书查到的人物生平能满足对人物的一般性了解。如需对人物作更深入的研究,则还要查考更详尽的传记资料。

第三节　查检历史人物传记资料

历史人物传记资料主要分布在史志、传记、文集、笔记等各种类型的文献中,在非纸型文献中也有大量传记资料。要从这些文献中迅速找到所需要的人物资料,就必须熟悉和了解有关的工具书以及相应的检索方法。以下即分类予以介绍。

查史书和地方志

我国古代有丰富的历史著作,集中记载着各类历史人物的事迹。从体裁上看,人物资料主要集中在正史(纪传体史书)和别史、杂史、编年史等类史书中。

查考正史中的人物传记资料,主要可利用群史人名索引或专史人名索引。这两种索引各有优点。在不知道所要查找的人物在正史中是否有传，或虽知道有传，但因无法确定其活动时代、以致无法确知其收在哪一部正史中时，利用群史人名索引，一下子即可查出结果。如使用专史人名索引，需逐史查检，就十分不便。也有些历史人物是跨朝代的，在前后相承的正史或相关的正史（如南朝宋、齐、梁、陈四朝正史与《南史》，北朝北魏、北齐、北周三朝正史与《北史》）中都列有其传。群史人名索引会清楚地逐一显示出来，用专史人名索引就很有可能产生遗漏。

但是同一个人的传记资料除见于其本传外，还会在志、表或其他人物传中出现。从群史人名索引中只能查到本传资料，而将同书中其他相关资料忽略。专史人名索引正好能避免这个缺陷。

例如我们从《二十四史纪传人名索引》中查到初唐四杰之一骆宾王的本传收在《旧唐书》卷190上、《新唐书》卷201中，两部《唐书》中有关骆宾王的其他传记资料，在这个索引中就反映不出来了。如查《新旧唐书人名索引》，则可看到非常详尽的著录：

30 骆宾王

190上/5006＊
47/2075
67/2490
67/2492
84/2805
190上/5003
190上/5006
―――――
201/5742＊
60/1600
60/1618
76/3478
93/3822
93/3823
108/4088
123/4367
201/5741

其中横线上为《旧唐书》的卷数、页码，横线下为《新唐书》的卷数、页码。这显示出骆宾王的资料除本传（加＊号）外，见于新旧《唐书》的还有14处。骆宾王的代表作是代徐敬业起草的《讨武氏檄》。但本传未载此文，只是说“敬业军中书檄，皆宾王之词也。”根据索引逐一查找，发现全文载在《旧唐书》卷67李敬业（即徐敬业）传中。其他各处所载事迹亦多能补本传之不足。《新唐书》的情况类此。

也有些人物在正史中未立传，但并不等于正史中就未载其事迹，有些人物的事迹还是非常丰富的。这些人物在群史索引中一般查不到，而在专史索引中则仍可一一显示出来。例如钱谦益，仕于明，卒于清，按照生不立传的惯例，《明史》未列其传，故从《二十四史纪传人名索引》中，就查不到此人。而查《明史人名索引》，就可以发现他在《明史》中出现有30多处，虽然其中记载有重复，但也足以补《清史稿》本传的不足。

因此为保证准确迅速而又全面地在正史中查到自己所需要的人物资料，最好能把群史人名索引与专史人名索引结合起来使用。

别史、杂史等类史书目前还未有专门的人名索引，我们只能通过各个朝代的人物传记资料综合索引转查，例如《唐五代人物传记资料综合索引》中就收有《十国春秋》、《南唐书》、《江南野史》等杂史、野史。

以正史为中心的古代史书收录了一大批古代人物资料，但由于种种原因，还是有大批人物无法收入其中，有些即使收进了正史，与实际面目相去也甚远，如钱谦益等。而地方志则在一定程度上弥补了这个缺陷。

地方志的一个重要特点是保存着大量人物资料，凡在本地有一定影响、一定成就的人物几乎都收入了其中。从表彰乡贤、宣扬地方文化成就的目的出发，地方志中的人物事迹一般记载得都非常详尽，也比较准确可靠。

要查考地方志中的人物，可利用方志人名索引。例如要查考乾隆四十年(1775)进士丁兆隆的传记资料，查《三十三种清代传记综合引得》，未收此人，经查《明清进士题名碑录索引》，查出其籍贯为顺天府房山。房山今属北京市，因此可利用《北京天津地方志人物传记索引》，结果查到如下内容：

丁兆隆（吉占、受堂、淦泉）
清　浙江山阴人迁房山
44/6/26　乡贤

上述条目表明丁兆隆是清代人，由浙江山阴迁至房山，其传见于民国《房山县志》卷6乡贤类。44/6/26三个数码分别表示本条目引书代号、卷数、页数。人名后括号内为其字号，经查《清人室名别称字号索引》，尚未收此人，因此也可补该索引的不足。

在方志的宦绩、流寓等传中，还收有在本地任职而具政绩或寄寓本地的外籍人。这些人物的传记有时在其原籍的方志中反而找不到。例如嘉庆《海州直隶州志》卷6选举表在清顺治五年(1648)恩贡条下有胡启睿，注云："静海知县。"但该志无其传，《三十三种清代传记综合引得》也未收其人。静海县今属天津市。根据曾任"静海知县"这一线索，在《北京天津地方志人物传记索引》天津部分可查到如下内容：

胡启睿　明　江南海州人
2/20/20　名宦
3/39/85　宦绩

表明在乾隆《天津府志》卷20名宦和光绪《重修天津府志》卷39宦绩中收有其传。根据这一线索，我们可以在两部方志中顺利查到其传略。

但是现在已编出人名索引的方志数量十分有限，在大多数情况下，我们还必须直接使用方志。要先确定其籍贯，或任职、流寓所在地区，还要大致确定其身份(官吏、学者、文人等)，然后再去查找相应的方志及相应的类别。

除此之外，一统志、会要、实录等，里面也有不少人物资料。

一统志是记载全国舆地的总志。元明清各代都修有一统志，其中以清《嘉庆重修一统志》体例最为完备。该志所收人物传包括名宦、人物、流寓、列女、仙释几类，其中"人物"类是主体。民国间《四部丛刊三编》曾用原写本影印，附有综合索引，可从中查找人名。上海书店1985—1986年重新影印了此书。

历朝会要多记名臣言行事功，有相当丰富的人物史料，有许多往往不见于历朝正史。现在有的会要已编出相应的人名索引，如《唐会要人名索引》(张忱石编，中华书局，1991)、《宋会要辑稿人名索引》(王德毅编著，台北新文丰出版公司，1978)等，可据此查找相应的人物。

例如北宋真宗、仁宗年间刘崇超曾任西京左藏库副使、内殿承制兼管勾国子监、监三馆书籍，对管理国家藏书和监理国子监刻书作有贡献，如果研究北宋藏书史、刻书史，不能不注意此人。但其事迹无从查考，《宋史人名索引》、《宋人传记资料索引》均未列其名。因其任职与中央机构有关，可考虑查《宋会要辑稿人名索引》，在其名下查到如下页码：

2217/3;2218/1,2;2363/4;2511/1;
2766/3,4;2958/4;2959/1

这表明在崇儒四“勘书”、职官二“起居院”、职官六“宣徽院”、职官一八“崇文院”、职官二八“国子监”等部类中，都记有其事迹。其中崇文院一条还可据以大致定出其卒年。可见会要中的人物传记资料虽然分散，但如集中起来，对人物研究也很有用处，特别是有许多资料是其他地方查不到的。

实录是历代所修的专记各朝皇帝大事的编年体史书，里面也记载着大量人物传记资料。但是今存明清实录卷帙过于浩繁，要从中查找人物相当困难。今人从《明实录》中辑出 2 350 人的传记资料编成《明实录类纂·人物传记卷》(李国祥主编，武汉出版社，1990)，提供了一定的方便。

历史档案是印证史实的可靠凭证，是考证、校正其他史料的主要依据。一些明清人物的史实，如清同治帝、光绪帝的死因，曹雪芹的家世等，都可据档案史料予以查实。但是档案利用的最大困难是卷帙过于浩繁，查检不易。近几十年来，陆续整理出版了一部分档案史料，其中人物类有《关于江宁织造曹家档案史料》(中华书局，1975)、《郑成功档案史料选辑》(福建人民出版社，1985)等，但显然远远满足不了需要。

中国第一历史档案馆于 1992 年编制成《清代档案主题词表》，共收主题词 3 435 条，其中包括《清代人物表》等专用主题词表。这是一部反映清代档案主题内容的规范化词表。另外该馆还将部分档案输入了电子计算机，并用计算机编出分类、地区、作者、时间四种检索目录。这些都为查检清代档案中的人物资料提供了方便。(参见秦国经:《中华明清珍档指南》第四章“明清档案的价值与作用”，人民出版社，1994)

查传记文献

这里所说的传记类文献主要包括传记文、学案、年谱、宗谱、日记等。这是查找人物资料的基本文献。

传记文是记述传主生平事迹的文章或书籍。我国古代的传记文汇编数量很多，目前虽还没有编出系统的目录，但在各种书目中一般都列有“传记类”一项。

年谱记载谱主的生平事迹、言行志趣，有时还记载谱主的著述目录，因此是研究人物事迹的切实有用的资料，许多年谱可以补充、订正国史、传记的疏漏与错误。我国古代年谱数量很多，年谱目录也编制得比较完善。读者通过年谱目录就能找到自己所需要的年谱。

需要指出的是，年谱除了可以查找谱主自身的事迹外，还可以从中找到其亲友或其他人物的事迹，这就是年谱的借用。在年谱中常同时记载着先世及子女的有关情况，也记载着与谱主交往的师友事迹，因此它同时提供了相关人物的传记资料。正是这一点，使我们可以借用来查找其他人物的生平事迹。如乾隆五十四年(1789)进士荆汝翼为江苏丹阳人，光绪《丹阳县志》卷20有传，但未知其生卒年。今据传中提到洪亮吉尝从其游之语，在《洪北江先生年谱》乾隆二十七年(1762)下查到有如下记载："荆先生，长于先生八年，举业最工，后以是科副榜贡生中顺天癸卯举人，己酉进士，官华亭教谕，卒。"根据其长洪亮吉(1746—1809)8岁这一线索，可推算出其生年为1739年，即乾隆四年。其卒年则可据《华亭县志》推得。①

宗谱是记述一个宗族系统的文献。人物传记资料是宗谱中的主要内容，它集中在宗谱的世系录和传记文中。宗谱最主要的特点是世系连贯，脉络分明，人物传记完整，生卒、科名、仕历等线索清楚，且资料往往为他书所无，故历来为学者所重视。近年一些重要宗谱，如《辽东曹氏宗谱》、《洪氏宗谱》等的发现，为研究曹雪芹、洪秀全等的家世及活动提供了重要资料。宗谱还提供了大量名望虽小但都有一定研究价值的历史人物资料，而这些资料在史书方志以及文集笔记中都很难找到。

例如昆山赵氏为清代著名藏书世家。这个藏书家族与其他藏书家族有什么不同的特点？几乎所有的藏书家辞典都未提到。经查《苏州市家谱联合目录》，知苏州市图书馆等处藏有赵诒琛修纂的《新阳赵氏清芬录》和《赵氏家乘》两部家谱。从家谱中发现，这个家族从赵青来(1755—1818)、青来曾孙赵元益(1840—1902)，到元益长子赵诒琛(1869—?)，都非常强调藏书对家族的开放性，强调家族成员要积极使用家族藏书，并最终建立了"赵氏图书馆"，这是一种处于私人藏书楼和公共图书馆之间的转折型藏书机构。由于一些研究者未能注意综合运用家谱资料，故未能概括出这个藏书家族的本质特点。可见家谱在查

---

① 据光绪《重修华亭县志》卷11职官所记，乾隆五十五年十月荆汝翼任华亭教谕，五十九年由昭文人言尚炜继任，则荆氏当卒于乾隆五十八年或五十九年初。

考家族资料方面的功用是独到的。

日记、学案也是在查找人物资料时常使用的文献。其中日记也存在一个资料借用的问题。现存学案大都编有相应的人名索引，查检比较方便。

查文集、笔记

文集包括别集和总集。个人作品集称为别集。在许多别集中，收有大量的传记文，包括传、墓志铭、墓表、神道碑、祭文、诔文、行述、行状、纪事等，记载着各类人物的生平事迹。在书序、赠序、寿序、题跋等类文字中，也会涉及人物的经历、思想。因此别集是查找人物资料的重要文献。

查找汉至唐代文集中的传记文，尚无专门的索引可利用。查宋、元、明三代文集中的传记文，则可分别利用《宋人传记资料索引》、《元人传记资料索引》和《明人传记资料索引》。这一时期大量重要的文集都被收进了这三部索引中，例如《宋人传记资料索引》收录的别集即达 367 种之多。而《明人传记资料索引》则更以文集中的资料为主，所收明清文集有 528 种。另外元人别集中的传记文，还可通过《元人文集篇目分类索引》中的"人物传记"部分来查找。

查清人别集中的传记文，可利用《清代碑传文通检》，也可利用《清代文集篇目分类索引》中的"传记文"部分。这两部书可互相补充。例如我们要查清代左宗棠的传记文资料，在《清代碑传文通检》中查到：

神道碑(吴汝纶:桐城吴先生文集二)
别传(钱海岳:海岳文编)

在《清代文集篇目分类索引》"传记文之部"的碑传甲、赠序、寿序、哀祭这几类中分别查到：

赠太傅恪靖侯大学士左宗棠碑文　缪荃孙　艺风堂文集外编　1/2b
左文襄公神道碑　吴汝纶　桐城吴先生文集　2/68b
送左侯相入觐序　周寿昌　思益堂古文　1/4b
左恪靖侯七十寿序　冯煦　蒿庵类稿　18/7a

赠太傅恪靖侯大学士左宗棠祭文　缪荃孙　艺风堂文集外编　1/1b

两者虽有部分重复，但可互为补充。

除此之外，还可利用清代和近代人编纂的各种“碑传集”。上海古籍出版社1987年出版的《清代碑传全集》汇辑四种碑传集，书后附人名字号索引，为查找传记文提供了线索，也可与上面两种索引互为补充。

总集是多人诗文的综合集。通常在每个作者名下都附其小传，这些小传往往提供了他处不可多见的传记资料。也有一些总集中的人物小传被辑出，从而成为独立的传记集，著名的有从《列朝诗集》中辑出的《列朝诗集小传》。

有许多人物的传记资料最早就见于总集，如唐大历十才子的耿沣、卢纶、司空曙等人的传记，最早就见于唐姚合所编《极玄集》。也有许多人物，特别是明清两代的人物，其传记资料只有总集中才能见到。所以我们要注意对总集的利用。

辑录宋元以前诗文作品的重要总集，如《全唐诗》、《全唐文》、《元诗选》等，已被收入各代综合传记资料索引中，使用时可转相查考。查考明清两代总集中的人物传记资料，尚没有完善的索引，必须直接使用原书。一般是先判断所要查找的人物是何地人，或了解其主要活动地区，然后再查找相应的总集，特别是区域性地方总集。

例如清初僧人元尹撰有《博斋集》(版心题《泊斋集》)三卷，有康熙刻本，其事迹不见各家传记。今查其书卷端题“住盐官沙门元尹宇亭著”。盐官即海宁，属嘉兴地区，辑集这一地区诗歌的总集有《槜李诗系》及其续编(槜李为嘉兴别称)。在《续槜李诗系》卷39方外中找到了元尹的传记资料。又因为海宁属浙江，故在阮元编《两浙𬨎轩录》卷39方外中亦可找到其传略。

明清时期一些经济、文化发达地区所编集的区域性文学总集中的人物传记资料非常丰富，值得我们充分利用。

查非纸型文献

这里所说的“非纸型文献”包括在甲骨、青铜器、简牍、缣帛、石料等载体上契刻记录的文献。它们是在纸型文献产生之前用以记录信息的主要载体，在纸型文献产生后也起到一定的补充作用，其中有些载体，如石料，至今还在使用。

查找这类文献中的人物资料，必须根据不同的特点选用相应的工具书。如查找甲骨文中出现的人名，可利用《甲骨学小词典》(孟世凯编著，上海辞书出版社，1987)。查找金文中出现的人名，可利用《金文人名汇编》(吴镇烽编，中华书局，1987)等。

从查考人物传记资料的角度来说，这类文献中又以石刻墓志最为重要。我国自古即非常重视墓碑墓志的收集整理。近年陆续出版的重要石刻、墓志文献有《石刻史料新编》(台北新文丰出版公司1977、1979、1986年影印出版)，三辑共90册，收世界各地所藏石刻史料典籍共900余种。另有《汉魏南北朝墓志汇编》(赵超编，天津古籍出版社，1992)、《隋唐五代墓志汇编(北京大学卷)》(孙兰风等主编，天津古籍出版社，1992)、《唐代墓志汇编》(周绍良主编，上海古籍出版社，1992)等。《千唐志斋藏志》(文物出版社，1984)，收两晋以来墓志1 360种，其中唐代墓志有1 200余种。《新中国出土墓志》(文物出版社编辑出版)为分省墓志集，1994年出版了河南省卷。这些大型文献的出版，为利用墓志提供了极大的方便。

查考墓碑文献中的人物资料，可直接利用文献中的目录或索引，也可利用《六朝墓志检要》(王壮弘等编，上海书画出版社，1985)、《隋唐五代墓志汇编(索引)》(吴树平等编，天津古籍出版社，1992)、《北京图书馆藏北京石刻拓片目录》(徐自强主编，书目文献出版社，1994)等。

以上大致介绍了人物传记资料在文献中的分布情况以及怎样利用相应的工具书去进行检索。在许多情况下，查找人物传记资料需综合利用各种工具书，在不同的文献中去查找。

例如《明清进士题名碑录索引》著录明嘉靖壬戌科(嘉靖四十一年，公元1562年)状元为徐时行，现需查其资料。经查各种工具书，均无此人。一个状元而无任何传记资料，这是不可能的。我们再从上述索引中查到此人为直隶吴县(今属江苏)人，接着查民国《吴县志》卷12选举表，果有此人，其名下还有一行小注："复姓申。"徐时行何以又叫申时行？县志未有交代，这时可以考虑查找家谱。经查《苏州市家谱联合目录》，有清申继璠续修的《申氏世谱》八卷，附注云："苏州申氏，是谱载有明文定公时行事迹。"说明这是申时行一族的家谱。从"目录"中同时查到苏州市图书馆等单位藏有此谱。根据此谱卷一“登科表”、卷三“文定房支十九世”等所记，才知道原来其祖父申乾少育于外家徐氏，因从其姓，故时行参加科举考试亦用徐姓(俗称“榜姓”)。嘉靖四十四年(1565)徐时行服丧毕，仍改为本姓，即所谓“复姓申”。我们再按“申时行”的姓名来找，结果发现其资料相当丰富，《明人传记资料索引》所记就有 26 种之多。这个事例告诉我们，当一个人物资料无法直接找到时，可考虑换几个角度去查找。

人物传记资料在文献中的分布往往是很分散的，为了确切掌握其分布情况，我们在查找人物资料时，要尽量使用综合性人物传记资料索引。

例如要查三国时魏王肃的资料。王肃是当时比较重要的经学家，传记资料比较丰富，但很分散。由于现在还没有唐代以前的综合传记资料索引，因此可利用《四库全书传记资料索引》。从该书中查到王肃传记资料见于《三国志》卷 13、《通志》卷1 157、《古今纪事》卷 4、《名贤氏族言行类稿》卷 24 等，共有 13 处。

过去有些人物事迹不详，并不是该人没有资料，而是资料过于分散，人们难以深入到各种文献中去一一查找的缘故。例如《四库全书总目》卷 75《江东水利论》提要云：“宋陈武撰。武，始末未详。”因陈武是宋人，我们只要查《宋人传记资料索引》，就可以在其名下查到《止斋文集》等八种文献中记有其事迹。由于有了综合性传记索引，这类问题就比较容易解决了。

为了能迅速准确地查找到自己所需要的资料，我们在查找前要对人物作一些基本分析，大致判定人物生活的年代、身份、籍贯等，这样可以有效地选用最切近的资料。

第四节　查检人物研究资料

为了研究方便，人们还常常把一些人物的有关资料加以汇辑，编成各种研究资料。这些研究资料有的只辑存原始性基础资料，有的则主要辑存后人的研究文章。我们在查找人物资料时，可注意利用这部分资料。

现在比较有影响的人物研究资料有：

《古典文学研究资料汇编》 中华书局1959年起分卷出版。

这套资料汇编，以作家（也有的以作品）分卷，辑集历代有关古典作家作品研究、评论的资料，包括思想、艺术的评论，作家生平的记述，作品时代、真伪的考证等。已出版的有：《三曹资料汇编》(1980)、《陶渊明卷》(1965)、《李白资料汇编》(1994)、《杜甫卷》(1982年重印)、《韩愈资料汇编》(1983)、《白居易卷》(1962)、《柳宗元卷》(1964)、《李贺资料汇编》(1994)、《欧阳修资料汇编》(1995)、《苏轼资料汇编》(1994)、《黄庭坚和江西诗派卷》(1978)、《李清照卷》(1984)、《陆游卷》(1962)、《杨万里范成大卷》(1964)，《水浒资料汇编》(1980)、《金瓶梅资料汇编》(1987)、《红楼梦卷》(1963)。

《中国近代文学研究资料丛书》 这套丛书由中国社会科学院文学研究所发起，上海古籍出版社、山西人民出版社等八家出版社出版。丛书以史料性和学术性并重，计有100个项目。其中“作家作品资料”包括作家作品研究文章选录、研究文章索引、作品索引或系年。已出版的有：《秋瑾研究资料》(郭延礼编，山东教育出版社，1987)、《严复研究资料》(牛仰山等编，海峡文艺出版社，1990)。

人物研究资料集很多，如《李贺研究资料》(陈治国编，北京师范大学出版社，1983)、《郑和家世资料》(人民交通出版社，1985)、《李伯元研究资料》与《吴趼人研究资料》(均由魏绍昌编，上海古籍出版社，1980)等，均可根据需要使用。

作品与作家常是不可分割的。作品反映着作者的思想、艺术及一定的时代或社会背景，作品的研究有助于作家的研究，因此在一些专书研究资料集中，也有不少人物资料。如朱一玄编《红楼梦资料汇编》(南开大学出版社，1985)，依其内容分为四编，其中即有作者编。编者辑录了大量有关本书作者曹雪芹及其续作者高鹗的家世、生平资料。在他编纂（部分与人合编）的《水浒传》、《三国演义》、《西游记》、《儒林外史》、《金瓶梅》、《聊斋志异》等作品的资料汇编中，都可以查找到有关各书作者的生平资料。

正因为作者与作品的关系密不可分，所以有的研究资料书名干脆将两者合称，如刘德隆等编《刘鹗及老残游记资料》(四川人民出版社，1985)。

这类研究资料取材广泛，收罗详尽，能包容各种不同观点，对研究者来说，不仅可以免除翻检查阅之劳，而且可以全面系统地掌握和了解基础资料与研究成果。

台北天一出版社在1979—1985年期间，曾影印出版过一批人物传记资料和人物研究资料，除报刊资料外，亦摘要收录文集、论丛、学位论文及专著中的篇章。这套书规模宏大，收集人物众多，历史上重要的文学家以及近代一批重要的政治人物几乎都包括在里面，其中有的人物资料如杜甫有27册，李鸿章也有15册。有些人物如岳飞、曹雪芹、金圣叹等，既辑有传记资料，又辑有研究资料。这批资料对了解台湾学者的研究成果也有重要作用。

也有一些研究资料是以学派形式编集整理的，如《太谷学派资料汇编》（江苏广陵古籍刻印社编辑出版，1995）等，这些也要注意利用。

这类资料集收录范围、收录对象都很明确，使用时一般不会发生什么问题，只要我们熟悉这些资料的出版情况，就可有效地加以利用。

散见于报刊、尚未汇编的人物研究资料，其中包括近年研究的新成果和新发现，也应注意查找利用。检索时可利用各种专科（专题）论文索引以及《复印资料索引》、《全国报刊索引》等综合性索引。

第十三章　查古今地名

第一节　查考历史地名

地名，是人们赋予各种地理实体的专门名称。我们研究古代社会的历史，不能脱离特定的地理环境，查考历史地名必然要涉及地理沿革的考证。同一地古今地名可能不同，且又有简称、别称、雅称、俗称等不同名称；不同的地方使用同一名称这种现象也很多。这些都给查考地名带来了困难。

查考中国历史地名，一般要利用辞典、地理文献及相关索引、地图等。

地名辞典是我们查考历史地名最常用的工具书，它能给地名作出准确、简明而又规范的解释和说明。现在使用较多的地名辞典主要有《中国古今地名大辞典》、《中国历史地名辞典》、《中华人民共和国地名辞典》等。

《中国历史地名辞典》释文采用古今地名对照，并以 1980 年行政区划为准，准确扼要，使用比较方便。《中国古今地名大辞典》资料较为陈旧，但它也有许多优点。一是所收古地名、特别是春秋古地名较丰富，二是所收乡镇及乡镇以下地名较多，三是同名异地所收较齐备，四是文史典籍中出现的地名收罗较多。因此一些其他辞典查不到的地名，在《中国古今地名大辞典》中可以查到。例如广东香山县（今中山市）因境内有香炉山而得名，“香炉山”这一名称只有在《中国古今地名大辞典》中才能找到。而《中国古今地名大词典》（上海辞书出版社，2005）则以收地名多、解释准确详明、资料最新为特点。该书收地名 68 000 条，包括古地名、旧地名和今地名三部分。古地名收词包括历史上的古国、部落、都邑、城镇及各级行政区划（郡、州、府、路、县）；古地理名称，山川、关隘、道路、水利工程和重要建筑，名人出生地及文学名著中的地名。现行行政区划和人口资料截止到2004年。可见这部辞典是应该优先选用的。

如需更进一步查找各地区的地名，特别是乡镇以及乡镇以下的地名，可用《中华人民共和国地名辞典》。这部辞典按省分卷，所收虽以现行地名为主，但其中多涉及古地名，并注意考究地名的语源及政区的沿革。

综合性辞典《辞海》和《辞源》也收有地名。《辞海》古今兼收，解释比较简洁；《辞源》只收古地名，比较注重于地名溯源，同时大都注明出处，并附参考资料，便于读者核查原始资料。《汉语大词典》也收地名，但多为地名的别称。

由于《辞源》主要是一部供古典文史研究工作者阅读古籍用的工具书，因此一些文史典籍中出现的地名，通常可查《辞源》。如苏轼《次韵答文与可见寄》诗："为爱鹅溪白茧光。""鹅溪"这一地名在《辞海》里查不到，在《辞源》中却有解释。不仅注出其地理位置，还注出其物产，这对理解苏轼原诗很有帮助。

此外，《辞海》、《辞源》同时能指出地名的正确读音，起到正音作用，如指出六合、六安的"六"读 lù 不读 liù，天台、台州的"台"读 tāi 不读 tái 等，这种功能是一般地名辞典所不具备的。

查考历史地名，还要注意使用各类专门辞典。从总体上说，专门辞典所收地名远不如地名辞典丰富，但属于某一专门方面的地名，则往往超过地名辞典。这类专门辞典包括专科辞典，如《中国历史大辞典》；专书辞典，如《春秋左传辞典》；专人辞典，如《李白大辞典》；地方辞典，如《齐鲁文化辞典》、《无锡辞典》等等。这些辞典中所收地名有许多是不见于地名辞典或综合性辞典的。如《左传·昭公二十七年》："公徒败于且知。"且知为地名，在一般辞典中都查不到，查《春秋左传辞典》，就有解释："鲁地。近山东郓城县。"

专门辞典除了可以找到其他辞典不载的地名外，它还具有两个明显的优点。首先是指向明确。通常辞典对地名只能作一般性的说明和解释，辞典上的地名是否是我们所需要查找的，在同名异地中哪一个地名才符合我们查找的要求，有时不是很明确，而专门辞典则可以明确定位。例如李白诗中经常提到"夜郎"这一地名。《流夜郎赠辛判官》诗："我愁远谪夜郎去，何日金鸡放赦回？"《闻王昌龄左迁龙标遥有此寄》诗："我寄愁心与明月，随风直到夜郎西。"这几处夜郎在哪里？是不是同一个地方？查普通地名辞典，可查到夜郎坝、夜郎驿、夜郎国、夜郎郡、夜郎县等地名，其中夜郎县在唐初又有三处。这些地方哪些是李白诗中所指的呢？这些问题普通地名辞典一般难于解决。如查《李白大辞典》(郁贤皓主编，广西教育出版社，1995)，便可在"地名"部分查到上述诗中所说前一夜郎在今贵州正安县西北，后一夜郎在今湖南芷江县西便水市。弄清这些地名，对研究李白行踪及其诗歌的内容和风格是有一定意义的。专门辞典另一个特点是加以考辨。地名辞典只能给出具体的解释，专门辞典有时会针对具体情况作一些必要的解释。

通过辞典来查找地名比较方便简捷，但又是很不够的。辞典容量有限，无法容纳全部古今地名，而且辞典的释义往往不完备，一些比较冷僻的地名在辞典中找不到解释。因此，我们还必须直接利用原始文献。从地名文献源的角度看，地名资料主要分布在古代地理学著作、正史地理志、地理总志、方志、游记、石刻史料等文献中。这类文献卷帙浩繁而且分散，要查找其中的地名，必须充分利用相应的地名索引。

中华书局出版的《史记地名索引》等是为配合点校本《二十四史》而编纂的，可据以查找正史地理志中的地名。新出版的整理本地理总志都附有相应的地名索引，读者可根据需要使用。

地方志记述一个地区的社会与自然情况，地名是地方志的重要组成部分。商务印书馆于20世纪30年代曾影印出版过一批通志，如《畿辅通志》、《山东通志》、《浙江通志》、《广东通志》、《湖南通志》、《湖北通志》(有重印本)，均附有综合性关键词索引，从中可查到本地区的大量地名。

以上这些地名索引都是分散编的，日本学者平冈武夫等编《唐代的行政地理》则是一部综合性的唐代地名索引。它将新旧《唐书》地理志、《唐会要》、《元和郡县志》等正史地理志、政书、总志等文献中所载府州郡县名称一一标出，并加注了今地名，对查考唐代县以上地名很有用。例如《千唐志斋藏志》第741页有□州高唐县尉崔某故妻墓志铭，"州"上一字不清。今从《唐代的行政地理》书后索引中查到"高唐"地名共四处，其中河北道的高唐属博州，与墓志所述内容相合，由此可知所缺一字为“博”字。

文集中也包含有大量的地名资料。这主要有两种情况：一种是专门考订地名的文章，如《碣石考》等；一种是游记文章，如《游泰山记》等。它们所涉及的虽然都只是个别的地名，但由于科学性较强，因而成为人们查考、研究地名的重要依据。后人曾将此类文章专门辑出，编纂成集，如清王锡祺辑《小方壶斋舆地丛钞》及其补编（今有排印本、影印本），谭其骧主编《清人文集地理类汇编》（全 7 册，浙江人民出版社，1986—1990）等，其中涉及大量历史地名及地名考证，是重要的地理文献合集。

查找文集中的地名资料可使用文集篇目索引。例如《禹贡·扬州》：“三江既入，震泽底定。”现在要查考“三江”的确切意义。查《中国古今地名大辞典》、《中国历史地名辞典》及《辞海》、《辞源》等，对三江的解释颇有出入，为了进一步考证这个问题，我们可利用《清代文集篇目分类索引》查考清人的有关论述。《禹贡》为《尚书》中的一篇，在“经类”二“书经”中查到《夏书·禹贡》篇，可看到清人的有关考订文章有 30 余篇。又因为三江与水道有关，因此还可以查“史类”十一“地理类”，在“河渠水利”条下也可以查到类似的篇目。

查考历史地名，不仅要利用古人的研究成果，还要充分利用现代人的研究成果。为此，可通过专科论文索引来查找。仍以“三江”为例，因属于历史地理类，可利用《中国历史地理学论著索引》。在“历史自然地理”部分的“古河道考”一类中可查到杨逊斋《禹贡三江考》等七篇研究论文。

查考古地名还可以利用历史地图。地图能帮助人们直观地看到历史上的地名变化及各自的位置，可以弥补文字叙述的不足。目前使用得较多的是谭其骧主编的《中国历史地图集》。该图集尽量容纳见于各时期记载的各种地名，定位准确。

例如《史记·淮阴侯列传》记载，韩信攻齐，齐王广败走高密。韩信又用计击败前来救援的龙且军，并追逐败军至城阳。现需查城阳其地。通过该图集西汉图，可查到其地在高密南约 120 公里处，即今山东莒县。然《史记正义》云：“城阳，雷泽县也，在濮州东南约九十一里。”从该图中查到其地在今菏泽东北，距高密已有 400 多公里，且图中地名作“成阳”而不是“城阳”，由此可见《正义》显然有误。

以上从使用工具书的角度对查找历史地名作了一些介绍。在实际查考时,通常还会遇到一些问题。

有些地名看上去不像地名,就容易被人忽略。如宋张孝祥《念奴娇(弓刀陌上)》词:“梯航入贡,路经头痛身热。”这里的“头痛身热”往往被人视作身体疾患而忽略过去,一些标点本、注释本于此既不加专名线,也不加解释。其实这正是两个地名。《汉书·西域传》罽宾国记云:“又历大头痛、小头痛之山,赤土、身热之阪,令人身热无色,头痛呕吐。”“头痛”即大头痛、小头痛,与“身热”同为山名。岑仲勉《汉书西域传地理校释》,据《太平御览》引宋膺《异物志》:“大头痛、小头痛山皆在渠搜之东,疏勒之西,经之者身热头痛。”并说:“头痛是因海拔太高,空气稀薄。”张孝祥词既称“路经”,则可知此处是当地名来用的。张孝祥在词里说,四境外族仰慕华夏文明,不顾路途遥远艰险,纷纷入贡中国。“头痛身热”既是外族进入中原的路径之一,同时它确实又是因行人经过此地容易感染疾病而得名,以此说明行程的艰难。如不明此为地名,就很难领会此词的意韵。

古人误用地名,也会给后人查考带来困难。例如陆游《入蜀记》第四记云:“(十六日)晚过道士矶。……矶一名西塞山,即玄真子《渔父词》所谓‘西塞山前白鹭飞’者。”陆游此时在湖北大冶县境内。玄真子即唐代诗人张志和,其《渔父词》流传极广。然考其生平,足迹并未至荆楚间。从《唐五代人物传记资料综合索引》中查到《新唐书》、《唐才子传》等书中有其传,但都只讲到其“浮家泛宅,往来苕、霅间”,即主要活动在今浙江湖州一带。何以荆楚之地与其词相关呢?查《中国古今地名大辞典》,方知有两个西塞山,一在浙江吴兴县(今湖州市)西南25里,并引张志和词为证;一在湖北大冶县东90里,即陆游所经之地。辞典并明确地说:“西塞有二,宋陆游合而为一,误。”复查《湖北通志》,从书后索引中查到西塞山在该志舆地志六、山川一“大冶县”中,在其条下所引诗词也均不及张志和。可见《入蜀记》作者将两地误作一地了。

查考历史地名还要注意使用石刻资料,包括碑碣、墓志、摩崖等,其中有些可为历史地名提供重要的依据。例如唐代诗人李白中年以后曾在东鲁(今山东)沙丘居住过二十余年,沙丘在什么地方?历来没有定论。有的认为在平阴县境内的黄河边上,有的认为在肥城县东南汶河北岸,也有的认为在兖州。1993年在兖州城附近泗河中出土了一块残碑，上面明确刻有“沙丘东城”字样，从而肯定李白寓家东鲁之地的沙丘即兖州。这一结论已为众多李白研究学者认同。

查考地名的过程也是一个综合利用工具书的过程。如《四库全书总目》卷118《芦浦笔记》条云：“宋刘昌诗撰。……书末有嘉定乙亥自跋，称捐俸刻于六峰县斋，则尝为县令。但六峰不知为何地。”经查各种地名辞典，确实没有“六峰”地名。但既称捐俸刻于县斋，则其肯定当过县令，或许会有事迹。查《宋人传记资料索引》，果有此人，小传谓其曾任六合县令。那么六合与六峰又是什么关系呢？《中国古今地名大辞典》“六合县”（今属江苏省）条，未有说明，但同一辞典又有“六合山”一条，谓山在六合县西南，县以山名，此山有寒山、狮山等六峰相接，通谓之六合山。是六峰乃六合山之别称。县既以山名，则六峰亦可为六合县之别称。据此，六峰县斋即六合县斋。另外可补充的是，《宋人传记资料索引》因引用方志数量极少，故刘昌诗条下事迹也不多。《六合县志·官师志》，记其事迹颇详，可补“索引”之缺。又《宋史·艺文三》地理类著录刘昌诗纂《六峰志》10卷，此当即六合县志。此志已佚，但其书内容为明嘉靖年间所修《六合县志》多所采辑。由此也说明，地名问题的查实往往可以解决其他一系列问题。

第二节　查考地理沿革

我们在阅读古籍时，常常还会遇到古今地名或地理区域所反映的地理位置不一致的问题，例如苏轼在著名的《前赤壁赋》中写道：“西望夏口，东望武昌。”苏轼当时身在黄州，从今地图上看，武昌在西边，怎么说是“东望”呢？又如我们在《辞海》等工具书中查考南宋哲学家朱熹生平时，在其籍贯“徽州婺源”下，又通常括注“今属江西”，这又是什么意思呢？凡此种种，都属于地理沿革的问题。

地理沿革是指历代疆域的变化沿革、各级政区的设置与撤并、城邑的位置变化等。了解地理沿革可以为历史研究提供准确的空间位置。

查考地理沿革，可以利用辞典、史志、历史地图等。地名辞典在解释地名时，多半会涉及地理沿革问题。例如《中国历史地名辞典》就叙明“历代县级以上政区治所和其他历史地名所在方位及其简单沿革、兴废与改制年代”（该书“凡例”），《中华人民共和国地名辞典》对市、县级政区的设废、析并、升降、属辖以及境界较大的变动等历史沿革情况叙述得也非常清楚。正史地理志、地理总志、地方志对地理沿革的叙述也十分清晰,有的还列有专门的沿革表。历史地图用古今对照的方法反映了历代政区、疆域的变革情况。《中国历史地图集》通过各个分图的有机联系、相互补充,构成了我国古代完整的地图系统,直观地反映了古代的地理沿革情况。

至于专门的地理沿革著作更是查考时必须利用的。这类著作有通代的,如《历代地理沿革表》等,也有断代的,如《清代政区沿革综表》等。近年来还编纂出版了大量地区性的地理沿革著作,如《陕西地理沿革》(吴镇烽,陕西人民出版社,1981)、《广西地理沿革简编》(龙兆佛等,广西人民出版社,1983)、《河北政区沿革志》(河北省地名办公室,河北科技出版社,1985)、《四川政区沿革与治地今释》(蒲孝荣,四川人民出版社,1986)、《湖北省建置沿革》(潘新藻,湖北人民出版社,1987)等。此外,在《清代文集篇目分类索引》地理类"方志"下,可查到清人有关地理沿革的考证文章。在《中国历史地理学论著索引》、《中国史学论文索引》中,可查到当代学者有关地理沿革的论文。

了解了古代地理沿革的一般情况,一些地名上的疑难问题就比较容易解决了。

例如上面提到的《前赤壁赋》是宋元丰五年(1082)苏轼谪居黄州团练副使时所作。苏轼误以当地的赤壁(又称赤鼻矶)为三国时赤壁大战发生之地,凭吊古迹,写下了这篇名赋。今天的武昌确实是在黄州西面,而宋代的武昌县则在黄州以东,治所即今鄂城,与黄州隔长江相望。明初改置武昌府,治所在江夏县(今武汉市武昌),辛亥革命后废府,江夏县改称武昌,而原武昌县则改称寿昌县。苏轼在《答秦观书》中说:"对岸武昌,山水佳绝。"又说:"又有潘生者,作酒店樊口。"樊口,在今鄂州市鄂城区西部。这都是与黄州相近地方,所以陆游《入蜀记》第四记黄州时亦说:"黄州与樊口正相对,东坡所谓'武昌樊口幽绝处'也。"如查《中国历史地图集》宋代图,在"荆湖北路"一幅中可以清楚地看到这几个地区的位置关系。我们不能用今天的地理位置来理解前人的作品。

宋晁公武著《郡斋读书志》是我国现存最早的私家提要书目,在目录学史上有重要地位。此书后来形成袁州、衢州两种版本系统。所谓衢本，是指宋淳祐九年(1249)游钧在浙江衢州翻刻的20卷本。但查该书卷末淳祐乙酉游钧跋，有“谨刻置信安郡斋”之语，清王先谦《晁氏郡斋读书志·叙》亦云：“晁氏书成后，宋淳祐乙酉信安郡守游钧刊其蜀中传本二十卷，是为衢本。”淳祐乙酉即淳祐九年。然既刻于信安郡斋，又何以称之为衢州本呢？游钧事迹已难具考，《宋人传记资料索引》查无此人，只有在《宋史人名索引》中查到《宋史》卷425《徐霖传》中提及其事：“霖间居衢，守游钧筑精舍，聘霖为学者讲道。”是游钧尝为衢州守，但王先谦“叙”中又为什么称其信安郡守？信安郡与衢州是什么关系呢？查《中国历史地名辞典》，“信安郡”条下说：“唐天宝元年(742)以衢州改置，治所在信安县(今浙江衢县)。乾元元年(758)复名衢州。”“衢州”条下也说：“天宝元年改名信安郡。乾元元年复为衢州。”原来在唐代衢州一度改为信安郡。游钧刻书时称“信安郡斋”，是用了衢州的旧称。宋代已无此建置，故此本虽自题刻于信安郡斋，而习惯上乃以宋代的正式建置为准，称为衢州本。所谓“信安郡守”也就是衢州守。

由于地理沿革能反映一定的历史阶段，所以也常被据以查考其他事项。例如佚名编《宝刻类编》是一部叙述古碑的著作，作者年代已无法考查。但书中始于周秦，下及五代，并记及北宋宣和、靖康年号，则编者可初定为南宋人。《四库全书总目》又进一步推断说：“宋理宗宝庆初，始改筠州为瑞州，而是编多以瑞州标目，则理宗以后人矣。”(卷86)查《中国古今地名大辞典》，谓唐筠州于宋宝庆初改曰瑞州，“避理宗嫌名也”。避嫌名，即避开字音相同或相近的名讳。宋理宗名昀，昀与筠同音，故需避讳改名。这是根据地理沿革来判断图书编纂的年限。

也有人根据古籍刻本上牌记所反映的地名特征来判断一书的版刻年代。如宋刻《文选五臣注》卷30后有“钱塘鲍洵书字杭州猫儿桥东岸开笺纸马铺钟家印行”两行牌记。《中国版刻图录》认定此书为南宋初年刻本，其理由之一就是因为建炎三年(1129)升杭州为临安府，而此书牌记仍题作杭州，可知此书之刻当在建炎三年前。唐弢认为此书刻于南宋建都之前，其根据也是牌记不曰临安，而曰杭州。(见《晦庵书话》)查陈芳绩《历史地理沿革表》、《中国历史地名辞典》等，都记载说：杭州，南宋建炎三年升为临安府。再查《中国历史地图集》，宋代图根据历史特点，分为北宋图、南宋图两部分，对于两个时期的地名变化和疆域、政区的变更，图上均有清楚的标注。北宋图中的杭州，到南宋图中就改换成了临安府。由此也说明上述对刻书年代的推测是有根据的。

古今地名的变化会给人们带来许多麻烦。为了既反映历史，又显示后来的变化，人们常常在古地名后括注今地名，上面所说在朱熹的籍贯“徽州婺源”后括注“今属江西”字样，就属于这种情况。从《中国历史地图集》上可以看到，婺源南宋时属徽州，元代属徽州路，明清属徽州府，南宋以下，一直是徽州的属县。清康熙六年(1667)安徽建省，徽州属安徽。安徽省名即取自安庆、徽州两府首字。婺源其时从徽州府属安徽省。那么它又是什么时候属江西的呢？查《清代政区沿革综表》，在安徽省徽州府婺源县下注明治所今址云：“江西省婺源县。”但未注明具体改属时间。再查《中国县市政区沿革手册》，在婺源条下记载说：“唐设县。原属安徽省，1934年改属江西省，1947年改属安徽省，1949年复属江西省。”对该县的归属经过叙述得非常清楚。其归属至今未变。

第十四章　查考纪年历日和历史事件

第一节　历法和纪年法

历法是推算年月日的时间长度和它们之间的关系，制定时间序列的法则。历法包括纪年法，即记录年月日的方法。古今中外，人类使用过各种不同的历法和纪年法。学习和研究历史，查考历史事件，都需要使用年表、历表等工具书。使用这类工具书，首先应该掌握有关历法和纪年法的基本知识。

我国上古已产生了历法。《尚书·尧典》记载，传说中的尧帝“乃命羲和，钦若昊天，历象日月星辰，敬授民时。”并且确定了一年的长度，“期三百有六旬有六日，以闰月定四时成岁。”彝族学者刘尧汉等在凉山地区发掘出湮没5000年的“十月太阳历”，则是已知的最古老的完整历法。（陈久金、卢央、刘尧汉：《彝族天文学史》，云南人民出版社，1984）

世界上各民族使用过多种不同历法。各种历法都根据地球、太阳、月亮三者的运动规律及其相互关系来确定计算时间的标准，制定历法的主要依据是回归年和朔望月。回归年是地球绕太阳公转一周的时间，为365.2422日。朔望月是月亮绕地球公转一周的时间，约为29.5306日。各种历法可归纳为三类：阳历，其中年的日数平均约等于回归年，但年的月数和月的日数则是人为规定的；阴历，其中月的日数平均约等于朔望月，年的月数则人为规定；阴阳历，月的日数平均等于朔望月，年的日数又平均等于回归年，年的月数不固定。历法中的年、月、日并不准确地等于时间单位的回归年、朔望月和真太阳日（长度不断变化），所以通常称为“历年”、“历月”、“历日”。

阳　历

阳历又称太阳历，是以回归年为单位的历法。世界上通行的公历即是阳历的代表。

公历由古罗马历发展而来，经历了旧历（儒略历）和新历（格雷果里历）两个阶段。公元前 46 年，罗马统帅儒略·凯撒借鉴古埃及历改革历法，平均历年长度为 365.25 日。为求得整日数，规定每隔三年置一闰年，平年 365 日，闰年 366 日。每年设 12 个月，逢单为大月 31 天，逢双为小月 30 天（但 2 月只有 29 天，闰年为 30 天）。新历法从罗马纪元 709 年（前 45）1 月 1 日开始实行，这一天相当于我国汉元帝初元三年十一月二十九日。公元前 9 年，罗马帝国统治者奥古斯都为改正置闰错误，宣布从公元前 8 年至公元 4 年不再设置闰年，从公元 8 年开始仍按原定每隔三年置一闰年。又把 8 月改用他的名字命名，改为大月。10 月和 12 月随之成为大月，9 月和 11 月成为小月，并将 2 月减去 1 天。公元 325 年起儒略历在基督教国家中被普遍采用。

由于儒略历的历年比回归年长 0.0078 日，到 16 世纪累积误差已多出 10 日。1582 年罗马教皇格雷果里十三世改革了历法，通常称为格雷果里历，即现行公历。新历将 1582 年 10 月 5 日这一天改为 10 月 15 日，去掉了 10 天，但星期序号仍是连续的。又规定将每 4 年一闰改为每 400 年中置 97 个闰年。公元年数能被 4 整除的就是闰年，但“世纪年”（如 1600 年，1700 年）则须能被 400 整除的方为闰年。从 1582 年起各国陆续改用新历，但有些国家使用较晚，如英国从 1752 年 9 月 14 日始用，前苏联从 1918 年 2 月 14 日始用。我国从 1912 年 1 月 1 日开始使用公历。

现在各国使用的公元纪年，是以传说的耶稣基督诞生之年为起点，公元 532 年由罗马教士狄奥尼西推算出来并建议采用。“公元”常写作 A. D.（拉丁文 Anno Domini 的缩写，意谓“主的生年”），“公元前”写作 B. C.（英文 Before Christ 的缩写，意谓“基督之前”）。1949 年 9 月 27 日我国宣布“中华人民共和国的纪年采用公元”。

阴　历

阴历又称太阴历，是以朔望月为单位的历法。通行于伊斯兰教国家和地区的回历是阴历的代表。

回历原称“希吉拉历”。公元 639 年第二代哈里发欧麦尔为纪念伊斯兰教创始人穆罕默德由麦加迁徙到麦地那，规定以迁徙那一年阿拉伯太阴年的岁首为希吉拉历元年元旦。这一天是公元 622 年 7 月 16 日，相当于我国唐高祖武德五年六月初三日。

回历以 12 个月为一年，单月 30 天，双月 29 天，全年 354 日。30 年中置 11 个闰年(逢第 2、5、7、10、13、16、18、21、24、26、29 为闰年)，闰年在 12 月末加 1 日，全年 355 日。回历历年比回归年约少 11 日，每年岁首都提前，积32.6 年即与公历相差 1 年。回历每日的开始从日落时算起。

回历对我国从元代至清代的历法有一定的影响。元代至元年间设回回司天监，并逐年颁行回回历书。明初曾沿袭此制。

阴阳历

阴阳历以回归年和朔望月并列为历法的基本单位，其代表是我国的夏历(农历)。夏历虽通常称为“阴历”，又严格地按月亮的朔望周期来定历月，但却用设置闰月的办法使历年的平均长度接近回归年，实际上是一种阴历月阳历年式的阴阳合历。年、月、日都依据天象确定。

夏历(农历)以日月合朔之日为月首(初一)，有的月 30 天，称月大；有的月 29 天，称月小。大小月不固定，根据推算确定。以 12 个月为一年，共 354 或 355 日，比回归年少 10 或 11 日。因此，19 年中设置 7 个闰月，使 19 年的长度相等于 19 个回归年的长度，闰年为 13 个月。

古代在商、周时期已用置闰之法，闰月置于年末，称“十三月”。春秋时代确定了“十九年七闰”法。秦以十月为岁首，闰月称“后九月”。汉武帝太初元年(前 104)改行“太初历”，把闰月分插在一年中各月之后。

后来历法逐步精确，根据“二十四节气”置闰。《淮南子·天文训》对二十四节气已有完整的记载。二十四节气是一个回归年的二十四等分，其阳历日期是固定的。其中，在阳历上半月的立春、惊蛰、清明、立夏、芒种、小暑、立秋、白露、寒露、立冬、大雪、小寒称为“节气”，在阳历下半月的雨水、春分、谷雨、小满、夏至、大暑、处暑、秋分、霜降、小雪、冬至、大寒称为"中气"。农历规定每个月一定要包含中气,只含节气而不含中气的月份即定为上一个月的闰月,称为"闰某月"。并进一步规定五年二闰、七年三闰、十九年七闰。

此外,还要注意岁首。夏历以正月(建寅之月)为岁首,殷历以十二月(建丑之月)为岁首,周历以十一月(建子之月)为岁首,称为"三正"。秦代又以十月(建亥之月)为岁首,汉武帝太初改历,又用夏历。除了王莽和魏明帝时一度改用殷正,唐武后和肃宗时一度改用周正,夏历一直沿用至今。不注意岁首会引起误解。如《史记·秦汉之际月表》记载陈涉于秦二世元年七月起兵,至二世二年十二月死。按秦历,二世元年只到九月,十月起已是二世二年,所以陈胜(陈涉)起义实际上只延续了6个月。

由于各种历法的历年长短不一,岁首不同,每月天数不等,置闰也各异,再加上改变历法等情况,查考历史上的年、月、日都必须查核年表和历表。

中国古代的纪年法

中国古代的纪年方法较为复杂。殷商和西周时代以王公在位的年次纪年。通常认为西周共和元年(前841)起始有准确的年代记载。春秋时代诸侯国各以在位年次纪年,比较混乱。于是在春秋战国之交出现了以天象为基础的纪年法——岁星纪年。

岁星就是木星。木星在天空中运行一周的周期是11.8622年。古人发现,大约每十二年木星会出现在星空的同一区域。于是把周天分为十二等分,称为十二次。十二次的名称自西向东依次是:星纪、玄枵、娵訾、降娄、大梁、实沈、鹑首、鹑火、鹑尾、寿星、大火、析木。木星每年行经一个星次,就依此纪年,如"岁在降娄"、"岁在大火"等。这就是岁星纪年,见于《左传》和《国语》。

古人又有十二辰的概念,即将周天的十二等分由东向西配以子丑寅卯等十二支,其方向和顺序与十二次正好相反。因为使用不便,设想出一个假岁星,称为"太岁",依十二辰运行,与真岁星"背道而驰",并用于纪年,如太岁在寅(析木),岁星则在星纪,称为太岁纪年法。

十二辰用于纪年时,不用十二支作为年名,而是取了一些别名作为太岁年名,称为岁阴。下表据《尔雅·释天》列出岁阴名称,《史记》、《汉书》、《淮南子》等书的记载略有不同。表中同时列出十二辰和十二次的对应关系。

岁阴（太岁年名）	十二辰（太岁所在）	十二次（岁星所在）
摄提格	寅（析木）	星纪
单阏	卯（大火）	玄枵
执徐	辰（寿星）	娵訾
大荒落	巳（鹑尾）	降娄
敦牂	午（鹑火）	大梁
协洽	未（鹑首）	实沈
涒滩	申（实沈）	鹑首
作噩	酉（大梁）	鹑火
阉茂	戌（降娄）	鹑尾
大渊献	亥（娵訾）	寿星
困敦	子（玄枵）	大火
赤奋若	丑（星纪）	析木

后来又取了十个名称与十干对应，称为岁阳。岁阳和岁阴组合为60个年名，从阏逢摄提格（甲寅）开始，60年周而复始。各书所记岁阳名称不同，见下表：

十干	《尔雅·释天》	《史记·历书》
甲	阏逢	焉逢
乙	旃蒙	端蒙
丙	柔兆	游兆
丁	强圉	疆梧
戊	著雍	徒维
己	屠维	祝犁
庚	上章	商横
辛	重光	昭阳
壬	玄默	横艾
癸	昭阳	上章

《史记·历书·历术甲子篇》自太初元年(前104)开始,就用岁阳岁阴组合的年名纪年。也有单用岁阴的,如西汉贾谊《鹏鸟赋》:“单阏之岁兮,四月孟夏。”(卯年四月)宋司马光《资治通鉴》也使用这些古年名纪年,只不过是代替干支,如卷1“周纪一,起著雍摄提格尽玄黓困敦,凡三十五年。”即自戊寅至壬子。从西汉初年实际上已开始使用干支纪年了,西汉以前的干支则是由后人逆推而加上的。

干支纪年

干支是天干(十干)和地支(十二支)的合称。天干和地支依次相配,由甲子至癸亥,共六十组,也称为“六十甲子”,用于表示年、月、日的顺序,周而复始,循环不断。

1 甲子	2 乙丑	3 丙寅	4 丁卯	5 戊辰	6 己巳	7 庚午	8 辛未	9 壬申	10 癸酉
11 甲戌	12 乙亥	13 丙子	14 丁丑	15 戊寅	16 己卯	17 庚辰	18 辛巳	19 壬午	20 癸未
21 甲申	22 乙酉	23 丙戌	24 丁亥	25 戊子	26 己丑	27 庚寅	28 辛卯	29 壬辰	30 癸巳
31 甲午	32 乙未	33 丙申	34 丁酉	35 戊戌	36 己亥	37 庚子	38 辛丑	39 壬寅	40 癸卯
41 甲辰	42 乙巳	43 丙午	44 丁未	45 戊申	46 己酉	47 庚戌	48 辛亥	49 壬子	50 癸丑
51 甲寅	52 乙卯	53 丙辰	54 丁巳	55 戊午	56 己未	57 庚申	58 辛酉	59 壬戌	60 癸亥

《淮南子·天文训》中已有“淮南元年太乙在丙子”的记载。东汉光武帝建武三十年(54)史书始用干支纪年。章帝元和二年(85)下诏改行四分历,一般认为是正式使用干支纪年之始。是年为乙酉,干支纪年延续至今未曾间断。

干支纪年又演变为生肖纪年,即以十二种动物代表十二支用于纪年。十二生肖为:鼠(子)、牛(丑)、虎(寅)、兔(卯)、龙(辰)、蛇(巳)、马(午)、羊(未)、猴(申)、鸡(酉)、狗(戌)、猪(亥)。云梦秦简《盗者》中已记有十二肖名。东汉王充《论衡》中提到“十二辰禽”,与今天所用完全相同。敦煌文献中也见到马年、兔年等生肖纪年。元代曾使用生肖纪年,史料中有“泰定鼠儿年”等记载。至今藏历仍使用十二生肖配以阴阳五行(代替十干)来纪年,如2000年是阳金龙年。

年号纪年

前面已经提到,古代以王公在位的年次纪年。如《尚书·商书·伊训》:"惟元祀十有二月乙丑,伊尹祠于先王。"元祀即元年,指太甲元年。后世史书纪年时在年次前加王公名号以区别,周代起所加名号为谥号。这种纪年使用不便,且谥号容易混淆,汉武帝时改用年号纪年。

年号是帝王在位时专用于纪年的名号。通常认为始自汉武帝建元元年(前140)。但正式见诸记载的是元封元年(前110),诏以十月为元封元年。(《汉书》卷6《武帝纪》)此前的年号均是追建的。汉武帝以后历代帝王均用年号纪年,农民起义和封建割据政权也建立年号,至清末宣统止大约共有800多个年号。由于存在一个帝王使用多个年号和同一年号有多人使用,以及数个政权并存、使用不同年号的混乱情况,后人用年号纪年时往往加上朝代名称、帝王的谥号、庙号(帝王死后在太庙立室奉祀时所上名号)等以资区别。大体上由汉至隋加用谥号,唐至元加用庙号,明清两代一帝只用一个年号,可不再加其他名号。年号后以数字或干支为序。

年号纪年在我国用到清宣统三年(1911),1912年改以中华民国国号纪年。辛亥革命时期革命党人还曾使用黄帝纪年(各报刊所用不同,多以《民报》所用为准),孙中山就任临时大总统时,通电各省,以黄帝纪年四六〇九年十一月十三日(1912年1月1日)为中华民国元年元旦。

受中国文化影响的朝鲜、日本、越南等国家,历史上也曾使用年号纪年,日本国还沿用至今。

纪月、纪日法

历史上记载月、日,通常用数字为序。岁首的月份称正月(秦避始皇讳,改正月为端月,但不以端月为岁首)。

古人又以十二辰配十二月,称"月建"。冬至所在之月配子,称建子之月,周历即以此月为岁首。汉代改历用夏历,夏历以建寅之月为岁首,后即以寅月作为一月的别称,以下依次以十二支代各月,至丑月(十二月)。再配十干,就发展为干支纪月。

《尔雅·释天》记有每个月的特定名称,自一月至十二月依次为:陬、如、寎、余、皋、且、相、壮、玄、阳、辜、涂。另有十个月阳名,与十干相对应：毕、橘、修、圉、厉、则、窒、塞、终、极。如正月得甲为毕陬，二月得乙为橘如，余依此类推。

此外，还以十二乐律、《易经》卦名、花木等代月名，详见月名别称表。

四季亦有别名异称。常见的如，春：三春、九春、天端、发生辰、青阳、阳春、青春、新阳、东陆、兰时；夏：朱明、朱夏、长嬴、火序、炎天、炎节、南陆、泰夏、槐序；秋：九旻、九和、九秋、火落、收成、素秋、泰秋、高商、商秋、桂序、折胶、西颢、西陆；冬：三冬、玄冬、玄阴、玄序、玄英、安宁、泰冬、北陆、穷节等。

月名别称

月份	四季	月建	《尔雅·释天》	十二乐律	《易经》卦名	花木		时令及其他
						《淮南子》	其他	
一月	孟春	寅月	陬	太簇	泰月	杨月		首春、献春、三阳、首阳、孟阳、孟陬、正月、征月、端月、元月、正岁、华岁
二月	仲春	卯月	如	夹钟	大壮	杏月		酣春、仲阳、花月、丽月
三月	季春	辰月	寎	姑洗	夬月	李月	桃月	暮春、杪春、晚春、蚕月、禊月、樱笋时
四月	孟夏	巳月	余	仲吕	乾月	桃月	槐月、梅月	初夏、首夏、维夏、正阳、清和月、麦秋月、阴月、乏月、荒月
五月	仲夏	午月	皋	蕤宾	姤月	榆月	榴月、蒲月	南火月、恶月、毒月、小刑、天中
六月	季夏	未月	且	林钟	遯月	梓月	荷月	暮夏、长夏、精阳、伏月、暑月、徂暑、焦月
七月	孟秋	申月	相	夷则	否月	楝月	桐月、兰月	初秋、首秋、肇秋、兰秋、巧月、霜月、瓜时、初商
八月	仲秋	酉月	壮	南吕	观月	柘月	桂月	正秋、桂秋、仲商、获月
九月	季秋	戌月	玄	无射	剥月	槐月	菊月	暮秋、杪秋、凉秋、季商、朽月、青女月
十月	孟冬	亥月	阳	应钟	坤月	檀月		初冬、小春、良月、正阴月
十一月	仲冬	子月	辜	黄钟	復月	枣月	葭月	正冬、冬月、畅月、龙潜月
十二月	季冬	丑月	涂	大吕	临月	栎月		暮冬、杪冬、腊月、除月、冰月、嘉平月、穷纪、穷稔、岁杪

注：表中花木代称首据《淮南子·时则训》，其他为民间流传的别名。

纪日也有多种方法。古人最初用干支纪日，殷商甲骨文中已见有完整的六十甲子。至迟从春秋时鲁隐公三年(前720)二月己巳日起即连续使用干支纪日，直至清末，未曾错乱。汉代已通行用数字次序纪日，但历代史书纪日仍用干支。古籍中也时见只用天干或地支纪日。

古代还用月相作为纪日的特定名称。初一日为朔，初三日为朏，十五日(月大则是十六日)为望，每月最后一日(二十九或三十日)为晦。后来又以十五日为望，十六日为既望。另外，又将一月之日分为四，自朔至上弦为初吉，自上弦至望为既生霸，自望至下弦为既望，自下弦至晦为既死霸。

近代因为电报通讯的需要，用平水韵的韵目代替日期(参见《中国历史纪年表》所附《韵目代日表》)。用韵目代日时，二十八日用“俭”，三十一日用“世、引”。电报中也用地支代月，但与月建不同，一月为子，二月为丑，以下类推。如“子皓”即一月十九日。

第二节 中国史历日的查考和推算

阅读古代文献，经常遇到历史年代和日期，往往需要换算成公元年份和阳历月日，才能得到明晰的时间概念，有时还需加以查考、辨析，以求准确，这就要使用纪年表和历表。

年代换算

古文献中所见纪年多为年号纪年和干支纪年，利用纪年表对照即可转换为公元年份。常用的纪年表有几种，体例最完善的是方诗铭编《中国历史纪年表》。

唐代诗人刘禹锡有一首著名的诗《元和十年自朗州召至京戏赠看花诸君子》，另一首《重至衡阳伤柳仪曹》诗前小序中提到“元和乙未”。“元和”是年号，可从《中国历史纪年表》所附年号索引中查出：“元和(1)汉章帝84—；(2)唐宪宗806—”。此索引不仅列出使用年号者，且注明年号的起始年。依此在表中查得，唐宪宗元和十年为公元815年，元和乙未也是元和十年。查考年号还可以利用《中国历代年号考》(李崇智编，中华书局，2001年修订本)或荣孟源编《中国历史纪年》中的《历代建元谱》。

未用年号纪年的，可直接查表。《史记·孔子世家》记鲁定公时孔子任大司寇，夹谷之会，“孔子摄相事”。(《史记》卷 47)《鲁周公世家》亦记：“十年，定公与齐景公会于夹谷，孔子行相事。”(《史记》卷 33)“十年”为鲁定公十年。在《中国历史纪年表》中直接查《十二诸侯纪年表》即可知鲁定公十年为周敬王二十年，公元前 500 年。

有时，只有干支纪年而未加朝代和帝王名号，则先要设法确定大致时间。宋代苏轼悼亡之作《江城子》词，注明“乙卯正月二十日夜记梦”。先查明苏轼的生卒年是 1037—1101 年，然后在纪年表中查这一段时间的纪年干支，即知乙卯是宋神宗熙宁八年(1075)。也可以利用汤有恩编《公元干支推算表》来查。

换算年代时要注意由于农历和阳历两种历法不同而形成的年代交叉问题。农历十一、十二月的日子换算阳历时经常跨年份，因此还要利用历表，以使年代换算更精确。明代学者徐霞客生于明万历十四年，有关著作大都依此把徐霞客的生年换算为公元 1586 年。但《梧塍徐氏宗谱》明确记载徐霞客的生辰为万历十四年十一月二十七日，用历表换算阳历日期应该是 1587 年 1 月 5 日，因此徐霞客的生年应定为 1587 年(《中国大百科全书·地理卷》已依此改正)。类似的生卒年换算的错误屡见不鲜，在换算年代时应加注意。方诗铭编《中国历史纪年表》从公元 1 年起加注同每年阳历 12 月 31 日相当的中国历史纪年的月日，如公元 1586 年所注(十一)(廿二)即表明公元 1586 年 12 月 31 日相当于明万历十四年十一月二十二日，则据此即可推知徐霞客生年应是 1587 年。

易代之际的年代换算及表述尤应加以注意。《辞海》(1989 年版)在“宋”条下记述：“钦宗靖康元年(1126)金兵攻入开封，史称此前为北宋。”《宋史·钦宗本纪》记京城陷落日期为靖康元年闰十一月丙辰。经查对历表，丙辰为二十五日，换算公历为 1127 年 1 月 9 日。《中国历史纪年表》在公元 1126 年(靖康元年)注明该年最后一日相当于农历闰十一月十六日，据此也能推算出同上阳历日期。

西周共和元年(前 841)以前的中国古史年代，由于缺乏确切的记载，难于考定和推算。年表中一般只列世系或估算的年代，如万国鼎编《中国历史纪年表》列出夏代至春秋的年代简表(由订补者陈梦家推算和拟定)，方诗铭编《中国历史纪年表》列出三代世系表。有的历表列出较明确的年代对照，可供参考，如董作宾编《中国年历总谱》列出黄帝元年(前 2674)至公元 2000 年的世系和历史纪年，据该书，商太甲元年为公元前1738年。方诗铭等编《中国史历日和中西历日对照表》中殷、西周历日表即据《中国年历总谱》。

但是,西周共和以前的若干重要史事,史书记载和学者考证的年代多有歧异,武王伐纣(殷帝辛)的年代即是一例。《中国年历总谱》将武王克殷定为公元前1111年,以是年为周武王元年。与此不同的说法至少有十多种。除《史记》以外,古文献中记载尚多,如《国语·周语》:"昔武王伐纣,岁在鹑火。"《淮南子·兵略训》:"武王伐纣,东面而迎岁。……彗星出,而授殷人其柄。"(汉刘安等《淮南子》卷15)《新论》:"甲子,日月若合璧,五星若连珠,昧爽,武王朝至于南郊牧野,从天以讨纣,故兵不血刃而定天下。"(汉桓谭《桓子新论》,清严可均辑本)1976年在陕西临潼出土的西周初铜簋利簋,铭文中记有"武王征商,唯甲子朝,岁鼎,克昏夙有商。"(注:"鼎"释为当,指岁星当空。)这是迄今发现的关于武王伐纣当时惟一的实录。这些记载中都涉及天象。天文学家张钰哲、张培瑜认为彗星系哈雷彗星(回归周期约为76年),结合其他天象记载,推定武王伐纣在公元前1057年。(张钰哲、张培瑜《殷周天象和征商年代》,载《人文杂志》1985年第5期)但这一推断仍与《尚书·召诰》等篇所记相关时间牴牾,只有天文现象与古文献记载完全一致方可信。史学家赵光贤据张培瑜新编历谱重新整理、改定了周初文献《逸周书·世俘》篇中有关武王出师至凯旋的记事,定武王伐纣之年为公元前1045年。周初文献往往仍依殷历以建丑之月为岁首,二月甲子(二十九日)殷师败,纣自焚死。这就与其他文献的记载相合,解决了张文中悬而未决的干支日期问题。(赵光贤《说〈逸周书·世俘〉篇并拟武王伐纣日程表》,载《历史研究》1986年第6期)虽然基本上解决了武王伐纣的年代问题,但仍有存疑之处。古史年代考定之难,由此可见一斑。1996年启动的夏商周断代工程根据古文献记载、考古发现、^{14}C测年结果和天文推算相结合制定了夏商周三代年表,将武王克商定在公元前1046年。(《夏商周断代工程1996—2000年阶段成果报告(简本)》,世界图书出版公司,2000)

至于古籍中所见星岁纪年,可先换算为干支,再换算为公元年。清代和近代学者多为仿古而使用星岁纪年,如清朱彝尊《曝书亭集·古今诗》按年编排,始自卷2旃蒙作噩、柔兆阉茂,终于卷23屠维赤奋若(即自乙酉、丙戌至己丑)。鲁迅《祭书神文》自注作于"上章困敦之岁",即庚子年,依鲁迅生卒年判断,应是清光绪二十六年(1900)。

历日换算

古文献中记载日期多用干支,亦用数字序。使用各种历表即可将公元1年起的夏历历日换算为阳历月日。治中国史使用最方便的历表是《二十史朔闰表》和《中国史历日及中西历日对照表》。但据山东临沂银雀山汉墓出土的历谱竹简,《二十史朔闰表》推算汉初朔闰有误,而《中国史历日及中西历日对照表》较为精确。现即以此书为例(以下简称《对照表》),介绍中西历日换算方法。

1907年在敦煌发现一卷《金刚般若波罗蜜经》(现藏不列颠图书馆),卷首有佛在祇园精舍说法的插图,卷末有"咸通九年四月十五日王玠为二亲敬造普施"字样,是现存最早的有确切日期的雕版印刷品,对研究印刷术的起源有重要参考价值。查《对照表》,通过年号索引知"咸通"为唐懿宗年号,唐懿宗咸通九年为公元868年。表中该年四月格内列出三旬首日的月日对照:"四·一　乙丑　4.27;四·十一　乙亥　5.7;四·二十一　乙酉　5.17"。据此,即可很容易地推算出四月十五日为阳历5月11日,纪日干支己卯。

用《对照表》换算干支纪日更为方便。《明实录》记载:永乐五年十一月乙丑,姚广孝等进重修《文献大成》,赐名《永乐大典》,上并为之制序。(《明实录·明太宗实录》卷73)在《对照表》明成祖永乐五年(1407—1408)十一月格内见:"十一·一　辛亥　11.30;十一·十一　辛酉　12.10;十一·二十一　辛未　12.20"。按干支表顺序,乙丑为2,辛酉为58。据此可推出十一月乙丑为十五日,阳历为12月14日。《永乐大典》修成进呈的时间是1407年12月14日。

使用其他历表也可查得同样结果,但要注意各种历表编制和查阅的方法各有不同。例如,《二十史朔闰表》竖行排列,永乐五年一行,眉端标明丁亥(干支纪年),以下列出十二个月朔日的干支和阳历日期,十一月朔日为"辛亥,十一 30"(阳历11月30日),依此下推即知乙丑为十一月十五日(12月14日)。由该页首行所注西历1401年可推知本年为公元1407年。逢闰年注明闰月及朔日干支和阳历日期,如永乐四年闰七月戊午朔,阳历8月14日。回历则仅注明与回历元旦日相当的农历月日(加圆点者表明该年为闰年),需熟悉回历历法,推算较为复杂。

《新编中国三千年历日检索表》同样也只列出每月朔日的干支和阳历日期,需要推算。

《中西回史日历》和《两千年中西历对照表》采用逐日对照的编制方法,查阅较为方便。《中西回史日历》以西历为主,竖行排列。行右注出中历和回历每月初一日的位置,只写明月份(中历用汉字,闰月仅注“闰”字;回历用阿拉伯数字)。在“一四〇七丁亥永乐五”年之下,11月30日右侧标明“十一”,即十一月初一日。12月2日右侧标明“7”,即回历810年7月1日。依此即可推算。但干支纪日需另用甲子表推算,该页注明用甲子表12。在甲子表12中找出乙丑的位置,与日历表核对,即知乙丑是12月14日,中历十一月十五日,回历7月13日。《两千年中西历对照表》则以中历(表中称“阴历”)为主,横行排列,画为表格,每日格内所填为西历日期。查此表“永乐5丁亥”,阴历“11”月“1”日格内为“30”,即西历11月30日。纪日干支以阴历日序加本月“干支”栏内的数字(1+47)即可知是辛亥(干支表中顺序号为48),由此可推知乙丑为十五日。用以上两书还可推出某日是星期几,方法与两书推算干支纪日大致相同。

此外,《近世中西史日对照表》、《中国近代史历表》、《清代中西历表》等都是逐日对照的历表,使用甚为方便。《中国年历总谱》从殷盘庚十五年(前1384)列出每月朔日的干支和西历日期,可供推算。

近代太平天国使用了独特的历法,称“天历”,从太平天国壬子二年(1852)开始实行。天历一年为366日,不置闰;单月为大月,31日;双月为小月,30日。每月以节气为初一日(改清明为“菁明”),立春作为岁首。使用干支纪日、纪年,但把地支中的丑改为“好”、卯改为“荣”、亥改为“开”。又以七天为一礼拜。天历使用到戊辰十八年(1868)捻军失败为止。查对天历可利用《对照表》中的《太平天国历日表》以及《天历考及天历与阴阳历日对照表》、《近世中西史日对照表》中的《太平新历与阴阳历日对照表》和《1821—2020二百年历表》所附《太平天国历表》,但各表推算日期略有出入。

换算公元前的历日稍为困难,《对照表》中公元前部分仅标中历月、日、干支,未与阳历对照。换算阳历日期可利用《新编中国三千年历日检索表》、《三千五百年历日天象》和《中国先秦史历表》。使用这些历表要具备一些历法知识,如古六历和“三正”、置闰,儒略历和格雷果里历的换算等。

《春秋》经文中记录了37次日食，如鲁隐公"三年二月己巳，日有食之。"鲁定公"五年春三月辛亥朔，日有食之。"查《新编中国三千年历日检索表》，鲁隐公三年二月己巳为农历二月初一日，公历为公元前720年2月22日；鲁定公五年三月辛亥为农历三月初一，公历为公元前505年2月16日。不过，据《中国先秦史历表》说明，《春秋》所用鲁国的历法，初期以建丑为岁首，后期以建子为岁首，即并不完全等同于农历（夏历）。

又如，《史记·秦本纪》：孝文王元年，"孝文王除丧，十月己亥即位，三日辛丑卒，子庄襄王立。"庄襄王三年"五月丙午，庄襄王卒，子政立，是为秦始皇帝。"（《史记》卷5）自秦昭王五十二年起用秦历，秦以十月为岁首，"后九月"为闰月。查《新编中国三千年历日检索表》，孝文王元年十月丙申朔，是公元前250年11月9日。用干支表推算，十月己亥是农历十月四日（公历11月12日），至辛丑（农历十月六日，公历11月14日）仅三日即卒。庄襄王三年五月辛巳朔（公历是公元前247年6月11日），五月丙午是农历五月二十六日（公历7月6日）。查《三千五百年历日天象》和《中国先秦史历表》均得到同样结果。

出土的古代文献颇多有纪年、纪日，利用以上各书查核、换算，都很方便。如云梦秦简《为吏之道》引《魏户律》，有魏安釐王"廿五年闰再十二月丙午朔"纪日。查《中国历史纪年表·战国纪年表》，魏安釐王二十五年为秦昭王五十五年，公元前252年。查《三千五百年历日天象》中的《历书·战国朔闰表》，秦昭王五十六年周历三月为闰月，丙午朔。魏因晋用夏历，该月正是夏历秦昭王五十五年闰十二月。表中换算的公历日期是公元前251年1月28日。《中国先秦史历表》与此相同。《新编中国三千年历日检索表》亦注明秦昭襄王五十六年农历正月丙午朔，该年为闰年，即应为闰十二月。

孔子的生辰是历来学者争论的问题，古代文献记载各异，生辰月日众说纷纭。《春秋穀梁传》卷16：鲁襄公二十一年"冬十月……庚子，孔子生。"《春秋公羊传》卷20：鲁襄公二十一年"十有一月庚子，孔子生。"（按：据唐陆德明《经典释文》，唐初《公羊传》有三种版本，一记十月庚子，一记十一月庚子，又本无此句。）《史记》卷47《孔子世家》："鲁襄公二十二年而孔子生。"不记月日。几种记载中，出生年有两说，出生月也有两说。鲁襄公二十一年、二十二年的十一月中均无庚子日，因此月、日可以确定为十月庚子。不过推算仍有不同，如宋洪兴祖《先圣年谱》推定孔子生辰为鲁襄公二十一年十月二十一日庚子；宋孔宗翰《孔子世谱》则推定为鲁襄公二十二年八月二十七日庚子。但后来大多折衷采用《史记》的生年和《穀梁传》的月日来确定孔子的诞辰，明清以来均以八月二十七日作为孔诞纪念。

查《中国历史纪年表》，鲁襄公二十二年是周灵王二十一年，公元前551年。查《中国先秦史历表》和《三千五百年历日天象》，鲁襄公二十二年鲁历十月甲戌朔，公历为9月8日。推算十月庚子为十月二十七日（公历10月4日）。鲁国历法采用子正，换算夏历（寅正）为八月二十七日。公历日期，公元1582年以前一律为儒略历，换算为现行公历（格雷果里历）要加以改正，公元前601年3月至前501年2月减六天。这样，孔子诞辰换算为现行公历就是公元前551年9月28日。查《新编中国三千年历日检索表》，鲁襄公二十二年农历十月甲戌朔（公历9月8日），本页注明“－6日为格历”。虽未说明如何换算夏历，但换算现行公历同样为公元前551年9月28日。

《春秋》明确记载：“哀公十六年夏四月己丑，孔子卒。”《史记·孔子世家》所记相同：“孔子年七十三，以鲁哀公十六年四月己丑卒。”据上述各种历表，鲁哀公十六年鲁国历法四月十一日己丑为夏历二月十一日，阳历（儒略历）为公元前479年3月9日，换算现行公历为3月4日。依中国习惯推算，虚龄73岁，正符合《史记·孔子世家》的记载。

第三节　查考历史事件

人类悠久的历史是由各种错综复杂的事件构成的，离不开人物、时间、地点三个要素。研究历史要把握时间的脉络查考各种事件的来龙去脉，就是查考人物和地点往往也要与历史事件联系起来。

查考历史事件最简便的方法是利用大事年表，按事件发生的时间即可查清事件的梗概。也可以利用辞书（如《辞海》、《中国历史大辞典》）和百科全书了解事件的简况或有关线索。如需较详细地了解事件经过则应该充分利用编年体史书和纪事本末体史书。

翦伯赞主编的《中外历史年表》把头绪纷纭的中外历史事件，提纲摘要，依年月编次，是内容详实、便于查阅的一部大事年表。本书纪年以公元为主，各年所记中国史事则依农历月日，因此年终的各种事件则可能跨两个年度，这是使用时要注意查核的。

大事年表受按年月编次的体例限制，同一历史事件分记于数年甚或数十年，断续相间，前后隔越，查检时不能忽略。《中国历史大事编年》吸收了纪事本末体史书的优点，遇重大历史事件，加标题叙其原委，于读者较便。

综合性大事年表涉及范围广，纪事不可能很详尽，因此还要利用专题性大事年表。例如，查考《永乐大典》的编纂经过，《中外历史年表》仅在1407年(明永乐五年)下记载："十一月，修永乐大典成，凡二万二千九百三十七卷。"《中国文化史年表》的记载较详，在1407年下记："自永乐元年起修纂《文献大成》，后更名《永乐大典》，至此成书，凡二万二千八百七十七卷，一万一千零九十五册，由姚广孝、刘季篪、解缙总其事。为世界上最大的类书。"(两书所记《永乐大典》卷数不同，是因为后者未将凡例、目录60卷计入)《中国书文化要览(古代部分)》记载《永乐大典》的修纂经过则更为详细。如果还要细加查考，就应根据年表提供的线索查阅《明史》和《明实录》的有关记载。

利用古代史书查考历史事件，最常用的是编年体史书。编年体史书依年月顺序记载史实，由《春秋左传》起，有《资治通鉴》、《续资治通鉴》、《明通鉴》等，可视为一套时间上接续的编年史，供按年查考史事。编年体史书的不足之处与大事年表相同，即查阅一些跨越若干年的事件不甚方便。纪事本末体的史书，以记载事件为中心，归纳出若干个题目，重要事件的始末记叙甚清楚，便于查阅。最早用这种体裁记史事的是宋袁枢所撰《通鉴纪事本末》，此书将《资治通鉴》所记1 300余年间发生的大事，归纳为239题，各记其始末。明、清两代仿其体例续编者甚众，自《左传纪事本末》至《清史纪事本末》，亦成为有系统的一套史书。

此外，纪传体史书(《二十四史》和《清史稿》)虽以人物传记为主，也可供查考历史事件。纪传体史书中的表提供了查考史事的线索；本纪通常依时间顺序记叙帝王生平及重大事件，可先查阅；如知某一事件的核心人物，还可从列传中查找有关记载。查阅纪传体史书，可利用索引，如"前四史"有三套索引。一套是采用关键词法编纂的《史记及注释综合引得》、《汉书及补注综合引得》、《后汉书及注释综合引得》和《三国志及裴注综合引得》,需通过关键词(重要人名、地名、事项名等)查找史书中记载的事件。第二套是按分类编制的《史记索引》、《汉书索引》、《后汉书索引》(黄福銮编,香港中文大学崇基书院远东学术研究所,1963—1971)和《三国志索引》(黄福銮编,香港现代教育研究社,1973),将史书中的名词、重要事项及词句等大体按《太平御览》的类目分类编排,需按类检索。第三套是中国广播电视出版社版《史记索引》、《汉书索引》、《后汉书索引》和《三国志索引》,每种索引都包括了逐字索引和以人名、地名、书名和专有词语等立目的语词索引,使用更为方便。还可以利用为纪传体史书编制的人名索引,如《二十四史纪传人名索引》和各专史人名索引,通过人物传记查找有关事件的记述。

需要注意的是,纪传体史书以人物传记为中心,同一事件的记叙分散在有关人物的传记中,在各人的传记中记述各有侧重,须加以综合才能对事件有一完整的了解。例如,三国时期的街亭之战,在《中外历史年表》228 年(魏太和二年,汉建兴六年,吴黄武七年)下记有:"正月,汉诸葛亮出祁山攻魏,天水、南安、安定皆响应;魏遣张郃拒之,郃大败汉将马谡于街亭。"记述较为简略,若要详细了解这一事件的始末,就需查阅《三国志》。利用《三国志人名索引》,从"马谡"这一人名下查出《三国志》中有十余处涉及马谡。查阅结果,除《蜀志》中《诸葛亮传》和《马谡传》(附于《马良传》之后)记述了街亭之战外,在《蜀志·王平传》和《魏志·张郃传》中也有较详细的记载。综合这些材料,不仅弄清街亭之战的经过,还会发现史实与小说戏曲的描述大有不同。

查考近现代和当代的重大事件,主要利用各种大事年表(大事记),此外还应注意利用年鉴、手册,如《人民手册》、《中国百科年鉴》、《中华人民共和国资料手册》等。

第十五章 查名物制度

第一节 查考古代名物

名物，指物体、器物及其名称。“名物”一词始见于《周礼·天官·庖人》：“掌共六畜六兽六禽，辨其名物。”郑玄注：“六畜，六牲也。……郑司农云：‘六兽，麋、鹿、熊、麕、野豕、兔；六禽，雁、鹑、鷃、雉、鸠、鸽。’玄谓……六兽当有狼而熊不属；六禽……宜为羔、豚、犊、麛、雉、雁。”贾公彦疏：“此禽兽等皆有名号物色，故云辨其名物。”历代学者都注重名物研究，主要在辨物正名和探究物源两个方面。《尔雅》是最早考释名物的典籍，此后自东汉刘熙《释名》至清陈元龙《格致镜原》，研究名物都不出这两方面。自朴学兴起，名物的考释常与制度联系在一起，借名物制度的研究以考证历史之沿革、朝代之兴替。

查考古代名物，应该先利用各类辞书。《汉语大字典》和《汉语大词典》都收入了相当数量的名物词，释文兼顾古今，吸收了历代的研究成果，特别是清人和近人的研究成果。华夫主编的《中国古代名物大典》则专收见诸文献记载或有实物传世的古代名物词，诠释较为详细。其次，可以利用百科全书和百科词典、专科词典。百科全书和知识性词典对名物词要揭示它的科学内容，用丰富的材料进行全面的、完整的、系统的叙述和说明。还可以利用类书和图录等类工具书，以更广泛地搜求有关参考资料和图像资料。

例如，我国特有的珍稀动物“白鳍豚”，在《辞海》和《中国大百科全书·生物学》卷中，首先指出其学名和现代分类（哺乳纲，鲸目，鳍豚科），然后介绍其形态、习性、价值等，给予详尽的、科学的说明。而语文辞书除概略介绍有关知识外，着重于辨名物（指出各种异名）、考源流。

有学者指出,“白鳍豚”应正名为“白鱀豚”。《尔雅·释鱼》:“鱀,是鱁。”郭璞注:“鱀,鳍属也。体似鱏,尾如䲘鱼。大腹,喙小锐而长,齿罗生,上下相衔。鼻在额上,能作声。少肉多膏。胎生。健啖细鱼。大者长丈余,江中多有之。”在古代文献中,鱀往往与海豚、江豚混同。《古今图书集成·博物汇编·禽虫典》海豚鱼部汇考中汇辑了古代典籍中各种记载,并附有图像,可资参考。

“笈”,常被误用为“籍”的简化字。实际上“笈”虽可引申指书籍、经典,但它却是一种用以放置书籍、衣巾等物的竹或藤编盛器。《太平御览》卷71引汉应劭《风俗通》:“笈,学士所以负书箱,如冠籍箱也。”(玄应《一切经音义》卷3引《风土记》,末句作“如冠箱而卑者也”)“负笈”、“负笈游学”即由此而来。查《辞源》、《汉语大词典》或《中国古代名物大典》,均辨析甚清楚。再查孙机编《汉代物质文化资料图说》图版86,有马王堆三号墓出土笈实物图,并可参见与笥、箧、匮等盛器在形制上的异同。

在整理、标点古代文献时,如不注重考辨古代名物,极易产生错误。试举数例:

“《枫窗小牍》记东坡一帖,录足疾方,用葳灵、仙牛膝二味为末,蜜丸,空心服,神效。”(《香祖笔记》,上海古籍出版社1982年版,第180页)按:药物二味,应为“葳灵仙、牛膝”。

“扑满,器也。攲。器满则倾,是倾满也。满苟得,则苟满而已。所以节有小满而无大满也。”(《不下带编》,中华书局1982年版,第114页)按:应作“攲器,满则倾,是倾满也。”“攲器”是古代的一种礼器,见《荀子·宥坐》:“孔子观于鲁桓公之庙,有攲器焉。孔子问于守庙者曰:‘此为何器?’守庙者曰:‘此盖为宥坐之器。’孔子曰:‘吾闻宥坐之器者,虚者攲,中则正,满则覆。’孔子顾谓弟子曰:‘注水焉。’弟子挹水而注之,中则正,满则覆,虚则攲。孔子喟然而叹曰:‘吁!恶有满而不覆者哉!’”一本“攲”作“欹”。杨倞注:“欹器,倾欹易覆之器。宥与右同。言人君可置于坐右以为戒也。”《汉语大词典》分立“攲器”、“欹器”两条,《辞源》修订本则只收“攲器”,攲,从支。

“来牟之外乡人,有所谓雅麦者,先半月熟,专为作碾转之用。取其粒之将熟含浆者,微炒,入磨下,条寸许,以肉丝、王瓜、莴苣拌食之,别有风味。”(《乡言解颐》,中华书局1982年版,第81页)按:首句应作“来牟之外，乡人有所谓雅麦者……”“来牟”亦作“麳麰”，出《诗·周颂·思文》：“贻我来牟，帝命率育。”《广雅》：“麳小麦，麰大麦也。”朱熹《诗集传》说同《广雅》。又，麦无雅俗之分，“雅麦”之“雅”为误字，当作“稙”。《诗·鲁颂·閟宫》：“黍稷重穋，稙稺菽麦。”朱熹集传：“先种曰稙，后种曰稺。”现代汉语中“稙”仍指早种或早熟。后一句标点亦应改为“取其粒之将熟含浆者，微炒入磨，下条寸许……”

《中国古代名物大典·序》中举了一个名物与校勘关系的例子：

敦煌曲子词《浣溪沙·行舟》：“五里竿头风欲平，张帆举棹觉船轻。柔橹不施停却棹，是船行。”校勘学家以为“五里竿头”不可解，径改为“五里滩头”。实际上，“五里竿”当为“五量竿”之讹。“五量竿”即五两竿，为古代候风仪。《文选·郭璞〈江赋〉》：“觇五两之动静，长风飏以增扇。”李善注：“兵书曰：‘凡候风法，以鸡羽重八两(《格致镜原》卷3引作五两)，建五丈旗，取羽系其巅，立军营中。’许慎注《淮南子》曰：‘综，候风也。楚人谓之五两也。’”《说郛》卷10《续事始·伺风鸟》引《炙毂子》：“舟船于樯上刻木作乌，衔幡以候四方之风，名五两竿。军行以鹅毛为之，亦曰相风鸟。”“平”非平静、平息意，而是风大时，竿头幡羽扬起，扯成水平状。唐卢纶《渡浙江》诗“五两头平北风急”可证。

同一名物，古今所指可能不同，需加以辨别。如“蜚”，《尔雅·释虫》：“蜚，蠦蜰。”郭璞注：“蜚即负盘，臭虫。”那么，是否即今天所说的“臭虫”(又名床虱、壁虱)呢？郝懿行《尔雅义疏》：“蜚，卢蜰也。《本草》作蜚蠊。”《本草纲目·虫部·蜚蠊》：“释名：卢蜰。时珍曰：今人家壁间灶下极多，甚者聚至千百，身似蚕蛾，腹背皆赤，两翅能飞，喜灯火光，其气甚臭，其屎尤甚。”结合其他材料，可以确定《尔雅》的“蜚”即今天生物学分类中的蜚蠊，俗称蟑螂。而《聊斋志异·小猎犬》：“苦室中蜰虫蚊蚤甚多，夜不成寐。”鲁迅《壬子日记》：“夜卧未半小时，即见蜰虫三四十，乃卧单上以避之。”诸例中的“蜰”，才是生物学所指臭虫科的臭虫。

考释名物，仅靠工具书是不够的，还要注意利用前人的研究成果。例如“镈”，历来被释为小钟。《国语·周语下》：“细钧有钟无镈，昭其大也。”韦昭注：“钟，大钟；镈，小钟也。”唐兰曾指出：“自汉以降，镈与钟之异，久不能辨。”(唐兰《古器物小记·上篇钟镈錞钲铙铎》，刊《燕京学报》第14期，1927)后来郭沫若在《两周金文辞大系图录考释·图编序说》中指出：“镈与钟之异在钟有甬而镈用纽，钟枚长而镈枚浅，钟铣侈而镈铣斉，钟于弯而镈于平。”勾画出钟与镈的不同形状。又如，宋苏轼《念奴娇·赤壁怀古》词：“羽扇纶巾，谈笑间，强虏灰飞烟灭。”词中所指是周瑜，但通常认为持羽扇的是诸葛亮。《太平御览》卷774引晋裴启《语林》，言诸葛亮军于渭滨，“乘舆葛巾，将白羽扇，指麾三军，皆随其进止。”各种宋词选本对“羽扇”多不加注，或仅注“羽毛扇”。近年有考古学者指出，宋刊《艺文类聚》所引录《语林》作“乘素舆，葛巾毛扇，指麾三军。”则诸葛亮所持非羽毛扇，而是“毛扇”，即麈尾的别名。周一良在《〈晋书〉札记·白羽扇》中，引《晋书》卷68顾荣传：“荣麾以羽扇，其[指陈敏]众溃散。”又广征博引，说明羽扇非用于取凉，而是用为指挥军事战斗的标志，并考出羽扇的形制。（周一良《魏晋南北朝史札记》，中华书局1985年版，第68页）

第二节　查考历代典章制度

典章制度是历代各种制度、法令的统称。中国古代的典章制度名目繁多，诸如礼乐兵刑、官爵秩禄、宗法姓氏、田赋贡税、科举学校、器用服饰等等，无不与典章制度有关，而且各朝代迭有变化，因袭沿革，极为复杂。

查考历代典章制度，主要依靠前人的文字记载，即政书、历代史志和档案文献。各种专史（如政治制度史、经济制度史等）有助于从宏观上把握需要查考的内容范围，而百科全书、专科词典等则能提供某些查考问题的概况。

正史中详记典章制度的体例是司马迁开创的。《史记》中列有“八书”，主要记载了汉武帝以前的典章制度。班固《汉书》扩为“十志”，提供了西汉一代的典章制度概况。大多数正史中的志只限于该朝代的典章制度，但某些史书也追溯到前朝。如《宋书》各志，上溯三代、秦、汉，对魏、晋记载尤详，可补《三国志》无志之不足；《隋书》各志，则包容梁、陈、北齐、北周、隋五代。后代学者对史书各志多有补撰，大部分收入《二十五史补编》。查检正史中的志，仅有《食货志十五种综合引得》一种索引可资利用。

地方志亦可用于查考某一地区有关典章制度的资料。各种方志中一般均有职官、封爵、武备、刑律、田赋、漕运、榷税、钱法、选举等类，可按类查检。

正史及方志记载历代或一地的典章制度，材料比较分散且不易查检，或查到的材料不够系统、完备，所以常需利用“十通”、会要、会典等政书。

类书中也汇辑了历代典章制度资料，虽不够系统，也足资参考。

历代档案文献中的典章制度资料应予以充分重视。如《明实录》、《清实录》、《东华录》等记载了诏谕律令的全文及有关资料，较为详实，有些尚为政书等所未载，因此查考典章制度时不能忽略。

这里只举两个例子说明查考典章制度的必要性。

在影视作品中常见宋包拯坐大轿中，前呼后拥，威风凛凛，实则违反了历史真实。轿的使用，自汉魏以来，历朝皆有明令限定，唐宋间尤严。《新唐书·车服志》：“开成未定制：宰相、三公、师保、尚书令、仆射诸司长官及致仕官，疾病许乘檐，如汉魏载舆、步舆之制。”檐，即轿。宋朱熹《语类》卷128：“南渡以前，士大夫皆不用轿，如王荆公、伊川皆云‘不以人代畜’，朝士皆乘马。或有老病，朝廷赐令乘轿，犹力辞后受。”包拯在北宋仁宗(1023—1063)时任龙图阁直学士，知开封府尹，那时不可能坐轿。

明郑晓《今言》：“吴元年，选郡县官二百三十四人，赏绮布道里费及其父母妻子有差，著为令。曰：‘以养汝廉奉公，无渔民也。’”(中华书局标点本，1984年出版，第131页)明太祖朱元璋即位前，据应天(今南京)，称吴王，吴元年即公元1367年，次年改元洪武。秋七月，任命了一批府州县官，优给赴官旅费及安家费，名曰“养廉”，即成为定制。标点者不明养廉制度而致误点，上文末句当作：“以养汝廉，奉公无渔民也。”《明实录》记载此事甚详。《明太祖实录》卷24：“七月丙子。……除郡县官二百三十四人，定赐于道里费之令。”以下详列赏赐绮帛及银两数。“先是，上语中书省臣曰：‘新授郡县官多出布衣。到任之初，或假贷于人，或侵渔百姓，不有以养其廉，欲其奉公难矣。故赐道里费。’”如果先加查考，标点即不致误为“养廉奉公”。

第三节 查考历代官制和官名

中国古代的职官制度，是典章制度的重要组成部分。由于王朝更替频繁,历代官制有因有革,即使同一个朝代,早中晚期职官设置也常有变化。同一官名,各代职掌会有所不同;同一职掌,各代官名也可能有异。阅读古籍,研究历史,不仅要注意查考官名,也要了解历代职官制度。

例如,《明史·海瑞传》以海瑞官职的升迁为线索,从乡试中举起,一直写到卒于官。海瑞一生任过的官职有教谕、知县、通判、户部主事、通政司通政、右佥都御史、巡抚、督粮道、吏部右侍郎、右都御史。其中,既有地方官职,也有中央官职。这些官职是什么性质,职掌何事?阅读时自然应有大致的了解。传中提及"御史"这一官名,就有都御史、右都御史、右佥都御史、巡按御史、巡盐御史、提学御史等等不同的名目,也应加以区别。这些都要利用工具书查考清楚。

查考职官,先要概略了解历代官制的发展演变。中华书局本《历代职官表》收有《历代官制概述》一文,系统地介绍了秦汉以来历代职官制度演变的概况,提供查考官制的基本知识。《中国历代官制简表》也对历代官制加以表释并辅以扼要的文字说明,可作为基本读物。

由于历代职官变化情况极为复杂,"二十四史"中各代史书多设专门的"职官志"(也称"百官志"、"官氏志")记述一代官制的沿革、职官的置废。《通典》、《通志》、《文献通考》及续书对历代职官加以系统的考述;各代会要及会典记述尤为详尽。这些史志及政书对于查考历代职官都是重要的依据。清代乾隆年间广采以上资料及有关各书编成《历代职官表》,查考尤为便利。

官修本《历代职官表》于职官建置沿革考证极详,但因卷帙浩繁,一般查考时多使用中华书局本《历代职官表》。此书保留了原编的67个表及清代职官概述,表中以清代职官为主,比照历代职官,据之可以查出某代是否设有与清代相当的某官,官名有否不同。表后有新编《历代职官简释》,对表中所列各代官名作了简要解释,可供查考各种官名的变化及其职掌,实际上起到了官名词典的作用。查找官名时,利用书后所附索引较为快捷。索引按逆序排列,应按官名的最末一字查检。每个官名后注明在何表何栏及页码以及在《简释》中的页码。《海瑞传》中举出的官名属明代官制,大多被清代所沿用,但也有不同之处,在《历代职官表》中都能查出。

因为《历代职官表》是以清代官制为主编制的,有些古代有过的官职而清代不设的，表中就反映不出来。如唐代官制，尚书省掌领百官、总领国务，左、右仆射下设尚书左、右丞，分别总领尚书省六部的事务，六部的主官亦称尚书。至明代此制已废，六部各自独立，直属皇帝。同为"尚书"，实质已不相同。这种情况，表中未反映，仅在《简释》中作了简略说明。又如《三国演义》第二回有张飞怒鞭督邮的情节，"督邮"是什么官，在《历代职官表》中就查不出。因为督邮是汉代职官，各郡设督邮，为太守佐吏，督察所属县长吏，向太守举报，并督送邮书、宣达教令，兼讼狱捕亡之事，但至唐已废，后代未设置。《历代职官表》中查不出的官名，可另查职官词典或"十通"等政书。

利用《十通索引》查出，"督邮"见《通典》和《续通典》职官典、《通志》职官略、《文献通考》职官考。按索引指出的页码分别查检各书，《通典·职官典》卷15："督邮，汉有之，掌监属县。有东、西、南、北、中部，谓之五部督邮也。故督邮，功曹之极位。"《续通典》则指出："中正、通守、五官椽、督邮、郡尉，唐时已无，宋、辽、金、元、明皆无。"《通志》、《文献通考》说明均与《通典》相同。如想进一步查考，还可利用《西汉会要》、《东汉会要》、《三国会要》等书。

职官词典已出版数种，查考时都可利用。此外，《辞源》、《辞海》、《汉语大词典》和《中国历史大辞典》等辞书也收有历代官名。前面提到的"提学御史"，《历代职官表》仅列为与清代提督学政相当。查《中国官制大辞典》(俞鹿年编)，则了解到明代设提督学道，为按察使所属；清代改为提督学政，地位在按察使之上，职掌督察全省儒学事务。而提学御史则是明代的专差御史，督察两京学校，清代已无与之相当的官职。词典的说明显然更为清楚、准确。

需要说明的是，古代职官制度十分复杂，仅利用工具书不容易查考清楚。唐白居易《琵琶行》诗："座中泣下谁最多？江州司马青衫湿。"对"青衫"就有不同的说法。司马在唐代州、郡的佐吏中位置在别驾、长史之下，一般用来安排贬谪之官，徒有虚名而无实权，属于闲职。柳宗元也曾被贬为永州司马。江州属于"上州"，按规定上州司马是从五品下官。唐代官员按品级穿一定颜色的官服，服色是区分官员品级的重要标志。"文武官三品以上服紫，四品深绯，五品浅绯，六品深绿，七品浅绿，八品深青，九品浅青。"(《旧唐书·高宗纪》)五品官应着浅绯，于是有人认为诗中"青衫"是白居易日常穿的便服。"青衫"究竟是官服，还是便服？这就要查考唐代的职官制度。唐代职官可分为职事官与散官两类，司马是职事官，但官员的待遇（包括服色）却依散官品级而定。文散官分为三十阶（正一品不授人，实际为二十九阶），每阶各有官称。九品以上的职事官都带有与之相应的散官称号，散官品阶可以高于或低于职事官的官品。根据白居易诗文中的记载，他被贬为江州司马时散官为将仕郎，是文散官的最低一级（从九品下）。按"九品浅青"的规定，诗中的"青衫"只能是官服。元和十三年（818）白居易任忠州刺史，才穿绯色官服，但仍属于"借绯"（官员任刺史时，品级不够，可以"借"穿绯袍，但离任时就要脱去）。事实上，直到唐穆宗长庆元年（821）白居易加朝散大夫（从五品下），才有了穿绯袍的资格，白居易特写诗加以记载。由此可见查考古代官制的困难。

此外，文献中还常见用古代官名代替当时官名，如清代常称内阁大学士为相国、巡抚为方伯、知府为太守、知县为大令之类，查考时应加以区分。

第四节　查古代统计资料

查考古代典章制度，必然要涉及到一些统计数字，如土地、户口、赋税、国用等等，这些统计数字对于研究中国古代政治、经济、军事、文化、教育等方面都是极其重要的参考资料。

古代典籍中，《礼记·五制》已记录周代的田制及全国提封田地里亩之数；《周礼》记载了周代户籍、地籍及赋役册诸制度。自《史记》、《汉书》开始，正史中保存了相当丰富的各种统计数字。例如，《汉书·地理志》记有汉平帝元始二年全国民户和民口数，以及各州、郡的户口数，是现存最详细的全国性人口记录，在世界史上也是最早的人口调查记录，表明我国自秦、汉以来已建立了全国规模的人口调查制度。

因此，查找古代的统计资料，首先应该利用正史中的食货志和地理志。史书中其他部分包含的统计数字也不能忽略，如《汉书·西域传》中就记载了当时西域诸国的户口数。明、清两代的实录中保存了大量原始统计数字，可作为正史的补充。

但史书中的统计数字较为分散，且不够系统，还应该利用政书，即"十通"和各代会要。《通典》将《食货典》置于全书之首，田地、赋税、钱粮等内容都作了重点记述。《文献通考》则将食货析为田赋、钱币、户口、职役、征榷、市籴、土贡、国用等八考，记述更详。续书均依循“三通”体例，历代的统计就具有了连续性。会要和会典则包含了各朝代的详尽资料，可补充“十通”的不足。

此外，也不能忽略地方志。方志中的田赋、户口、禄饷、钱币、榷税、漕运、盐课、物产等门类都详细记述了一个地区的有关资料，多是政书所未详。

前人虽曾作过一些汇编统计资料的工作，如《度支辑略》、《田赋纪略》、《漕运全书》等，但数量不多。资料汇编中较好的一本是梁方仲编《中国历代户口、田地、田赋统计》(上海人民出版社，1980)。该书根据二十五史、历代政书、部分地方志、文集以及近人所编有关统计资料，将西汉至清末 2 100 多年间历代户口、田地、田赋统计数字，经过考核测算，分门别类，综合编为 235 份表格。每表下均列出资料来源。有关数字的核对考订、史实的考辨、版本的校勘等，也都于附注中说明。该书为研究我国经济、土地、人口的历史变化提供了重要数据。该书正编包括“中国历代户口、田地的总情况及历代户口的地域分布”和“唐宋元明清田地、田赋统计”两部分；附编选择了几个地区(江南的苏州、松江、常州、杭州、嘉兴五府，黄河流域的开封、济南、顺天三府，珠江流域的广州府)，自南宋至晚清，作了分县统计，以作为正编的补充；别编主要为各种制度的概括及说明，便于与正编相互为用。末附历代户口、田地升降比较统计图及历代度量衡制之变迁。

梁方仲编的《中国历代户口、田地、田赋统计》一书，不仅是我们查考历代经济数据的重要工具书，也是我们进行相关研究的基础。例如明清时素有“苏湖熟，天下足”、“苏常熟，天下足”的谚语。这种谚语所反映的真实性，通过查考梁“表”可得到证实。例如据该书附表 3“明洪武、弘治、万历三朝苏、松、常、镇四府的户口田地及实征米麦数”统计，万历六年(1578)明十三布政使司及南北直隶田地数为 701 397 628 亩，实征米麦为26 638 414 石。而同一时期苏州、常州、镇江三府的田地数为19 103 260 亩，实征米麦数为 3 052 118 石，分别占 2.73%和11.46%。也就是说不到百分之三的田地征收了十分之一多的粮食。这一方面说明了这一地区负担的沉重，另一方面也说明了这一地区在全国经济生活中的重要地位。

历代类书中也收录了一些统计资料，如《太平御览》和《册府元龟》中的有关部类均有一些零散记载，虽不够全面系统，但能具体反映当时一些实际情况。《古今图书集成·食货典》收录的资料更为丰富。查考古代统计资料时对类书也不能忽略。

附　录

书名索引

F

G

H

J

K

R

S

T

后　记

本书是为古文献专业编写的文史工具书使用法教材。编写时尽量注意到结合本专业特点。考虑到本书对于文史研究者、爱好者也有一定的参考价值，因而也尝试使本书简明实用、通俗易懂。经编委会同意，本书使用简化字和阿拉伯数字，与这套丛书的其他各册不同，并对一些过于专门的内容作了删削处理。

全书分三编。“基础编”介绍工具书的基本知识和常用的基本文献。“类型编”按类型介绍1 000余种文史工具书的特点、结构及功用。“使用编”以古文献阅读和整理中可能遇到的各种疑难问题为纲，讲述解决问题的思路和方法，并通过各种实例介绍解决同一问题的不同途径，以及综合利用各类工具书解决某一问题的方法。

本书是在全国高校古委会的指导下写成的。王长恭设计了本书的基本结构。编写分工是：赵国璋：第二、四章，王长恭：第一、三、五、八、九、十一、十四、十五章，江庆柏：第六、七、十、十二、十三章。李灵年先生为本书的编写做了大量具体细致的工作。

编写过程中，参考、借鉴了许多现有的研究成果，限于篇幅，未能一一注明，在此谨表示衷心的感谢。

限于水平，本书尚有许多错误与不足之处，恳请使用者批评指正。

编著者

1997 年 8 月

本书初稿完成于 1997 年 8 月，后于 2001 年曾作过一次修订。值此付印之际，我们又增补了部分近年出版的工具书。限于时间和人力，遗漏之处尚多，敬请使用者批评补正。

2004 年，本书编著者赵国璋先生不幸去世，我们谨对此表示深切哀悼。

在本书编写过程中，责任编辑周敬芝女士先后付出了辛勤劳动，给予了许多切实的帮助，在此谨表示诚挚的感谢！

2005 年 11 月又记，2006 年 7 月再记